이 사람을 아십니까?

| 이승하 지음 |

쿰란출판사

머리말

　이 글을 쓰게 해 주신 하나님께 감사드립니다. 이 글은 세상에서 유명한 사람을 찾는 것이 아닙니다. 여호와 하나님을 창조주로 믿고 나를 세상에 보내 주신 데 대한 감사함으로 살며 예수 그리스도께서 십자가에 죽으셔서 나를 구원해 주셨다는 감격으로 성실하게 살아간 사람이 누구인가를 찾기 위함입니다.

　그런 구원의 감격을 지닌 사람은 하나님이 주신 달란트를 바르게 개발하고 연마하여 하나님께서 주셨으므로 하나님께 영광 돌리는 데 최선을 다합니다. 받은 달란트로 하나님께 영광 돌리기 위해서는 믿음이 있어야 합니다. 그 믿음이 하나님께 충성하고자 하는 열정을 일으킵니다.

　역사에 나타난 많은 인물들이 있습니다. 그중 누가 자신이 받은 달란트로 하나님께 영광을 돌렸습니까? 하나님께 영광을 돌린 사람은 영원한 하나님의 나라에서 살 수 있다고 믿습니다. 달란트에 대한 보상이 주어지는 것입니다. 그는 세상에서 인류 역사의 큰 공헌자이기도 합니다. 그래서 하나님의 일꾼들이 인류 문화를 발전시킵니다.

　이 글에는 진정한 신앙인으로 산 사람을 찾으려는 노력이 담겨있습니다. 하나님이 주신 달란트는 한계가 없습니다. 어느 분야에서나 나타납니다. 직업이란 하나님이 주신 달란트입니다. 그러므로 평생 그 일을 통해서 하나님께 영광을 돌렸다는 것은 그 직업에서 최선을 다했으며 그 일로 인류 역사에 큰 유익을 끼쳤다는 뜻입니다.

그리스도인들은 모두 하나님이 주신 달란트를 받았습니다. 받은 달란트로 하나님께 영광을 돌리면 그 달란트로 많은 사람들에게 유익을 주며 모범적인 그리스도인으로 살게 됩니다. 이러한 사람이 그리스도인입니다. 이 글을 읽는 사람들은 모두 그렇게 살기를 바랍니다. 그리스도인은 그 모범적 인물을 찾아 본받고 하나님께 영광 돌리는 사람이 될 수 있을 것입니다. 인생이 사는 최대의 목적은 '하나님께 영광'이라고 믿습니다. 그 목적을 바로 알고 실천하는 사람이 되고자 하는 사람들을 위해서 이 글을 썼습니다. 하나님이 나에게 무슨 달란트를 주셨으며 그것으로 어떻게 하나님께 영광 돌릴 수 있는지 알고 실천하는 사람이 되어야 합니다.

꿈을 실현하고자 노력하는 그리스도인들에게 이 글을 드립니다. 신앙인의 꿈은 하나님이 주신 달란트입니다. 그 달란트로 하나님께 영광 돌리는 삶이 최고의 그리스도인입니다. 이 글에서 그 모델을 찾을 수 있을 것입니다.

이 책이 나오는 데 큰 협력자가 되어 주신 쿰란의 이형규 사장님과 오완 과장님께 감사드립니다.

샬롬.

2014년 1월 2일
이승하 목사

목 차

머리말

1부 목회자

01 존 번연 | 《천로역정》을 지은 목회자 · 8
02 존 뉴턴 | 〈Amazing Grace〉를 작사한 목회자 · 26

2부 문학가

01 표도르 미하일로비치 도스토옙스키 | 오직 성경 말씀으로 변화된 작가 · 54
02 서운(曙雲) 박계주 | 가장 아름다운 사랑을 펴낸 작가 · 75

3부 민족주의자

01 벤저민 프랭클린 | 미국 독립에 큰 역할을 한 사상가 · 92
02 남강(南岡) 이승훈 | 3.1운동을 주동한 애국자 · 118
03 함석헌 | 누구보다 한국적인 사상가 · 137

4부 부흥사

01 드와이트 L. 무디 | 위대한 평신도 부흥사 · 160
02 소복(小僕) 이성봉 목사 | 천당 갈 사람을 찾아다닌 부흥사 · 185
03 시무언(是無言) 이용도 목사 | 목숨 걸고 사랑을 외친 부흥사 · 204

5부 신학자

01 **성 아우구스티누스** | 성경의 진리를 바로 해석한 수도사 · 232
02 **리처드 니버** | 책임적 윤리를 강조한 신학자 · 255

6부 예술가

01 **레오나르도 다 빈치** | 〈최후의 만찬〉 등을 그린 미술가 · 282
02 **미켈란젤로 부오나로티** | 〈천지 창조〉와 〈최후의 심판〉을 그린 조각가 · 299
03 **장 프랑스아 밀레** | 자연과 노동을 그린 화가 · 314

7부 음악가

01 **요한 제바스티안 바흐** | 교회에서 성가를 연주하면서 산 음악가 · 332
02 **펠릭스 멘델스존** | 신앙의 삶으로 연주한 음악가 · 349

8부 철학자

01 **장 자크 루소** | 프랑스 시민 혁명을 낳게 한 사상가 · 364

9부 정신의학자

01 **폴 투르니에** | '인격 의학'을 탐구한 심리 치료사 · 380

1부 목회자

1. 존 번연
《천로역정》을 지은 목회자

2. 존 뉴턴
〈Amazing Grace〉를 작사한 목회자

01 존 번연
(John Bunyan, 1628-1688)

《천로역정》을 지은 목회자

　영어권에서 성경 다음으로 많이 읽힌 책은 존 번연의 《The Pilgrim's Progress》(천로역정)라고 한다. 그는 17세기의 가장 위대한 청교도 작가의 한 사람이었다. 당시 대다수의 청교도 작가들이 옥스퍼드와 케임브리지 대학 출신이었음에 비해, 번연은 가난한 땜장이의 아들로 태어나 교육을 거의 받지 못했기 때문에 놀라운 사실로 받아들여진다. 이것은 번연이 뛰어난 신앙인이었음을 의미한다. 기독교 역사에 중요한 이정표를 세운 존 번연의 생애는 그만큼 훌륭했다.

　영국 케임브리지에서 북동쪽으로 1시간쯤 올라가면 고즈넉한 구릉지역이 나타나는데, 이곳이 베드퍼드셔 주이다. 존 번연은 1628년 베드퍼드셔 주 근처인 엘스토우에서 토머스 번연과 마거릿 벤트리 사이에서 장남으로 태어났다. 아버지는 떠돌이 땜장이였으며, 항아리와 주전자를 만들고 수선하는 사람으로 가난했으나 정직했다.

　당시 그의 직업은 집시들과 같았기 때문에 집시 출신이라는 말을 들었다. 그럼에도 불구하고 번연 가문은 엘스토우에서 칭찬을 받았다. 번연은 총명했으나 10세까지만 교육을 받았다. 그 후 아버지와 땜장이로 일했다. 번연은 어린 시절에 풀어 놓은 망아지와 같았는데, 동네에서 못된 짓 하기로는 그를 따를 아이가 없었다. 욕설을 하며 악당을 이끄는 대장노릇도 했다. 자라면서도 자신의 불행한 삶을 비관하여 못된 짓을 많이 했다. 그의 말버릇은 매우 거칠었고, 심지어 하나님을 모독하는 저주의 말까지 했다. 그는 질이 나쁜 어린이였다.

그는 "아마 세상에서 악담하기, 독설 퍼붓기, 거짓말하기, 하나님의 이름을 모독하기에 나를 따를 사람은 없었을 것"이라고 했다. "사실 나는 이런 일에 너무 깊이 뿌리 박혀 있었으므로 이런 것들은 나의 제2의 천성이 되었다. 나는 너무 주님을 노엽게 하였으므로 주님께서는 어려서부터 무서운 꿈과 놀라운 환상을 통해 나를 공포심에 사로잡히게 하셨다"라고 했다.

한번은 거리에서 막말을 하고 욕하는 가운데 한 여인이 그를 향해서 "저런 말을 하면 내 몸이 떨리는데……. 동네에 있는 청년들을 모두 망치겠다"라고 해서 번연은 수치를 당했다. 그러나 그는 술 취함과 음란한 생활은 하지 않았다고 했다.

그러다가 16세에 몇 차례 계속해서 불행한 일을 겪으며 이 시골 소년은 가족과 헤어져 세상으로 떠밀려 나갔다. 6월에 어머니가 세상을 떠났고, 7월에 누이동생 마거릿이 죽었으며, 8월에 아버지가 세 번째 아내를 얻었다. 그는 청교도주의자 올리버 크롬웰의 의회군에 입대하였다가 해산된 후에 돌아와 아버지 일을 도왔다. 음악을 사랑했지만 돈이 없어서 쇠로 바이올린을 만들었고, 의자 다리로 플루트도 만들었다. 그의 아버지는 번연을 책방으로 보냈다. 그는 모험담,《햄프턴의 베비스》와 《기독교의 7용사》 등을 읽었다.

번연이 결혼한 여인은 경건한 청교도 가정의 여인으로, 별로 가산을 가져온 것은 없었으나 아버지에게 물려받은 두 권의 책이 있었다. 그 책은 아서 덴트의 《평범한 사람이 하늘에 이르는 좁은 길》(The Plain Man's Path-Way to Heaven)과 루이스 베일리의 《경건의 훈련》(The Practice of Piety)이었다. 그는 무신론자였다. 그러나 아내에게서 기독교에 대한 책을 받아 읽게 되었다. 글을 더 잘 읽을 수 있었으며 또한 글을 쓰는 데도 많은 도움을 받았다. 그의 아내는 번연에게 신앙과 지식에 눈을 뜨게 해준 사람이었다.

하루는 길을 가는데, 가난한 여인들이 모여서 자신들이 구원 받은 데 대해 감사하고 참된 삶을 살아야 된다는 대화를 듣고 도무지 무슨 뜻인지 알 수 없었다. 번연은 고민했다. '내가 만일 하나님의 은혜에서 떨어진 자라면?', '내가 만일 선택받지 못한 자라면?', '나처럼 비열하고 더러운 자가 어찌 하나님의 나라를 상속받을 수 있단 말인가?'

이러한 고민 속에서 번연은 마음의 안정을 위해 성경을 읽기 시작했다. 말씀을 읽으면서 위로도 받고 좌절도 하면서 "피 흘림이 없은즉 사함이 없느니라"(히 9:22)는 말씀이 떠올랐다. 1653년 25세 때 베드퍼드셔 교회의 목사 존 기퍼드(John Gifford)에게 기독교의 진리를 듣고 회개했으며 그에게 세례를 받았다. 그는 하나님께 기도하기를 새로운 마음을 주시고 새로운 안목 주시기를 원했다. 그리하여 성경을 읽고 새로운 신앙인의 삶을 살게 되었다.

1655년 기퍼드 목사가 세상을 떠나고, 그를 대신하여 설교하고 순회하며 전도하는 일을 하게 되었다. 그는 예수 그리스도가 십자가에 못

박혀 죽으심으로 말미암아 죄를 용서 받았다는 사실을 열심히 전도했다. 그는 많은 변론을 했다. 사람들의 모함을 받아 많은 박해를 받았다. 그래서 무지한 사람들은 번연을 무당, 불한당이라고 했다.

그는 평안을 얻기 전에 무서운 걱정을 했다. 마귀의 시험과 자신은 무식하고 천한 사람이라 완전히 변할 수 없다는 것을 깨닫게 되었다. 성경을 읽어도 의심이 되어 깨닫지 못하고 오랫동안 괴로움을 겪었다. 자기는 천당에 갈 수 없는 사람이라고 생각하니 매우 괴로웠다. 지옥은 아주 무서운 곳으로 알고 있으나 그곳으로 갈 수밖에 없다고 여겼다. 여러 가지 시험들의 원인은 두 가지로 보았다. 첫째, 내가 이전의 시험에서 건짐을 받을 때 다가올 시험에서 나를 지켜 주시도록 하나님께 기도하지 않았다는 것이다. 둘째, 기도의 의무를 당연시한 나의 어리석음을 크게 꾸짖기 위함이었다.

그의 신앙은 점차 달라졌다. 그 과정이 자서전에 극적으로 묘사되었다. 정기적으로 교회에 나가 '사제'와 '성직복'을 경외심 어린 눈으로 보았던 초기의 국교도 시절을 보내면서, 그는 평소에 즐기던 춤, 종치기, 시골 들판에서 벌이는 운동 경기 등의 오락들을 마지못해 서서히 포기하고 내면적인 생활에 집중하기 시작했다. 그러나 몇 해에 걸쳐 신앙을 버리고 싶을 정도의 괴로운 시험이 닥쳤다.

그가 회개하고 교회에 열심히 나가게 되었을 때 한번은 간증할 기회가 있었다. 그의 간증이 많은 사람들의 마음을 움직였다. 그의 고향 엘스토우를 떠나 베드퍼드셔의 여러 마을에서 설교 요청을 받게 되었다. 마침 그가 설교할 때는 1660년에 찰스 2세가 즉위하여, 영국국교회 소속이 아니면 설교할 수 없다는 새로운 법이 생겼다. 그는 몇 번이나 집회 허락서를 경찰서장에게 제출했으나 번번이 거절당했다.

이러한 찰스 2세의 왕정복고로 분리파 교회들이 예배의 자유를 향유하고 정부 정책에 어느 정도 영향력을 행사해 오던 20년 세월도 막을 내리게 되었다. 번연은 1660년 11월 12일 사우스 베드퍼드셔에 있는 로어상셀에서 지방 치안 판사 앞에 끌려가, 과거 엘리자베스 시대에 포고된 법령에 따라 영국국교회와 일치하지 않는 예배를 집행한 혐의로 기소당했다. 기소당한 뒤 같은 범죄를 반복하지 않겠다는 서약을 하지 않아 1661년 1월 순회 재판소에서 유죄 판결을 받고 주 감옥에 갇혔다. 두 번째 아내가 순회 재판소에 항소하기 위해 여러 차례 용기 있게 노력했지만, 번연은 12년 동안 감옥에 갇혀 있었다.

그는 마르틴 루터의 갈라디아서 주석 1권에서 자기의 믿음을 잘 표현해 주고 있음을 깨달았다. 그래서 그는 성경 다음으로 루터의 책을 읽었다. 여기서 구원의 확신을 갖게 되었다. 오직 십자가에서 이루신 의로 말미암아 구원을 얻을 수 있다는 확신이었다. 그 확신이 그의 첫 저서인 《죄인 괴수에게 넘치는 은혜》에 나타났다. 그래도 매일 마귀가 예수를 파는 꿈을 꾸었으며 누워서나 식사하는 데서도 세상의 좋은 것으로 예수와 바꾸려 하는 시험을 당했다. 마귀는 이렇게 번연을 오랫동안 괴롭혔다. 번연은 더욱 성경을 많이 읽고 묵상하며 연구했다.

영국국교회인 성공회에서는 성공회 교리에서 벗어난 설교를 금하고 있었다. 그런데 이에 반대되는 설교를 하는 이들은 청교도들이었다. 청교도는 성공회를 반대했다. 성공회는 교리적이고 형식적이며 예배에만 참석하면 구원을 얻는다고 믿었다. 그러나 청교도들은 그리스도인은 구원의 감격과 경건한 삶을 살고 실제적인 생활이 그리스도를 닮아야 한다고 여겼다. 그래서 청교도 설교자들은 참된 그리스도인의 삶을 강조했다.

번연은 대학교에서 공부하지 못했으니 그를 알지 못하는 사람들은 무식한 농부로 알고 학교에서나 국교도들이 와서 변론하려고 했다. 그러나 그의 말을 들은 후에는 번연을 신앙의 지혜가 있는 사람으로 알고 돌아갔다. 그리하여 런던에서도 그의 명성이 높아져 설교 청탁이 쇄도했다. 그가 어느 예배당에서 설교한다는 소문이 나면 수천 명씩 모여서 자리가 좁았다. 성도들에게는 유익한 신앙의 발전이 일어났고, 믿지 않는 이들 가운데 듣고 회개하고 예수를 믿는 사람들이 많이 증가했다. 번연이 신령하게 설교를 잘하고 그의 말재주가 훌륭하므로 죄인들이 회개하고 구원의 확신을 갖고 훌륭한 그리스도인이 되었다.

존 번연은 청교도였다. 그래서 영국국교회의 교리대로 설교하지 않고 실제적 신앙인의 삶을 강조했다. 청교도주의는 신학보다 태도이며, 정신이었다. 그 근원은 1524년 윌리엄 틴데일로 소급된다. 그의 청교도 특징은 일반인들도 성경을 읽을 수 있어야 한다는 불타는 소원을 갖고 감독들의 승인이나 재가 없이 성경을 번역·출판하고, 왕의 승낙 없이 영국을 떠난 것이다. 청교도는 전통이나 권위보다 '진리 앞에 서는 자세'를 의미한다. 자기가 진리라고 믿는 방법으로 하나님을 섬길 자유를 고집하는 것이다. 또 완전하고 철저한 개혁에 열망을 갖고 있었고, 이성이 아닌 성경의 가르침에 기초했다.

예배의 신령함과 교제도 강조했다. 존스는 "참된 청교도주의는 궁극적으로 장로회주의 안에서 발견되고 특히 존 녹스와 토머스 카트라이트, 토머스 굿윈이나 존 오웬에게서 나타난다"라고 하면서 "은혜의 교리와 목회 신학을 중요시하고 교회와 교회론을 중심적 위치에 두면서도 무엇보다 철저한 개혁에 대한 관심에서 출발하여 교회의 교리 전체로 나아간다"라고 전했다.

개신교의 '고전적인' 천국 개념을 가장 분명하게 말한 것은 청교도들이었다. 리처드 백스터는 경외하는 심정으로 하나님을 온전히 주목하는 것이 천국의 첫 번째 특징이라고 강조했다. 백스터는 그가 쓴 《성도의 영원한 안식》에서 하나님을 예배하는 것이 천국에 있는 성도들의 가장 훌륭한 행위라고 주장했다. 이런 천국 개념은 개신교 내부에 확고히 자리 잡고 있었다.

번연은 자신의 회개 과정을 설교에서 감동적으로 전달했다. 그러므로 듣는 사람들이 자신의 삶과 별로 다르지 않다는 데서 큰 감동을 받았다. 당시 청교도들에게 인기 있는 것은 쉬운 말로 된 '설교집', 도덕적인 '대화록', 하나님의 인도로 감상적인 판단과 행위를 다룬 책들, 흉측한 엘리자베스 시대의 목판본으로 인쇄된 폭스의 '순교자 열전' 등이었다. 그들이 열심히 읽은 책은 발행된 지 30년 된 '킹제임스 버전 성경'이었다.

번연은 국교도 전통에서 자랐으나 편협한 신앙에 머물지 않았다. 그는 17세기 칼빈주의 목회 신학을 갖고 있었다. 이 목회 신학은 영혼의 진정한 필요와 영적 성장의 증거, 하나의 은총의 계약 등과 같은 용어를 통해 선택과 예정의 냉혹한 교리를 해석하는 신학이었다. 번연은 영적인 암흑기에서 벗어나면서 자기 죄가 '죽어 마땅한 것이 아님'을 느끼기 시작했고, 두려움을 주는 본문들뿐 아니라 위로하는 본문들도 있음을 점차 깨닫기 시작했다.

그는 감옥에 있는 동안에도 《유익한 묵상》, 《그리스도인의 행동》, 《거룩한 성》, 자서적인 글인 《죄인의 괴수에게 넘치는 은혜》 등의 책을 펴냈다. 그는 자신의 감옥 생활을 《천로역정》을 쓰는 데 바쳤다. 1672년 3월 찰스 2세가 비국교도들에 대해 관용 선언을 공포함에 따라 번연은 석방되었다. 베드퍼드셔 공동체는 '하나님께 기도로 많이 간구한 뒤' 1월에 이미 그를 자기들의 목사로 선출해 놓았고 새로운 집회장소도 얻어 놓았다. 5월에 번연은 25명의 다른 비국교파 목사들과 함께 베드퍼드셔와 주변 마을에서 설교하도록 허락받았다.

《천로역정》은 1678년 너새니얼 폰더가 출판했다. 이 책은 옥중에서 성경을 읽고 기도하다가 받은 계시와 꿈으로 본 것을 기록한 책이다. 역사가 매콜레이는 "존 번연이 이 책을 쓸 때 문장 형식을 참고할 만한 책은 없었다. 다만 영어로 번역된 성경이 유일한 참고서였다. 그는 단어조차 틀리게 쓴 것이 많았고 문법적으로 틀리는 것도 많았다. 그러나 성령의 감동과 계시는 모든 지식의 부족함을 보충하고도 남음이 있었다"라고 했다. 이 책은 여러 세대 동안 독실한 신자에게 성경 다음으로 사랑받는 작품이 되었다.

이 작품은 작자인 존 번연의 내면적 고민, 즉 신앙상의 갈등을 비유법을 써서 누구나 쉽게 읽고 깨우쳐 알도록 한 일종의 고백 문학이다. 《천로역정》은 어떤 굴 속에서 잠을 자다가 한 꿈을 꾸는 데서부터 시작된다. 그 책의 요점은 삶의 여정 안에서 길을 잘 알지 못한다는 것이다. 그래서 도와줄 안내자를 찾게 된다. '크리스천'이 가는 길에는 갖가지 유혹, 고난, 시련 그리고 위협이 기다리고 있다. 악덕과 부패와 싸워야 하고, 때로는 무고하게 감옥에 갇히기도 한다. 급기야는 죽음도 각오해야 하는 극한 상황에 맞닥뜨리기도 한다. 하나님과 함께하는 여정 동안 많은 유혹들이 있고 길을 잃게 된다. 이러한 과정 속에 우리는 하나님의 인도와 공급하심을 바라며 하나님을 의뢰하게 되고, 그분의 자비와 섭리로 딜레마에 부딪힌 그때에 적합한 해결책을 찾게 되는 것을 보여주고 있다.

번연은 각각의 유혹이 지닌 힘을 이해하라고 했다. 그래야만 그 유혹에 저항하는 힘이신 하나님을 의지할 수 있다는 것이다. 《천로역정》의 결론은 선한 싸움을 끝내지 못하고 혈과 육과 정사와 권세에 대해서도 싸우고 있음을 말한다. 기독교인은 우리가 내리는 결정, 우리가 채택한 대안, 이겨낸 도전, 대면한 기회 등 이 모든 것이 어떻게 하나님과 함께하는 삶에서 의미를 발견하는 데 기여하는지를 이해해 주는 모델이다. 《천로역정》에서 장소 이름과 인물 이름은 모두 성경에서 가져온 개념어(槪念語)이다. 이것은 작품이 우의성을 짙게 띠고 있음을 말해 준다. 또한 수없이 많은 성경 구절을 인용하고 있다. 이것이 《천로역정》의 특색이기도 하다.

이 《천로역정》은 세계 100여 개 나라에서 번역되었다. 우리나라에서도 번역되었다. 때는 1895년이었다. 캐나다 선교사로서 한국에 파송되었던 기일(奇一, Samuel Gale)이 번역했는데, 그 당시 제목으로는 《텬로력뎡》(天路歷程)이었다. 이 제목은 중국어 번역에서 따온 것으로, 번역한 사람은 유명한 중국 선교사 윌리엄 번즈였다. 이 책이 현대에 번역될 때에는 "하늘 가는 길"이라고 했다. 문성모 목사는 직역해서 "순례자의 여로"라고 했다. 이것은 국내 유일의 구한말 국배판 기독교 서적이었다. 이 책에는 기산(箕山) 김준근(金俊根)이 판화를 그렸고 원산에서 목판으로 인쇄했다. 상하 두 권으로 되었는데 그 속에 우리나라 최초의 근대 판화 수십 장이 수록되었다. 이 책은 근대 출판물 중 번역 소설로는 최초의 것으로 알려져 있다.

특히 일부의 판화에서는 원근법을 사용했을 뿐 아니라 등장인물도 우리나라 인물로 한복과 갓을 썼다. 또 천사의 모습은 우리의 고전에 나오는 선녀를 연상케 하는 것이었다. 이 판화들은 기독교적이라기보다 유불선(儒佛仙)적인 분위기가 짙다. 소위 '기독교의 토착화'를 시도한 '민족적 주체성'을 담고 있다는 게 기독교 관계자들의 설명이다.

또 다른 책 《천국과 지옥》이 있다. 이 책은 세 부분으로 나누어진다. 1부에서는 천국에 대해서, 2부에서는 지옥에 대해서 묘사한다. 그리고 마지막 부분은 번연의 생애에 대해 다루고 있는데, 먼저 천국을 다루는 1부에서 주인공 에페네투스는 천사의 인도로 엘리야와 옛 친구 그리고 어머니를 차례대로 만나면서 궁금했던 질문들을 그들과 나눔으로써 궁금증들을 해소한다. 그들은 육신의 몸을 입고 있는 주인공에 대해 의아해하면서도 자신들이 알고 있는 하나님에 대해 얘기한다. 그러면서 그분이 영광과 찬양을 받기에 합당하신 분이심을 설명한다.

지옥을 다룬 2부에서는 지옥의 비참한 상태를 묘사할 뿐만 아니라 무신론자였던 홉스를 만나 설명을 듣는데, 지옥도 역시 사탄이 통치하고 있지만 하나님의 계획과 공의가 드러나는 곳임을 알게 된다. 사실 지옥에 대한 묘사가 그 어떠한 것보다 섬뜩했다. 그곳에 와 있는 사람들의 탄식과 절망이 읽는 내내 마음을 어둡게 했다. 책의 마지막 부분인 '존 번연의 생애'를 다룬 28쪽은 그가 어떤 사람이었는지, 어떤 삶을 추구하며 살았는지, 그의 생애를 짧지만 구체적으로 기록하였다.

이 책은 신앙의 여정일 수도 있지만 동시에 우리 삶의 여정이기도 하다. 긴 방황의 터널을 통과하여 안착해야 할 '하늘의 도시'는 아직 멀기만 하다. 주인공은 그 긴 과정을 무거운 짐(죄)과 책(성경)을 들고 통과한다. 그 두 가지 물건은 그의 여정의 원인(죄)인 동시에 결과(성경)이기도 하다.

번연은 여기서 또 다른 책을 소개하는데, 그것은 《기도》이다. 그의 기도는 하늘의 문을 여는 열쇠이다. 존 번연이 보여준 영적 갈등은 사실 그의 기도 생활에 뿌리를 두고 있다. 그의 기도에 대한 열정인 체험과 고백은 우리 영혼을 회복시켜 주는 계기가 된다. 번연은 하나님에 대한 친밀감이 넘치는 경건한 작가이다.

번연이 쓴 《하늘 문을 여는 기도》가 있다. 기도는 하나님의 영에 의해 하는 것이라고 번연은 말한다. 기도는 하나님의 거룩하심, 사랑하심, 하나님의 영광을 위해 그리스도 안에 거하기를 갈망하는 것이라고 썼는데, 정작 번연은 은혜의 보좌에 대해 올바로 알 수 있을 때까지 쉬지 말고 기도하라고 권면한다. 무엇보다 기쁘고 감사한 소식은 예수님이 중보자가 되어 예수님을 통해 하나님 앞에 나아오는 자는 은혜의 보좌 앞에 담대히 나갈 근거를 지닐 수 있다는 것이다. 우리는 예수님의 은혜 없이 살 수 없다. 우리 자신은 항상 때를 따라 주시는 도움을 얻어야 하는 존재이며, 더욱더 많은 은혜를 위해 은혜의 보좌 앞에서 계속하여 간구해야 한다. 전체적으로 책을 읽어 볼 때 내용이 쉽지는 않다. 단지 입으로 기도하는 것이 아닌 성령님께서 친히 간구하시는 것, 그것이 나의 기도가 되기만을 간절히 소망한다.

번연은 기도를 다섯 가지로 정의했다.

1. 기도는 하나님께 우리의 영혼을 신실하게 쏟아 붓는 것이다.
2. 기도는 신실함과 분별 있는 것을 우리의 마음과 영혼에 쏟아 붓는 것이다.
3. 기도는 애정 깊은 우리의 영혼을 하나님께 쏟아 붓는 것이다.
4. 기도는 성령의 도움으로 예수님을 통해서 하나님께 마음과 영혼을 쏟아 붓는 것이다.
5. 기도는 교회의 유익을 위하여 하나님의 뜻에 순종하는 것이다.

또 번연의 책으로 《미스터 뱃맨의 일생》이 있다. 제목 그대로 '악한의 생애'이다. 목차를 보면 "1. 두 신사의 등장 2. 유년 시절, 소년 시절 3. 도제 시절(徒弟時節) 4. 독립, 결혼, 생활, 자녀들 5. 빚, 파산, 부정한 계책, 매점 6. 교만심, 허식, 투기, 무지, 거짓, 회개, 아내의 죽음, 재혼 7. 죽을병, 완강한 태도, 안락사, 죽을 때의 상황과 구원" 등이다.

이 《미스터 뱃맨의 일생》에 대하여, 역자인 박화목 씨가 역자 후기에서 밝힌 말은 타당하다고 본다. "이 작품은 《천로역정》처럼 우의성을 띤 상징적 작품이 아니고 차라리 리얼리즘 문학이라고 해도 좋을 악인의 전형적인 인간상을 여실히 부각시켰다고 보는 것이다. 따라서 이 작품은 《천로역정》과는 다분히 대위적인 작품으로 간주할 수 있다. 또한 두 인물의 대화 형식으로 구성한 점은 사뭇 희곡의 직선적인 전달의 효용을 의도했다고 생각된다."

번연은 오랜 방황 끝에 주님을 영접하였지만, 그는 하나님의 말씀을 증거하는 일에 조금도 소홀함이 없었다. 12년이란 긴 세월 동안 감옥에 갇혀 있었지만, 그 기간은 그를 하나님께 더 가까이 다가가게 하였다. 그가 자유롭게 활동하던 기간에 이룬 결과보다는 12년이란 고난의 기간 동안 저술한 《천로역정》을 비롯한 저서들이 후세 사람들에게 더 큰 영향을 주었다. 그는 사람들이 처한 환경이 어떠하든 하나님께 헌신할 때 주님의 뜻을 이룰 수 있다는 것을 보여주었다.

베드퍼드셔 공동체는 '그리스도에 대한 믿음과 거룩한 생활'을 고백하는 교회였다. 그는 평신도 설교자로서 영적인 고민에서 해방된 지 얼마되지 않았기에 다른 사람들을 경고하고 위로하는 데 적임자였다. 그는 쇠사슬에 묶인 사람들에게 설교하기 위해 자신도 쇠사슬에 묶인 채 그들에게 갔고, 그들에게 주의하라고 설득하기 위해 양심에서 얼마 전에 타오르던 불을 담아 갔다. 그리고 교인들을 방문하고 열심히 격려했다.

그의 목회는 하나님의 말씀 전파, 성도의 섬김과 교회의 조직적 행정 등을 포함한다. 번연은 설교를 통해 하나님의 말씀을 공적으로 선포하였다. 그의 설교는 평민과 지식인, 심지어 국왕인 찰스 2세까지도 인정할 정도였다. 번연은 베드포드셔 교회뿐만 아니라 대도시에서도 설교했다.

그의 설교 특징은 충분한 성경 연구와 기도로 준비되었다는 것이다. 그는 하나님의 뜻을 순종하기 위하여 그리고 교회의 유익을 위하여 기도하였다. 그는 기도 중에 성령의 능력과 도우심을 간구했으며, 진실하고 의미 있게, 간절히 자신의 영혼을 하나님께 쏟아 놓았다. 설교가 시작되면 열렬하고 정열적으로 말씀을 선포했다. 그는 자신이 하나님의 말씀에 순종하고 그 순종한 결과가 어떻게 나타났는지 확신을 가지고 단순하고 소박한 일상 언어로 증거하였다.

심방도 중요했다. 번연은 자신이 필요한 곳이라면 어디나 찾아갔다. 고난과 어려움을 당한 성도들을 권면하고 위로하였고, 영적으로 침체한 자들을 찾아가 '하나님의 말씀의 젖을 공급함으로' 그들을 성장시켰다. 병자를 찾아가 기도해 주었고, 불화하는 가정을 심방하여 화목하게 하였으며, 분쟁하는 곳에 뛰어들어 화해의 사도가 되었다.

번연은 유능한 조직적인 행정 능력자였다. 그의 집회 규모가 커지자 더 큰 예배당이 필요하였다. 1672년 8월 예배당 건축 대지를 성도들의 자발적 헌금으로 구입하였고, 1707년 6월 헌금 400파운드로 예배당이 건축되었다. 비록 번연이 죽은 후에 완공되었지만 그가 모든 기초를 놓았다. 이 예배당은 1,000명 이상을 수용할 수 있었다. 이것은 한마디로 번연의 영적 지도력을 증명한다. 당시 성도들은 번연을 존경하였다. 그가 교회를 부흥시켰으며, 설교가 훌륭해서 런던에서도 큰 집회를 가졌다. 그의 성도들이 설교에 감명을 받았다는 말을 자주 했다.

찰스 2세는 대설교가인 존 오웬 박사가 런던에서 종종 번연의 설교를 경청한다는 말을 듣고 존 오웬 앞에서 놀라움을 표시했다. 이때 존 오웬은 "폐하, 만일 저에게 그 땜장이의 재능이 있다면 기꺼이 저의 학문을 포기하겠습니다"라고 했다. 그는 기도 중에 성령의 능력과 도우심을 간구했으며, 진실하고 의미 있고 간절하게 자신의 영혼을 하나님께 쏟아 놓았다.

그의 설교는 훌륭했으며 성도들의 고난의 자리를 찾아갔고, 조직 운영을 잘해서 베드포드셔 교회뿐 아니라 지역 교회를 연합해서 공동 신앙에 공헌했다. 그래서 그를 '번역 감독'이라 불렀다.

번연의 생애보다 더 높은 산맥이 있다. 그것은 《천로역정》으로 그가 감옥에서 쓴 글이다. 종교적 우화 소설인 《천로역정》은 그가 스스로 밝혔듯이 특별한 목적 없이 실이 풀리듯 쏟아져 나오는 생각들을 정리한 것이다. 1678년에 펴낸 1부는 1685년까지 10판이 출판되었고, 6년 후 2부를 발표했다.

꿈의 형식을 빌린 이 작품은 영원한 목표를 찾아가는 크리스천의 순례가 1부에, 크리스천을 따라 순례길에 오른 아내 크리스티나와 네 아들 이야기가 2부에 담겨 있다. 비유와 상징, 그리고 대화체를 활용한 이 작품은 영문학사에서 셰익스피어의 영어가 살아 있는 유일한 작품으로도 꼽힌다.

이 작품에는 그의 은혜로운 신앙 체험이 풍부하다. 《천로역정》은 크리스천의 투쟁과 승리를 그린 것이므로 거기서 그의 신앙체험을 찾아볼 수 있다. 동시에 하나님의 은총이 그에게 풍부하게 임한 것을 알 수 있다. 그의 신앙적 체험이 심오했음을 볼 수 있으며, 또 그의 무거운 인생의 죄짐이 십자가 밑에서 풀려 나간 일, 그가 부율라의 땅에까지 이른 신앙 체험을 엮었다.

이 작품은 죄로 말미암아 멸망할 수밖에 없던 인간이 천국으로 가는 순례의 길을 보여준다. 《천로역정》은 게일 선교사에 의해서 한국어로 번역되었다. 많은 이들이 읽고 은혜를 받았다. 이성봉 목사가 부흥회를 인도할 때 낮 성경 공부 교재로 《천로역정》을 사용했다.

이성봉 목사는 열정적으로 강의했다. 그야말로 어린이들에게 동화를 들려주듯 《천로역정》을 드라마틱하게 엮어서 전달했다. 그러면서 그 책에 나오는 많은 성경 구절들을 해석했다. 거기에 성경적 내용을 모두 예로 들었다. 특별히 크리스천이 죄짐을 지고 가는 그 처참한 모습을 강조했고, 드디어 십자가 밑에서 죄짐을 내려놓았을 때 그 감격과 환희를 표현하는 데 특별한 은혜가 있었다. 《천로역정》은 저 높은 곳을 향해 가는 작품으로서, 신앙인들이 세상을 죄악으로 처치하는 경건주의적 신앙으로 몰아넣는다고 염려하는 이들이 있다. 그러나 분명한 것은 모든 인생은 '천로역정'적인 삶을 살고 있다는 것이다.

번연은 천하고 가난했으며, 그래머 스쿨에서 읽고 쓰는 것만 배웠다. 그런데 하나님이 그를 택하셨다. 그가 말씀을 전했을 때 많은 사람들을 감동시켰고 회개하게 했다. 그의 설교는 신학교에서 배운 것이 아니었다. 그는 항상 성경을 혼자 묵상하고 연구해서 설교했다. 그가 쓴 《천로역정》은 쉬운 표현으로 되었다. 그의 지식은 대학에서 얻은 것이 아니었다. 주님께로부터 받은 것이었다. 그는 감옥에서 깊은 영적 명상으로 얻은 내용을 표현했다.

하나님께서는 약하고 무지한 자를 통해서 하나님의 높은 진리를 나타내신다.

> "하나님께서 세상의 미련한 것들을 택하사 지혜 있는 자들을 부끄럽게 하려 하시고 세상의 약한 것들을 택하사 강한 것들을 부끄럽게 하려 하시며 하나님께서 세상의 천한 것들과 멸시 받는 것들과 없는 것들을 택하사 있는 것들을 폐하려 하시나니 이는 아무 육체도 하나님 앞에서 자랑하지 못하게 하려 하심이라"(고전 1:27-29).

1688년 8월 여러 교회를 순회하면서 설교하던 중에 부자간의 불화로 문제가 생긴 가정에 가서 화목하게 하고 돌아오는 길에 폭우로 인해 열병에 걸렸는데 폐렴이 되었다. 그는 건강한 사람이었다. 10일 후 즉 8월 31일 런던에 있는 친구 존 스트루드윅(John Strudwick)의 집에서 눈을 감았는데 60세였다. 최후의 말은 "오, 주님, 나를 받아주소서. 내가 이제 당신께로 갑니다"였다.

　그가 옥살이를 했던 감옥 건물은 없어졌으나, 그 터에는 "John Bunyan was prisoned 12Years, as I slept I dreamed a dream"라고 쓰여 있다. 그의 유해는 런던의 유명한 비국교도 묘지인 번힐 공동묘지에 안장되었는데 오늘날까지 많은 사람들이 그의 묘를 찾고 있다.

　그는 성품이 엄격한 것 같지만 말은 온순하고 은근하여 사사로운 자리에서는 별로 말을 하지 않으며, 말할 기회가 되면 말하는 사람이었다. 그는 자기가 한 일에 대하여 조금도 자랑하지 않고 오히려 겸손하고 순종하는 자세를 갖고 있었다. 사람들이 분쟁하면 화목하게 하는 재주가 있었고, 다른 사람과 친하게 지냈다. 눈동자가 맑아서 총명하게 보였고, 사람을 보고 잘 분별하기 때문에 잘못된 사람들에 대하여 지혜롭게 말해서 감동시켰다. 골격이 굵고 몸이 비둔하지 않고 얼굴은 붉고 눈에 정기가 있어 지혜롭게 보였다. 키는 크고 머리카락은 조금 붉더니 노년에는 희었으며 수염은 위에만 있고 입술은 조금 크고 이마는 높고 넓으며 의복은 검소했다.

　그의 작품인 《천로역정》은 진보주의 신학자들에게는 별로 인기가 없다. 왜냐하면 현실을 부정하고 피안적 신앙을 강조하기 때문이었다. 현실주의자들은 이 땅에 천국을 이루어야 한다고 주장한다. 오늘 우리는 기독교 신앙에서 천국을 버릴 수 없다. 그리고 이 세상은 순례로 여긴다. 그러므로 지나가는 길이요, 재물과 명예와 기쁨의 행동들은 모두 지나가는 것일 뿐이다. 그러므로 기독교 신앙은 성경을 기초로 하는데 예수님께서 "회개하라. 천국이 가까이 왔느니라"고 하신 말씀을 기억하고 현실을 부정하지 않는다. 현실에서 시험과 고난을 겪으면서 그것을 극복하고 승리하는 삶이 천국 가는 신앙인의 삶이라고 여긴다.

02 존 뉴턴
(John Newton, 1725-1807)

〈Amazing Grace〉를 작사한 목회자

　18세기 중반부터 영국에 부흥 운동이 일어났을 때 조지 휫필드와 존 웨슬리가 중심인물이었다. 존 뉴턴은 웨슬리보다 휫필드의 영향이 더 컸다. 그 이유는 그가 칼빈과 휫필드의 복음주의 신앙을 이어받았기 때문이다. 그는 복음주의 신학자였다. 그래서 영국의 복음주의에 대한 글을 써서 크게 기여했다.

　존 뉴턴은 1725년 지중해에 접해 있는 여러 나라들을 운항하며 장사하던 한 상선 선장의 외아들로 태어났다. 그의 어린 시절은 불행했다. 6세 때 어머니가 폐병으로 죽었다. 그리고 학교에 다니는 것이 별로 재미없어서 공부도 제대로 하지 못했다. 17세에 아버지의 배에서 일하기 시작했다. 그는 강제 징집되어 해군에 입대했다. 그는 훈련을 잘 받지 않았으며 군 생활 규칙을 지키지 않았고 탈영하다가 체포되었다. 장기 복역이라는 처벌을 면하기 위하여 노예의 노예가 된다는 조건으로 군에서 나왔다.

　한 노예선의 흑인 선장에게 노예 아내가 있었는데 그는 그녀의 노예가 되었다. 그녀에게 말할 수 없는 학대와 고통을 겪었다. 뉴턴은 그 흑인 여자를 주인으로 섬기지 않았을 뿐 아니라 오히려 천시했다. 선원 생활이란 거칠고 방탕한 삶이 될 수밖에 없었다. 그는 타락한 자였고 방탕아였다. 그는 포악해졌고, 거칠어졌으며, 부도덕해졌다. 이런 생활이 계속되니까 아버지도 그를 버렸다.

그럼에도 불구하고 뉴턴은 정신을 차리지 못하고 계속 성격이 강팍해져서 고용주와의 충돌이 계속되었으며, 온갖 죄를 짓다가 끝내는 감옥에 들어갔다. 그는 회복할 가능성 없이 타락했으며 계속 노예선에서 일했다. 그는 아프리카 서부 시에라리온의 해변 마을을 돌아다니며 맥주, 사과술과 맞바꾼 노예들을 카리브해 농장에 팔았다. 흑인들은 노예 상인들을 '음웨네 푸토'(사람 잡아먹는 사람)라고 불렀다. 백인들이 흑인을 끌어다가 잡아먹는다고 생각했기 때문이다. 뉴턴은 그렇게 부도덕한 생활을 했다.

노예 상인은 인간을 매매했기 때문에 인간 이하의 삶을 살았다. 흑인들을 4-6개월씩 걸리는 항해 중 땅콩을 먹였다. 땅콩은 아프리카 세네갈 감비아 서부에 널려 있었다. 값이 싸고 열량이 많아 노예들의 허기를 해결하는 데 적절했다. 지금도 남아 있는 노예선들에는 배 밑바닥에 갇혀 있던 노예들에게 땅콩을 굴려 주던 홈들이 남아 있다. 영국의 노예 무역은 1807년 노예 거래 금지법이 만들어지면서 해결됐다. 그러나 노예 해방은 되지 못했다. 집에 팔린 노예들은 여전했다. 그 후 노예 해방은 1870년대에 와서 이루어졌다.

뉴턴에게 회개의 기회가 왔다. 노예선에서 일하고 노예를 팔 때 어쩌다 토마스 아 켐피스의 《그리스도를 본받아》를 읽게 되었다. 또 하나의 원인은 영국으로 가는 배에 올랐을 때 북대서양에서 극심한 폭풍을 만나게 되어 거의 침몰하게 되었다. 그것이 뉴턴에게는 계시의 순간이었으며, 그는 하나님께로 돌아왔다. 그 후 그의 마음에 폭풍우가 일기 시작했다. 칠흑같이 어두운 마음에 그리스도의 빛이 비쳤다. 30여 년간 죄라고 하는 죄는 모두 지은 그 무섭고 캄캄한 삶이었지만 우연히 읽은 한 권의 책 속에서 그는 주님의 음성을 듣게 되었다. 그리스도의 밝은 빛이 비칠 때 그는 여지없이 무너지고 말았다. 그는 하나님께로 돌아왔다. 그 후에도 몇 해 동안 노예 매매를 계속하다가 바다에서의 생활을 그만두었다.

뉴턴은 파란만장한 선원 생활을 끝내고 1750년 2월 어머니의 옛 친구의 딸인 메리 케틀릿과 결혼했다. 그리고 약 22,000명의 인구가 사는 노예 항구 리버풀에서 파도 조사원이 되었다. 그가 원했던 직업이었다. 그것은 그에게 많은 여가와 스스로의 방법대로 살 수 있는 자유를 주었다. 이때 뉴턴은 위대한 복음 전도자인 조지 휫필드(George Whitefield)의 설교를 들었고, 윌리엄 그림쇼(William Grimshaw), 헨리 벤(Henry Venn) 같은 복음주의 부흥 운동의 지도자들을 만날 수 있었다.

예수 그리스도의 십자가 외에는 아무것도 알지 않기로 결심하고 이를 위한 노력으로 여러 가지 항목을 마련했다. 첫째로, 신약과 그리스어역 구약성경을 이해할 수 있도록 그리스어를 충분히 배우는 것이었다. 어느 정도 진행된 후 히브리어를 배웠고, 2년 후에는 시리아어 공부를 시작하여 성경을 깊이 연구하였다. 이 모든 연구와 더불어 라틴어, 영어, 그리고 배에서 혼자 배운 불어로 신학 부문의 최고 서적들을 계속 읽어 나갔다. 2-3년 후에는 주로 글을 쓰는 데 시간을 보냈고,

성경 외의 다른 책들을 많이 읽을 시간은 갖지 못했다.

악몽에서 깨어난 그는 "우리가 매일 그날에 져야 할 짐만 진다면 쉽게 감당할 수 있다. 그러나 어제의 짐을 오늘의 짐에 겹쳐 진다면 너무나 무거울 것이다. 하물며 내일의 짐까지 그 위에 겹쳐진다면……"이라고 회상했다. 그는 "많은 사람들이 죄의 근원에 대해 골치를 앓고 있다. 나는 죄가 있지만 그것을 피하는 길이 있는 것에 만족한다. 나는 그것으로 시작하여 그것으로 끝난다. 세상에는 실망하는 일이 많다. 그러나 믿음의 사전에는 그런 단어가 없다. 세상 사람에게 가는 실망이 신자들에게는 하나님에게로 가까이 가는 길이 된다"라고 했다.

그는 드디어 노예 매매상으로 아프리카에서 3년 동안 노예보다 더한 노예가 되었었다. 이제 구원 받은 사람으로 '솔리 데오 글로리아'(Soli Deo Gloria), 오직 하나님의 영광을 위해 살기로 했다. 지난날의 죄인을 구원하신 하나님을 즐거워하는 삶이었다.

1764년 나이 39세에 버킹엄셔 올니(Olney)에서 부목사가 되면서 그의 여생을 완전히 하나님께 바쳤다. 15년간 올니에서 하나님의 종으로 교회를 목회했고 많은 찬송가를 썼다. 그 후 그는 변호사이며 시인인 카우퍼(William Cowper)와 함께 '올니 찬송가'(Olney Hymns)를 편찬하여 영국 교회(Anglican Churches)에서 널리 사용하였다. 카우퍼의 작시로 한국 교회에 소개된 찬송은 〈주 하나님 크신 능력〉, 〈샘물과 같은 보혈은〉이 있다. 그는 뉴턴 목사의 지도하에 빈민을 돕는 일을 열심히 했다.

올니 교회에는 뉴턴의 흔적이 많이 있다. 그는 그리스도가 나를 구원하신 위대하신 구주라고 믿었다. 그의 과거와 관계있는 성구들을 올니 목사관 벽난로 위를 선반으로 만든 곳에 새겨 놓은 글귀가 있는데 지금도 남아 있다.

"네가 내 눈에 보배롭고 존귀하며 내가 너를 사랑하였은즉"(사 43:4).

"너는 애굽 땅에서 종 되었던 것과 네 하나님 여호와께서 너를 속량하셨음을 기억하라"(신 15:15).

옥스퍼드에서 케임브리지로 가노라면 올니(Olney)라는 촌이 있다. 작은 마을이지만 기독교사에 중요한 곳이다. 올니 광장을 지나면 아름다운 찬송을 많이 작사한 윌리엄 카우퍼의 집은 박물관이 되었고, 그의 개인 용품은 모두 귀중한 진열품이 되어 있다.

존 뉴턴의 생애에서 가장 크고 중요한 것이 그의 회개다. 왜냐하면 그는 젊어서 해군으로서 군법을 어겼으며, 인류 역사상 가장 악독한 죄악으로 인정하는 노예 상인이었다. 그러던 사람이 회개했다는 것은 큰 변화의 역사였다.

1966년 어느 주일 케임브리지 집회에 가던 빌리 그레이엄 목사가 이곳 '올니'를 지나다가 존 뉴턴 목사가 생각났다. 그가 목회하던 교회에 가서 묘지를 찾았다. 고요하기만 한 그의 무덤은 풀들이 무성해서 아무것도 알아볼 수 없었는데, 그의 큰 묘비만이 우뚝 서서 그의 누워 있는 곳을 짐작하게 했다. 그의 묘비에는 다음과 같이 쓰여 있었다.

"한때 이교도였고, 방탕했으며 아프리카 노예의 종이었던 존 뉴턴은 우리 주 예수 그리스도의 풍성하신 자비로 살아남게 되었고, 소생케 되었으며, 용서를 받아 오랫동안 그가 멸하려고 수고했던 그 신앙을 전할 사명을 받았다. 근 16년간 버킹엄셔 올니(Olney)에 있었고 27년간 교회에서 시무했다."

뉴턴은 노예 상인으로 산 것을 회개했다. 회개의 동기는 노예 상인이면서도 배 안에서 책을 읽었는데 그중에 토마스 아 켐피스의 《그리스도를 본받아》가 있었다. 거기서 큰 충격을 받았다. 그리고 노예상의 삶을 접고 돌아오는 항해에서 큰 풍랑을 만나 죽을 수밖에 없는 자리에 있었다. 거기서 "주여, 나를 불쌍히 여기소서"라는 기도를 드렸다. 그는 풍랑에서 살아났다. 그때 하나님이 자기의 기도를 들으셨다고 믿었다.

이제 그는 잘못 보낸 과거의 삶을 뉘우쳤고, 하나님의 말씀에 가치를 두었으며, 더 이상 과거와 같은 방탕자는 아니었으나 그의 생활은 쉽게 변화되지 않았다. 그의 입에서 나가는 말은 헛되고 어리석은 말이었으며, 자주 마음속에서 송사가 있었지만 급히 타락의 길로 떨어져 하나님을 모독하는 삶이 계속되었다. 그러나 변화된 존 뉴턴은 주님의 뜻을 위해 살기로 결심했다. 노예제도를 철폐하기 위하여 많은 노력을 아끼지 않았다.

영국인들의 아프리카 노예 무역은 1562년 존 호킨스가 시작했다. 시에라리온에 배 세 척을 끌고 가 잡아들인 흑인들을 카리브 해의 스페인 정착민들에게 팔아넘겼다. 존 호킨스는 나중에 프랑스의 무적 함대를 물리친 공로로 엘리자베스 1세로부터 기사 작위까지 받았다. 이후 300여 년간 영국인들이 아프리카에서 미국과 남미로 끌고 간 흑인만 300만 명에 이르렀다.

"너는 애굽 땅에서 종 되었던 것과 네 하나님 여호와께서 너를 속량하셨음을 기억하라 그것으로 말미암아 내가 오늘 이같이 네게 명령하노라"
(신 15:15).

이 구절은 노예 처우에 대한 이스라엘의 율법 중 일부다. 노예제도는 고대 사회에서 통용되는 관습이었고, 노예는 50년이 지나 자유의 몸이 되고 새 삶을 시작하는 데 필요한 물품을 공급받는다. 이러한 율법은 이집트에서 종살이를 했던 이스라엘 민족의 경험을 토대로 한 것이다.

존 뉴턴이 생전에 많은 일을 했던 것은 의심할 여지가 없다. 한때 노예 상인이었던 그는 〈Amazing Grace〉를 비롯하여 주옥 같은 찬송들을 남겼고, 존경받는 목사로서 노예제도 폐지 운동에 투신했다. 그에게 무엇보다 중요한 건 '내가 무엇을 했느냐가 아니라, 하나님이 나를 위해 무엇을 하셨는가'였다. 그는 결코 이 점을 잊지 않았다. 목사로 임명되었을 무렵 뉴턴은 "네가 내 눈에 보배롭고 존귀하며 내가 너를 사랑하였은즉 내가 네 대신 사람들을 내어 주며"(사 43:4)와 "너는 애굽 땅에서 종 되었던 것과 네 하나님 여호와께서 너를 속량하였음을 기억하라"(신 15:15)는 말씀을 기억하였다.

미국에서 에이브러햄 링컨 대통령이 노예 해방을 위해 남북 전쟁을 하기 반세기 전 영국에서 노예 제도가 먼저 폐지되었다. 이는 한 의로운 그리스도인 정치가의 평생 투쟁이었다. 그 정치가의 이름은 윌리엄 윌버포스이다. 영국의 노예 무역 철폐 운동은 윌리엄 윌버포스의 공이 크다. 그는 케임브리지 대학 출신으로 불과 21세에 국회의원이 되었다. 25세에 '거듭남'을 체험한 후 1787년부터 노예 제도 폐지에 목숨을 걸었다.

그러나 당시 노예 제도 폐지를 주장한다는 것은 무모한 일이었다. 넬슨 제독도 노예 무역에 대해서 찬성하고 있을 정도였고, 많은 정치가들, 귀족들이 노예 제도로 직간접적인 이익을 취할 때였다. 그는 동료 정치가들의 무시와 조직적이고 물리적인 압력에도 불구하고 기회가 있을 때마다 노예 무역 제도와 노예 제도 폐지를 주장하였다.

그가 10년 동안 9차례나 발의한 노예 무역 폐지 법안은 1807년에 통과되었으며, 1833년 윌버포스가 뜻을 세운 지 56년 만에 영국 의회는 노예 제도를 영원히 폐지하는 법안을 통과시켰다. 당시 의회에 모인 상하원의원들은 윌버포스에게 한없는 존경과 찬사를 보냈다. 그로부터 열흘 후에 그는 하나님의 부름을 받았다. 윌버포스는 사형제 제한, 아동 노동 폐지, 교도소 환경 개선을 위해 싸우기도 했다.

그러나 영국 내 노동자들의 권익 향상이나 노조 활동 문제에 대해서는 비교적 보수적인 입장을 고수했다. 노예 제도 폐지 운동은 런던에 운동본부를 두고 지방에 지부를 두는 식으로 전개됐다. 당시로서는 혁신적인 방식이었다. 이 운동 방식은 전 세계 민권 운동 조직의 원형이 되었다.

존 뉴턴은 윌버포스에게 큰 영향을 끼쳤다. 윌버포스는 당초 정계를 은퇴하고 성직자가 되려고 했다. 그런 윌버포스를 설득해서 노예 제도 폐지를 위한 의정 활동에 매진하도록 독려한 게 바로 뉴턴이었다. 영국의 노예 무역은 1807년 노예 거래 금지법이 의회를 통과하면서 불법이 됐다. 그러나 밀매매는 한참 계속되었고, 1870년대가 되어서야 끝났다.

삶에 사명감이 결여되고 매일 반복되는 삶에 지쳐 있고, 한때의 열정과 헌신을 망각하고 그냥 하루하루를 살아가는 그리스도인이 있다면 거대한 사회악에 대항한 그리스도인, 영성과 실력을 겸비한 평신도, 총체적 구조악 속에서도 포기하지 않은 그리스도인으로 기억되는 윌버포스의 삶에서 영감을 얻을 수 있을 것이다. 많은 사람들이 영국 사회를 개혁하려는 이러한 윌버포스의 헌신적인 노력에 감동해 그를 '영국의 양심'이라고 불렀다.

그의 영향으로 영국의 젊은 국회의원 3분의 1이 복음주의 기독교인이 되었다. 그 당시 영국은 노예 무역을 통해 국가 수입의 3분의 1을 얻고 세계 최고의 해군력으로 아프리카 흑인들을 잡아들였다. 그는 암살 위협, 중상모략과 비방에도 굴하지 않고 끝까지 매진했다. 결국 의회에서 싸운 50여 년 만에 '노예무역 폐지'라는 쾌거를 이루었다.

뉴턴의 생애에는 세 가지 특징이 있다. 첫째로, 그는 영국 교회의 복음주의자로 크게 기여했다. 18세기 초 영국은 종교적, 도덕적으로 쇠퇴하고 있었다. 오랫동안 영국은 암흑과 이교주의 속에 침체해 있었다. 무절제와 부도덕, 범죄와 폭력이 점차 시대의 대명사처럼 되어 갔다. 국교회는 죽은 상태에 있었기 때문에 소금이 되어 영국을 부패로부터 보존하기는커녕 인간의 욕망에 대하여 부과한 절제의 계명들을 약화시킴으로써 가뜩이나 비윤리적인 영국 사회를 더욱 혼란에 빠뜨렸다.

강단의 설교는 자연 신학과 냉랭한 윤리주의였다. 이것은 교회를 일깨우고 범죄를 막아내는 데는 너무나 무기력했다. 국가가 구원받기 위해서는 교회가 먼저 부흥되어야 한다. 바로 그 일이 일어났다. 육체의 무기가 전능자의 무기를 이길 수 없다. 하나님께서 강력한 부흥 운동을 일으키시자 50년 만에 이 땅의 종교적, 윤리적 삶이 변화되었다.

이 대부흥 운동이 전적으로 성령의 사역인 것은 사실이지만 하나님은 그 변화를 일으키실 때 인간을 도구로 사용하셨다. 조지 휫필드와 존 웨슬리의 영향이 컸다. 윌리엄 그림쇼, 존 베리지, 다니엘 로랜즈, 윌리엄 로마니와 같은 탁월한 동시대인들도 있었다. 부흥 운동이 퍼져감에 따라 제2세대의 지도자들이 출현했다. 존 뉴턴은 영국 국교회 목사였으나 복음주의 운동의 영적 지도자였다.

뉴턴은 사도 바울과 같은 점이 많다. 찬송 〈나 같은 죄인 살리신〉((Amazing Grace)은 그의 실제 회개 간증이며, 그의 신앙 생활에 있어서 감격의 눈물이다. 이 찬송의 첫 절은 그의 다른 시 '그는 나를 위하여 돌아가셨다'이다. 하나님의 은혜는 거저 주시는 것이라고 그는 정의했다. 존 뉴턴에게 내려 주신 은혜가 바로 그것이었다. 그는 그리스도가 자기를 사랑하셔서 자기 같은 죄인을 위하여 그 귀중한 목숨을 버리셨다는 사실에 놀라지 않을 수 없었으며, 자기가 죄인이었다는 사실을 알게 하신 것이 더 없이 위대하고 놀라운 은혜임을 깨달았다.

또한 세상의 죄와 수치, 공포에도 두려워할 줄 모르는 자기에게 두려워하도록 마음에 가르쳐 주신 것이 큰 은혜이며 이 사실이 그 마음에 말할 수 없는 폭풍우를 일으키게 하였다. 그 많은 죄가 하나도 남김없이 다 용서 받았다는 확신이 그의 마음에 꽉 찼다. 그때 그가 감격하여 그 놀라운 은혜와 마음에서 두려움이 사라진 그 은혜에 대하여 눈물로 엮은 시가 이 찬송이다.

이 찬송은 그가 54세인 1779년에 작시한 것으로 그의 일생에 큰 감격의 삶을 살게 했다. 이 찬송을 작시할 때 그는 어느 저녁노을이 지는 시간에 주님을 명상하며 뜰에 앉아 있었다. 갑자기 마음속에서 우러나는 감격이 있었다. 그것이 곧 주님의 놀라운 은혜였다. 멸망당할 수밖에 없던 죄인을 아무런 값도 치르지 않고 용서해 주셨다는 감격이 그의 마음을 감동케 했다. 그 아픔은 곧 감사로 변했다. 그래서 그는 펜을 들고 글을 쓰기 시작했다. 오랜 시간이 걸리지도 않았다. 그 곡은 '미국의 전통 멜로디'로 되어 있다.

이 찬송은 신앙인들이 가장 많이 부르는 찬송이다. 특히 미국의 그리스도인들이 가장 많이 부른다. 이 찬송을 부르는 사람들은 그 찬송을 잘 부르는 성악가를 좋아한다. 그래서인지 이 찬송을 부르는 성악가와 흑인 영가 가수들이 많이 있는데, 그중에도 1947년 가스펠 가수인 마할리아 잭슨이 라디오 방송을 통해 〈Amazing Grace〉를 불렀으며, 그녀의 노래는 1950년대와 1960년대에 유명했다. 그녀는 체구가 매우 우람하고 아주 검은 흑인 여자이다. 검은 원피스를 입고 카네기홀과 큰 무대에서 눈물을 흘리며 부르는 〈Amazing Grace〉는 그녀의 신앙고백이었다.

한국 기독교인들도 이 찬송을 많이 부른다. 그것은 개인 구원의 신앙을 갖고 있는 복음주의적 신앙이기 때문이다. 오늘 한국 교회가 이 찬송을 많이 부르는 한 복음주의 신학이 이어진다고 할 수 있다. 진보주의나 자유주의 신학이 세계사조라고 할 때 이 찬송을 부르지 않는다. 하나님의 은혜가 죄를 회개하는 사람에게 용서와 구원을 주시는 성령의 역사가 일어난다는 사실이다.

이 찬송은 미국 남북 전쟁 때 남북 양군에 의해 많이 불려졌다. 그리고 전 세계 인권 운동가들이 애창하는 노래다. 2007년 미국에서 〈Amazing Grace〉라는 제목의 영화가 개봉되었다. 영국의 노예 무역 철폐 주역인 윌리엄 윌버포스(1759-1833)의 투쟁을 다루었다. 이 영화는 세계복음주의연맹 등 그리스도교 단체들이 성원했다. 75개 그리스도교 단체들은 영화 홍보와 더불어 인신매매와 강제 아동 노역에 반대하는 '어메이징 체인지' 운동을 펼쳤다. 이 영화의 주인공은 윌리엄 윌버포스였다.

그는 8세 때 아버지를 여의고 초기 복음적 부흥 운동의 영향을 받았던 숙부와 살았다. 숙부는 노예 상인이었다가 찬송가 작사가가 된 존 뉴턴의 친구였다. 1780년 대학 동창생 피트와 함께 하원 의원에 당선되어 의회 개혁과 로마 가톨릭교도의 정치적 해방을 지원하였다.

그 후 1784-1785년 유럽 여행 중에 그가 다니던 학교 교장이었던 아이작 밀러와 토론을 하면서 유명한 종교 서적 《영혼에서 종교의 발생과 진보》와 성경을 읽는 중에 심도 있는 회심을 경험하게 되었다. 이로써 그는 진정한 의미의 그리스도인이 되었다. 윌버포스는 1785년 후반에 영적인 회심을 통하여 기독교적인 길이 아니라고 생각되는 이전의 습관들을 모두 버렸다.

그의 중요한 공적 활동을 내려놓고 노예 해방 운동에 전적으로 헌신했다. 영국 사회를 개혁하려는 이러한 윌버포스의 헌신적인 노력에 감동한 많은 사람들이 그를 '영국의 양심'이라고 불렀다. 진정한 하나님의 정치가 윌버포스, 많은 역사가들은 윌버포스가 노예 무역 금지라는 인기 없는 투쟁을 하지 않았다면 그의 친구 윌리엄 피트에 이어 수

상직을 계승할 수 있는 유력한 후보였다고 말한다.

그러나 그는 그리스도를 위해 살기로 확고하게 결심하던 날 이미 개인적 야망을 버렸다. 그는 자기 이익이라는 독재자와 대결을 벌여 승리한 것이다. 그런 용기의 대가로 그는 모욕과 반대와 수치를 당했다. 그러나 그는 거꾸로 자유라는 새로운 유산을 그 후손들에게 물려줄 수 있게 된 수많은 흑인들에 의해 존귀하게 되었다. 그는 자신이 가장 잘 싸울 수 있는 곳, 바로 영국 의회라는 전쟁터에서 불의에 맞서 싸운 하나님의 사람이었다. 이런 점에서 그는 진정한 하나님의 정치가였다.

한때는 정치가 너무 힘들고 험난해서 성직자가 되려고 했었다. 그러나 존 뉴턴 목사가 그에게 간곡히 권면했다. "나는 주님이 국가를 위해 일하도록 당신을 세우셨다고 믿고 있으며, 또 그렇게 되기를 기대합니다"라고 했다. 이 말을 들은 윌버포스는 많은 시간을 기도하고 뉴턴의 권면이 하나님의 음성임을 깨달았다. 자기에게 주신 하나님의 사명이 두 가지 있었다고 일기에 기록했다. 먼저는 노예 해방이요, 다음은 영국인들의 인습 개혁이었다. 당시는 프랑스 시민혁명, 미국의 독립운동이 일어날 때였다. 그리고 국내적으로는 도덕적 퇴폐가 나라를 멸망시킬 정도로 내려앉아 있었다. 창녀들이 들끓고 아동 학대가 사회에 가득했으며, 범죄자로 인해서 감옥은 모자랐다.

이런 때에 윌리엄 윌버포스는 하나님이 보내신 일꾼이었다. 이때에 주일학교를 시작한 로버트 레익스도 맹렬한 사회 개혁자로 활동했다.

1787년 그의 노예 해방 투쟁은 하원의 노예 문제 개혁 운동의 지휘를 떠맡게 됨으로써 시작되었다. 그는 동료 토머스 클라크슨, 그랜빌

샤프, 헨리 손턴, 찰스 그랜트, 에드워드 제임스 엘리엇, 재커리 매콜리, 제임스 스티븐 등과 아울러 보통 '성자단(聖者團)'으로 1797년 이후에는 '클래펌 파(Clapham Sect)'라고 불렸으며, 이 그룹의 지도자로 공인되었다. 하원에서는 달변에다 지칠 줄 모르는 반노예제 입법의 후원자로 활동했다.

1807년 3월 25일 영국령 서인도제도의 노예 무역 폐지안이 법률로 확정됨으로써 첫 번째 성공을 거두었다. 그러나 이 법률은 법률 확정 이전에 노예가 된 사람의 법적 지위를 변화시키지는 못했다. 몇 년간 윌버포스는 다른 문제에 매달려 있다가 1821년부터 토머스 포얼 벅스턴 경과 함께 모든 노예의 즉각적인 해방을 주장했다. 1823년 '영국령 전역의 노예 제도 완화와 점진적 폐지를 위한 협회'를 창설하고 부회장이 되었다. 이 협회 또한 반노예제도협회로 더 알려져 있다. 그는 의회 내 노예 제도 폐지 운동의 지도권을 벅스턴에게 넘기고 1825년 하원에서 은퇴했다. 윌버포스의 외숙모는 유명한 복음주의자 조지 휫필드, 존 뉴턴(John Newton)과 감리교의 존 웨슬리와 친분이 있었고 그들로부터 많은 영향을 받았다.

윌버포스는 위험에도 굴하지 않고 시와 노래, 사진 판매, 노예 제도를 통해 생산한 설탕 불매 운동 그리고 탄원서 제출 운동 등 다양한 방식을 통한 대중 여론 조성과 책자 출판을 통해 노예제도 폐지를 전개했다. 드디어 1807년 영국 하원은 그에게 유례없는 영광과 존경을 보내면서 '노예 무역 폐지법'을 통과시켰다.

그는 박애주의적 개혁을 추구하는 복음주의자 그룹의 중심인물로서 해외 선교 운동에도 크게 활약하였다. 웨슬리가 뿌린 씨앗이 결실을 거두게 된 것이다. 대영제국의 식민지에서 교회의 문들이 모두 열렸고, 해방된 노예들이 몰려들어 대만원을 이루었다. 윌버포스는 하나님을 의지하고 대영제국의 악법과 맞서 싸웠다. 그는 삶 속에서 매력과 재능 그리고 웅변의 능력을 사용하였다. 날카로운 푸른 눈과 오똑한 콧날을 가진 이 아담한 사람은 대단히 매력적인 목소리를 가진 훌륭한 의회 연설가였다. 그의 어조는 독특하고 음악적이어서 그의 정적들도 그의 연설에 기꺼이 귀를 기울였다.

윌버포스는 1833년 8월 6일 세상을 떠났고, 웨스트민스터 사원에 묻혔다. 그는 오늘날 '영국의 양심'으로 기억되고 있다. 그의 생애는 깊은 영성과 실력을 구비한 평신도의 영향력이 얼마나 클 수 있는지 잘 보여준다. 그는 총체적 부패 속에서도 의와 양심을 포기하지 않은 지도자의 모범을 보였다. 탁월한 정치인이요, 부유한 요크셔 상인의 아들이었던 윌버포스는 자신의 이 비전이 당시 영국 사회에 가져올 파문을 잘 알고 있었다. 구조적인 악, 노예 무역이 활발하던 18세기 말, 세계 최고의 해군력과 상선을 갖고 있던 영국은 아프리카 흑인들을 잡아 북미 대륙으로 실어 나르는 데 핵심적인 역할을 하고 있었다.

미국의 한 권위 있는 통계에 의하면 영국이 1776년까지 프랑스와 스페인, 영국의 식민지에 보낸 노예는 300만 명 정도라고 했다. 당시 노예 무역은 영국 식민지 산업의 기둥이자 근간이었으며, 국가 안보에도 매우 중요한 의미가 있었다. 노예 무역이 영국 선원들에게 탁월한 훈련을 제공하고, 영국 해군에게 있어야 할 신병 모집의 근거를 제공했다. 노예 무역은 연간 5,500명 이상의 선원들을 고용했고, 그것의 고용 효과는 약 16만 톤의 선박과 그에 비례한 선원들에게 일자리를 주는 것이었다.

그것은 국가 수입원의 3분의 1을 차지할 정도였다. 따라서 노예 무역의 지지자들은 막강한 상인, 재벌, 넬슨 제독 같은 식민지 기득권 세력, 대부분의 왕족, 귀족들로 구성되어 있었다. 그들은 그 어떤 반대의 소리도 매국으로 치부해 버렸다. 노예 무역은 그야말로 구조적인 악이었다. 노예 무역 폐지 운동을 승리로 이끈 왜소한 체구의 윌버포스는 150번이나 되는 대의회 논쟁을 통해서, 영국이 위대한 나라가 되고자 한다면 하나님의 법을 따라야 한다고 주장하였다. 그는 기독교 국가를 자처하는 영국이 황금에 눈이 멀어 노예 제도를 고집하면 살아남지 못할 것이라고 경고했다.

암살 위험과 같은 중상모략과 비방에 시달리면서도 윌버포스는 자신의 소신을 굽히지 않았고, 시간이 흐르면서 영국의 수많은 뜻있는 목사들과 평신도 지도자들의 도움을 받으며 외롭고 기나긴 싸움을 이어 나갔다. 1833년 7월 27일 윌버포스가 하나님 앞에서 뜻을 세운 지 56년 만에 드디어 영국 의회는 노예 제도를 영원히 폐지하는 법안을 통과시켰다.

그는 노예 무역 폐지라는 큰 명제를 실천해 나가는 과정에서 타락한 영국 사회 곳곳을 개혁해 나갔다. 가난한 사람들의 피를 빨아먹는 복권 제도를 20년에 걸친 의회에서의 공방 끝에 폐지시켰고, 가난한 이들이 병이 들었을 때 무상으로 치료받을 수 있는 병원을 정부 예산으로 설립하게 하였다. 가난의 근본적인 원인을 타개하기 위하여 무조건적인 구제보다는 직업 교육을 시키고 취업을 알선하는 제도를 정부가 구체적으로 실행하게 했고, 영국의 야만적인 형벌 제도를 대폭 개정했다. 또한 상류 사회 남자들의 결투 제도 폐지에 앞장섰고, 호화 파티만 일삼던 귀부인들에게도 복음을 전해 이들이 여가 시간을 사회봉사에 쏟도록 했다.

그는 50년 동안 거대한 의회의 반대와 폭력적 위협에도 불구하고 그 일을 성취했다. 역사가 트레벨 얀이 '세계 역사상 가장 획기적인 사건 중 하나'라고 평가할 정도로 한 사람의 결심을 통해 영국과 유럽의 역사 전환을 이룰 수 있었다.

존 뉴턴이 살던 시대에 영국은 자연주의와 냉랭한 윤리주의가 팽배했었다. 특히 영국 국교인 성공회는 그야말로 형식주의였다. 그래서 부흥 운동이 일어났으며, 새로운 신앙이 불붙던 시대에 가장 크게 작용한 감격이 곧 나의 죄를 용서하시고 구원의 역사를 이룩하신 주님의 은혜였다. 그것을 뉴턴은 찬송으로 전달했다. 그가 지은 찬송시가 많이 있으나 한국 교회에 소개된 것으로 〈귀하신 주의 이름〉이 있다.

존 뉴턴이 시에라리온의 노예선에서 일할 때 포르투갈 선주의 흑인 부인이 어찌나 학대했는지 "밤이 깊고 적막한데 하나밖에 없는 셔츠를 빨아서 자는 동안 마를까 하여 젖은 채로 입고 자는 것을 보았다면, 내 꼴이 너무나 처량해서 배가 섬에 닿을 때 처음 보는 사람한테 수치를 가리기 위해 숲 속에 숨어야 했던 나를 보았다면, 그러나 내 마음이나 행동은 이처럼 처량했던 내 꼴보다 더 어두웠다는 것을 아셨다면, 그토록 비참한 자를 살리신 하나님의 풍성하신 은혜와 사랑과 섭리가 얼마나 특별하시다는 것을 짐작하시리라. 그때의 다만 한 가지 희망이라면 영국으로 돌아가서 사랑하는 메리와 결혼하는 것밖에 없었다"라고 말했다.

그는 새사람이 되었다. 1748년 3월 10일이 그의 영적 탄생일이 되었다. 그 후 6년이 지난 1754년 뉴턴은 완전히 새로운 사람이 되어 그가 죽던 1807년 12월 21일까지 은혜 생활의 연속이었다. 그의 마음에는 항상 주님의 은혜와 사랑이 너무도 감사하여 늘 찬송과 눈물의 생활이었다. 그는 "나는 까마귀가 우는 것처럼 주님께 울었고 주님은 아직껏 그 울음을 듣기 싫다고 경멸하신 적이 없었다. 그리고 내가 그토록 비웃고 조롱하던 바로 그 예수님이었다는 것을 나는 확실히 잘 기억하고 있었다"라고 말했다. 사실 그는 주님의 이름을 욕할 때 더럽고 상스러운 욕으로 늘 사용했을 뿐 그토록 거룩하고 사랑스러우며 은혜되는 이름인 줄은 예전에는 전혀 몰랐던 것이다.

1779년에 이 찬송시를 쓰게 되었는데, 그가 노년에 28년을 봉직한 울노트 성 마리아 교구목사로 있을 때 그의 기억은 왔다 갔다 하며 눈이 침침해서 보이지 않았다. 그의 건강은 너무 쇠해서 지팡이에 의지하고 겨우 다녔다. 그러면서도 최후의 순간까지 주님이 주신 사명을 다했다. 그가 세상을 떠난 해인 1807년 울노트의 성 마리아 교회에서 주일날 보통 때와 마찬가지로 설교 강단 옆에 돕는 이가 그가 준비한 설교를 한 줄 한 줄 읽어 주면 그것을 받아서 설교했는데, 그는 조용히 첫 줄을 읽어 주었다.

노인 뉴턴 목사는 "예수 그리스도는 매우 귀중한 이름입니다"라고 말한 후 멈추었다. 원고를 읽는 사람은 다음 줄을 읽었다. 그런데 뉴턴 목사는 역시 "예수 그리스도는 매우 귀중한 이름입니다"라고 찢어지는 소리로 힘주어 말했다. "예, 예, 계속하십시오. 목사님, 그 말은 한 번 하셨습니다"라고 말하자, "내가 두 번을 말했네. 그렇지만 한 번

더 말할 걸세. 예수 그리스도는 매우 귀중한 이름입니다"라고 큰소리로 말하는 것이었다.

그리고 1779년 올니 교회에 있을 때 쓴 이 시를 발표하였다. 그 많은 회중은 모두 일어서서 뉴턴 목사와 같이 이 찬송을 불렀다. 이 찬송은 〈거룩, 거룩, 거룩〉을 작곡한 다이크스(John Bacchus Dykes)가 1866년에 작곡하였고, 레이나글(Alexander R. Reinagle, 1799-1877)이 곡을 붙였으며, 헤이스팅스(Thomas Hastings, 1784-1872)도 곡을 붙였는데, 이 곡은 〈빛나고 높은 보좌〉와 같은 곡이다. 그리고 〈시온성과 같은 교회〉가 있다. 이 찬송들은 모두 1779년에 작사된 것들이다.

그가 82세인 1807년에 세상을 떠났는데 천국을 그리며 눈을 감았다. "내가 천국에 가면 세 가지 놀라운 일을 발견할 것입니다. 하나는 예상치 않았던 사람을 그곳에서 만나는 것과, 둘째는 예상했던 사람이 거기 없는 것, 그리고 셋째로 가장 큰 놀라움은 내 자신이 그 곳에 있다는 것을 발견하는 것입니다."

마지막으로 그는 많은 편지로 그리스도인들과 상담했으며 친절한 이웃 동네 아저씨처럼 친근한 사람으로 살았다. 올니에서 뉴턴은 자기의 재능을 발휘할 좋은 기회를 얻었다. 그 지역에 사는 사람들은 소박한 사람들이어서 자기들 마음속에 품었던 내용을 솔직하게 털어놓았다. 그의 책 《진정한 이야기》가 올니에서 지내던 첫해에 출판되었는데, 이 책은 그의 어린 시절, 회개, 목회 사역에 대한 부르심을 다루었다. 이 책의 출간을 계기로 그의 명성은 널리 퍼지게 되었고, 사람들은 인근 각처에서 몰려와 그의 충고와 도움을 요청했다.

올니에 있는 따뜻하고 정겨운 그의 집은 후에 런던으로 옮겨졌으나 고통과 시험을 받는 자들이 찾아와 쉬었다. 그들은 그에게서 한때 자신들보다 더 악했던 한 죄인이 온유와 동정이 가득 찬 마음으로 자신들의 경험 속에 찾아 들어오는 모습을 발견했다.

그에게 직접 찾아올 수 없던 사람들은 편지로 그의 도움을 요청했다. 이 책은 뉴턴의 서간들 중에서 가장 훌륭한 것들만을 모은 것이다. 마커스 론은 그를 "복음주의 부흥 운동의 가장 탁월한 문필가"라고 극찬했으며, "그는 문필을 통해서 부흥 운동에 기여했다"고 쓰고 있다. 그는 자기 재능이 무엇이며 이 분야에서 그가 유용하게 쓰일 수 있다는 사실을 잘 알고 있었다. 그는 매우 부지런했다. "내가 편지로 많은 것을 해야 한다는 것은 주님의 뜻이다."

뉴턴의 편지는 그의 내면을 표현한다. 그는 수신자들을 "여가만 있으면 나의 마음을 담아 보내고 싶은 자들"로 묘사했다. 그의 편지는 그 자신의 삶 속에 나타난 은총의 사역을 반영하고 있으며, 동시에 그 당시의 복음주의 신앙과 훈련을 반영하는 것이다. 이 책은 특히 우리에게 많은 도움을 제공한다. 왜냐하면 그리스도 교회의 영적 생활은 항상 동일한 수준의 능력과 순결을 유지하는 것이 아니고 오늘날과 같이 참된 복음주의 본질을 망각하는 시대에 처할 때도 많기 때문이다.

그의 편지들을 편찬한 책이 있다. 그것은 《Letters of John Newton》(존 뉴턴 서한집)이다. 이 서한집을 번역한 총신대학원 이상원 교수는 여기서 되새겨볼 것으로 몇 가지를 지적한다.

첫째, 진정한 복음주의는 강렬하게 개인적이다. 복음주의는 지난날의 기독교인들처럼 어떤 교리나 견해에 집착하는 것이 아니며, 더욱이 어떤 파에 속하는 것으로 이해된다면 더욱더 곤란하다. 오히려 인간의 영혼이 체험해야 할 그 무엇이다.

둘째, 진정한 복음주의는 열심 있는 영혼의 훈련을 일으켜야 한다. 하나님의 생명이 인간의 영혼 안에 심겨지면 선과 악, 새 성품과 옛 성품 사이에 전투가 시작된다. 뉴턴의 편지에서 뚜렷하게 드러나는 특징을 한 가지 든다면, 그것은 아마도 영적인 애통과 기쁨이 놀랍도록 잘 조화되어 있다는 것이다.

셋째, 뉴턴은 진정한 복음주의는 실천적이어야 한다는 사실을 보여주고 있다. 그가 수신자들에게 전하려는 것은 뉴턴의 지혜로움을 칭찬하도록 하기 위함이 아니라, 그들의 마음과 생활을 변화시키기 위함이었다. 하나님의 말씀에 나타난 교리들을 받아들이고 믿을 때 비로소 신앙적 실천이 가능하다. 알렉산더 화이트 박사가 존 뉴턴의 편지에 대하여 내린 평가는 적절하다. "이 책은 가장 사도적이고 복음적인 진리를 담고 있으며, 강하고 명석하며 평이하고도 관용적인 영문으로 쓰여 있다"라고 했다.

존 뉴턴은 18세기에 가장 많은 죄를 범하고 살던 버려진 사람이었다. 그런데 그가 회개하게 된 동기를 보면 그리 심각한 고통 속에서 되어진 것이 아니었다. 어떤 죽음의 병고를 겪은 것도 아니요, 그렇다고 감옥에서 사형 선고를 받았던 것도 아니었다. 그는 토마스 아 켐피스의 《그리스도를 본받아》를 읽었다. 극악무도한 죄악 가운데서도 책을 손에서 떼지 않았다. 그리고 항해 중 풍랑을 만났었다. 선원은 바다를 떠다니는 삶을 의미한다. 그렇다면 풍랑과 폭풍을 자주 만났을 것이다. 그럼에도 불구하고 한 번 겪은 폭풍우 속에서 회개를 결심했다는 것은 성령의 역사였음이 확실하다.

공부를 많이 못했으나 찬송가 가사를 많이 썼고 많은 사람들에게 신앙 상담의 편지를 보내는 것은 그의 삶에서 큰 부분이었다. 그의 문장은 훌륭했다. 그렇기 때문에 부흥 운동의 큰 부흥사는 아니었으나 문필로 큰 영향을 미쳤다고 기록되었다.

그가 주의 종이 되겠다고 생각한 동기가 무엇이었을까? 소명을 받은 것이다. 소명이란 하나님의 부르심이다. '복음을 전파하라'는 명령을 받은 것이다. 어떤 계기로 그런 소명을 받았을까? 이는 목사가 된 사람들에게 매우 궁금하고 관심이 있는 것이다. 왜냐하면 자신들의 소명과 어떤 관계가 있는지를 알고 싶기 때문이다. 소명의식이란 하나님의 음성을 직접 듣는 경우를 말한다. 소명 받은 사람들은 주님의 뜻을 깨닫고 자신의 사명을 다했다. 소명을 받은 것은 초보 단계이다. 여기에 사명감을 위해 최선을 다해야 한다. 존 뉴턴은 소명뿐 아니라 사명으로 훌륭한 열매를 맺었다.

존 뉴턴은 무서운 죄인이었으나 무조건 구원을 받은 감격을 다른 사람들에게 확인시켜 주었다. 그것이 설교로, 찬송시로 그리고 상담으로 이어졌다. 이것은 존 뉴턴에게 주셨던 달란트였다. 그 달란트로 하나님께 영광을 돌렸다.

《존 뉴턴 서한집》에서 찾은 '겸손'에 대한 어록

상하고 회개하는 영혼은 주님을 기쁘시게 합니다. 주님께서는 그런 영혼에게 함께하시겠다고 약속하셨습니다. 우리의 경험에 비추어 볼 때 우리가 우리의 본성의 타락을 얼마나 겸비하게 깨닫고 있느냐에 비례하여 하나님의 은총이 크게 나타나는 것 같습니다.

진정으로 겸손한 신자라면 쉽게 화를 내지 않을 것이며, 성급하게 앞에 나서지 않을 뿐만 아니라 동료 죄인들의 허물에 대하여 동정적이고 관용적인 태도를 보여줄 수 있습니다.

타락한 인간 안에 죄 없는 완전성이 존재한다는 비성경적인 관점을 저는 용납할 수 없습니다. 하나님의 명령의 영적인 근거를 잘 파악하고 있는 신자들은 자기의 마음속에 어떤 일들이 일어나고 있는지를 잘 알 뿐만 아니라 죄로 말미암아 겸손과 자기 비하의 태도를 갖게 됩니다.

하나님을 앙망하는 기독교인의 성품 가운데 하나는 겸손입니다. 그같이 악한 죄인에게 주님께서 그토록 큰 구원을 베푸셨다는 사실에 그는 경탄을 금하지 못합니다. 사도 바울과 같이 자신이 모든 성도들 가운데 지극히 작은 자보다도 더 작은 자라는 고백을 솔직하게 하지 않을 수 없게 합니다.

그리스도인은 거룩하고 깨어 있는 정신을 가지고 살아갑니다. 하나님을 향해 겸손한 태도를 가진 신앙인은 물론 모든 세상일에 대해서도 절제하는 태도를 취합니다. 그는 빈틈없는 사람도 아니지만 미신적인 사람도 아닙니다.

신앙인이 좀 더 겸손한 상태에 있다면 그는 자기보다 높은 자리에 있는 이들을 시기하기보다는 동정할 것입니다. 그가 하나님의 뜻을 존중할 때 그의 절제가 모든 사람들에게 알려질 것입니다.

기독교인은 그리스도의 마음을 가진 사람입니다. 거만하지 않으며, 헐뜯는 것을 좋아하지 않으며, 쉽게 반감을 갖거나 화해를 거절하는 일이 없습니다. 그는 예수님의 발밑에서 온유를 배운 것입니다. 그는 겸손하고 늘 자신을 채찍질할 줄 알기 때문입니다.

신앙인이 하고 있는 일이 사실상 보잘것없으며, 그가 최선을 다해 봉사하는 것조차도 결함투성이요, 오점이 많음을 발견하고 고백하게 됩니다. 그는 자신을 무익한 종이라고 평가하며 부끄러워 눈을 들지 못합니다. 그의 모든 소망과 위로, 그리고 그의 힘은 예수님으로부터 받습니다.

우리의 인격이 끼치는 영향력과 그 무게에 비례하여 이 같은 자기 부인에 대한 의무가 더 강화되지 않으면 안 됩니다.

어린이처럼 겸손하고 혼자 발걸음을 옮겨 놓는 것을 두려워하며 우리 주위에 있는 함정과 위험을 의식하면서 안전하게 인도해 달라고 끊임없이 주님께 부르짖는 것은 주님과 동행하는 자의 확실하고도 틀림없는 유일한 비결입니다. 그러나 어떻게 하면 우리는 이 겸손한 정신을 얻을 수 있을까요? 우리의 연약함과 사악함을 구체적이고도 실감

있게 확신할 때, 우리가 책이나 설교자를 통해서는 배울 수 없는 것들을 틀림없이 배울 수 있게 됩니다. 하나님의 섭리가 성령과 동행하면서 우리에게 우리 자신의 모습을 깨닫게 해 줍니다.

우리 안에 자리 잡고 있는 죄를 생각할 때 우리는 하나님 앞에 겸손한 태도를 취하지 않을 수 없습니다.

만일 주님이 이 방면에서 당신이 드리는 기도에 기꺼이 응답해 주신다면 그 응답은 물론 당신을 겸손하게 만들 것입니다만 그것이 곧 당신의 유익을 위한 것임을 인식하고 감사한 마음으로 받아야만 합니다.
당신의 마음은 전보다 더 악화된 상황에 있지는 않으리라고 생각합니다. 다만 당신의 영적 지식이 증가된 것뿐입니다. 당신께서 진정으로 겸손해지고 빈 마음 상태에 있게 되며 스스로 보잘것없는 존재임을 깨닫게 된 일은 당신이 은혜 안에서 성숙했음을 뜻하는데, 이것은 당신이 오랫동안 갈망해 온 것입니다.

우리는 겸손한 마음으로 신실하게 주님을 섬기고 모든 일에 주님의 안내를 받고자 애써야 할 것입니다.

핍박을 받을 때 인간의 마음속에 무엇이 들어앉아 있는지 알게 되고, 더욱 겸손하고 자기를 낮추는 사람이 됩니다.

주님은 여러 가지 방법으로 우리를 부끄럽게 하고 겸손하게 만들

것이며, 마침내는 주님이 우리보다 더 현명하다는 고백을 하게 하실 것입니다.

우리가 겸손하고 영적인 존재가 되는 것, 하나님과의 연합을 추구하는 것, 복음을 전하는 직책을 귀중히 여기는 것, 주님의 처분에 순종하여 봉사를 하든지 고난을 받든지 하나님께만 영광을 돌리는 것은 필연적인 일입니다.

2부 문학가

1. 표도루 마하일로비치 도스토옙스키
  오직 성경 말씀으로 변화된 작가

2. 서운(曙雲) 박계주
  가장 아름다운 사랑을 펴낸 작가

01 표도르 미하일로비치 도스토옙스키
(Fyodor Mikhailovich Dostoevskii, 1821-1881)

오직 성경 말씀으로 변화된 작가

도스토옙스키는 독일 작가인 호프만(Hoffmann, Ernst Theodor Amadeus, 1776-1822)과 프랑스 작가인 발자크(Honore de Balzac, 1799-1850)를 탐독했다.

그러나 그의 인생을 바꾼 것은 성경이었다. 그러므로 그의 작품들은 모두 인간의 죄악과 그 용서로 구원받았다는 기독교적 원리에 집중하고 있으며, 그리스도와 같은 완전하고 선량한 인물을 묘사했고 서구적 사회주의 사상을 비판했다. 그의 작품의 기조는 인간애와 신에게 반항함으로 오는 파멸이었다. 기법은 인간의 깊은 심리 분석으로 파고들었다.

그는 1821년 11월 11일 모스크바에서 빈민 구제 병원 의사요 엄격한 러시아 정교회 가정에서 태어났다. 그는 아버지의 권유로 페테르부르크 육군 대학에서 공부하고 육군성 제도국에서 근무했다. 1839년 아버지의 갑작스러운 죽음으로 충격을 받았다. 문학에 대한 열정으로 퇴역했고 문학에 열중했다. 1845년 24세에 《가난한 사람들》을 발표하여 큰 호응을 받아 문단에 데뷔했다.

시베리아의 혹독한 유형 생활을 마치고 돌아온 그에게는 또 하나의 시련이 기다리고 있었다. 그것은 '도박벽'이라는 끊을 수 없는 습관이었다. 이 기간에 그는 잃었던 평단의 지지를 되찾는 작품들을 줄줄이 써냈다. 1860년에 형의 도움을 받아 잡지 〈브레먀〉를 창간하고 《학대받는 사람들》이라는 소설을 연재했다. 특히 《죽음의 집의 기록》은 투르게네프의 갈채를 받았고, 톨스토이는 도스토옙스키의 최고 걸작이라고 높이 평가했다. 1863년 〈브레먀〉가 정부의 탄압으로 폐간되자, 그는 그간 번 돈으로 독일 비스바덴으로 가서 도박을 했다. 그 후 돌아와서 1864년에는 《지하 생활자의 수기》 1부를 새로 창간한 잡지 〈에포하〉에 발표했다.

하지만 1864년경 형과 첫 번째 부인 마리아가 죽고 잡지사는 빚더미에 눌려 도산했다. 재산은 계속된 도박으로 모두 날리고, 어느 출판업자의 술책에 말려들어 많은 계약금을 받는 대신 계약 날까지 원고를 마감하지 못할 경우 9년간 아무 보수 없이 원고를 써야 한다는 황당한 계약서를 쓰고는 돈을 받아 외국으로 도망쳤다. 물론 계약금은 도박에서 모두 날렸다. 가진 돈을 몽땅 잃고 옷까지 저당 잡힌 그는 밀린 숙박비와 모국으로 돌아갈 경비를 빌려 달라고 친구들에게 애원했다.

그는 한 잡지 편집장에게 《죄와 벌》이라는 또 다른 소설을 써줄 테니 선금을 달라는 편지를 보내, 간신히 1865년 10월에 러시아로 돌아올 수 있었다. 그는 오랫동안 생활고로 많은 어려움을 겪었다.

그가 살던 세계는 피상적 사회였다. 인간들이 강박증에 걸린 듯 아무도 몸으로 일하려고 하지 않았다. 그러나 한편에는 개혁의 열정을 불태우는 지식인들이 있었다. 차르, 관료, 교회에서 부패를 타파하고 순수하고 공평한 사회를 건설하려는 젊은 인텔리겐치아들이었다. 그들은 새로운 질서를 위해서는 어떤 수단도 정당하다는 신념으로 똘똘 뭉쳤다. 그들은 하나님을 가장 먼저 배제시켰다.

안일하고 타락한 19세기 러시아 사회에 식상한 이들에게 혁명이란 매력적인 선택이었다. 당시 러시아는 니콜라이 1세의 억압 통치 아래 놓여 있었다. 도스토옙스키는 이에 대항하는 사회주의 정치 혁명 사상에 심취하여 프랑스의 공산주의적 사회주의자들의 사상을 토론하는 미하일 페트라셰스키의 집회에 참여하였다. 그리고 불법적 책을 출판할 계획을 세웠다.

이 서유럽의 혁명을 우려한 정부는 그 비밀 조직원들을 체포하여 사형 선고를 내렸다. 1849년 12월 크리스마스 사흘 전 차가운 바람이 부는 페테르부르크의 세묘노프 광장에는 수많은 군중들이 모였다. 처형대에 세 사람의 사형수가 있었고, 아래에도 세 명의 죄수들이 있었다. 그중에 도스토옙스키가 있었다. 저들이 죽고 나면 그도 역시 처형 당할 것이다.

지휘관이 사형을 집행한다는 함성 후에 처절한 북소리가 울려 퍼졌다. 지휘관의 발사 신호를 기다렸다. 그때 많은 눈이 쏟아졌다. 갑자기 한 군인이 급히 달려와 황제 폐하의 특사이므로 전원을 시베리아로 유배하라는 것이었다.

이때 도스토옙스키는 심각한 정신적 충격으로 간질병에 걸려 평생 고생했다. 그의 죄목은 러시아 황제 니콜라이 1세의 억압 통치에 대항하는 정치적, 사회적 혁명 운동에 가담한 것이었다. 도스토옙스키는 죽는 날까지 그날의 경험을 잊지 못했다. 그는 죽음의 깊은 구덩이를 똑똑히 목격했으며, 그때부터 그에게 삶이란 값으로 따질 수 없을 만큼 소중한 것이었다.

유배지 시베리아에서 세 명의 여성이 면회를 요청했다. 이들은 모두 정치범들의 아내로서 남편 근처에 살겠다는 생각으로 시베리아로 이주한 여인들이었다. 그들 가운데 독일 철학을 공부했고, 성경을 외우다시피 잘 알고 있는 경건한 나탈리아 폰비치나는 십자가의 은혜를 설명하고 신약성경을 전해 주었다. 오직 성경만이 소유할 수 있는 유일한 책이었다.

그에게 이 성경이 옴스크 감옥 4년 동안에 가장 귀한 소유물이었다. 늘 베개 밑에 두고 시시때때로 꺼내 읽었으며 다른 이들에게 읽어 주기도 했다. 성경을 써서 죄수에게 글을 가르치기도 했다. 옴스크에서 겪은 4년 동안의 고통은 인간으로서는 표현할 수 없을 정도였다. 거기서 무정부주의나 사회주의식 유토피아를 추구하는 대신 그리스도의 십자가에 뿌리를 내렸다.

나중에 그의 딸은 이렇게 말했다. "아버지는 그 소중한 책을 처음부터 끝까지 한 장도 빼놓지 않고 연구했습니다. 한 단어, 한 단어를 깊이 묵상했으며, 상당 부분은 외우기까지 해서 결코 잊어버리지 않았습니다. 무슨 작품을 쓰든지 성경 말씀이 깊이 스며들도록 했는데, 아마 이것이 아버지의 작품에 힘을 주었던 것 같습니다."

석방 후에도 여행을 할 때면 반드시 성경을 가지고 다녔으며, 집에서도 언제라도 꺼내 볼 수 있도록 늘 앉아서 글을 쓰는 책상 서랍에 넣어두었다.

1859년 새 황제 즉위에 즈음하여 석방된 그는 10년의 시베리아 유형 생활을 마치고 페테르부르크로 돌아왔다. 그동안 도스토옙스키는 흔들림 없는 신앙을 가진 그리스도인이 되었다. 그의 신앙은 시베리아에 처음 도착하던 날 그에게 신약성경을 건네주었던 부인에게 써 보낸 신앙 고백 가운데 잘 나타나 있다. "제 신앙 고백은 대단히 단순합니다. 그리스도보다 아름답고 심오하며 사랑이 넘치고 정당하고 용맹스럽고, 완전한 분은 전혀 없습니다. 만일 누군가가 증거를 들이대며 그리스도는 진리가 아니라고 주장한다 할지라도, 나는 진리와 함께 있기보다 그리스도와 더불어 사는 쪽을 택할 것입니다."

1859년 옥중에서 구상했던 작품을 발표하였고,《학대받는 사람들》(1861),《죽음의 집의 기록》(1861-1862)으로 문단에서 지위를 확립했다. 1864년에는 잡지에 《지하 생활자의 수기》(1864)를 연재하여 인간 이성에 대한 불신을 주장했다. 뒤이어 《죄와 벌》(1866),《백치》(1868),《악령》(1871-1872),《미성년》(1875),《작가의 일기》(1876-1881) 등 대작을 발표하여 명성을 얻었다. 그러나 물질적으로는 혜택을 받지 못하여 빚에 쪼들렸고, 가정적으로도 불행했으며 지병인 간질로 고생하며 60년의 생애를 살았다.

그는 1880년 모스크바에서 푸시킨의 동상 제막식 석상에 투르게네프와 자리했으며, 혁명적 인텔리겐치아를 비난하여 "겸손하라, 참고 견디라"는 유명한 연설을 했다. 1881년 페테르부르크의 자택에서 폐기종으로 사망했다. 그의 예술가로서의 묘사력은 셰익스피어에 필적할 만큼 탁월했다.

그는 무신론과 사회주의적 변혁을 추구하는 대신 거룩한 동기를 품고 사회 속에서 궁극적 변화를 꾀하는 인물을 창조해 내는 데 여생을 바쳤다. 타락한 사회를 변화시키려는 이들은 항상 고민한다. 세상을 변화시키는 것이 총인가, 사랑인가? 그는 이런 문제와 씨름하는 인물들을 선보였다. 대표적인 예가 그리스도를 위해 백치가 된 《백치》의 미시킨 공작이다. 미시킨 공작은 사랑과 아름다움과 거룩함을 전달하는 이들을 자세히 보라고 한다. 그는 존재 그 자체로 메시지가 된다. "그렇게 살고 싶습니다."

도스토옙스키가 빚어낸 인물 가운데서도 미시킨은 가장 눈길을 끌었다. 수많은 이들이 영적으로 굶주리고 도덕적으로 타락했으며, 정신적인 혼란을 겪고 있었다. 미시킨은 누구를 만나든지 단순하고 순진한 태도로 대한다. 마치 세상이 어떻게 돌아가는지 전혀 모르는 것 같은 모습이다. 지켜보는 이들로서는 공작이 복잡한 사회를 경험한 적이 전혀 없다고 생각할 수밖에 없었다.

미시킨은 '현실 세계'에 대해 순진하다. 백치인 것이다. 다채로운 부류가 그를 이용하기 위해 알랑거렸다. 하지만 눈에 보이는 게 전부인 미시킨은 그런 쪽으로 '쓸 만한' 인물은 아니었다. 그는 그냥 인간성 좋은 사람일 뿐 아무런 능력이나 권력이 없었다. 자기 실속만 차리려는 사람들 사이에서 인간성만으로 중요 인사로 부각됐던 것이다. 너나없이 공작과 상담하고 싶어 했다. 한 번이라도 만나 본 사람들은 어김없이 그에게 매료됐다. 어째서 자석에 끌리듯 마음을 주게 되는지 도무지 이해할 수가 없었다. 아무도 원인을 규명하지 못했다.

공작이 그렇게 할 수 있었던 것은 개인적인 야심이 없었기 때문이다. 미시킨 공작과 더불어 지내는 데는 도덕이 필요 없다. 아름다움과 선함만이 있으면 된다. 미와 선은 살아서 숨쉬며 서로 사랑하는 이들에게만 생기는 요소이다. 즉 맞부딪쳐서 체득하는 것 외에는 길이 없다. 공작은 바로 그런 만남을 제공한다. 미시킨은 사랑과 아름다움과 거룩함을 전달하는 이들을 자세히 보라고 충고한다. 존재 그 자체로 메시지가 되지 않느냐고 묻는다. 그런 인간은 인격으로만 아니라 직업적으로도 믿어지지 않는다. 《백치》에서 미시킨 공작이 그렇게 초연할 수 있었던 것은 개인적인 욕심이 없었기 때문이다.

그 당시는 하나님의 거룩함을 세상에 실현하려던 시기였는데 그것을 구체적으로 파악하도록 사고의 폭을 넓혀 주었다. 그는 누구에게나 단순하고 순진한 태도로 대했다. 공작은 복잡한 사회에 대한 경험이 없다고 할 수 있다. 미시킨은 현실세계에 대해 순진했다. 백치인 것이다.

당시는 사회적으로 화려하고 돈을 높이는 허영과 겉치레가 강했다. 그런 가운데서도 미시킨은 전염되지 않았고, 사람들에게 호감을 샀고, 만나고 싶은 대상이 되었다. 그 이유는 개인적인 야심이 없었기 때문이다. 《백치》의 등장인물 중에 감정적으로 가장 격한 인물은 나스타샤 필리포브나. 그녀는 누구를 만나든지 감정을 자극하는데, 대부분은 그녀에게 욕설을 퍼붓고 돌아선다. 미시킨은 그녀를 인간으로 사랑하고 존중했으며 깊이 이해했다. 나스타샤는 귀신 들렸다가 예수님에게 구원 받았던 막달라 마리아의 변형이다. 물론 나스타샤는 미시킨의 은혜를 받아들이지 못했다. 하지만 최소한 기회라도 주어졌고, 심지어 거부하는 중에도 사랑과 용납을 지속적으로 체험할 수 있었다.

《백치》의 의도는 '무조건 아름다운 인간'을 그리는 것이라고 했다. 그러나 이 일보다 더 곤란한 일은 이 세상에 없을 것이라고 했다. 아름다운 것이 이상이지만 어디서도 실현된 일이 없었다. 그러나 단 한 사람, 무조건 아름다운 인물이 있다. 그는 그리스도다. 그의 나타나심은 영원한 기적이다. 요한복음은 대부분 그런 기록이다. 사도 요한은 그 가운데서 모든 기적을 발견하고 있다. 작가의 사상은 성경적이었으며, 예수 그리스도를 가장 높은 인격자로, 그뿐 아니라 심판주로, 아니 구원자로 믿었다.

도스토옙스키는 《악령》에서 "인생에서 무엇보다 어려운 것은 거짓말을 하지 않고 사는 것이다"라고 했다. 이것은 윤리의 최저선이다. 그런데 거짓말하지 않고 사는 사람은 없다. 거짓말하는 것은 인간이 가장 자신을 괴롭게 하는 행위이다.

도스토옙스키는 인간을 가장 깊이 탐색한 작가이다. 인생에는 어려운 삶의 모습이 많이 있다. 그중에서도 거짓말을 하지 않는 것은 너무나 어렵다. 거짓이란 정직하면 사라진다. 정직은 말과 행동에서 드러난다. 신앙인은 정직한가? 그렇지 못하다. 예수님은 정직하라고 말씀하셨다. 외식하는 바리새인과 사두개인을 가장 싫어하셨다. 그 이유는 '외식'하기 때문이었다. 외식이란 '가면을 쓴 사람'을 의미한다. 거짓된 사람이다. 안과 밖이 다르다. 그릇도 겉과 안이 깨끗해야 한다고 하셨다.

오늘 우리 시대에 가장 큰 과오는 살인이요, 자살이다. 이것은 거짓을 숨기기 위한 것이다. 자신의 거짓된 삶을 숨기기 위한 것이라고 여겨진다. 가장 정직한 사람은 누구인가? 내가 되어야 한다. 임마누엘 칸트는 '절대 정직'을 주장했다. 위대한 인물들의 '참회록'을 읽으면서 느끼는 것은 그들이 거짓을 회개하고 있다는 사실을 알게 된다. 정직의 문제를 갖고 씨름한 도스토옙스키는 자신의 삶에 거짓이 많았다는 사실을 솔직하게 작품 속에서 드러냈다.

그는 인간의 깊은 곳에 있는 범죄성을 해부하여 심각한 예술적 경지를 전개했으며, 그로 말미암아 세계 문학사에 큰 업적을 남겼다. 그 영향으로 세기말의 데카당 문학과 상징파 및 20세기의 불안 문학에 큰 감화를 주었고, 기독교 문학에 굵직한 문제점을 제시했다.

《카라마조프의 형제들》은 그의 최후의 작품이요, 창작의 총결산이요, 그의 정신적 탐구의 궁극적 표현이다. 스케일의 웅대함과 구성의 기발함 그리고 심리 분석의 심각함과 종교적 신념의 고양에 있어서 톨스토이의 《전쟁과 평화》와 견줄 수 있다. 또한 도스토옙스키의 예술가로서의 묘사력은 셰익스피어에 필적된다. 작가는 이 작품에서 알료사라는 긍정적 인물을 창조하기로 마음먹었다. 그것은 '저자로부터'라는 머리말에 밝혀져 있는데, 현실적으로는 '소설이라고 하기보다는 오히려 우리 주인공의 생애의 한순간' 또는 '13년이나 전에 있었던 사건'을 이야기하는 데 그쳤고, 작자의 죽음으로 그 뜻하던 바는 끝내 실현되지 못했다.

중요한 사실은 도스토옙스키의 소설 중 인물들에게 공통된 바와 같이 그들은 하나의 자장(磁場)의 각각 극점에 위치하고 있어서 서로 자력을 방사하여 끌고 또 배척하는 태도에 긴장된 균형을 형성하고 있다. 작가는 '이 세계악의 어두움으로부터 사랑의 광명을 향하여 나아가는' 아름답고 건강한 청년을 마치 40일 동안의 광야의 고행 뒤에 그리스도가 등장한 것과 같이 악마의 시험에 맡기고 있다.

《카라마조프의 형제들》은 장편 소설이다. 처음부터 단행본으로 출판된 것이 아니라 그가 죽기 2년 전인 1879년부터 죽기 바로 전해인 1880년까지 2년 동안에 걸쳐 잡지 〈러시아 통보〉에 연재되었다. 이 소설이 단행본으로 출판된 것은 도스토옙스키가 죽기 얼마 전인 1881년에 상트페테르부르크 출판사에서 낸 것이 처음인데, 이 판에 의하면 제1권에는 제1부와 제2부, 제2권에는 제3부와 제4부, 그리고 제3권에는 에필로그를 수록하여 3권 1책으로 3천 부를 초판에 발행한 것으로 되어 있다.

이 작품의 소재는 작가가 시베리아 유형 시절에 옴스크 감옥에서 사귄 어느 퇴역 육군 소위의 실화에 근거했다. 이 작품에서 알료샤는 은혜를 선물 받은 사람이다. 작자는 자유로운 양심의 선택과 하나님 앞에 홀로 서는 인간의 존엄성을 옹호했다. 이 작품은 한 부분이 〈무신론자〉(1869) 또 한 부분이 〈위대한 죄인의 생애〉(1870) 등 제목이 붙은 몇 개의 장편으로 이루어진 대하소설로서, 끊임없이 작가의 마음에 있던 문제, 곧 인생의 부조리 때문에 신을 거부하고 반역한다는 러시아의 무신론적 지식인들과 대결하여 그것을 초월하고 극복하는 인물을 창조하는 것이 목적이었다.

알료샤는 카라마조프 집안에서 천사 같은 유일한 인물이었다. 그는 이반과 같이 표도르의 후처 소생으로 어린 시절을 역시 이반처럼 외가 쪽의 친척 집에서 불우하게 자랐으나 이반과는 달리 스스로 학업을 중단하고 수도원에 들어간다. 이 소설의 마지막에 있는 소년들에 대한 알료샤의 연설 대목은 특히 인상적이다. 물론 작가가 알료샤를 이 소설의 주인공으로 설정하고 장차 집필할 예정이었던 이 소설의 속편에서 주로 다룰 의도였음은 의심할 바 없지만, 이 작품 속에서도 알료샤의 역할은 커다란 비중을 차지하고 있다.

그는 추악한 카라마조프의 세계에 종교적인 밝은 빛을 비쳐 주고 있는 천사 같은 존재이며, 누구에게나 사랑을 받는 청년이다. 그럼에도 불구하고 많은 독자들은 알료샤의 존재에 대하여 약간 뜻밖으로 생각할 것이다. 왜냐하면 표도르의 고집불통, 드미트리나 이반의 강렬한 개성과 비교할 때, 알료샤는 어쩌면 그림자가 엷은 존재처럼 느껴지기 때문이다. 하지만 이 소설에서 일어나는 모든 사건이 그의 행동에 따라 생긴다는 것을 생각할 때 그는 틀림없는 주인공이라고 할 수 있다.

그는 누구에게도 사랑받고 천사로 불리며, 신용을 얻는다. 드미트리가 열렬한 마음의 고백을 하는 사람도, 이반이 자작 극시 '대심문관'을 읽어 주는 사람도 알료샤이다. 정직하고 조금도 사념이나 악의가 없는 그는 그래도 역시 자기 내부에 카라마조프의 피가 흐르고 있다는 것을 느껴서 안다. 학생 시절, 여자 이야기나 음담패설을 친구가 입에 올리면 귀를 막고 방바닥에 엎드려 듣지 않으려고 한, 정도 이상의 수치심은 그가 자기 내부에 그와 같은 불가능한 인간으로 우리 앞에 제시되어졌다. 수도원 생활만이 어둠에서 뛰어나와 빛으로 돌진하려고 몸부림치는 자신의 영혼의 궁극적 이상을 단숨에 지시해 주는 것이라고 느끼고 불사를 위해 살 것을 결심하게 되었다. 카라마조프의 피가 미쳐 날뛰었다면 그도 형 드미트리와 같이 구렁텅이에 굴러 떨어졌을지 모르며, 혹은 불사를 믿을 수 없었으면 둘째 형 이반처럼 철저한 무신론자가 됐을지도 모른다. 그것은 그 자신이 가장 잘 알고 있었다.

도스토옙스키는 이 작품에서 알료샤라는 긍정적 인물을 창조하기로 마음먹었다. 이 작품은 성경을 발문으로 적고 있다.

> "내가 진실로 진실로 너희에게 이르노니 한 알의 밀이 땅에 떨어져 죽지 아니하면 한 알 그대로 있고 죽으면 많은 열매를 맺느니라"(요 12:24)

《카라마조프의 형제들》에서 가장 빛나는 대목은 알료샤가 완전히 축복받은 장면이다.

"희열에 사로잡힌 영혼은 자유를, 한없는 우주를 갈망하고 있었다. 부드럽게 빛나는 별들이 점점이 박힌 하늘나라의 둥근 천장이 머리 위로 광막하게 펼쳐졌다. 은하수의 정점에서 두 팔이 희미하게 하늘을 가르며 다가왔다. 신선하고 움직임이 없는 고요한 밤이 세상을 감쌌다. 교회의 흰 탑과 황금 돔이 사파이어빛 하늘을 배경으로 은은한 빛을 냈다. 집 근처 화단에 핀 아름다운 가을꽃들이 아침을 기다리며 잠들어 있었다. 세상의 침묵이 하늘나라의 침묵과 하나가 된 것 같았다. 세상의 신비가 별들의 신비와 맞닿은 듯했다.

일어서서 하늘을 바라보던 알료샤는 갑자기 무릎을 꿇고 바닥에 엎드렸다. 왜 땅을 껴안았는지 자신도 알 수 없었다. 어째서 그렇게 흙에, 아니 모든 것들에 키스하고 싶어졌는지 설명할 수 없었지만 아무튼 얼굴이 흠뻑 젖도록 눈물을 흘리며 흐느끼며 입을 맞추었으며 세상을 사랑하겠노라고, 영원 그 이후까지 그러하겠노라고 열렬히 맹세했다. '기쁨의 눈물로 세상을 적시며, 그 눈물을 사랑하리라'는 다짐이 마음에 사무쳤다.

　무엇을 위해 울었던 것일까? 자신을 위해 우주의 심연에서 빛나는 별들을 보며 환희에 사로잡혀 눈물을 흘렸으며, 그런 황홀을 조금도 부끄럽게 생각하지 않았다. 마치 하나님이 지으신 모든 만물에서 나온 섬유가 일단 그의 영혼에서 만나는 것만 같았으며, 다른 세상과 접촉하려는 듯 떨고 있었다."

　도스토옙스키는 속편을 쓸 계획이었다. 그리스도를 위해 바보가 된 미시킨 공작의 후계자로서 거룩한 소명을 완수해 가는 알료샤의 성년 시대를 그릴 계획이었지만 단 한 줄도 쓰지 못했다. 그는 《카라마조프의 형제들》을 탈고하고 두 달 만에 세상을 떠났다. 그게 당연한 귀결인지도 모른다. 이런 작품은 결코 완성되지 않는 법이다. 작가는 기껏해야 씨를 뿌려 놓고 간다. 그리고 부활을 기다린다.

　《카라마조프의 형제들》에서 알료샤를 중심으로 한 조시마 장로와 이반 간의 사상 투쟁은 기독교와 무신론의 대결이었다. 이단자들을 화형에 처하는 광장에 그리스도가 강림한다. 사람들은 곧 그가 그리스도라는 것을 안다. 대심문관의 명령으로 그리스도는 체포되고 투옥된다. 그날 밤 감옥에서 대심문관은 그리스도를 공박하는 것이다. 주제가 된 것은 마태와 누가, 양 복음 4장에 기록되어 있는 예수가 악마에게 세 가지 시험을 받는 문제이다. 대심문관은 이런 내용의 말을 한다.

　"당신이 양심의 자유를 위해 빵을 거절했기 때문에 대다수의 인간은 빵을 곁눈질하며 시비와 선악의 판단에 괴로워해야만 했다. 또한 당신은 자유로운 신앙 때문에 기적을 거부했는데, 그것 때문에 인간은 기적과 더불어 신도 거부하고 말았다. 그리고 당신은 지상의 권력을 거절했는데, 지상의 인간들이 추구하는 것은 하나의 권력 아래 세계적으로 결합하여 평화와 행복의 왕국을 지상에 건설하는 일이다."

대심문관의 탄핵은 계속된다. "때문에 우리는 그들을 자유의 무거운 짐으로부터 해방시켜 빵을 주었다. 이제 사람들은 자기의 자유를 포기함으로 자유를 누리게 되었고, 기적과 신비와 권위는 세 가지 힘 위에 지상의 왕국을 건설한 것이다. 그런데 당신은 약하고 천하게 만들어진 대다수 사람에게 자유로운 양심의 선택을 강요하여 고뇌에 빠지게 하였다. 당신 같은 사람은 화형에 처해 죽이고 말겠다."

이 대심문관의 규탄에 대해 그리스도는 한마디 말도 없이 시종 침묵을 지키고 있다. 그리고 마지막에 역시 아무 말도 없이 대심문관에게 입을 맞춘다. 이처럼 이반이 인간의 이름에 의해 그리스도에게 행한 고발에 대하여 알료샤는 "당신의 극시는 그리스도의 찬미이지 결코 비방이 아니오"라고 말한다.

이 '대심문관'은 빵과 자유의 문제, 신앙과 이성의 문제, 정치권력의 문제 등 "지상에서의 인간성의 역사적 모순 전체를 포함하고 있다"라고 말할 수 있다. 여기에 신에 대한 반역의 근거가 있다. 그러나 알료샤의 말처럼 작자는 자유로운 양심의 선택과 하나님 앞에 홀로 서는 인간의 존엄을 어디까지나 옹호하려 한 것이다.

아름답고 선해지려는 이들은 대부분 좌절을 맛본다. 그의 생애는 비참했다. 간질병 환자로서의 수치와 공포 속에서 겪은 자기의 비참한 경험이 《백치》와 《악령》에 나온다. 생활이 가난해서 《죄와 벌》을 쓸 때 밤낮 곤궁을 보였다. "친구여, 나는 고역에 시달린 죄수처럼 일하고 있다"라고 고백했다.

《카라마조프의 형제들》을 완성한 석 달 뒤에 그는 죽었으므로 작가의 말대로 판단한다면 현재 우리가 읽는 그 작품은 미완의 대작이라는 말이 된다. 이 소설은 속편이라는 것을 전혀 생각할 수 없을 만큼 완벽한 작품이라고 할 수 있다. 그는 "신이 없다면 모든 것이 허용된다"는 이론을 갖고 있다.

그러나 이 간단한 이야기 속에는 그 당시 러시아의 모든 것이 포함되어 있다. 이 작품에는 군인, 수도사, 법관, 귀부인, 학생, 아이들, 지주, 농부 등 온갖 직업과 계급의 인간들이 등장하며 부친 표도르로서 대표되는 몰락한 지주 계급의 방탕과 안일주의 이반의 무신론, 알료샤의 광신적 경향, 콜랴 크라소트킨으로 구체화된 니힐리즘, 호흘라코바 모녀의 감정 분열증, 패라포트 신부의 자기 기만적 신앙, 상인 삼소노프와 그루센카로 대표되는 악질적 치부주의, 라키친의 세속적 출세주의, 스네기료프 대위의 현실 도피주의, 그리고 주인공 드미트리의 난폭할 정도로 강렬한 생활력과 영원에 대한 뜨거운 동경 등이 풍부한 작품 세계를 이루고 있다.

도스토옙스키는 이 작품 속에 나오는 여러 인물들의 영혼과 인간성을 끝까지 파헤치고 '최후의 한 점까지' 꿰뚫어봄으로써 불안한 시대에 태어났던 러시아인들의 고뇌와 애환을 기리는 데 성공했고, 마침내는 인간과 신 사이에 귀중한 가교를 놓을 수 있었던 것이다. 이 작품에 등장하는 모든 인물들은 카라마조프 집안이 지니는, 아니 모든 러시아인이 지니는 온갖 인간적인 특징을 잘 나타내고 있다.

카라마조프 집안 중 인색과 육욕과 시기심은 주로 아버지 표도르에게, 무의지와 정서적인 감수성과 방종한 생활 습성은 맏아들 드미트리에게, 정신적이고 종교적인 순수함은 알료샤에게, 지성과 에고이즘과 탐욕스런 생활 의욕은 둘째 아들 이반에게, 그리고 비굴한 노예 기질과 악마적 집념은 사생아인 스메르자코프에게 각각 부여하고 있다. 이들의 공통된 성격, 곧 '카라마조프 기질'도 가장 인간적인 본능, 즉 육욕과 물욕과 허영심 등이 보통 인간보다 과장된 것에 지나지 않는다.

마지막 작품인 《카라마조프의 형제들》을 멋지게 써낼 수 있었던 것은 도스토옙스키 자신에게도 행운이었지만 독자들에게도 축복이 되었다. 영적인 잠재력이 가득해서 감사가 넘친다. 작가이자 목회자였던 프리드리히 부흐너(Frederick Buechner)는 '펄펄 끓어 오르는 부야베스(bouillabaisse, 마르세유의 명물 스튜) 같은 책'이라고 평가했다.

"잔가지가 많아서 툭하면 곁길로 새나간다. 등장인물이 많아도 보통 많은 게 아니다. 양이 방대하고 너무 길다. 이유는 하나뿐이다. 도스토옙스키가 작품 속에서 아무것도 안 하고 그냥 방 안에 앉아 있기만 하기 때문이다. 무엇이든지 들락거릴 수 있다. 때로는 성령님 자신이 이곳저곳에 들어오신다. 그런 까닭에 신앙 체험에 대해 많이 이야기하지 않는 대신 들어오신다. 그런 까닭에 신앙 체험에 대해 많이 이야기하지 않는 대신 소설을 읽는 행위 자체가 신앙 행위가 되게 한다. 보이지 않는 임재와 등골이 오싹한 부재 양면에 걸쳐서 하나님을 실감하게 만드는 것이다."

조시마 장로는 이 작품 속에서 이반의 논리적, 변증법적 부정론에 대하여 정면으로 반박하지 않고 간접적인 방법, 즉 자기 자신의 존재로서 이를 분쇄하고 있다. 조시마 장로의 가장 두드러진 특색은 그가 흔히 있는 고행자형의 수도사, 즉 음울하고 권위를 찾는 수도사가 아니라 감격에 찬, 밝은 마음의 소유자라는 데 있었다.

작품 속에서 조시마 장로는 발문으로 쓰인 요한복음의 말씀을 본문으로 설교했다. "눈으로 볼 수 없는 것들이 세상에는 참 많지만 대신 하나님은 다른 세계, 하늘나라의 더 높은 세계와 연결된 삶을 느낄 수 있는 신비로운 내면의 감각을 주셨습니다. 우리가 가진 사고와 감정의 뿌리는 이곳이 아니라 다른 세계입니다. 철학자들이 세상사의 핵심적인 성질은 도저히 이해할 수 없다고 하는 이유가 바로 여기에 있습니다. 하나님은 다른 세계에서 씨앗을 가져다가 이 땅에 뿌리시고 잘 돌보십니다. 싹을 키울 수 있는 모든 것에서는 싹이 납니다. 무엇이든 성장하는 건 살아 있다는 뜻입니다. 신비로운 다른 세계와 접촉하고 있다는 느낌을 통해서만 삶이 지속됩니다. 그런 느낌이 약해지거나 파괴되면 내면에서 자라던 싹은 죽고 맙니다. 곧이어 삶에 무관심해지고 결국 증오하기에 이를 것입니다."

도스토옙스키의 모든 소설들을 읽으며 도제 수련을 쌓으며 하나님의 완전하심을 감지해 내려고 노력하지만 아직 그런 경지에 완전히 이르지 못한 이들에게, 알료샤의 축복은 사탄이 흩어 놓았던 세계를 다시 통합하는 힘을 주고도 남을 것이다. 그러나 말씀을 연마하는 도제 기간에 있는 것만으로도 그런 환희를 맛보기에 충분한 자격을 갖춘 셈이다.

도처에서 미에 대한 대화가 나온다. 특히 한스 홀리바인의 '예수 그리스도의 죽음'에 대해서는 스스로의 감명을 기반으로 미시킨, 로고진, 입플리트의 세 사람을 통해 강렬한 인상을 말했다. 도스토옙스키는 톨스토이와 달리 음악보다 미술을 사랑했다. 그가 평생 사랑했던 그림은 라파엘의 〈마돈나〉다. 드레스덴의 미술관에 있는 라파엘의 〈시스티나 예배당의 마돈다〉의 복제판이 그의 서재에 걸려 있었다.

밝은 삶의 환희에 찬 라파엘의 마돈나와 한스 홀리바인의 '신앙을 잃을는지 모르는' 무참한 그리스도의 모습과 이 두 가지 상반되는 회화에 도스토옙스키가 강하게 이끌리고 있는 것은 흥미롭다.

《죄와 벌》은 가장 널리 알려진 도스토옙스키의 작품이다. 그 주인공 라스코르니코프는 사회적으로 천한 인물을 살인했다. 아무데도 쓸모없는 전당포 노파쯤 죽는다 해도 문제될 게 없으리라고 생각했다. 그래서 죽였다. 그런데 존재의 중심이 흔들렸다. 가치 없는 노파로 생각했는데 인간 본연의 영적인 힘을 보유하고 있었다. 라스코르니코프는 영적인 폭과 깊이를 깨닫기 시작했다. 그는 비관론자도 아니요, 허무주의자도 아니었다. 언제나 러시아의 재생은 민중들 자신의 힘에 의해서 성취되는 것이라고 믿고 있었다.

메레주콥스키는 도스토옙스키의 문학에 대해 이렇게 말했다.

"그는 투르게네프처럼 시적인 간격을 두지 않는다. 톨스토이처럼 훈계자의 위치에서 내려다보지도 않고 가난하고 고생하는 사람들과 함께 고통의 잔을 마시고 우리와 함께 있기도 하고 오염되기도 한다." 그는 《죄와 벌》에서 "모든 인간을 불쌍히 여기시는 신이여, 모든 사람과 모든 사실을 이해하여 주시는 신이여, 그러한 신만이 우리들을 불쌍히 여겨 주신다. 신은 오직 한 분, 그리고 그분이 또한 심판자이시다. 그는 최후의 심판 날에 나오셔서 이렇게 물으신다. '심술궂은 폐병장이 계모와 데리고 온 나이 어린 자식을 위하여 자기와 자기 몸을 판 여자는 어디 있느냐? 이 세상에서 자기의 부친인 주정뱅이 방탕자의 그처럼 포악한 행동도 두려워하지 않고 그를 동정한 여자는 어디 있느냐?' 신은 우리를 향하여 이렇게 말씀하신다. '너희들도 이리로 나오너라! 술주정꾼도 나오는 것이 좋다. 비겁한 자도 나오는 것이 좋다. 뻔뻔스러운 자들도 나오는 것이 좋다.'

그래서 우리들은 모두 주저 없이 신 앞에 나아가 선다. 그때 신은 '돼지들아! 짐승의 상과 표식을 띤 자들아! 그러나 너희들도 오라!'고 하신다. 그리고 신은 우리를 보시며 손을 내밀어 주신다. 그래서 우리는 땅에 엎드린다. ……눈물을 흘린다. ……그리고 모든 것을 깨닫는다."

스웨덴의 러시아 문학가 마우리나 여사는 "도스토옙스키는 러시아의 돈키호테이고 신이 없는 19세기의 그리스도이다"라고 했다.

유진 피터슨 목사는 "도스토옙스키 덕분에 다시는 하나님을 향한 열정이 흔들리지 않았다. 소냐, 미시킨 공작, 알료샤, 조시마 장로를 보면서 하나님과 열정에 사로잡혀 사는 삶이 어떠해야 하는지 생생한 가르침을 얻었다"라고 했다. 그것은 도스토옙스키를 깊이 연구한 후 감격의 고백이었다. 도스토옙스키는 하나님 없이 비인간적인 삶을 사는 인물과 주님을 좇아 사는 아름다운 인물들을 비교했다. 그는 인간의 본성을 설명하고 고통과 불만을 몰아내며 이기적인 세상에서 안연함을 누리도록 돕고 싶은 열정을 독특하고 신비로운 인물들을 빌어서 표현했다. 한결같이 하나님을 애타게 찾으며 항상 거룩함에 목말라하는 인간들이었다. 그는 "인간은 산술적으로 표현될 수 없다. 신비롭고 복잡한 존재이기 때문이다. 인간의 본성은 극단적이며 대체로 모순적이다"라고 말했다.

《카라마조프의 형제들》의 인물 중에 조시마 장로는 이 작품에 별로 영향력이 없어 보이지만 실제로는 중요한 인물이었다. 조시마 장로는 도스토옙스키가 러시아 수도사의 이상형으로 그려 보려고 했던 인물이다. 즉《악령》의 치혼 장로,《미성년》의 마카르 노인 중에서 시도했던 진정한 러시아 종교인의 완성된 모습이라고 하겠다.

1881년 러시아 비평가 가운데 한 사람인 알렉세예프는 이 작품에 대해 이렇게 재미있는 결론을 내리고 있다.

"……도스토옙스키의 이상은 높고 한편으로 인간적이다. 그러나 그 높은 이상에서 꺼낸 정치적 교훈은 오류투성이이고 내용을 제대로 갖추지 못했다. 작가는 자기의 교훈을 따르는 추종자를 단 한 사람도 찾아내지 못할 것이다. 그러나 그의 창작이 감정과 사상을 깨워 일으킬 것은 분명하다. 독자들은 그의 설교를 무시할 수 있을지 모르지만, 그의 기법과 극적 사건의 구성은 절대로 무시할 수 없을 것이다. 왜냐하면 모든 것이 작가의 열렬한 인간애와 고통 받는 인간의 영혼 속을 깊숙이 꿰뚫어 보는 능력을 보여 주었기 때문이다. 도스토옙스키가 어둠의 옹호자가 되려고 온갖 노력을 기울였음에도 불구하고 결과적으로 그는 횃불이 되고 만 것이다."

비슷한 시기를 살았던 톨스토이는 교육 프로그램을 기획하고 계속 갱신해 나가면서 가난과 고통, 부정을 제거하려고 했다. 반면 도스토옙스키는 믿음과 회의의 불가사의한 도가니 속으로 뛰어들었으며 죽음을 통해서 부활의 기적을 추구했다. 자유를 희생하고 하나님을 포기한 자들은 빛나고 안락한 미래에 관심이 없었다.

도스토옙스키는 러시아 정교회의 신자로 태어났다. 그러나 무신론자가 되어 사회와 억압에 반항하는 혁명가가 되었다. 그 때문에 사형 선고를 받았다가 황제의 특사로 시베리아에 유형 당했다. 그를 변화시킨 것은 신약성경 한 권이었다. 물리적인 책이 화학적인 반응을 일으켜 신비를 체험했다. 그 신비적 체험이 그의 신앙을 변화시켰다.

변화된 도스토옙스키의 작품은 계획부터 달랐다. 그의 작품은 러시아 정교회의 신앙을 설명하고 있다. 그 심연에는 예수 그리스도가 있었다. 그리하여 최대의 기독교 신앙인으로서의 작품을 썼다. 특히 작품 속에서 무신론자들과의 논쟁은 치열했다. 그러나 큰 영향은 논쟁으로는 부족했다. 등장인물의 삶을 통해서 나타냈다. 가장 아름다운 인물, 믿어야 할 인물 그는 그리스도라고 했다. 작품 속에서 그리스도를 닮은 인간을 제시하고 있다. 그러면서도 인간학적인 존재만이 아니라 구원자이시며 심판자로서 그리스도를 강하게 그렸다.

02 서운(曙雲) 박계주

(朴啓周, 1913-1966)

가장 아름다운 사랑을 펴낸 작가

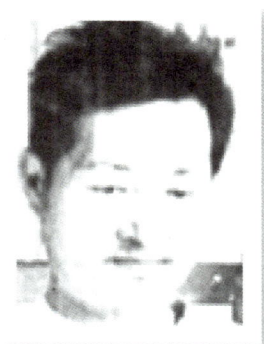

　박계주는 1913년 한일합방 당시 가족이 이주한 중국 간도 용정에서 박인근의 2남으로 태어났다. 호는 서운(曙雲)이었다. 만주의 도이구에서 망명객들이 세운 소학교를 나왔으며, 다시 용정으로 옮겨 영신중학교를 졸업했다.
　중학교 재학 중이던 1930년에 단편《적빈》이 〈간도일보〉신춘 문예에 가작으로 입선했으며, 이듬해인 1931년 단편소설《혁명 전선에 나서는 소년 형제》, 콩트《월야》를 〈민성보〉한글판에 발표하였다. 이후 〈간도일보〉와 장개석 정권의 기관지인 일간 〈민성보〉에 시를 발표했으며, 1932년 시 〈황혼의 바다〉를 〈신동아〉에 발표했다. 졸업 후 한때 소만 국경의 한인 촌구 사평에 있는 감리교 계통의 소학교에서 교편생활을 하면서 신문에 〈해란강〉 등 50-60편의 시를 발표했다.
　평양에서 중앙선도원 발행의 월간 〈예수〉지를 창간하여 종교 논문 30여 편, 장편 시조 〈서정애곡〉을 발표했다. 함흥, 원산, 평양을 거쳐서 서울에 온 것은 1936년이었다. 1937년 전영택이 주재하던 월간 〈새 사람〉지의 편집장을 하다가 폐간되어, 다시 평양으로 가서 〈예수〉지를 편집했다. 일본 식민지하에서 1938년 장편 《순애보》가 가명 박진이라는 필명으로 매일신보 1천 원 장편 현상 모집에 1등으로 당선되었다. 1939년 1월 1일부터 8월 31일까지 연재되는 동안 장안의 인기를 독점했다. 같은 해 10월 15일 매일신보에서 단행본으로 간행한 지 보름 만에 매진되었다.

이 소설이 이처럼 인기를 끈 것은 소설 전편에 흐르는 박애주의와 낭만주의적 분위기, 그리고 저변에 깔린 민족적 감정도 크게 작용했다. 1941년 극단 '성군'에서 극화되어 상연되기도 했다. 1958년에는 영화화되었다.

《순애보》 이후 단편 《인간 제물》(1938), 《화성녀》(1938) 등을 발표했으며, 월간지 〈박문〉, 〈삼천리〉, 〈신시대〉 등의 잡지 편집에 간여했다. 광복 후 〈민성〉의 주간과 〈한성일보〉 편집 고문을 역임했고, 자유문학가협회 초대 사무국장, 중앙위원을 지냈다. 광복 후 주로 신문 연재 장편소설을 썼다. 주요 작품으로는 단편 《오랑캐》(1940), 《처녀지》(1940), 《사람이다》(1947), 《예술가 K씨》(1948), 《유민》(1948), 《지옥의 시》(1949), 《조국》(1950), 《여 비행사와 동창회》(1956), 장편 《진리의 밤》(1950), 《구원의 정화》(1953), 《별아 내 가슴에》(1954), 《자나 깨나》(1956-57), 《연연무한》(1956), 《끝없는 연가》(1958-59), 《대지의 성좌》(1958), 《여수》(1961) 등이 있다.

그는 잡지나 신문을 편집하면서 작품을 많이 썼다. 6.25 한국전쟁 때에는 박영준, 김용호와 납북 도중 탈출하였다. 그가 심문 받을 때의 이야기는 소설의 소재가 될 만한 내용들이었다. 그 후 백마고지, 지리산 전투에 종군했다. 그리고 많은 작품을 남겼다.

박계주 작품의 문학적인 경향은 기독교적인 윤리관에 입각한 낭만주의였다. 그의 대표적인 장편소설에서 다룬 주제는 대개가 자기희생을 통한 숭고한 사랑의 구현에 있었다. 그만큼 박계주는 명확한 기독교적 이념을 기조로 하고 있으며, 춘원의 초기 작품에 나타난 관념적 이상주의를 지양하고 사랑에 대한 성경적 명제를 정립함으로 기독교적인 소설의 한 이정표를 세웠다고 할 수 있다. 대중적 흥미 위주의 신문 연재소설이 주류인 그의 작품은 기독교 신앙에 기초한 사랑과 희생을 강조함이 특징이었다.

그의 작가적 명성을 굳힌 《순애보》가 그 대표적이며 〈문장〉에 발표했다가 검열 삭제된 단편소설 《처녀지》와 같이 순수 문학에 열정을 보이는 작품도 있었다. 1962년 〈동아일보〉에 《여수》를 연재하던 중 필화 사건으로 집필을 중단하였고, 1963년 연탄가스 중독으로 기억 상실증에 걸려 1966년 사망했다.

박계주의 데뷔작이자 대표작인 《순애보》는 화제작이었다. 이 작품은 원수조차 사랑한다는 기독교적 용서와 화해와 애욕에 대한 순정의 승리라는 구성을 교직(交職)시켜 독자들에게 큰 사랑을 받았다. 강간, 살인 등 자극적인 모티브의 남발과 갈등의 통속적 해결로 말미암아 김말봉의 《찔레꽃》과 함께 일제 말기의 대표적인 대중 소설로 꼽혔다.

춘원 이광수는 "나는 이 작품의 예술적 가치 여하를 말하려 하지 않는다. 그것은 독자 스스로 판단할 것이니 나는 오직 작가가 이 소설에서 표현하려고 한 큰 동기만을 독자에게 주장하고 싶다"라고 했다.

이 작품은 발표 당시 그 위력이 상당했고 충격적이었다. 소설 속의 주인공 최문선, 윤명희, 장혜순 등은 마치 살아 있는 사람으로 여겨졌다. 박계주는 21세 때 예수교회 기관지인 〈예수〉지 편집 책임을 맡고, 그 후 4년여 동안 이 일에 종사하였다. 그 자신이 중학교 4학년 이후 교회 생활을 이어왔다고 하였는데, 실제로 김용신이라는 아내를 통하여 순애보적 애절, 순절의 사랑을 체험하였고, 그것이 지고지순한 사랑의 바이블인 《순애보》로 나타난 것이라고 할 수 있다.

이 《순애보》의 문학사적 평가는 실제로 여기서는 제외해도 되나, 이 작품 속에서 가장 결정적인 사건 전환의 동기 부분에서 윤명희라는 여자를 통해서 구약성경의 아가서적 사랑의 고백을 드리고 있다는 데 일단 주목하지 않을 수 없다. 사랑은 죽음보다 강하다는 아가서의 정신이 그대로 살아 있는 부분이 다음과 같다.

"그러나 나는 그의 결백을 믿는다. 결백하지 않더라도 좋다. 강간미수, 살인 아무것이라도 좋다. 나는 그를 사랑하기 때문에 범죄자일지라도 그를 버려서는 안 되지만 버릴 수도 없다. 그는 내 속의 나요, 나는 그 속의 그가 아닌가. 더러운 누명도 치욕도 모멸도 슬픔도 고통도 심지어 죽음도 같이 나눠야 한다. 그리고 지옥에도 같이 가야 한다. ……어쨌든 명희 언니의 사랑은 요새 길바닥에 널려 있는 그러한 연애가 아니라 지고지순한 그리고 지극히 열렬한 것이었사오며 이러한 사랑을 가리켜 사랑의 극치 또는 진정한 연애라 사람들은 부르나 보옵니다."

이와 같이 박계주는 장혜순을 통해서 말함으로써 이용도 목사의 아가서 연구 영향이 지대하였음을 보여준다.

이용도 목사는 부흥회를 하면 낮 성경 공부 시간에 아가서를 가르치는 때가 많았다. 이호운 목사의 회고에 의하면, "그의 설교는 사람들을 사로잡았지만, 그의 성경 강해는 사람들을 얼빠지게 했다. 그는 놀라운 웅변가였고, 또 문학가적 소질을 구비했다. 그리스도와 신자의 아가페적 사랑의 교제를 풍부한 문학적 감정과 영적 경험을 능가하고 기묘한 표현을 써서 설명해 내려갈 때에는 모두 무엇에 홀린 사람들처럼 멍청하게 얼이 빠져 있었다. 내가 일찍이 재미있는 책을 많이 읽고 말 잘하는 사람의 이야기를 꽤 많이 들었지만, 그분의 아가서 강해처럼 심취하고 가슴이 뛰었던 일은 아직 한 번도 없다"라고 했다.

아가서 연구의 흔적들 중에는 이용도 개인 서간이 가장 뚜렷하게 남아 있는 것 같다. 예를 들면, 이용도 목사의 부흥회 종반이었던 1932년 8월 21부터 9월 25일 사이에 쓰여졌던 여성 신도 안성결에게 보낸 서간은 아가서적 동기가 가장 인상적으로 살아 있다.

"주님이시여, 저를 완전히 사로잡아 주시옵소서. 당신의 품속에 깊이 감추어 두시옵소서. 주님의 품은 제가 피난할 유일의 피난처가 아니오니이까. 주의 품을 떠나서 제가 어디 가서 죄의 난을 피하오리까. 주의 품을 떠나 저는 가장 가련한 자이옵고 주의 품에 안겨 저는 가장 축복 받은 성녀일 것입니다. 주여, 제가 성미가 조급하나이다. 그러므로 주여, 손을 길게 펴서서 그를 붙들어 주시옵소서."

"자매여, 그대는 영원히 주님의 신부이니라. 주께서 그대를 얻었으니 곧 눈물과 피를 내어놓고 얻으셨느니라. 저 십자가는 그대를 얻으신 주님의 승천비요, 또 영원히 있을 기념비이니라."

이용도 목사는 예수님의 사랑을 가르치되 무조건적이고 원수도 사랑하라는 것이었다. 그리고 내가 아무리 손해 보고 희생되더라도 사랑을 잊어서는 안 된다고 했다. 그래서 그는 가난과 비천을 통해서 사랑을 베푸는 그리스도적 아가페를 강조했다. 실제로 이용도가 문학적인 영향을 얼마나 주었는가 하는 데 의문을 갖게 한다. 그러나 박계주가 전영택과 함께 이용도의 신비주의에 침잠했다가 그의 순수 문학을 쓰게 되었다는 것은 사실이다.

서운 박계주는 이용도를 심조(心鳥)라 불렀다. "마음의 새, 그는 하나님의 손에 앉아서 머리를 숙여 맑게도 피리를 붑니다. ……기름 같은 노래는 굴러 나와 하나님의 가슴에 떨어집니다"라고 〈예수〉지에 썼다.

박계주의 사랑의 신조는 하나님은 인간을 사랑하시되 끝까지 사랑하신다는 것이다. 어느 부모가 자식이 방탕했다고 마음에서 지워버리거나 미워하여 자기 자식이 아닌 것처럼 잊어버릴 수가 있는가? 오히려 집에서 함께 거처하는 자식보다도 멀리서 방탕한 생활을 하며 지내는 자식을 위하여 더 가슴 아파하고 더 그리워서 눈물을 흘리며 더 깊은 사랑을 베푸는 것이 부모의 마음이요 사랑이다. 인간을 사랑하시되 영원까지 사랑하시는 그 사랑은 지옥에 흘러넘치되, 죄악에 빠진 악한 영혼들은 자기들의 죄와 무지 때문에 이 사랑을 깨닫지 못한다.

하나님께서는 절대로 선한 영혼이나 악한 영혼이나 분별함 없이 다 당신 앞에 모으기를 암탉이 병아리를 그 품에 모으듯이 지극한 사랑으로 모으려고 하시지만, 악한 영혼은 자기 죄악이 하나님 앞에 가는 것을 가로막고 있다는 것이다.

박계주는 1933년 예수교회 설립 때 이호빈 선도감 다음으로 총무국을 맡았다. 그리고 교회를 조직할 때 평양 선교리 유봉열 집사가 경영하는 공장 교회로 직공들과 노동자들로 구성된 교회에서 박계주는 담임으로 선임되었다. 그는 당시 신비주의자로 지목되던 백남준과 한준명과 같이 인정되었으며, 그의 글은 거의 신비주의적 경향을 띠었다. 그리고 《순애보》는 완전히 이용도 목사의 신앙을 그대로 증명하는 것이었다. 즉 무조건적 사랑이었다. 이 '예수교회' 교단은 약 30년간 지속되었다. 즉 6.25한국전쟁을 지나면서 완전히 소멸되고 말았다.

박계주가 이용도 목사의 설교를 들은 것은 이용도 목사가 용정에서 부흥회를 인도할 때였다고 여겨진다. 그래서 평양에 가서 〈예수〉지를 창간, 편집하게 되었다. 박계주는 교회를 맡았던 경험이 있었다. 그래서 예배에 대한 중요성을 자각하고 있었다. 그가 생각하던 예배란 예배의 근본 요소, 곧 예배의 주춧돌과 기둥은 기도와 찬송이다. 그 위에 뜨겁고 빛나는 생활은 예배의 열매이다. 물론 큰소리 나는 기도가 필요하고 소리를 발하는 노래가 필요하지만, 그것만이 기도이고 노래가 아니다.

비록 입술의 소리는 아니지만 예수를 향하여 죄를 뉘우치며 그리운 정을 이기지 못해 쏟아지는 눈물을 멈추지 못할 때 그 눈물이 곧 기도 중의 기도요, 예수의 사랑에 감사하여 발하는 감사의 정을 안고 은은히 가슴을 치는 사랑의 탄식이 노래 이상의 노래요, 비록 육체의 움직임은 없지만 빛과 사랑 안에서 예수와 사귀는 사랑과 사랑의 결합에서 피가 끓을 때 피가 춤보다 훨씬 나은 춤이다. 신령한 예배는 주님의 피와 나의 피가 결합하여 생명을 깊이 즐기는 예배였다.

그는 예수 중심의 신앙으로 살았다. 그래서 모든 것을 예수로 알고 결정하고 실천해야 한다고 주장했다.

"네 고막을 울려 주는 모든 음성은 다 예수의 음성이다. 너를 칭찬하는 세상의 소리일지라도 너의 마음을 시험하시는 예수의 소리가 그 속에 담겨 있는 것이다. 심지어 너를 향하여 '죄를 지어라' 하는 소리가 있을지라도 네 마음을 저울질하시려는 예수의 거룩하신 역사인 줄 알고 긴장하여야 한다. 우리 하나님 예수께서 우리를 시험하시는 일은 결코 악의가 아니요, 우리로 하여금 그 생활을 하늘로 향상시키기 위하여 연단에 연단을 가하여 정금과 같이 우리의 마음을 빛나게 하시려고 베푸시는 가장 거룩하신 수단이며 선하신 뜻이다. 그러므로 칭찬과 욕하는 소리나 비웃는 소리나, 폄론하는 소리나, 멸시하는 소리 전부가 너를 연단하여 빛나게 하려는 데 없어서는 아니 될 시금석인 줄 알고 긴장 속에서 시험을 달게 받고 즐거이 익혀야 할 것이다.

보라! 너희 앞에 나타나는 모든 존재는 예수가 아니던가! 네 앞에 나타난 몰골이 사나운 거지도 네가 잘 용납하는가 안 하는가를 저울질하는 예수요, 네 앞에 나타난 추한 병자도 네 마음이 추하다 함을 가르치는 예수요, 네 앞에 나타난 미운 원수도 네가 미워하는가를 시험하는 예수였던 것이다. 너는 네 부모를 예수로 알고 대하여라. 네 형제를 예수로 알고 대하여라. 네 처자를 예수로 알고 대하여라. '이놈아, 네 사랑이 어디 있느냐?' 위엄 있는 그의 음성을 들어라. 네 앞에 나타나는 모든 존재를 예수로 알지 않고야 거룩한 사랑이 어디 있을꼬."

그는 부활의 신앙도 이용도 목사에게 영향을 받았다. 그래서 "죽음은 부활이다. 예수 안에서 죽는 일이 없으면 예수 안에서 사는 일도 없다. 부활은 예수다. 죽음은 사랑이요, 사랑은 십자가요, 십자가는 죽음이다. 그래서 이 죽음의 길을 밟는 자마다 승리해서 노래를 부른다. 예수께서 최후 십자가에 달려 죽음을 맛보시며 '다 이루었다'라고 말씀하신 아프고도 시원한 그 사실, 그 생활이 결국 죽음의 승리였던 것이다. 비록 듣기에 무능력한 소리요, 보기에 패배자의 어리석은 한탄 같으나 거기에 의의가 있는 삶의 실상이 있고 삶의 가치가 빛났던 것이다"라고 했다.

이《순애보》이후 박계주는 단편소설에서 순수 문학으로 진입을 시도했는데, 《유방》, 《오랑캐》 등이 이에 속한다. 해방 후 단편집《처녀지》를 발간하였고, 장편소설《진리의 밤》을 발표했다. 《순애보》의 '순애'는 사랑 때문에 목숨을 바친다는 뜻이다. 이루지 못할 사랑을 위해 죽음을 택하는 것이 순애이다. '보'는 기록한다는 뜻이다. '순애보'는 사랑을 위해 목숨을 버린 이야기를 적은 글이란 뜻이다. 순애는 순결하고 순수한 사랑이란 뜻이다. 순애보는 순결하고 순수한 사랑 이야기를 적은 글이란 뜻이다. 어떤 한자를 쓰느냐에 따라 그 의미가 달라진다.

1950년 12월 유엔군과 한국군은 압록강을 향해서 진군했다. 그런데 영변 부근에서 귀순해 오는 인민군 포로 두 사람이 잡혔다. 이들을 심문하던 한국군 장교가 깜짝 놀라 "선생님" 하고 불렀다. 그 장교는 박계주의 제자였다. 이렇게 전쟁터에서 적군 포로인 선생님과 아군 장교인 제자의 상봉은 아이러니한 장면이었다.

박계주는 이용도계의 문인이었다. 그는 전영택과 함께 이용도 목사계로 알려진 유명한 소설가다. 이용도 목사가 마지막으로 원산에 갔을 때 거기까지 따라갔다. 《순애보》가 그의 대표작으로 많은 사람을 울렸다. 이 작품 표지에는 십자가와 그 밑에 꿇어 엎드린 여인의 그림이 있었다. 이 순애보는 연속극 "야인시대"에서 김두한과의 관계에서 등장하여 만인의 이목을 끌었다.

어느 날 김두한이 그 일당과 함께 주점에서 술을 마시고 있었다. 그런데 한복 입은 신사가 이 모습을 보고는 가까이 가서 김두한을 보고 큰소리로 야단을 쳤다. 황당한 일이 벌어졌다. "자네 아버지 김좌진 장군은 만주 벌판에서 조국을 위해 목숨을 바치고 있는데 이런 꼴이 무엇인가?" 하고 호되게 나무랐다. 천하의 주먹 김두한을 그렇게 야단치고 살아남을 수 있었을까.

그런데 김두한이 냉정을 찾고 그분이 박계주요, 《순애보》의 작가라는 사실을 알게 된다. 그래서 그날 저녁 그 책을 사다가 여관방에서 남녀 한 학생씩을 불러 그 소설을 큰소리로 읽게 한다. 그 소설을 듣고 있는 사이에 그 천하의 주먹 김두한이 눈물을 흘리기 시작한다. '아! 이 세상에는 이렇게 아름답고 순결한 데가 있구나.' 그는 깊이 감명을 받았던 것이다.

박계주는 이용도 목사계의 〈예수〉지를 창간하여 발행을 맡았고 거기 전영택도 글을 썼다. 《화수분》은 전영택의 소설인데 순수한 인간의 아름다움이 향기롭게 꽃피고 있었다. 이들은 이용도 목사의 신앙과 그 순수한 기독교적인 사랑을 계속 전하고 싶어서 글도 쓰고 잡지도 간행하였다. 하지만 한국 문학사에서 박계주의 소설은 일단 물 건너간 것처럼 보인다. 그 이유를 물었다. 사회성이 없다는 것이다. 다시 말하면 사회적인 이념이 약하다는 것이다. 한국 문단에 이런 편향이 나타난 것을 보게 된 것은 서글픈 일이다.

《순애보》의 간단한 줄거리를 적어 본다.

부친은 간도로 망명하여 독립운동을 하다가 암살되고 그를 어렵게 교육시킨 홀어머니마저 돌아가시자, 최문선은 원산으로 와 김영호의 집에 의탁하게 된다. 문선은 원산 해수욕장에서 익사 위기의 인순을 구출해 주는데, 인순은 곧 문선을 흠모하게 된다. 그런데 그곳에서 그는 우연히도 부친끼리 친구였던 윤 목사의 딸 명희와 해후하고 둘은 쉽게 가까워진다. 명희 오빠인 명근의 청에 의해 그 집안의 사회사업도 도울 겸 문선은 서울로 돌아온다. 그러나 야학교의 조선어 작문 시간에 의기(義妓) 계월향(桂月香)에 대한 글을 읽어 준 것이 탈이 되어 문선은 10개월의 옥고를 치른다.

직장에 사표까지 낸 명희와 윤 목사댁의 옥바라지에 못지않게 인순도 지성으로 생명의 은인인 문선에게 보답한다. 주인공 최문선은 두 여인 사이에서 고심하나 유명희와 더욱 가까워지고, 이를 안 인순은 집요하게 접근한다. 출옥 뒤 인순의 간청으로 인순의 집에 왔는데, 인순은 도둑질을 하러 들어온 남자에게 죽임을 당하고 그때 인순의 집에 들어갔던 문선은 유리병에 눈을 맞아 실명함과 동시에, 도둑놈의 계략으로 인순을 강간하려다가 죽여 버린 살인자 누명을 쓰게 된다. 눈이 먼 것도 억울한데 살인 누명까지 쓰게 된 문선은 절망한다.

그 강도는 병원까지 찾아와서 고백한다. 그 도둑에게 임신한 아내, 병을 앓는 이를 더 이상 굶길 수 없어 도둑질을 하러 들어갔다가 인순의 비명에 살인까지 하고 문선을 실명시킨 것도 모자라 살인 누명을 씌웠다고 고백하는 도둑놈을, 그리스도인의 정신으로 용서하고 갖고 있던 돈까지 주어서 돌려보낸다.

명희는 문선의 결백을 믿으며 그를 가슴 아프게 보지만, 문선은 처지가 딱한 도둑을 대신하여 재판을 받고 사형 언도를 받는다. 도둑은 아이와 아내가 죽자 바로 자수해서 문선은 풀려난다. 풀려났으나 자신의 처지로 명희에게 짐을 지울 수 없었던 문선은 명희가 알 수 없는 곳으로 떠나버린다. 온갖 유혹에도 마음을 지키며 살던 명희는 결국 문선의 지인의 편지로 인해 문선의 행방을 알게 되고 둘은 결혼하여 행복하게 산다.

466페이지라서 간단히 줄거리를 요약한다고 했는데도 길다. 문선과 명희 이야기 외에도 다른 사람들의 이야기도 나온다. 피엘 신부 이야기가 나오는데 이것은 실화인지 소설 속 또 다른 이야기인지는 모르겠다. 피엘 신부는 과부를 죽였다는 누명을 쓰고 종신형의 판결을 받는다. 최악의 감옥에서도 문둥병자들을 돌보며 살던 피엘 신부는 예전에 자신의 하인으로 있던 그로카이유를 만나게 된다. 그는 진짜 범인이었다. 과부를 죽이고 신부님께 자백한 이 사람은 자수를 약속하고 도망가 버렸다. 그 후로 신부는 그 사람을 대신하여 모든 누명을 쓰고 감옥살이를 했다. 문선은 그 이야기를 떠올리며 자신도 피엘 신부처럼 또 예수님처럼 그렇게 십자가의 길을 택하게 된 것이다.

가장 감동되는 부분은 재판 부분이었다. 문선에게 칼이 들려 있었고 인순의 옷이 찢겨져 있었다는 정황으로 문선은 강간 미수 살인이라는 누명을 쓰고 재판을 받게 된다. 재판 과정에서 문선에게 유리한 증언은 무시당하고 문선은 판사의 비위를 건드렸다는 이유로 사형 선고를 받는다. 문선이 최후 진술에서 "나는 이 사건에 있어서 태양처럼 결백할 뿐이며, 잃어버린 것은 두 눈이요, 얻은 것은 추악한 누명이었으나 그것을 나의 십자가로 여겨 기뻐하노라"고 말했는데, 건방지다

하여 그 형을 받게 된 것이다.

물론 판사의 언도 부분 이유 설명에서는 그렇게 말하지 않고 교회 운동에 주력한다는 기독교 교육가로서 신인이 공노할 강간 미수 및 살인이라는 가장 추악하고 흉악한 죄를 범하였다는 점으로, 보통 살인 사건보다 그 죄가 더 중할 뿐더러 세상에 경고를 주기 위해서도 사형에 처해야 한다고 말했다.

문선은 공소를 하지 않으려 했으나 그의 결백을 믿은 명희의 요청으로 또 재판을 받게 되고, 역시 변호사의 변론은 무시되고 사형 선고를 받는다. 그는 감옥에서 기도한다. "주님이여, 일찍이 주께서 베들레헴의 더러운 외양간 구유에서 탄생하셨듯이, 지금 나의 더러운 마음이 구유에서 주님은 빛으로서 그리고 사랑으로서 탄생해 주시옵소서. 그리하여 나의 가난한 말에 크리스마스 트리의 푸름과 크리스마스 등불의 밝음으로 장식이 있게 해주시옵소서."

그리고 그는 '엘리 엘리, 라마 사박다니!' 하고 예수님께서 십자가에서 부르짖던 하소연을 마음속으로 조용히 읊조린다. 그 뜻은 '하나님이여, 하나님이여, 어찌 나를 버리셨나이까?'이다.

결국 누명도 벗고 사랑하는 사람도 다시 만나 해피엔딩으로 끝나지만 마음 한구석이 짠했다. 문선의 억울함과 고통은 누가 보상해 줄 것인가. 결국 모든 것은 행한 대로 돌아가고 살아서 받지 못하면 죽어서라도 화와 복을 다 받겠지만 말이다.

나는 어릴 적에는 악한 사람들이 잘살고 선한 사람들이 고통을 당하는 것을 보면서 행한 대로 받는다는 말이 정말 세상에 통하는 말인가 하는 생각을 했지만, 살면서 보니 정말 하나님은 살아 계시고 모든 것은 자신이 행한 대로 가게 되어 있다는 것을 깊이 느꼈다. 때론 행하지도 않았는데 억울하고 힘든 일을 겪는 경우도 있다. 그런 사실도 결국은 다 밝혀지며 남을 억울하게 한 자는 죽어서 좋은 세상을 보지 못할 것이다. 그러나 억울함을 당한 자에게 무엇보다도 마음이 아픈 것은 그 사건 자체의 억울함과 상대에 대한 미움보다는 많은 사람들이 제대로 알아보지도 않고 들은 대로 함부로 내뱉는 가슴에 비수를 꽂는 말들일 것이다.

문선도 많은 사람들의 비난을 받는다. 자신은 결백하다고 말해도 사람들은 그 말을 믿어주지 않았다. 진실은 가려지고 거짓이 진실인 것처럼 세상을 누비고 다녀도 아무도 도와주지 못했다. 그리스도인으로서 바르게 살아가던 자로서 강간 미수 살인이라는 너무나 수치스럽고 억울한 누명을 당한 문선, 그는 결코 하나님의 심판을 받은 것이 아니었다. 그는 사탄의 시험을 받은 것이었다. 그러나 이런 일들이 현실 속에서 자행되어도 진실을 아는 자만이 알고 갈 뿐……. 진실은 때가 될 때까지 침묵한다.

어떤 사람은 말한다. 하나님이 왜 도와주지 않느냐고. 하나님은 이 세상을 마음대로 주관하시는 것이 아니라 이치대로 흘러가게 창조하셨다. 행한 대로 받을 수 있게 창조하셨지만, 그것이 바르게 흘러가지 않는 것은 사탄이 방해하기 때문이다. 성경을 처음부터 끝까지 자세히 읽어 보면 하나님과 사탄 가운데 끊임없이 흔들리는 인간들의 어리석음과 무지가 나와 있다. 하나님을 오해하기 전에 성경책을 자세히 읽어야 한다.

눈이 먼 애인이지만 그 사랑이 변하지 않고 끝까지 애인을 믿어 주고 또 애인을 기다린 명희, 그녀는 진정한 순애보의 주인공이다. 정말 사랑했던 애인이 다른 여자를 강간하려다가 죽였다는 말을 들었을 때 사람들은 어떤 생각을 하겠는가? 그러나 정말 사랑했기에 명희는 문선을 믿어 주고 끝까지 기다렸다. 애인이 장님이 되었지만 내가 사랑한 것은 문선의 눈만이 아니라고 말한 명희, 그녀는 이렇게 말했다.

"전 선생님의 눈만을 사랑했거나 선생님의 얼굴이라는 형체에 사랑을 두지는 않았어요. 눈이나 용모가 그 사람의 인격은 아닐 거예요. 사랑만이 진정한 눈이 될 수가 있으며 아무리 흉한 얼굴을 가졌다 할지라도 그 얼굴에 삶이 담겨져 아름다움이 빛날 거예요. 행복은 돈이나 물질에 있는 것이 아니고 그것에 좌우되는 것도 아니라 봐요. 사랑이 행복의 본질이라면 사랑이 있는 곳에는 행복이 따를 거예요. 이제부터 저는 선생님의 눈이 되겠어요. 손이 되겠어요. 그리고 발이 되겠어요. 제가 가진 기능만으로도 능히 살아갈 수 있지만 제가 문선 씨의 눈이 되면 문선 씨의 문학도 다른 기능도 모두 살릴 수 있을 거예요."

진정한 사랑의 의미를 생각하게 해주는 《순애보》. 인스턴트 사랑, 조건에 의한 사랑, 흔들리는 사랑처럼 사랑의 의미가 퇴색해가는 이 세상에 정말 필요한 책이 아닌가 싶다.

이 소설은 사건 전개가 너무 우연적이며 작가의 자의적 삽화가 부자연스럽게 처리되어 작품 구성이나 기법상 미흡한 점이 있다. 그럼에도 불구하고 이 작품이 대중에게 열렬한 반응을 일으킨 것은 작가가 의도한 지순한 사랑의 요구가 독자층의 갈망과 부합했기 때문이다.

《애로역정》은 1942년에 쓴 장편소설이다. 톨스토이의 '참된 사랑은 자아의 행복을 포기한 결과'라는 잠언을 서두에 쓴 이 소설도 성경적 윤리관을 변증한다. 특히 '사랑의 윤리'란 장에서 신부를 통하여 사랑의 신조는 《순애보》의 정신을 더욱 심화시켰다. 가령 다음과 같다. "사랑에는 '내'가 없다. '남'만이 있을 뿐이다." 그것은 "갖는 것이 아니라 주는 것"이며, "하나님처럼 약함이 강한 것"이며, "기억보다는 망각을, 과거와 미래가 없는 현재의 활동을 중시하고, 보상이 없는 무조건의 노력과 희생"을 지상 강령으로 삼는 사람의 윤리가 그것이다.

이 같은 변증적인 논의는 세상사에 어두운 데가 없지 않으나 대중 독자들에게 사랑에 관한 복음적 이해에 접근시키는 나름대로의 설득력이 있었다.

기독교적 소설로서 이만큼 감동을 준 작품도 별로 없다. 발표될 당시 이 작품을 읽지 않은 사람이 없을 정도였다. 연재를 읽었어도 책이 나온 후 다시 읽으며 눈물을 쏟고 그 희생적 사랑을 흠모했다. 그 사랑의 근원은 곧 예수 그리스도에게서 왔다고 암시한다. 예수님의 사랑은 십자가에서 무조건 희생하신 사랑이었다. 예수님은 말씀하셨다.

> "나는 선한 목자라 선한 목자는 양들을 위하여 목숨을 버리거니와…… 내가 내 목숨을 버리는 것은 그것을 내가 다시 얻기 위함이니 이로 말미암아 아버지께서 나를 사랑하시느니라 이를 내게서 빼앗는 자가 있는 것이 아니라 내가 스스로 버리노라 나는 버릴 권세도 있고 다시 얻을 권세도 있으니 이 계명은 내 아버지에게서 받았노라 하시니라"(요 10:11, 17-18).

이것이 예수님의 사랑이다.

1. 벤저민 프랭클린
미국 독립에 큰 역할을 한 사상가

2. 남강(南岡) 이승훈
3.1운동을 주동한 애국자

3. 함석헌
누구보다 한국적인 사상가

01 벤저민 프랭클린
(Benjamin Franklin, 1706-1790)

미국 독립에 큰 역할을 한 사상가

미화 100달러짜리 지폐에 벤저민 프랭클린의 초상화가 있다. 미국 대통령도 아닌데 말이다. 조지 워싱턴은 1달러에, 에이브러햄 링컨은 5달러에 있다. 최고 가치의 달러에 그려진 프랭클린이 미국 역사에 길이 남을 인물임을 알려 준다. 대통령이 아닌 사람으로는 두 사람이 있다. 프랭클린과 알렉산더 해밀턴(10달러, 미국 최초의 재무장관으로 미국 초대 정부의 체계를 세우고, 경제적인 힘을 키웠으며, 헌법 제정에 공을 세움) 두 명뿐이다.

그의 자서전 《후회 없는 생애》는 미국에서는 성경 다음으로 읽히는 책이다. 그는 미국 역사에서 빼놓을 수 없는 인물이다. 그는 미국의 정치가, 외교관, 과학자, 저술가, 신문 경영자뿐 아니라 교육 문화 활동, 악기 창안, 전기 유기체설을 제창하는 등의 활동과 정치, 외교에서 넓게 활약했다. 그는 평생 자유를 사랑하고 과학을 존중하였으며, 공리주의에 투철한 전형적인 미국인으로 살았다.

프랭클린이 훌륭한 인물이 된 것은 그의 독서에서 온 결과이다. 그는 항상 책을 읽었으며, 새로운 삶을 꿈꾸었고, 그것을 실현하는 데 힘썼다. 그리고 독서 클럽을 만들어 평생토록 연구하고 토의하며 지식을 늘려갔다.

프랭클린의 아버지는 영국의 노샘프턴셔 주 액틴에서 약 1677년경 미국으로 이주했다. 그의 첫 부인은 7명을 낳았다. 그녀가 죽은 후에 아비아 플저와 재혼했다. 벤저민은 영국의 이주민들이 살고 있는 미국의 동북부 보스턴에서 양초와 비누를 제조하는 조사이어 프랭클린과 두 번째 부인이었던 어머니에게서 태어났다. 그의 아버지가 두 여인에게서 낳은 자녀는 17명이었다. 그중에서 프랭클린은 15번째 아이였다. 아들로는 막내였으며 누이동생이 둘 있었다. 그중에서 13자녀가 살아서 성장했다.

8세에 라틴어 학교에 입학했으나 학비가 비싸서 2년 공부하고 중퇴했다. 집에서 아버지를 도와 양초와 비누를 만들어 팔았다. 12세에 프랭클린은 인쇄소를 경영하는 16세 많은 형 제임스 밑에서 일했다. 그는 꾸준히 책을 읽었고 글 쓰는 기술을 다듬어 갔다. 그가 처음 돈을 주고 산 책은 존 번연의 《천로역정》이었다.

형이 발간하는 〈뉴잉글랜드 커런트〉 신문에 'Silence Dogood'라는 필명으로 기고하여 인기를 얻었다. 그 이유는 형이 벤저민의 이름으로는 글을 실어 주지 않았으므로 필명을 만들어서 새벽에 인쇄소 문 앞에 던져진 익명으로 했다. 글을 쓴다는 일이 그의 삶에 큰 영향을 주었다. 또한 출세하는 데 빼놓을 수 없는 수단이었다. 이 신문이 반정부적 기사로 탄압을 받고 형과의 불화가 심해지자 1723년에 필라델피아로 옮겨 한 인쇄소에서 일자리를 얻었다.

프랭클린은 독서를 통하여 자신의 부족한 지식을 보완하고 친구들과 함께 독서 토론 클럽을 만들어 토론을 통해 지식을 넓혀 나갔다. 이 모임에서는 올바른 토론을 하기 위해 독단적인 말투를 사용하거나 정면에서 반대할 때에는 벌금을 내게 했다. 또 이 모임은 각자의 책을 한 방에 모아서 토론을 준비하는 데 참고할 수 있도록 했다. 이것이 발전해서 회원제 종합 도서관을 설립하였다. 이 도서관에서 그는 꾸준히 책을 읽었다. 매일 한두 시간씩 책을 읽었다. 어려서 아버지가 마음과는 달리 학교에 보내지 못한 탓에 부족했던 공부를 보충했다. 독서는 그가 스스로에게 허락한 유일한 오락이었다.

그가 작문이나 독서를 한 시간은 일이 끝난 밤 아니면 아침 일을 시작하기 전이나 일요일이었다. 많은 사람들이 참여하는 일반 예배에는 될수록 피하고 혼자 인쇄소에 남았다. 술집에도 가지 않았고 노름도 안 했으며, 어떤 놀이도 즐기지 않았다. 부지런하고 끈기 있게 인쇄소 일을 했다.

1730년 9월 1일 그는 결혼했다. 아내는 착하고 충실한 반려자로, 상점에도 나와 그를 많이 도와주었다. 언제나 서로를 행복하게 해주도록 노력했다. 영국 속담에 "성공할 사람은 먼저 아내에게 물어 본다"라고 했다.

"부지런하고 겸손한 아내를 얻은 일은 내게 행운이었다. 그녀는 신문팔이들의 낡은 옷을 개어주기도 하며 즐겁게 내 일을 도왔다. 종업원들은 모두 부지런했고, 우리의 식탁은 검소하고 간단했으며, 가구는 가장 싼 것들이었다. 오래전부터 나의 아침 식탁에는 빵과 우유, 2페니의 오지그릇과 백랍 스푼이 전부였다. 그러나 우리 가정에도 사치품이 들어왔다. 어느 날 아침 식탁 위에 도자기 그릇과 은 스푼이 놓인 것이다. 아내가 나도 모르게 산 것이었다. 23실링이나 되었다. 그러나 아내는 남편이 다른 이웃들처럼 은 스푼과 도자기 그릇을 쓸 자격이 있다고 생각했으므로 어떤 변명이나 사과도 하지 않았다. 우리 집에 처음 도자기와 접시가 등장했다. 그때부터 우리의 재산은 점점 늘어갔고, 값으로 쳐도 그것은 수백 파운드에 달했다."

프랭클린은 탁월한 사람이었고, 더욱이 55년간의 행복한 결혼 생활로도 유명하다. 그의 아내는 그에 비해 지적으로 부족한 사람이었으나 그는 항상 아내를 존중하고 사랑했으며 아내에게 감사했다. 서로에 대한 사랑은 상대방이 갖고 있는 그대로를 사랑하고 존중하는 것이다. 그것이 진정 서로를 사랑하는 마음이다.

그는 독학으로 외국어를 공부했다. 1733년 프랑스어를 배워서 얼마 후 능통해져서 거침없이 책을 읽게 되었다. 다음으로 이탈리아어를 배웠다. 당시 어학 교육은 고전어인 라틴어와 헬라어를 먼저 배웠다. 그러나 프랭클린은 현대어부터 배웠다. 그리하여 프랑스어, 이탈리아어, 스페인어에 익숙했다. 존 로크, 샤프츠베리, 조지프 에디슨 등 계몽주의자들의 작품을 섭렵할 만큼 자신과 시간 관리에 철저했다.

그는 출판업에 투신하여 신문 편집인이 되었다. 영국으로 가서 2년 동안 인쇄술을 배웠고, 돌아와서 24세에 자기 사업으로 〈펜실베이니아 가제트〉(Pennsylvania Gazette)지의 경영자 겸 편집인이 되어 유명한 신문으로 발전시켰다.

1732년 겨울 필라델피아에서 26세의 젊은이가 특별한 달력을 발행하였다. 그의 책 중에서도 상식 철학과 뛰어난 기지가 넘치는 '가난한 리처드의 달력'(Poor Richard's Almanac)은 날짜뿐만 아니라 서문과 함께 여백 곳곳에 교훈적인 내용의 금언들과 삶의 지혜들이 담겨 있었다. 많은 사람들에게 애독되었으며, 프랭클린 자신도 "나의 출판업 중에서 가장 이익을 많이 낸 작품"이라고 말하였다. 이 달력에서 유용한 격려 문구, 충고, 사실에 대한 정보 등을 기록한 곳에는 늙은 아브라함 목사와 가난한 리처드 등 재미있는 등장인물을 통해, 뼈가 있고 기억할 만한 잠언들로 가득했다.

여기 〈부에 이르는 길〉이라는 글에서, '평범하고 깨끗한 노인이며 하얀 머리카락을 지닌' 아브라함 목사는 가난한 리처드에게 "하늘은 스스로 돕는 자를 돕는다", "일찍 자고 일찍 일어나면 건강하고 부유하고 현명하게 된다" 등의 구절을 인용했다. 가난한 리처드는 "근면은 빚을 갚고 절망은 빚을 늘린다"는 식의 심리학적인 말을 하고 "근면은 행운을 가져다주는 어머니이다"라며 열심히 일하도록 충고하기도 한다. 그는 "오늘의 하나가, 내일은 두 가지 가치가 있다"라고 했다.

1733년 '가난한 리처드의 달력'을 출판해서 명성과 돈을 많이 벌었다. 이 달력은 미국 식민지 개척자들이 새로운 나라에서 황무지를 경작하고 집을 짓고 생활하는 데 유익한 조언 및 단편적 지식과 더불어 날씨와 작물 관리에 관한 정보로 가득 차 있었다. 이 달력은 매년 1만 부 이상 팔렸으며, 25년 동안 계속했다. 그는 평생 인쇄소를 경영했고 자신을 인쇄인이라고 불렀다. 그는 성공적인 조직가이며, 개혁가이자 혁신가였다. 최초의 신문에 만화를 삽입하기도 했다. 그는 세계 최초로 도서관에서 신문을 구독하도록 하였다.

그가 부요한 사업가가 된 후 절친한 친구들을 모아 '전토'(Junto)라는 사교 모임을 만들었다. 여기서 진지한 논의를 확장시켜 지역사회를 위한 도서관과 소방대와 대학교 등을 설립했다. 1743년 미국 철학회를 창립해서 당대의 지식인들을 한자리에 모았다. 나아가 그는 민병대의 창설을 제안했는데, 이는 그때까지 개별 식민지로 분열되었던 미국이 하나의 통일국가로 가는 과정이 되었다.

42세인 1748년에 프랭클린은 사실상 사업에서 은퇴했으며, 이후로는 여유롭게 생활하면서 여러 가지 분야의 관심사를 추구했다. 그의 삶의 후반기야말로 큰 영광과 명성을 얻은 시기였다. 이 시기에 그가 추구한 관심사는 과학 연구였는데 본인의 성격에 맞게 지극히 실용적인 측면에서 연구였다. 가령, 이전의 난로에 비해 열효율을 크게 높인 '프랭클린 난로'의 발명이 그러했으며, 번개와 전기의 관계를 탐구한 유명한 실험도 했다.

전기에 대한 프랭클린의 관심은 1740년대 중반부터 시작되었다. '양전하'와 '음전하'를 비롯해서 '전지', '충전', '중성', '도체' 등의 전기 관련 용어도 대부분 프랭클린이 처음 제안한 것이었다. 그는 번개가 전기의 일종이라는 가설을 증명하기 위해서 커다란 연에 금속 막대를 달고 하늘에 띄워서 구름에서 전기를 이끌어 내는 실험을 고안했다.

이 실험이 실제 벌어졌는지 여부를 놓고 논란도 있었지만 1752년 6월에 프랭클린은 심하게 부는 바람과 비, 그리고 천둥과 번개까지 치는 날 필라델피아의 한 공터에서 아버지와 아들 벤저민은 연을 날리고 있었다. 연줄에 매달린 열쇠에서 전기 불꽃이 일어났다. 그 열쇠를 전기를 담는 유리로 된 라이덴병에 대자 전기가 모아졌다. 아들과 함께 위험한 연날리기 실험을 통해 '번개도 전기처럼 전류가 흐른다'는 사실을 증명한 인물은 벤저민 프랭클린이었다.

이 실험이 격찬을 받은 것은 그 통찰 때문이 아니라 번개와 전기의 유사성은 뉴턴을 비롯한 여러 과학자가 이미 예견한 바 있었다. 하지만 어느 누구도 프랭클린처럼 위험천만한 실험에 도전하는 모험심을 발휘하지는 못했다. 나아가 이 실험의 결과로 생산된 피뢰침이 널리 보급되었다. 이는 '어떤 용도로도 쓸 수 없는 철학이 무슨 의미가 있는가?'라는 프랭클린의 실용적인 사고방식을 잘 보여준다. 이후 프랭클린은 '번개를 복종시킨 인물'로 유럽에까지 널리 명성을 떨쳤다.

프랑스의 정치가 튀르고는 벤저민 프랭클린의 2대 업적에 대해 말하기를 "그는 하늘에서 번개를 훔쳤고, 군주에게서 권위를 빼앗았다"라고 했다. 그는 어려서부터 총명했으며 노년에 너그럽고 여유로운 외모를 묘사한 초상화로 유명하다. 하지만 젊은 시절에는 종종 남을 비판하고 빈정거리는 사람이었다.

그는 틈나는 대로 이중 초점 안경과 유리 하모니카, 자신의 이름을 딴 효율적 금속 난로를 발명했다. 그는 발명품에 특허를 신청하지 않았다. 왜냐하면 공공선과 시민적 덕성은 그가 촉구했던 자질로써 높이 평가했기 때문이다. 그는 단체를 설립하여 최초의 관외로 대출하는 공공 도서관과 최초의 소방서를 시작했고 도시 개선 사업을 추진했다.

그는 전통적인 장로교 가정에서 검소, 근면, 자제 의무감 등의 도덕성을 철저히 배웠다. 이 덕목들은 그가 다른 사람들에게도 권했다. 그는 민주적 시민이 스스로 유지하고 번영하길 원했다. 그는 권위주의를 거부했다. 최초로 화재보험회사를 시작하였다. 그는 펜실베이니아 대학교의 전신인 필라델피아 아카데미 창설, 미국 철학협회 창립 등 폭넓은 활동을 했다. 전쟁에 가담해서 장군이 되기도 했다.

1753년 영국의 로열 소사이어티(Royal Society) 회원으로 선정되었고, 코플리 상(Copley Medal)을 받았다. 이 상은 영국 왕립협회에 의해 1731년 창립되어 매년 수여했다. 유복한 지주로 1761년에 왕립협회의 회원이 된 존 코플리(John Singleton Copley, 1738-1815)경의 기금을 토대로 설립되었다. 물리학, 생물학 분야의 연구자에게 수여되며, 수상자는 협회의 회원에 선출되었다. 벤저민 프랭클린은 피뢰침을 발명한 공로로 이 상을 받았다. 그는 식민지 체신장관 대리가 되어 우편 제도를 개선하였다. 1754년 올버니 회의에 펜실베이니아 대표로 참석, 최초의 식민지 연합안을 제안하였다. 1757년 펜실베이니아의 이익을 위하여 교섭을 벌일 목적으로 영국에 파견되어 식민지에 지주과세권을 획득하였다.

1764년 영국으로 건너가 인지조례(印紙條例)를 철폐시켰다. 1775년 제2회 대륙회의의 펜실베이니아 대표로 선출되었다. 1776년 프랭클린은 비밀 외교 임무를 띠고 프랑스로 가는데 친손자와 외손자를 대동했다. 그는 "내가 죽으면 눈을 감겨 줄 자손이 있어야 하지 않겠나"라고 말했다.

하지만 그는 70대 중반으로 나이가 무색할 정도로 눈부신 활동가였다. 그는 독립전쟁에서 프랑스가 미국을 지지하게 하는 데 공을 세웠으며, 주불 대사로서 미불 공수동맹 조약을 체결하는 등 독립운동에 전력하였다. 1776년 독립선언서 기초위원에 임명되었다. 그해 프랑스에서 아메리카-프랑스 동맹을 성립시켰고, 프랑스의 재정 원조를 성사시켰다. 1783년 파리 조약에 미국 대표의 일원이 되었다.

그는 "식민지의 분열이 패배의 원인이므로 뭉치면 살고 흩어지면 죽는다"는 유명한 구호를 신문에 게재해서 큰 반향을 일으켰다. 식민지 대표들이 한자리에 모인 올버니 회의에서 연방 대의원회의 구성과 연방 대통령의 지명을 핵심 내용으로 하는 선구적인 안건을 제시했지만 통과되지 못했다. 미국의 독립을 위해 영국에 갔을 때 애덤 스미스와 데이비드 흄을 비롯한 당대의 지식인들을 만났고, 세인트앤드루스 대학에서 명예박사 학위를 받았다.

1762년 귀국한 프랭클린은 1764년에 다시 독점 세력 문제로 영국에 가서 영국이 식민지에 과세하면 영국 의회에 식민지 대표도 있어야 한다는 의견을 피력했으며, 왕당파이며 뉴저지 총독으로 재직 중인 아들 윌리엄에게 주기 위해 자서전을 집필하기 시작했다.

1778년 프랑스와 미국 식민지의 동맹 조약을 성사시키고 이듬해에 전권대사가 되었으며, 미국 독립전쟁이 식민지의 승리로 끝나자 1782년 영국 대표단과 평화 협상까지 추진했다. 당시 그는 일거수일투족이 파리 사교계에서 큰 화제가 될 정도로 대중적 인기가 있었다. 1785년 여름 프랭클린은 신임 공사 토머스 제퍼슨에게 임무를 인계하고, 10년간 살던 프랑스를 떠나 독립국이 된 미국으로 돌아왔다.

펜실베이니아 행정위원회 위원장이 되고, 1787년 헌법회의에는 펜실베이니아 대표로서 참석하였다. 최고령자(81세)에 대한 예우로 특수 제작한 가마를 타고 회의장에 입장했다. 프랭클린은 독립선언서(1776), 프랑스와의 동맹 조약(1778), 영국과의 평화 조약(1782), 미국 헌법(1787)에 모두 서명한 유일무이한 인물이 되었다. 각 주 간의 이익 대립을 조정하고 헌법 제정에 진력하였으며, 새 정부가 수립된 이듬해 죽었다.

그는 자신의 묘비를 작게 만들고 거기에는 "인쇄인 프랭클린"이라고만 써달라고 부탁했다. 그의 장례는 국장으로 치러졌으며, 그의 사후에도 '미국의 정신은 프랭클린의 정신'이라고 일컬어질 만큼 국민들로부터 추앙을 받았다. 그의 묘지는 필라델피아 시내에 있다.

그가 활력을 얻은 것은 선한 일과 남을 돕는 열망 때문이었다. 그는 세월이 흘러 마지막 날이 왔을 때, 부유하게 살다가 갔다는 말보다 남을 도우며 살았다는 말이 듣고 싶었다. 그는 아버지에게 근면과 봉사의 정신을 이어받았다. 대가족을 위해 일한 아버지는 근면해서 가족을 부양할 수 있었다. 그러므로 프랭클린은 아버지에게 근면과 절약을 몸으로 배웠다. 또한 그것이 그를 훌륭한 사람이 되게 했다.

사후에 출간된 《자서전》은 미국 산문 문학 중 일품으로 꼽힌다. 프랭클린의 특성 중에서도 특별히 문필가, 문학가로서의 활약은 변치 않는 그의 삶의 핵심적 특징이었다. 그는 자신도 그 점을 인식하고 있었는지 자서전에 '문필가의 재능으로 덕을 봤던 이야기'를 들고 있다. 프랭클린이 어린 시절부터 '문필가의 재능'과 펜을 잡는 습관을 들이지 않았더라면 이 인류 최고의 선물 《자서전》은 세상에 나오지 못했을 것이다.

그는 스스로 글 쓰는 훈련을 했다. 첫째, 읽고 있는 책에서 좋은 문장은 그 내용을 정리해 노트나 파일에 저장한다. 둘째, 그 문장을 인용할 만한 자신의 경험을 생각해 보고, 글로 표현한다. 셋째, 1과 2의 반복 훈련으로 단어 선택과 문장 전개 방법을 익힌다. 경험은 좋은 문장과 함께 표현해 보는 연습은 창조적인 문장력과 표현력을 길러 주고, 이러한 글쓰기는 탁월한 소통 리더십을 기르는 데 놀라운 영향력을 발휘했다.

그는 평생 책을 사랑하고 책을 좋아했다. "당신이 땅에 묻히자 곧 잊히고 싶지 않거든 읽을 가치가 있는 글을 쓰거나 글로 쓸 만한 가치가 있는 일을 하라"고 했다.

프랭클린의 《자서전》은 1771년 7월부터 썼다. 이 책은 부분적으로 또 하나의 자기 계발서이다. 그의 자서전은 세상에 알려지지 않았던 자신의 삶을 아들에게 들려주는 편지 형식이었으며 문체 또한 편하고 쉽게 썼다. 그 뒤 왕당파로 돌아선 아들과 소원해지면서 1784년부터 쓴 제2부는 아들 윌리엄이 아닌 독자를 대상으로 하면서 전체적으로 문체와 내용에 공적 성격이 강해졌다. 제3부는 1788년 필라델피아에서 썼고, 몇 페이지 되지 않는 마지막 제4부는 세상을 떠나기 반년 전에 썼는데, 글 속에 쇠약해진 프랭클린의 모습이 잘 나타나 있다. 이렇듯 그는 바쁜 중에도 시간을 내서 19년 동안 이 귀중한 자서전을 완성했다. 그 뒤 친필 원고는 행방불명이 되었는데, 끈질긴 추적 끝에 다시 발견할 수 있었다.

유명한 부분으로는 자기 수양에 대한 과학적인 계획이다. 제1부는 가난한 가정에서 자라고 공부를 하지 못했으므로 지식을 위해서 독서를 게을리하지 않았다는 것을 매우 강조했다. 제2부는 도덕에 대한 그의 계획과 실천을 알리고 있다. 그는 기독교인으로 태어났고 교육을 받았다. 그러므로 도덕적인 삶을 살고자 하는 의지가 강했다.

그 당시는 청교도들의 도덕이 미국을 지배했으므로 그의 도덕적 명제는 청교도들의 삶에서 왔다고 할 수 있다. 프랭클린의 도덕은 그의 전 생애를 지배했으며, 이를 실천하기 위해서 수도원적인 삶을 살았다. 그렇기 때문에 대화하는 데서도 그는 도덕적인 자세를 가졌다. 항상 어디서나 누구를 대하든지 도덕인으로 살고자 했다. 이것은 프랭클린을 연구하는 데서 중요하게 나타나는 것이다.

그는 도덕적 완성에 이르려고 계획하고 실천하여 과오 없이 사는 것이 소망이었다. 그는 각 덕목마다 잠언을 연결시켰는데 '절제'에 대한 잠언은 '몸이 거북할 정도로 먹지 말고 기분이 흐트러질 정도로 마시지 말라'는 것이다. 실천적인 과학자였던 프랭클린은 자신을 실험 주체로 하여 완벽성이라는 개념을 실험한 사람이다. "완전한 덕은 우리를 이롭게 한다는 단순한 이론적 신념만으로는 우리의 과실을 막아낼 수 없다. 따라서 반대되는 습관은 버리고 좋은 습관을 확립하지 않으면 안 된다. 그런 후에 꾸준하고 변함없이 확실한 생활을 이어갈 수 있게 된다."

좋은 습관을 기르기 위해서 프랭클린은 다시 사용할 수 있는 달력 형태의 일지를 만들어 날마다 덕목을 실행했다. 잘못한 일도 기록했다. 그의 이론은 현대의 행동심리학을 보여준 것으로 그 체계적인 기록 방법은 현대 행동 교정 방식을 예고하고 있다. 자기 수양 계획은 완벽성이라는 계몽주의적 믿음과 도덕적 자아 성찰이라는 청교도적 삶을 결합한 것이다.

그는 확실히 필요한 13가지 덕목을 정하고 그 각각에 간단한 설명을 붙여서 그 의미의 범위를 똑똑히 표시했다.

1. 절제(Temperance) - 우둔할 정도로 먹지 말고, 취하도록 마시지 말라.

2. 침묵(Moderation) - 타인이나 자신에게 유익하지 않는 말은 하지 말라. 필요 없는 말도 삼가라.

3. 질서(Order) - 모든 물건은 제자리에 두라. 모든 일은 때를 잃지 말고 하라.

4. 결심(Resolution) - 해야 할 일을 다 하도록 결심하고, 결심한 일은 반드시 실행하라.

5. 절약(Frugality) - 타인이나 자신에게 착한 일이 되는 경우를 제외하고는 돈을 쓰지 말라. 즉 낭비하지 말라.

6. 근면(Industry) - 시간을 헛되이 쓰지 말라. 항상 유익한 일을 하라. 불필요한 일을 끊어 버리라.

7. 성실(Sincerity) - 속임수로 해치지 말라. 깨끗하고 공정하게 사고하라. 말할 때도 그렇게 하라.

8. 정의(Justice) - 해로운 일, 또 네가 응당 베풀어야 할 은혜를 베풀지 않음으로써 과오를 저지르지 말라.

9. 중용(Moderation) - 극단을 피하라. 당연하다고 생각되는 중상을 들을 때는 참으라.

10. 청결(Cleanliness) - 몸이나 의복이나 주택에 불결한 것이 있으면 그대로 두지 말라.

11. 침착(Tranquility) - 사소한 일, 일상적인 일이나 불가피한 일이 있을 때도 평정을 잃지 말라.

12. 순결(Chastity) - 건강과 자손을 위해서만 성생활을 하라. 우둔하고 쇠약해지도록 또 부부의 평화와 평판이 나쁘도록 문란하지 말라.

13. 겸손(Humility) - '예수'와 '소크라테스'를 따르라.

그는 이 덕목들을 습관으로 익힐 생각이었다. 한꺼번에 터득할 수는 없다. 한 가지씩 하며 그 한 가지가 성취되면 또 다른 것을 터득했다. 그래서 13가지 덕목을 모두 터득할 셈이었다. 이 덕을 실제로 습득했다고 자부할 수는 없지만 겉으로 보기에는 큰 발전이 있었다. 그는 작은 수첩을 만들어 매일 저녁에 그날 하루의 행동을 반성하고 각 덕목과 관련하여 잘못한 것이 있으면 해당란에 흑점을 찍도록 하였다. 이것을 꾸준히 해나간 결과 나중에는 며칠 동안 단 하나의 점도 없는 날이 있었다.

이처럼 자신을 엄격하게 단련한 덕분에 그는 다른 사람들과의 대화에서 항상 자신을 낮출 줄 알았으며, 사람들이 그에 대한 신뢰와 반대에 부딪히기도 하였으나, 결국은 다수의 지지를 받아 실현을 보게 되었는데 이것도 그가 평소에 쌓았던 이런 좋은 습관의 덕택이라 할 수 있다.

그는 대화에서 어떤 식으로든 다른 사람의 감정에 직접 반대하거나 자신의 생각을 독단적으로 단언하지 않는 것을 원칙으로 했다. 또 전토 클럽 규칙에 따라 단호한 의견을 나타내는 말, '확실하게', '의심의 여지없이' 같은 표현을 쓰지 않고 대신 '내가 알기로는', '나는 이렇게 보고 있는데'라는 말을 썼다. 다른 사람이 내가 보기에는 틀린 것을 우길 때 당장에 반박하고픈 유혹을 참고 그의 주장에서 부조리한 점을 들추어내는 일을 삼갔다. 그리고 '당신의 주장은 어떤 특정한 경우나 상황에는 맞을지 모르지만 지금 이 상황에서는 좀 다른 것 같은데'

라는 식으로 했다.

　이렇게 태도를 바꿨더니 금방 효과가 나타났다. 그는 "내가 끼어든 대화가 훨씬 즐겁게 진행되었다. 또 의견을 겸손하게 하니까 사람들은 더 쉽게 내 말에 순응했고 반박은 심하게 하지 않았다. 내가 틀렸을 때에도 덜 무안했고, 내가 옳았을 때는 다른 이들이 쉽게 자신의 잘못을 시인하였다. 우리 인간이 가진 감정 중에 자만심만큼 굴복시키기 힘든 것도 없다. 내가 쓰는 이 글에서도 그것이 보일 수 있을 것이다. 내가 그것을 완전히 극복해냈다고 한다면 그것은 내가 겸손하다는 자만이니까"라고 했다.

　그는 덕을 닦는 동시에 지식도 쌓아 갔다. 대화하는 중에도 혀를 쓰는 것보다는 차라리 귀를 쓰는 편이 지식과 덕을 쌓는 데 더 좋다고 생각했다. 그의 조그마한 수첩에 기록된 글이 있었다. '앤더슨'이 쓴 비극 〈카토〉에서 "나는 이런 신념을 갖고 있다. 우리를 지배하는 신이 있다면 우주 만물은 그의 역사를 통해 큰 소리로 그의 존재를 외친다. 그분은 틀림없이 덕을 좋아하실 것이며, 그가 좋아하는 것은 틀림없이 축복하신다"라고 했다.

　'키케로'의 말도 있다. "오! 인생의 지도자인 철학이여! 오! 미덕의 탐구자여! 악의 추방자여! 정녕 그대의 명령에 따라 착하게 보낸 하루는 죄를 범하며 사는 영원보다 탁월하도다."

　또 지혜와 덕행에 관한 솔로몬의 잠언이다. "그 오른손에는 장수가 있고, 그 왼손에는 부귀가 있나니 그 길은 즐거운 길이요, 그의 지름길은 다 평강이니라"(잠 3:16-17).

　이 목적을 달성하기 위해 그는 짧은 기도문을 썼다. "오! 전능하신 하나님이시여! 너그러우신 아버지여! 자비로우신 인도자여! 진실로 값진 것을 발견하는 슬기를 나에게 더 많이 주십시오. 그 슬기가 인도하는 것을 행할 만한 결심을 더 굳게 하여 주십시오. 당신의 자녀들에게 내가 베푸는 선행을 받아 주십시오. 당신이 나에게 끊임없이 베푸시는 은총에 힘껏 보답하는 것은 그것뿐입니다."

누구나 위대한 인물이 되기로 결심할 수는 있다. 그러나 이런 염원을 실천에 옮겨 달성하는 것은 다른 문제이다. 그의 성공에서 두 가지 주목할 것이 있다. 하나는 그가 물질 그 이상의 세계, 즉 덕과 선을 추구했다는 점이다. 다른 하나는 목표를 달성하기 위해 평생을 노력했다는 것이다. 이런 점에서 프랭클린은 평생토록 남을 돕고자 하는 열정으로 살았다. 인간이 추구할 최고의 목표는 '인류를 보전하고 진정한 행복을 추구하는 행위'라고 말했다.

그는 도덕적으로 완벽해지겠다는 힘든 계획을 세웠다. 어떤 경우에도 잘못을 저지르지 않는 완전한 삶을 살고 싶었다. 타고난 것이든, 친구들 때문에 얻은 것이든, 나쁜 성향이나 습관은 모두 정복하고 싶었다. 그는 무엇이 옳고 그른지 알았고, 아니 알고 있다고 생각했기 때문에 항상 바르게 행하고 그른 일을 피하는 것이 어렵지 않다고 믿었다. 그러나 얼마 안 가서 자기가 상상했던 것보다 훨씬 어렵다는 것을 깨닫게 되었다.

그 행위가 바로 '도덕적 선'이다. 그는 선과 덕을 향한 열정을 통해 부와 명예, 그리고 행복한 삶을 얻었다. 그런 의미에서 프랭클린의 '덕을 향한 열정'을 깊이 생각해 볼 필요가 있다. 그는 덕 있는 삶을 살기 위해 평생을 갈고 닦아나갈 13가지 덕목을 정했다. 여기서 그는 계속 말한다.

"오래도록 건강을 유지하고, 또 아직도 훌륭한 육체를 지닌 것은 '절제'의 덕분이다. 형편이 좋아서 재산을 모은 일이나 모든 지식을 쌓아 유능한 시민이 될 수 있었던 것, 그리고 학식 있는 사람들 속에서 명성을 얻을 수 있었던 것은 '근면'과 '절약'의 덕이요, '진실'과 '정의'는 국민의 신뢰와 함께 영광스러운 임무를 맡겨 주었다."

그가 가장 쓰고 싶어 한 책은 《덕의 기술》이었다. "각 덕목마다 나의 의견을 약간씩 적어 넣어서 그것을 성취함으로서 얻게 되는 이로움과 그 반대되는 악덕의 폐해를 보여주려 했다."

이 책에는 시공을 초월한 삶의 지혜가 담겨 있다. 프랭클린은 이 책을 26세인 1732년부터 계획했다. 그는 자신이 만든 자기 개발법으로 스스로 큰 효과를 보고 그것을 다른 사람과 나누려고 했다. 특히 1760년 친구에게 보낸 편지에서 '덕의 기술'이란 젊은이들에게 도움이 될 만하다고 했다. "많은 사람들이 악하게 살고 있습니다. 그들은 선하게 살고 싶다고 생각하지만 어떻게 해야 하는지 모릅니다. 결심도 하고 노력도 해보지만 그 방법이 옳지 않으므로 소용이 없습니다. 방법을 가르쳐 주지도 않으면서 사람들이 선하고 정의롭고 인내심을 가지기를 바라는 것은 배고프고 헐벗은 자에게 음식과 옷을 주지 않고 '배부를 것이다. 따뜻해질 것이다'라고 말하는 것과 같다. '덕의 기술'을 배우는 일은 분명히 유익한 것입니다. 왜냐하면 덕의 쓰임새가 그만큼 크고 중요하기 때문입니다."

하지만 그는 이 과업을 이루지 못했다. 그는 자서전에서 《덕의 기술》을 완성할 수 없었던 이유를 말했다. "각 덕목에 짧은 글을 덧붙여 그것을 성취했을 때의 이로움과 그렇지 않을 때의 해로움을 알리려고 하였다. 그래서 그 책의 제목을 '덕의 기술'로 지으려 했다. 그러나 이것을 출간하지 못했다. 이 계획은 모든 것을 바쳐 이룰 만큼 가치 있는 일이었다. 그래서 항상 머릿속에 담아 두었지만 결국 그 뜻을 이루지 못하였다."

하지만 그의 과업을 조지 L. 로저스가 이루었다. 그는 프랭클린의 의도를 충분히 살려서 12가지 삶의 원칙에 따라 그의 글들을 배치하고 각 글들을 연결하여 프랭클린이 이루고 싶었던 책을 완성하였다.

12가지 원칙

1. 사람은 덕 있는 삶, 스스로 만족하는 삶을 살 때만 행복하다.
2. 덕을 쌓기 위해서는 좋은 계획과 끊임없는 노력이 필요하다.
3. 사람들은 진정한 이익과 정반대의 길로 갈 때가 많다.
4. 올바르게 번 돈은 은혜일 수 있지만 그 반대는 항상 재앙이다.
5. 올바르게 생각할 때 올바른 행동이 나온다.
6. 건강은 되찾기보다 지키기가 훨씬 쉽다.
7. 행복은 마음에서 솟아난다.
8. 진실과 정직이 부족하면 모든 것이 부족하다.
9. 이웃과 잘 지내는 사람은 그렇지 못한 사람보다 인생이 훨씬 만족스럽다.
10. 모든 인간관계 가운데 가장 지속적이고 만족스런 관계는 가족이다.

11. 덕 있는 사람의 열매는 늙어가면서 더욱 분명해진다.
12. 신앙은 행위를 규제하는 강력한 기준이다.

　미덕이 반드시 사람을 멋지게 하는 것은 아니지만 악덕은 확실히 추하게 만든다. 이 책은 덕을 행할 수 있는 방법과 태도를 제시해 준다. 프랭클린은 "세속을 욕망한다면 결코 만족할 수 없다"라고 했다. 쾌락, 지위, 인기, 부, 그리고 외모는 인생의 호루라기와 같아서 그것만으로는 만족할 수 없는데도 많은 사람들이 너무 많은 돈을 지불한다. 행복은 보편적인 욕망이기 때문에 모든 사람들이 추구하지만, 인간의 행복은 올바른 행동에 있고 올바른 행동은 올바른 생각에서 나오기에 생각을 더욱 신중히 해야 자신의 것이 될 수 있다.
　하지만 많은 사람들이 그 행복을 경험하지 못하고 있다. 행복하려면 세속적인 욕망들을 좇기보다는 집착과 욕망을 통제하고 타인에게 공정하며 쾌락을 절제하고 고난에 굴하지 않고 매사에 조심하는 법을 배워야 한다. 외부적인 것들은 행복에 아무런 관련이 없으므로 행복은 오직 덕이 있고 만족하는 행위에서만 찾을 수 있다고 믿었다. 그리고 노년의 기쁨과 만족은 의미 있게 보낸 삶을 돌아보는 일이므로 변하지 않고 영속적인 행복의 원천은 인간애, 우정, 관용, 자비심에서 우러나오는 행위라고 믿었다.
　《덕의 기술》에 "인간에게는 인생의 모든 사건과 상황을 완벽히 통제할 능력이 없다. 그러나 마음속에서 일어나는 일은 가능하다. 어떤 상황에서도 명랑한 사람, 우울한 사람, 기분 좋은 사람, 미운 사람들이 있다. 그 차이는 상황이 아니라 그 사람 안에 있다. 당신은 삶을 사랑하는가. 그렇다면 시간을 허비하지 말라. 삶을 구성하는 것은 시간이다. 저녁을 굶고 잠드는 것이 빚을 지고 깨어나는 것보다 낫다. 지식이 부족할 때 보다 신중함이 부족할 때 더 큰 손해를 입는다"라고 했다.

'나는 나를 관리한다.' 아버지가 프랭클린에게 머리를 쓰다듬으며 "자기가 할 일이 뭔지 알고 있으면 왕 앞에서도 두려워 할 필요가 없단다"라고 했다. 프랭클린은 그 말의 뜻을 금세 알아들었다. 한번 마음먹은 일은 꼭 실천하라는 것이었다. 항상 일을 하면서도 짬짬이 자신의 꿈을 좇아 노력하던 프랭클린을 모든 사람들이 칭찬했다. 그러나 프랭클린은 "난 아직도 잘못하는 게 참 많아. 가끔 돈도 낭비하고 버럭 화를 내기도 하지. 어떻게 하면 더 나은 사람이 될 수 있을까?"라고 했다.

그가 쓴 또 다른 책으로 《프랭클린의 위대한 생애》, 《잃어버린 부를 찾아서》, 《재치와 지혜》, 《부자가 되는 길》, 《벤저민 프랭클린의 잠언》, 《가벼운 지갑 무거운 마음》 등이 있다. 쾌락을 쫓는 호레이쇼와 현명한 철학자인 필로클레스가 나누는 대화로 구성된 에세이를 《덕과 쾌락에 관한 대화》로 엮었다. 그는 노예 제도의 어리석음과 사악함을 신랄하게 비판한 〈인구 증가와 국가의 인적 구성에 관한 연구〉 등 그의 통찰력이 담긴 글들을 소개한다.

이 도덕적 실천 사항은 매우 널리 퍼지게 되었다. 미 대륙의 모든 신문에 기재되었으며, 영국에서는 더 큰 용지에 재인쇄되어 집집마다 벽에 붙여 놓았다. 프랑스에서는 두 가지로 번역되어 나왔다. 성직자들이나 지주들은 그것을 많이 사서 가난한 신도들이나 소작인들에게 무료로 배포했다.

프랭클린은 자수성가한 사람이다. 그는 학교 교육을 거의 받지 못했으나 독학으로 많은 지식을 터득했다. 그것은 독서의 양으로 드러난다. 어떤 사람은 가정에서 부모나 가정교사에게 교육을 받았다. 더 많은 사람들은 학교 교육을 받았다. 독학한 사람은 그 누구보다 많은 노력과 판단력이 필요하다. 프랭클린이 말한 것처럼 절제, 근면, 절약으로 그 많은 지식을 터득했다. 그리하여 사회와 국가에 큰 공을 세운 사람이 되었다.

학교 교육의 결과는 사회성이나 공동체의 단합 같은 것을 들 수 있다. 그럼에도 불구하고 프랭클린은 누구보다 강력한 사회성을 갖고 있었으며, 독서 클럽 같은 공동체를 통해서 강한 결속이 이루어졌다. 이런 사람들의 특징은 개인적인 위기관리를 잘했기 때문에 경험을 중요시한다.

훌륭한 학교 교육을 받은 사람과의 차이점이 나타난다. 지식을 많이 터득한 사람들을 별로 믿지 않는 경향이 있다. 고집이 세다. 자수성가한 이들은 대개 두 가지 특징이 있다. 먼저는, 자기가 하는 일에 대한 자부심이다. 그것은 평생 노력해서 터득했기 때문이다. 다음은, 여러 가지 일을 훌륭하게 이루었으므로 다재다능하다.

그의 신앙을 보면 교회에 출석하는 데 소극적이었다. 거기에는 이유가 있다.

먼저는, 목사들이 교회 운영을 바르게 하지 않았다. 목사들이 목회하면서 재정이 투명하지 않으며, 편협되게 조직하며, 독선적인 신앙으로 교회를 혼란하게 했다.

다음은, 기독교를 전파하지 않고 교파를 전파하며 교리만 설교했다. 교파란 서로 분열한다. 그래서 많은 교파가 생겼다. 분열시키고 서로 불화하게 만든다고 보았다. 예수를 믿는 데 교파는 필요 없다고 말했다. 이것들이 개신교의 가장 큰 단점이라고 여겼다.

셋째는, 성경대로 설교하지 않는다. 어떤 목사가 빌립보서 4장 8절을 읽었다.

> "끝으로 형제들아 무엇에든지 참되며 무엇에든지 경건하며 무엇에든지 옳으며 무엇에든지 정결하며 무엇에든지 사랑 받을 만하며 무엇에든지 칭찬 받을 만하며 무슨 덕이 있든지 무슨 기림이 있든지 이것들을 생각하라"(빌 4:8).

당연히 기독교 윤리에 대한 설교를 할 줄 알았다. 그런데 그는 다섯 가지로 묶어서 말했다. "1) 안식일을 거룩하게 지킬 것, 2) 성경 읽기를 게을리하지 말 것, 3) 공중 예배에 꼭 참석할 것, 4) 성찬식에 참석할 것, 5) 하나님의 목사를 응당히 존경할 것"이었다. 이것들은 모두 좋은 것이다. 그러나 그 본문에서 할 수 있는 설교는 아니었다. 그래서 다시는 그의 설교를 들으러 나가지 않았다.

넷째로, 설교와 삶이 일치하지 않는다. 미국에는 당시 순회 설교 목사가 있었다. 순회 설교자가 감동적으로 설교함으로 야외에서 예배드리는 자리에 나갔다. 그가 고아원을 설립하려고 모금하는데 청중들을 감동시켜서 많은 금액이 모였다. 그런데 그 돈으로 고아원이 아니라 대학을 설립하기로 목적을 변경했다. 그래서 프랭클린은 거짓말하는 설교자는 목사가 아니라고 여겼다. 또 하나는 표절하는 설교에 대한 회의였다.

그는 영국에서 종교적 박해를 피해서 미국으로 온 청교도의 후예였다. 대대로 기독교 신앙의 가정이었다. 그리고 부모로부터 기독교 신앙의 감화를 받았다. 어릴 때부터 장로교회에서 경건하게 자랐다. 그러나 독서하는 가운데 그 교파들은 서로 논쟁하고 있는 것을 알게 되었다. 그러한 여러 가지 다른 견해에 회의를 품게 되었다. 그는 자기의 말로도 '자연신론자'가 되었다고 했다. 그는 하나님의 존재, 천지 창조, 하나님의 섭리를 의심해 본 적이 없다.

하나님께서 흐뭇하게 여기시는 것은 봉사와 선을 행하는 것이라고 믿었다. 영혼 불멸이며, 이세상에서나 저세상에서 모든 죄악은 벌을 받을 것이며, 덕행은 보상을 받을 것이라고 믿었다. 그래서 그가 만든 덕목은 그의 신앙에서 나온 것이다. 그가 만일 장로교를 떠났다면 아마도 퀘이커 교도가 되었을 것이다. 교회를 잘 나가지 않은 것은 신앙의 문제가 아니었다. 순전히 목사에 대한 것이었다. 그러므로 무교회주의적 신앙인이었다고 여겨진다.

그가 퀘이커 교도들과 다른 단 한 가지는 '전쟁은 죄악이다'라는 것이다. 사실 그가 주 의회원이었을 때 의회원 60%가 퀘이커 교도들이었다. 그들은 온순하며 겸손하고 도덕적이었다. 그는 훌륭한 기독교인이었다. 평생토록 기독교 신앙인으로 모든 일을 처리했으며, 기독교적인 성품을 가지기 위해서 많은 노력을 했다. 그러나 교회에 대해서는 환멸을 느꼈다.

1771년부터 쓰기 시작한 《자서전》을 집필 18년 만인 1788년에 비로소 완성한 프랭클린은 1790년 4월 17일 밤에 84세를 일기로 세상을 떠났다. 자녀로는 딸 하나와 혼외 관계로 얻은 외아들 윌리엄이 있었는데, 열혈 왕당파로 뉴저지 총독을 지낸 윌리엄은 줄곧 부친과 대립하다가 식민지가 독립하자 영국으로 망명했다. 마침 윌리엄에게도 혼외 관계로 얻은 템플이라는 아들이 있었는데, 할아버지의 각별한 관심과 애정을 받았던 이 손자가 《자서전》을 정리하여 출판한 덕분에 이 유명한 책이 오늘날 전해지게 되었다. 그가 《자서전》을 탈고할 때는 82세였다. 그때도 후손들에게 들려주고 싶은 말이 있었다.

지금까지 인생의 행복을 변함없이 누리며 사는 것도 하나님의 은총과 함께 이런 조그만 인위적 노력의 보람이라는 사실을 인정했다. 그는 "한 가지 말해 둘 것이 있는데 나의 계획은 종교와 전연 관련이 없는 것은 아니나, 그렇다고 어떤 특정 교파의 교리를 의식한 것은 없었다. 나는 도리어 의식적으로 그런 것을 피했다"라고 말했다. 그의 사후에도 '미국의 정신은 프랭클린의 정신'이라고 일컬어질 정도로 국민들로부터 추앙을 받고 있다.

월터 아이잭슨은 "그는 연날리기를 통해 번개가 전기라는 사실을 증명했고 번개에 대처하기 위해 피뢰침을 발명했다. 그는 이중 초점 안경, 멕시코 만류 도표, 흔한 질병인 감기의 전염성에 대한 이론 등을 만들어 냈다. 그는 실용주의 철학의 탄생에 일조하기도 했다. 외교 정책 면에서는 힘의 균형을 꾀하는 현실주의와 이상주의의 결합 방식을 개발했으며, 정치 분야에서는 식민지 연합과 단일 정부를 위한 연방 모델을 제안하는 생산적인 기획안을 구상했다. 그러나 프랭클린이 발명한 것 중에서 가장 흥미롭고 끊임없이 재창조된 것은 바로 그 자신이다"라고 했다.

프랭클린의 위대한 점은 결과 자체보다는 과정에 있다. 그의 아버지는 프랭클린을 은행원으로 교육시키고 싶었지만 학비가 없었다. 프랭클린은 학교에 다닐 수 없었지만 부모를 원망하지 않았다. 틈만 나면 책을 읽고 독서클럽을 조직해 부족한 학력을 보충했다.

막스 베버는 그의 《프로테스탄티즘 윤리와 자본주의 정신》에서 벤저민 프랭클린이 성공적인 삶을 살았다고 평했으며, 미국의 제2대 대통령인 존 애덤스(John Adams)는 당시 프랭클린의 명성이 "뉴턴, 프리드리히 대왕, 볼테르보다 높았으며 프랭클린의 성품은 그들 모두를 합친 것보다 더 존경받았다"라고 했다.

노동과 독서에 전념하며, 낮에는 노동하고 밤에는 독서하고, 맑은 날은 일하고 비오는 날은 독서하였다. 그리고 정직하고 부지런하고 절약하고 저축하며 무슨 일이든지 자신에게 주어진 일에는 전심을 다하여 끝까지 감당하였다. 이런 그의 삶의 태도가 그를 당대에 중요한 직책을 잘 수행하고 성공적인 삶을 살게 하였다.

그의 삶을 읽으며 몇 가지 의문이 있다. 먼저는, 기독교는 예수를 믿는 종교이다. 그러면 예수님을 어떤 분으로 믿었는가? 예수 그리스도는 나의 죄를 사하시고 십자가에서 죽으므로 나를 구원하신 분으로 믿었는가? 그는 도덕주의자였다. 그렇다면 예수님의 제자는 그의 삶의 자세를 본받아 사는 것으로 여겼다고 볼 수 있다.

다음으로, 교회에 출석하지 않은 이유가 목사에 대한 것으로 나타나는데, 그러면 예배를 드리지 않으면서 그리스도인이라 할 수 있는가? 교인으로서 봉사하는 것은 매우 중요하다. 그리고 교회를 통해서 선교하는 것은 가장 중요한 교회의 사업이다. 세례와 성찬에 참여해야 한다.

마지막으로, 혼외 아들 윌리엄이 있었다. 그렇게 도덕적으로 살았으며 55년의 결혼 생활도 성공적으로 이루었다고 했는데 혼외 아들은 잘못된 도덕이라 여겨진다. 그리고 윌리엄과 정치적인 이념이 달라서 아들은 왕당파였다. 그래서 윌리엄은 뉴저지 총독을 하다가 독립전쟁이 마무리된 후 영국으로 망명하고 말았다. 이것은 부자간의 불화라고 할 수 있다. 그에게는 기독교인으로서의 신앙적 자세와 도덕주의자로서의 흠집이 있었다.

그럼에도 불구하고 벤자민 프랭클린은 미합중국을 건국하는 데 가장 큰 일꾼이었으며 훌륭한 장로 교인이었다. 도덕적 삶을 산 모델이었으며, 부지런하여 책을 가장 많이 읽은 사람으로서 발명하고 법을 제정하고 새로운 역사를 창조하는 실천적 철학자였다. 사람을 평가하면서 이만큼 크게 높일 수 있는 사람이 있을까?

그는 겸손하면서도 자신의 주장을 확실하게 설득하는 방법을 알았다. 미국이 오늘 세계를 지도할 수 있는 자본은 프랭클린처럼 국가관과 인생철학을 바로 실천한 사람이 있었기 때문이라고 여겨진다. 인간은 하나님의 피조물이다. 그 피조물의 가장 큰 목적은 하나님께 영광 돌리는 것이다. 그렇다면 벤자민 프랭클린은 자기에게 주신 달란트를 가장 잘 표현한 사람이라고 여겨진다.

02 남강(南岡) 이승훈

(李昇薰, 1864-1930)

3.1운동을 주동한 애국자

　남강의 제자인 김기석은 《남강 이승훈》에서 "그의 일생을 지배한 것은 겸허하고 맑은 서민 정신이었다"라고 하였다. 이승훈은 1864년 4월 25일 평안북도 정주읍에서 이석주 씨와 홍주 김씨 사이에서 둘째로 태어났다. 1년도 되기 전에 어머니를 여의고 두 살에 납청정(納淸亭)으로 이사하였다. 그 후 아버지와 할머니도 세상을 떠나셨다. 11세에 유기상(鍮器商) 부자인 임일권의 사랑채 사환으로 일하다가 주인의 신임을 얻어 수금원이 되었다.

　15세에 이도제의 딸과 결혼하고 임씨의 물건으로 장사를 시작했다. 여러 장터를 다니다가 평안도를 넘어 황해도로 진출했다. 1887년 24세의 남강은 납청정에 돌아와서 철산 오삭주의 돈을 빌려 임일권과 같은 상점을 개설하고 평양에 지점을 두었다. 7년 동안 사업을 잘했다. 석유와 양약을 수입했고 운수 사업도 했다. 그는 돈을 많이 벌었다. 1894년 청일 전쟁이 일어났다. 이 전쟁의 터는 한반도였다. 가족들은 피난시켰으나 전쟁이 끝나자 모든 재산이 사라졌다. 1895년 5월 남강은 납청정에 왔다가 평양으로 갔다. 평양은 1년 동안 도적과 거지의 소굴이었다. 남강은 납청정에서 상점과 공장을 세웠다.

　평양에서 몇 해 동안 사업을 하는 동안 남강이 경영하는 상사가 상계를 좌우했고 엄청난 돈을 벌어 갑부가 되었다. 남강이 평양에서 장사로 성공한 것은 민첩했고, 신의가 있었고, 사람을 믿고 가르쳤기 때문이었다. 이러한 남강에게 민족 운동과 개화사상이 싹트기 시작했다. 남강은 산업 진흥이 나라의 힘이라고 믿었다. 그의 '관서 자문론'(關西資門論)이란 문호를 개방했을 때 작은 자본을 합치면 대자본이 될 수 있다는 것이었다. 남강이 41세에 노일 전쟁이 일어났는데 일본이 승리했다.

　이 전쟁이 다시 일어날 것 같아서 소가죽을 중국으로 무역했으나 전쟁이 빨리 끝나서 무역은 망했다. 남강은 10년 사이에 남들이 우리나라에서 싸우는 것을 두 번 보았다. 힘이 없어 이를 막지 못했다. 남강이 연등사에서 안명근을 만났다. 그는 일본의 침략을 막는 길은 학교를 세우고 비밀 조직으로 일본의 힘을 꺾어야 한다고 하였다.

　1899년 남강이 39세에 오산면 용동에 본가를 짓고 승천재를 세워 소년들을 가르치며 관서 지방의 민족 자본을 만들어 외국 자본을 막기 위한 '관서 자문론'을 폈다. 이탈리아와 제휴해서 국제 무역 회사를 세워 세계로 진출하려고 했는데, 1904년 러일 전쟁으로 파산하였다. 한겨울 경서와 역사서를 읽었다. 그중에 율곡(栗谷)의 《격몽요결》(擊蒙要訣), 주로 경세(經世)에 관한 논책과 헌의(獻議)를 읽었다. 남강이 오산학교에 모셔온 여준(呂準)에게 양계초(梁啓超)의 《음빙실문집》(飮氷室文集)을 배웠고 감옥에서 신구약성경과 《천로역정》을 여러 번 읽었다.

44세인 1907년은 을사 보호 조약과 해아 밀사 사건으로 나라가 들끓었다. 한국 교회에는 성령 운동이 일어났다. 미국에서 돌아온 안창호가 평양 쾌재정에서 연설했는데, 도산의 혼이 호소하는 연설을 들었다. 도산은 4천 년의 명맥이 끊기고 나라가 망하는 경각에 달렸다고 외치면서 눈물을 흘렸다. 특히 안창호의 교육 진흥론에 크게 감동했다. 연설이 끝난 후 도산의 손을 잡고 자신의 변화를 알렸다.

남강은 이튿날 상투를 자르고 금주 단연하였다. 한문을 가르치던 승천재를 신학문의 강명의숙으로 바꾸었다. 이때부터 남강이 민족운동을 시작했다. 남강은 "몸과 집을 깨끗이 하고 마음을 깨끗이 하는 것이 나라를 바로 세우는 길이다"라고 하였다. 그는 평양에서 도산에게 학교를 세워야 한다고 들었다. 그는 양반과 천민의 차별이 없고, 굶주리고 헐벗는 사람이 없기를 원했다. 그는 민족을 사랑했다. 백성이 덕스럽게 살기를 원했다. 남강의 민족운동은 인도주의였다. 그의 민족운동은 개화주의와 직결된다. 생활하는 태도를 바꾸고, 마음을 새롭게 하는 일이다.

남강이 도산을 두 번째 만났을 때 신민회에 대한 이야기를 듣고 동지들과 함께 비밀 결사하였다. 남강은 평북 총관과 산업부문을 맡아 자기회사(瓷器會社) 사장, 태극서관의 관리자가 되었다. 오산학교도 신민회 기관이었고, 청년학우회도 오산에 두었는데, 남강이 일생에 가장 힘쓴 것은 신민회였다. 신민회는 사회가 안고 있던 내재적 모순과 외압을 극복하기 위해 다양한 활동을 폈다. 여기에 기독교적인 정신을 갖춘 인물들은 서북 지방 출신이었다.

오산학교 설립 당시는 기독교 학교가 아니었고, 남강도 기독교인이 아니었다. 남강은 안면이 있던 유명근의 아들 유영모를 선생으로 초빙했는데 그는 20세의 청년이었다. 유영모는 수업을 시작하면서 성경을 읽고 기도하였다. 1주일 후 학생들 스스로 기도하게 되었다. 기독교 신앙은 이렇게 뿌리내렸다. 학생들은 성경을 배우면서 행동이 변화하였다.

신민회 입회는 엄격한 심사와 까다로운 절차로 비밀리에 진행되었다. 세 번의 비밀 면담을 통해 '국가를 위하여 피 흘릴 수 있다'는 다짐을 받아야 했다. 강보우(姜鳳羽)는 동지 17명과 '국가를 위한 헌신의 결의로 단지동맹(斷指同盟)'을 결성함으로 입회가 허락되었다. 1910년 도산의 동지들은 외국으로 망명했다. 신민회는 남강이 맡았고, 105인 사건과 여러 고난을 겪으면서 신민회 사업과 정신을 이끌었다. 태극서관은 신민회 산하 조직으로 민족 계몽 운동을 위한 책을 배포하는 취지로 회원들의 비밀 집회 장소였다. 남강이 국내에 남은 것은 신민회의 자력주의와 교육주의를 실행하기 위함이었다.

자력을 발휘하는 길은 국민 자각으로 덕과 지와 힘으로 새로운 백성이 되는 것이다. 개인들이 신의를 지키고 협동함으로 단결해야 한다. 동지를 구할 때 믿을 만한 사람을 구했고 각도에서 인물을 구했다. 이는 지방색을 예방하기 위함이었다. 남강은 신민회를 평양, 정주, 선천에서 발전시켰고 사업을 지도하였다.

그러나 신민회가 외국에서는 강했으나 국내에서는 약했다. 남강이 3년 동안 피나게 노력했으나 거의 실패였다. 그는 망명하는 지사들을 보내면서 한 가닥 매운 기운이 가슴에 서리었다. 신민회 운동이 그의 민족 운동이었다. 남강에게는 물건을 만들고 팔고 하는 데도 정성을 들이고 신용을 지키는 일이 중요했다.

　신교육이 빠를수록 힘이 강해진다. 남강에게는 바뀌는 시국이 이것을 도왔고, 자신의 조심스러운 작업으로 성공을 이끌었다. 그는 열정적인 인물로서 시작한 일에 정력을 다하였다.

　남강은 오산학교를 설립했다. 기숙사에는 한 방에 네 사람씩 50-60명을 수용하였다. 오산학교는 목적이 민족 간부 양성이었다. 오산학교는 민족의 영광을 바라고 시작했다. 남강은 민족정신, 민족애의 중심에 서 있었다. 그의 맑은 천성과 고난 어린 생애와 격동하는 국정과 기독교 신앙이 그를 종교적인 고결한 정신으로 이끌었다. 오산학교의 그 푸른 물줄기는 설립자 남강에게서 흘러 내렸다.

　남강은 별로 교육을 받지 못했다. 글방에서 《사약》(史略), 《무제 시》(無題 詩), 《맹자》(孟子)를 읽었고 사십이 넘어 용동 글방에서 《경서》를 배웠다. 장사하면서 《이태리 건국 삼걸전》(三傑傳), 《월남망국사》(越南亡國史)를 읽었다. 남강이 여준에게서 양계초의 《음빙실문집》을 배웠는데, 감옥에 들어가 신구약성경과 《천로역정》을 읽은 것을 합해서 10권 정도였다.

　1910년 오산학교의 교사와 학생들 한일합방 후 접한 새 사조는 기독교 신앙이었다. 남강은 합방 직후 평양에서 한석진 목사의 "십자가의 고난" 설교를 들었다. 애굽에서 이스라엘 백성의 고난, 모세의 출애굽, 예수의 가르침, 그리고 인류의 구원을 위해서 십자가에 죽었다는 것이 요지였다. 그 내용은 민족의 현실이었다. 그의 설교 한마디 한마디가 나라를 잃고 슬퍼하는 민족의 심정을 드러내므로 남강에게 놀라운 감명을 주었다. 남강은 나라를 살리는 힘이 기독교에 있음을 깨달

앉다. 한일합방이 엄청난 슬픔이요, 억압당하는 것이었지만 기독교적으로는 성령의 역사가 크게 일어났다.

백낙준에 의하면, "일제는 1910년 합병이란 조약을 짜내서 한국의 정치적 독립을 종식시켰는데 종교에서는 이 시기에 국민의 일대 각성에서 출발하여 '백만 명 신자 운동'이라는 종교적 부흥은 '교육 혁명'에도 새로운 자극을 주었다"라고 했다.

남강은 기독교인이 되어 학교 곁에 교회당을 지었는데, 남자와 여자가 나누어 앉는 기역자 교회이다. 평양신학교 2회 졸업생인 정주읍 교회의 정기정 목사를 모셨다. 학교에서는 성경을 가르쳤고 주일에는 예배를 드렸다. 남강은 선교사 S. L. Roberts(나부열)를 교장으로 추대했다. 남강은 여준 선생을 통해서 큰 힘을 얻었다. 그가 남강의 호를 지어 주었다. 그는 학생들에게 높은 얼을 심었다.

1910년 8월 29일 한일합방이 되었다. 한반도는 통곡했고 남강도 울었다. 남강은 눈물을 거두고 새로운 계획을 연구했다. 9월 신학기에 학생들은 망국의 아픈 가슴으로 학교에 왔다. 개학 첫날 남강은 학생들과 학교 뒷산으로 올라가 언덕 위에서 동쪽을 향하게 했다. 마주 보고 서서 눈물만 흘렸다. 눈물은 뺨을 흘러 옷깃을 적시고 땅에 떨어졌다. '이 역사를 타개해야 한다. 사람이 필요하다'라고 마음에 새겼다. 그는 헌신하고 손에 비를 드는 자였다. 황해도의 안명근이 서간도에 무관학교를 위해 모금하다가 평양역에서 1910년 12월에 체포되었다. 남강은 서울행 열차에서 심문을 받다가 수첩에서 안명근의 명함이 나와서 서울역에서 헌병대로 갔다. 남강은 서울 구치감에서 잔인한 고문을 당했다.

감방에 함께 있던 김용제는 남강이 어둠 속에서 기도하는 것을 보았으며, 심한 고문으로 몸에 성한 곳이 없었으나 동지들을 위로하는 모습을 보았다. 그는 모범수였다. 1911년 8월 공판에서 17명에게 15년에서 5년 형이 언도되었고, 남강은 제주도로 유배되었다. 제주도에 도착해서 먼저 교회로 들어갔다. 제주교회 김 장로의 안내로 교회당 옆 조그만 숙사에서 낮에는 가난한 사람들을 도왔고 밤에는 등잔 아래서 성경 읽기와 기도로 보냈다. 그는 교회와 학교에서 연설 부탁을 받고 용동에서처럼 민족주의 고취와 민족성 개조를 역설했다. 남강은 아침에 일어나 비를 들고 뜰과 거리를 쓸어 본을 보였다.

그가 제주도에 있을 때 105인 사건이 터졌다. 그것은 날조된 사건으로 많은 사람들이 고문으로 실명, 정신 이상, 난치병을 얻어 희생되었다. 이것은 데라우치 총독을 암살하려 했다는 조작된 사건이었다. 남강이 이 사건의 주동자라고 제주도에서 서울로 압송되었다. 이 사건은 서북의 기독교인들을 타도하기 위한 조작극이었다.

수백 명이 가혹한 고문으로 거짓 자백을 했으나 남강은 끝까지 버티었다. 그의 건강과 담력, 거짓말을 안 한다는 그의 신념, 고매한 품격과 정신력 덕분이었다. 입을 열면 시련을 참고 이겨야 한다고 강조했다. 취조 받을 때 고문이 극심해서 거짓 증언을 하지 않은 목사가 없을 정도였으나, 남강은 끝까지 바른 말을 하며 견디었다. 선교사들도 일본을 반대했다고 소환되었다. '환상적인 음모'를 날조하여 선교사들을 범인으로 매도하는 일제의 만행에 선교사들은 항변했다.

1912년 10월 경성지방법원에서 공판 결과 이승훈, 윤치호, 양기탁, 안태국, 임치정, 유동열을 주모자로 각각 10년 징역을 언도하였다. 그러나 검사의 기소에 반증을 들어 적이 꾸며낸 계교를 폭로했다. 선우훈은 그의 수기 《민족의 수난》에서 이렇게 말했다.

"……안태국은 증거 3건을 제시하였다. 1. 김일준의 공술 중에 명치 43년 12월 26일 내가 평양에서 하룻밤 자고 27일에 정주에서 동지 60명을 인솔하고 아침 6시 차로 선천으로 들어갔다 했는데, 그때 나는 서울에 있어 유동열이 서대문 감옥에서 26일 만기 출옥되었으므로 그날 저녁 명월관 지점에서 양기탁, 이승훈 등 7명이 위안회를 열고 요리값으로 27원의 영수증을 받은 일이 있다. 그런 사실이 있는가, 없는가 조사할 것. 2. 이튿날 27일, 이승훈이 평양 마산동 자기 회사로 내려가므로 대동문 안에 사는 윤성운에게 전보하기를 '남강하거출영태국'이란 전보를 광화문 우편국에서 내 손으로 타전한 사실이 있으니 광화문 우편국과 평양 우편국에서 조사하여 전보문을 가져올 것. 3. 정주에서 27일 아침 6시에 60명이 차를 타고 선천으로 갔다 하였으니, 과연 그때 그만한 인원이 기차를 탔는가, 철도국 서기를 불러 기차표를 조사할 것."

안태국은 계속 진술하기를 "서울에 있는 안태국이 평양이나 선천에서 지휘했다는 김일주의 공술은 전부가 허구임에 틀림없다"라고 여러 가지 허위적 사실을 폭로하였다. 모든 사건이 허위라는 이유로 경성복심법원에 공소했는데, 지방법원의 판결이 옳다고 하여 기각하였다.

서울 복심원 제2심에서 105인 중 99명이 무죄로 석방되고 이승훈, 양기탁, 안태국, 윤치호, 임치정 5명이 6년 형, 옥관빈에게 4년 형을 선고했다. 이것은 블레어 선교사의 말처럼 "일본의 체면을 세우기 위한 최소한의 조치"였다. 남강은 가출옥으로 나올 때까지 경성 감옥에 있었다. 그때 나부열 선교사가 그를 찾아와 위로하고 《천로역정》을 주었다. 성경 읽기와 기도가 중요한 일과로 계속되었다. 민족 운동에 대한 신념은 도산을 만남으로 굳어졌지만 기독교 신앙은 한석진 목사를 만남으로 얻었고 감옥에서 굳게 다졌다.

남강은 "하나님이 그리스도의 은혜를 알게 하기 위하여 나를 감옥에 둔 것"이라고 하였다. 일본은 1915년 2월 13일 형기가 끝나기 전에 모든 피의자를 석방하므로 선교사들과의 관계 개선을 시도했지만 선교사들의 시각을 바꾸지는 못했다. 105인 사건은 일제가 한국 교회를 약화시키는 한편, 선교사들을 추방하려는 데 목적이 있었다.

105인 사건이 보여주듯 일본의 기독교 박해는 조직적이고 계획적이었다. 계속 성장하던 한국 교회가 1911년과 1912년 사이 많은 교인이 교회를 떠났다. 그러나 교세 하락은 일시적인 현상이었다. 초신자들은 떠나고 세례 교인들은 남았다. 투옥된 이들은 동요가 없었다. 1915년 2월 남강이 출옥한 후 정기정 목사에게 세례를 받았다. 그는 감격하여 '보은신복헌신외'(報恩神僕獻身外)라는 글로 자신의 믿음을 표현했다. 그 해에 52세의 나이로 평양신학교에 입학했다. 남강은 공부하면서 민족 독립 의지를 굳혔고, 여러 독립운동 동지들, 기독교 지도자들과 사귀었다. 학교와 교회 일로 인해서 1년 후 중퇴했다. 오산교회에서 장로로 장립 받았다. 이때부터 3.1운동이 일어날 때까지 그의 신앙이 불타올랐다.

1918년 국제 정세는 격변했다. 1917년 10월 혁명으로 러시아에서는 노농 정부가 수립되었고, 제1차 세계대전 후 미국의 윌슨 대통령은 '민족자결주의'를 천명했다. 이 같은 정세 변화로 한국 독립을 성취하려는 국내외 민족주의자들은 거족적인 독립운동을 추진하였다. 1918년 12월 오산학교 졸업생 서춘이 동경에서 돌아왔다. 그는 1912년 오산을 졸업하고 모교에서 수학을 가르쳤고 그 후 만주에서 동경으로 갔다. 옛 스승 이광수를 만나 민족의 광복을 논의하였다. 남강은 서춘에게서 동경 유학생들의 움직임과 국제 사정을 들었다.

국내외를 막론하고 조선의 독립 염원이 퍼지는데, 1919년 2월 8일 일본 동경에서 600명의 유학생들이 동경 신전구 소천정에 있는 조선 YMCA에서 최팔용의 사회로 독립운동 회의를 열어, 이광수가 기초한 독립선언서와 결의문을 낭독하고 이를 일본 귀족원과 중의원 그리고 각국의 대리 공사와 각 신문사에 우송하여 조선의 독립 의지를 전 일본에 천명했다.

1918년 12월 상해에서 선우혁은 독립 선언을 연락하러 왔다. 이때 남강은 "와석종신(臥席終身)할 줄 알았더니 이제 죽을 자리가 생겼구나"라고 했다. 1919년 2월은 남강의 일생에 가장 바쁜 달이었다. 2월 초에 선천에서 평북노회가 열렸는데 남강은 참석차 선천에 갔다. 그때 김도태의 연락을 받고 11일 아침 서울로 갔다. 거기서 기독교인 동지들을 규합할 것을 부탁받고 이튿날 아침 선천에 돌아왔다. 양전백 목사를 비롯하여 이명룡 장로, 유여대 목사, 김병조 목사에게 독립 선언 계획을 알리고 찬성을 구했다. 네 사람은 승낙하고 모든 일을 남강에게 일임하였다.

남강은 이어 평양에서 길선주 목사, 손정도 목사, 신흥식 목사, 그 밖에 몇 장로들을 만났는데, 자기들은 종교인이라고 난색을 보였다. 남강이 책상을 치면서 "나라 없는 놈이 어떻게 천당에 가! 백성들이 지옥에 있는데 당신들만 천당에 있을 수 있느냐?"라고 하였다. 남강의 말이 끝나자 길선주 목사와 신홍식 목사는 찬성하고 서울에서 만나기로 하였다.

서울에서 함태영과 이갑성을 만나 뜻을 같이하기로 했다. 만일 천도교가 주저하면 장로교와 감리교가 단결하여 거사하기로 했다. 천도교의 최린과 함께하기로 약속하고 운동 자금 5천 원을 조달하기로 하였다. 20일 밤 약속 장소에 기독교 대표들이 모였다. 천도교와 합동할 것을 말하였다. 21일 오후 2시 함태영의 집에서 함태영, 박희도, 신홍식, 오기선과 같이 회합을 가졌고 저녁 7시 이갑성의 집에서 감리교와 장로교의 연합 회의가 열렸다. 이승훈, 함태영 두 사람을 기독교 대표로 하고 모든 일을 일임했다. 독립 선언서 문안 작성은 천도교의 최남선에게 맡겼다.

마지막으로 33인이 서명하는 자리에서 남강이 밖에 잠시 나갔다 들어왔는데 사람들이 떠들고 있었다. 선언서 서명 순서에 대한 다툼이었다. 남강은 "순서가 무슨 순서야! 이거 죽는 순서야, 죽는 순서! 누굴 먼저 쓰면 어때? 손병희를 먼저 써"라고 말했다. 남강의 말로 순서 이야기는 끝났다. 33인에 함태영과 안세환이 빠졌다. 함태영은 동지들이 체포된 후 가족들을 돌보는 일과 상해에 연락하는 책임을 졌다. 안세환은 일본에 가기 위하여 서명하지 않았다.

마침내 1919년 3월 1일이 왔다. 서울 거리는 고종의 장례로 복잡했다. 학생들은 정오를 알리는 시보를 신호로 탑골 공원에 모여 들었다. 독립 선언서에 서명한 대표들은 태화관에 모였다. 불교 대표 한용운이 민족의 이름으로 독립 선언서를 낭독하고 일동이 만세를 불렀다.

수만 군중 속에서 정지용이 팔각정에서 독립 선언서를 낭독하고 학생과 군중은 태극기를 들고 만세를 부르면서 학생 대표인 김원벽, 강기덕을 선두로 서울 장안을 휩쓸었다. 태극기를 만들고 방방곡곡에 독립선언서를 보내는 일을 기독교 청년들이 맡았다.

일본인들이 주동자들을 재판하면서 내란죄로 판결했다면 모두 사형당했을 것이나 보안법 위반으로 처리하여 형을 적게 받게 되었다. 재판정에는 3월 1일에 검거된 48인이 나왔다. 그들은 정각 8시 자동차에서 내려 법정에 들어오는데, 집에서 들인 옷들을 입고 머리에는 요수를 쓰고, 손에는 철갑이 채워졌고, 그 위로 굵은 밧줄이 건너갔다.

독립 선언서 대표인 손병희가 병으로 출정하지 못해서 최린이 설명했다. "처음에 일본이 동양의 한, 일, 청 3국이 굳게 손을 잡아야 한다고 하여 우리도 그 말을 믿고 서로 도와 나가기로 약속했고, 또 실상 우리는 일본을 도왔다. 그랬는데 그 뒤 일본은 영일 동맹을 빌어 옛 신의를 저버리고 우리 정부와 백성을 속여 강제로 한일합방을 단행했다. 이민족의 억제에 눌리기 10년, 2천만이 하나로 일어나 민족의 자유와 세계의 공도를 위하여 침략자의 쇠사슬을 끊기에 이른 것이다."

입천(立川) 판사도 고개를 끄덕였다. 제3일 남강의 차례가 왔다. 남강은 단정한 자세로 일어나 높고 울리는 목소리로 "나는 하나님을 믿는 사람이다. 하나님이 인류를 내실 때 각각 자유를 주었는데 우리는 이 자유를 빼앗겼다. ……우리는 최후의 1인, 1각까지 적의 칼에 쓰러질지라도 부자유, 불평등 속에서 끌리는 짐승이 되기를 원치 않노라. 우리의 이번 일은 제 자유를 지키면서 남의 자유를 존중하라는 하늘의 뜻을 받드는 일에 지나지 않는다. 한국의 독립은 한국의 영광뿐 아니라 튼튼한 이웃을 옆에 둔 일본 자신의 행복도 된다"라고 했다.

다른 독립투사들도 독립의 존귀함을 말하고 한일합방이 역사에 큰 죄악임을 역설하였다.

남강은 감옥에서 믿음으로 일관했다. "2,700여 페이지의 구약성경을 10번이나 읽었고, 특히 창세기, 출애굽기, 레위기, 신명기, 시편, 이사야서, 예레미야서에서 큰 감명과 위로를 받았다. 신약성경을 40독 하였으며, 기독교 서적을 7만 페이지나 읽었으니 내가 평생에 처음 되는 공부를 하였소. 장래 나의 할 일은 나의 몸을 하나님께 바쳐 교회를 위하여 일할 터이니 나의 일할 교회는 일반 세상 목사나 장로들의 교회가 아니라, 온전히 하나님이 이제로부터 조선 민족에게 복을 내리시려는 그 뜻을 받아 동포의 교육과 사업을 발달시키려 하오"라고 했다.

그는 감옥에 있을 때 오산학교가 일본 경찰들에게 불탔다는 소식을 듣고 가슴을 치며 애타 했다. 출옥 후 1923년 봄 학교 건축을 기공하여 가을에 준공하였다. 남강은 민족 대표로 독립 선언서에 서명하고, 3년을 복역했다. 그 해 일본을 시찰하고 와서 오산학교를 고등보통학교로 승격시키고, 1924년 동아일보사 사장, 물산장려운동과 민립대학 설립을 추진했다. 그의 인격과 지조와 열정과 천재적 직관은 많은 사람들에게 큰 감동을 주었다. 그는 "백성 한 사람 한 사람이 덕스럽고 밝고 힘 있는 백성이 되어야 나라가 흥한다"라고 역설했다.

1928년부터 오산학교 동문들이 은사의 정신을 기념하기 위해 추진한 동상 제막식이 1930년 5월 3일 오산학교 교정에서 있었다. 이 동상은 남강이 철저한 조선 사람이라는 것, 민족 고난의 십자가를 그 몸에 졌다는 것, 그리고 믿음과 헌신의 정신으로 살았다는 것을 나타냈다.

1930년 5월 8일 전처럼 오산학교를 다 돌아보고 학생들에게 훈화하고 집에 돌아와 자면회 사람들에게 이야기했고 이튿날 운명했다. 5월 9일 오전 4시, 67세였다. 남강이 죽으면 땅에 묻지 말고 생리학 표본으로 학생들을 위해 쓰게 하라고 유언했으나 일본에게 거절당하고, 사회장으로 오산에 안장되었다.

남강은 기독교 신앙인이었다. 오산학교에서 기독교 신앙인을 양성하고자 했다. 오산학교를 졸업한 사람들 중에 목사와 장로가 많았다. 그는 경건한 삶의 모범을 보였으며 기도하며 전도하는 삶을 살았다. 옥중 생활은 그에게 기도하는 성스러운 일과를 가르쳤다. 그는 감옥에 있을 때 걸레로 감방을 깨끗이 훔쳤고 변기는 혼자 맡아서 들어내고 닦았다. 몸과 마음이 괴롭고 피곤했으나 주의 은혜 안에서 기쁜 시간을 가졌다. 그는 "내 주의 지신 십자가 세인은 안 질까"를 자주 불렀다.

전후 9년 동안 감옥에 있었으나 기상이 약해지지 않았다. 남강의 기도는 백성들과 감옥에 있는 동지들을 위함이었다. 그는 빛이 감방 창살로 들어올 때 그리스도의 성상이 동쪽 하늘에 뵈는 것 같았고, 머리 위에서 자기를 위로하는 그리스도의 음성이 들리는 것 같았다.

3.1운동의 정신은 두 가지였다. 미국의 윌슨 대통령의 '민족자결주의'에 입각해서 독립 선언을 하는 것이며, 그 방법은 '무저항 투쟁'이었다. 이것은 모두 기독교 신앙인의 자세였다. 당시 한국 민족은 2천만 명인데, 기독교인은 20만 명으로 1%였다. 그럼에도 불구하고 기독교인 20만 명을 총동원했다. 이 운동은 한 차례 '독립 선언서' 낭독으로 끝나지 않았다. 독립 선언서를 낭독한 후 종로, 을지로, 광화문으로 '독립 만세'를 외치는 군중은 끊이지 않았다. 일본인들이 막아도 헤치고

나아갔다. 체포되고 감옥에 가고 33인의 한 사람으로 현장에 없었으나 종로경찰서에 자진 출두한 길선주 목사와 같은 이도 있었다.

그 시위는 서울을 넘어서 지방으로 퍼졌다. 남강은 민족 교육론을 주장했고, 자본을 이룩해서 국민이 잘사는 나라로 만들자고 했다. 가르치고 열심히 일하는 민족이 되자고 외쳤다. 그는 훌륭한 애국자였으며, 물산장려운동으로 여러 곳에서 강연하는 데 열정을 다했다. 하나님의 사람으로 모범적이었고 교육자로 인재를 양성하는 일에 최선을 다했다. 그가 교실에 들어가지 않고 창 밖에서 교사가 가르치는 것을 들으며 자기도 배웠다. 오산학교의 존재 가치는 전 민족을 위한 인재 양성의 기관이었다.

하나님을 믿는 신앙은 구원의 감격이며 하나님이 말씀으로 우주를 창조하셨음을 믿기 때문에 불가능이 없다. 그리고 그 과정에서 겪는 고통과 고난은 당연한 것이었다. 고난 없는 승리는 없다. 십자가를 져야 부활이 있다. 남강은 학생 하나 하나에게 예수님의 모습을 투사했고, 예수님을 닮으라고 역설했다. 오산학교 교정을 걸어가는 선생은 예수님의 모습이었다. 모든 학생은 예수님의 제자들이었다. 사랑으로 교육했으며, 정신을 강하게 했고, 삶으로 모범을 보였다. 인재를 훌륭하게 양성해야 민족과 국가를 세울 수 있다. 나라를 세우는 것은 훌륭한 인재를 양성하는 데서 온다.

남강의 신앙은 민족의 광복 그리고 민족 교육이었다. 기독교 신앙으로 민족의 품격을 높이고 백성을 무지와 미신에서 끌어내고 부지런하고 덕스럽게 살도록 하였다. 그의 걱정은 겨레의 성품이 하나님에게 창조된 모습에서 떠난 일이었다. 이것을 회복해야만 민족의 광복을 성취할 수 있다고 믿었다.

　남강의 신앙은 광복과 교육에서 떠난 적이 없었다. 기독교 지도자들이 민족 운동은 세상일이고, 영혼 운동을 중시하여 민족에게서 떠날 때 남강은 괴로워하였다. 한일합방 전후에 강했던 애국심과 3.1운동의 민족적 정기가 식어가고 있었다. 이것은 독립 운동가들의 전향이나 사회주의가 부상한 때문만은 아니었다. 남강은 민족을 위한 결심과 헌신의 부족이라고 단정했다. 이 결심과 헌신이 흔들리는 것은 바른 신앙이 되지 못한 때문이었다. 남강이 말년에 술과 담배를 하니까 이찬갑이 책망했다. 무교회주의자들과도 친숙해졌다. 민족적 신앙에 대한 신념이 이들 간의 교분을 돈독하게 했다. 애국심에 기초한 신앙이 중요하다고 여겼다.

　그때 남강은 청년들을 보면서 "우리는 지금 빵에 주려 있지만 그보다도 하나님의 말씀에 주려 있다"라고 하였다. 1928년 봄에 함석헌이 동경 고등사범학교를 마치고 모교인 오산학교에 교사로 왔다. 함석헌은 1923년 동경에 갔는데 거기서 정상훈, 김교신, 양인성과 사귀며 우치무라 간조[內村鑑三]의 집회에 참석하였다. 함석헌은 우치무라에게 깊은 신뢰를 받았고, 그는 "한국에 함석헌 군과 같은 청년이 있는 한 그 나라는 망하지 않을 것"이라고 하였다.

　함석헌과 김교신은 신앙 잡지 〈성서 조선〉을 내기 위하여 명치학원을 마친 정상훈에게 맡겨 연 4회 발간하였다. 이들의 신앙 운동은 무교회주의였는데 함석헌이 이를 드러내지 않고 교사로 와서 오산교회에서 청년들을 지도하였다. 함석헌은 오산에서, 양인성은 선천 신성학교에서, 김교신은 송도고보와 양정학교에서 같은 일을 하였다.

남강이 〈성서 조선〉지를 읽고 신앙의 개혁이 필요하다고 하였다. "지금 필요한 것이 신앙의 개혁이거든 교회는 사람의 마음을 깨우쳐야 하는데 요새 교회는 그렇지가 못해." 남강은 〈성서 조선〉지의 신앙 개혁 운동에 관심을 가졌다. 그는 오산교회가 자기에게서 멀어지는 것을 보면서 서운하게 생각했으나 발을 끊지는 않았다. 주일이면 교회에 나가 예배드렸다. 그러나 그 신앙의 물결 속에 있으면서도 신앙에 목마른 자들에게 다시 불을 붙일 자를 기다리고 있었다.

함석헌은 청년 지도를 그만두고 집에서 작은 집회를 열었다. 예배가 아니라 성경 연구 모임이었다. 이 모임의 순서, 가정적 분위기, 지도자의 성경 강해가 강한 인상을 주었다. 이찬갑이 남강을 '신앙의 사람'이라고 한 것은 무교회주의적 경향을 말한 것이다. 그는 교회 중심에서 성경 중심으로 옮겨졌다. 무교회주의자들의 성경 공부에 참석했기 때문이다.

거기에는 사랑이 있고, 봉사가 있고, 경건한 신앙이 있고, 고난이 있고, 성령을 통한 사귐이 있다고 여겼다. 1907년 창공에 높이 올린 오산의 정신이 민족정신과 신앙이 사라지려는 때 작은 집회에 의하여 새로운 불꽃이 불타오르는 듯 느꼈다. 남강은 이 집회에서 학생들과 같이 찬송을 부르고 기도하고 성경 말씀을 배웠다. 한때의 구경꾼들이 물러간 뒤 이 집회는 학생 외에 함석헌과 남강, 재천 셋뿐이었다.

남강은 김교신과 함석헌의 글을 즐겨 읽었다. 그들의 글에서 풍기는 한국 냄새와 소박한 복음 신앙을 높이 평가했다. 그는 교회의 목사들과 성가신 의식 그리고 교파 간의 싸움을 싫어했다. 남강은 〈성서 조선〉지를 등잔 밑에서 읽고 또 읽었다. 그는 신앙의 약화가 민족성의 무지 때문이라고 하였다. 민족은 교육으로 높여야 하고 교육은 신앙으로 밝혀야 한다.

남강은 기성 교회와 YMCA 운동이 할 일을 못했다고 생각하였으며 사립학교도 마찬가지라고 여겼다. 남강은 〈성서 조선〉에서 새로운 빛을 보았다. 무거운 납덩이에 눌린 조국을 보면서 이것을 들치고 올라올 푸른 싹을 〈성서 조선〉지 신앙 운동에 걸어 보기로 하였던 것 같다. 그가 무교회주의에 빠지게 된 것은 한국 교회 지도자들에게도 그 책임이 있었다. 목사와 장로들이 독립운동을 하던 중 약해지므로 일본 사람들에게 기가 죽고, 전향하여 독립운동을 거두고, 나중에는 신사 참배하는 사람들이 되었다.

교회 지도자들은 조국과 신앙의 관계에서 고민했다. 교회 지도자들은 신앙생활을 우선으로 했고, 민족운동가들은 민족을 우선으로 삼았다. 이 갈등이 교회 지도자와 선교사들에게 많은 고민을 주었다. 그래서 남강과 교회 지도자들이 서먹한 사이가 되었다. 남강은 함석헌의 작은 모임에서 민족을 우선으로 하는 성경 공부에 치중하게 되었다.

그가 오산학교를 세운 뜻은 민족 독립이었다. 선교사들이 세운 미션스쿨은 신앙인 양성을 위함이었다. 공립학교는 민족 교육을 역행하였다. 민립 대학을 세울 뜻도 민족 독립이었다. 그의 사상은 오직 민족 독립이었다. 기독교 신앙도 민족 독립을 위한 것이어야 했다. 이때 그에게 영향을 준 것은 유영모, 함석헌, 김교신이었다. 이들은 민족적 신앙을 외쳤다. 무교회주의를 제창했다. 그들이 선교사를 싫어한 것은 우치무라 간조에게 배웠다.

함석헌의 한국 역사 해석은 학생들에게 크게 영향을 끼쳤다. 그는 유명해졌다. 당시 교회적 상황이 그러했고, 〈성서 한국〉을 중심으로 한 인물들이 민족 독립운동에 적극적이었고, 교회를 비판하는 것이 마음에 합했으며, 그들이 애국자였다고 남강은 인정했다.

170cm의 체구에는 민족의 광복, 신민회 사업, 105인 사건, 그리고 3.1독립 선언과 고난에 대한 감투 정신이 있었다. 그가 동상 제막식에서 단위에 올라가 이 말을 남기고 하단하였다. "내가 오늘까지 한 것은 조금도 없습니다. 모두 하나님이 나를 그렇게 만드셨습니다. 아는 것이 없었으나 하나님이 나를 이끌어서 오늘까지 왔습니다. 이후도 그럴 줄 믿습니다. 나는 하나님을 믿는 것을 가장 큰 영광으로 생각합니다. 내가 후진이나 동포를 위하여 한 일이 있다면 그것은 내가 한 것이 아니고 하나님이 내게 그렇게 시키신 것입니다."

조선의 구원이 그의 신앙의 핵심이었다. 남강은 몸이 호리호리 하고 체구가 단정했다. 얼굴이 갸름하고 자세가 바르고 어깨 모양이 예뻐서 두루마기를 입고 섰을 때는 귀골(貴骨)이었다. 그의 천성이 대줄기같이 바른 것처럼 바른 자세를 가졌다. 이것은 어려서부터의 자세였다. 남강이 심한 고문과 오랜 옥고를 치르면서도 병이 없었던 것은 그의 강건한 정신과 체구 때문이었을 것이다. 남강의 장례식은 사회장으로 일정하에서 질서 정연하게 거행된 민족정신의 제전이었다.

조만식 장로는 조사에서 "남강은 그 죽은 뼈다귀까지 민족에게 바쳤다"라고 했다. 남강의 일생은 고난 어린 헌신의 일생이었는데 사람들은 그의 삶을 회상하면서 남강이 자기들 사이에 있었음을 기뻐하였다.

03 함석헌
(咸錫憲, 1901-1989)

누구보다 한국적인 사상가

    함석헌은 1901년 평안북도 용천의 장로교인 가정에서 태어났다. 당숙 함일형이 세운 삼천재에서 한학을 배우다가 1914년 덕일학교를 졸업했다. 그를 격동의 삶으로 바꾸는 역할을 한 사람은 함일형의 차남이며, 사촌형인 함석은이다. 함석은은 숭덕학교 교사이자 개신교인으로 평양 지역 3.1운동 준비위원회의 총책이었다. 함석은은 3.1운동 후 일경을 피해 만주로 가서 독립운동 단체인 대한청년단을 조직하고, 민족주의적 잡지를 발간했다. 1920년 5월 일경의 총탄에 맞아 부상당하고, 그 후 일본군에 체포되어 서대문 형무소에 3년간 복역했다. 그는 1963년에 건국훈장 국민장을 수여받았다.

    함석헌은 함석은과 목판으로 태극기를 찍고 독립 선언서를 뿌렸다. 3월 1일에는 만세를 불렀다. 그는 "독립 선언서를 전날 밤 숭실학교 지하실에서 받아 들던 때의 감격! 그날 평양경찰서 앞에 그것을 뿌리던 생각, 돌아와서 행진에 참가했는데, 내 60이 되어 오는 평생에 그날처럼 맘껏 뛰고, 부르짖고 상쾌한 때는 없었다. 목이 다 타 마르도록 '대한 독립 만세'를 부르고, 팔목을 비트는 일본 순사를 뿌리치고 총에 칼 꽂은 일본 군인과 마주 행진을 해 대들었다가 발길로 차여 짓밟히고 일어서고, 평소에 처녀 같던 내가 어디서 그 용기가 나왔는지 나도 모른다"라고 했다.

그때가 평양고보 졸업반이었다. 3.1운동 만세 사건으로 학교의 '반성문' 제출을 거부하고 자퇴했다. 사촌형 함석규 목사의 권유로 1921년 정주에 남강 이승훈 선생이 설립한 오산학교에 진학했다. 오산은 진취적이고 낙관주의적 기풍이었다. 학생들의 눈빛이 살았고, 그들의 표정과 발걸음에는 힘이 있었다. 학생과 선생 간에는 격이 없고 잘 어울렸다. 함석헌도 곧 그들과 하나가 되었다. 교장은 고당 조만식이었다. 그리하여 남강 이승훈, 다석 유영모를 스승으로 모시고 삶과 민족과 역사에 눈을 떴다. "오산학교는 민족운동, 문화운동, 신앙운동의 산 불도가니였습니다. 그때 그 교육은 민족주의, 인도주의, 기독교 신앙이 한데 녹아든 정신 교육이었습니다"라고 회고했다.

오산학교에서 그는 장래에 사상적 지주인 두 스승을 만났다. 오산학교의 설립자인 남강 이승훈은 한국 독립의 중요성을 깨우쳤고, 다석 유영모는 노장공맹(老壯孔孟)과 다양한 동양의 철학을 가르쳤다. 평양고보 시절 의사가 되고자 했던 함석헌은 오산학교에서 거듭나 민족애와 기독교 정신으로 사상과 지식을 쌓아갔다. 함석헌은 1923년 오산학교를 졸업하고 오산학교의 후원으로 일본으로 유학하게 되었다. 동경에서 전공을 선택하는데 신학은 아예 생각이 없었고 철학, 법률 등 여러 분야로 고민한 끝에 문학을 선택했다. 그리고 민족을 교육할 사명감에 사범학교에 갔다.

대입 검정고시를 준비하던 중 9월 1일 관동대지진이 일어났다. 인구 200만 명이 넘던 대도시가 하루아침에 잿더미가 되고 수십만의 사람들이 죽거나 다쳤다. 민심이 흉흉해지자 조선인들이 폭동을 일으켰다는 유언비어가 퍼졌다. 그로 인해 일본인 폭도들에게 조선인 수천 명이 학살되는 끔찍한 사건이 발생했다.

함석헌은 이 사건을 경험하면서 인간이 얼마나 악해질 수 있는지, 얼마나 보잘것없는 존재인지를 절감했다. 또한 정치가 얼마나 무책임한 것인지에 대해서도 생각하게 되었다. 학살의 여파로 대부분의 조선인 유학생들이 고향으로 돌아갔다. 그러나 함석헌은 고향으로 돌아오라는 아버지의 권유도 뿌리치고 시험 공부에 열중해 마침내 도쿄 고등사범학교에 합격했다.

1924년 봄부터 김교신을 만나, 그의 안내로 이마이칸[今井館]의 성경연구회에 참석하여 우치무라 간조의 제자가 되었다. 타고르를 읽다가 간디의 영향을 받았다. 대학 4학년 때 그는 이들과 함께 〈성서 조선〉을 창간하며, 생애 최초로 "먼저 그 의를 구하라"는 글을 발표한다. 1928년 귀국 후에는 모교인 오산학교에서 역사 교사로 강단에 섰다. 당시 역사와 수신을 가르쳤던 함석헌은 열심히 책을 읽었다. 학생들이 잠들기 전 그의 하숙방에서는 등잔불이 꺼지지 않았다.

그의 별명은 '함 도깨비'였다. 모르는 것 없는 '만능 교사'란 뜻이다. 남강 선생이 별세한 어느 날 좌파 학생들은 민족주의 교사들을 폭행하기로 모의했다. 당연히 민족주의자인 함석헌도 폭행 대상자였다. 낌새를 챈 교사들은 도망갔다. 함석헌은 피하지 않았다. 그는 두 손으로 얼굴을 가린 채 몇몇 학생들로부터 뭇매를 맞았다. 정신이 몽롱해지도록 맞았다.

얼마 후 그들은 함석헌을 찾아왔다. 죄송하다고 했다. 어느 학생이 질문했다. 자기들이 폭행할 때 왜 두 손으로 얼굴을 가렸느냐고 하니 그의 대답은 이러했다. "나도 사람인데, 어느 놈이 나를 때렸는지 알면 '저놈이 날 때렸지' 하는 맘이 안 생길 수 없어서, 나를 때린 학생을 아예 모르는 게 낫다고 생각해서 그랬지."

함석헌은 1933년 《성서적 입장에서 본 조선 역사》를 집필했다. 이 작품이 출간되었을 때 숱한 독자의 사랑을 받았다. 1930년대 초반 청년 함석헌은 자기모멸과 절망에 빠져 신음하는 식민지의 백성에게 희망을 북돋기 위해 책을 썼다. "지도 교수가 있는 대학도 아니지, 도서관도 참고서도 없는 시골인 오지이지, 자료라고는 중등학교 교과서와 보통 돌아다니는 몇 권의 참고서를 가지고 나는 내 머리와 가슴과 씨름을 하지 않으면 안 되었다."

내 머리와 가슴과 씨름하면서 30대의 햇병아리 역사 교사가 써놓은 책이 변화무쌍한 시대 상황에서도 변하지 않는 뜻을 밝혀 다음 세대까지 읽힐 명저가 되었다.

그의 사상의 세 가지 핵심은 '민족, 종교, 과학'으로 민족 사랑, 진리 사랑, 이성적 사고를 강조했다. 함석헌은 1938년 한국어 수업이 불가능해서 오산학교를 떠났다. 1940년 그의 후배 김두혁의 평양 근교 송산 농사학원에서 경영을 맡았다. 창씨개명을 거부한 함석헌은 1940년 8월 '공산주의 및 민족주의적 성향을 지녔다'는 혐의로 체포되어 1년간 옥고를 치렀다. 이는 계림회 사건이었다. 1942년 '성서 조선 사건'에 연루되어 1년을 미결수로 복역했고, 농장에서 일하다 광복을 맞았다.

해방 후 함석헌은 평북의 문교부장이 되었다. 그러나 곧 신의주 학생 사건의 배후자로 투옥되었다. 그는 1947년에 월남하여 YMCA에서 성경 강의를 시작하여 전국을 돌며 가르쳤다. 그는 기독교의 사회적 역할을 강조하는 한편, 조직의 외형을 불리는 데 열중하는 교회를 비판했다. 이런 입장은 교회의 입장과 상당히 다른 것이었다. 특히 그는 기독교가 권력 집단과 결탁하고 있음을 매우 신랄하게 비판했다. 그러나 기독교계뿐만 아니라 권력층에서도 그를 불편하게 여겼다. 교회가 앞에 나서 함석헌은 이단으로 몰고 갔지만 그는 교회와 타협할 생각이 없었다. 그는 김교신과 함께 무교회주의자였다.

1950년 6.25 한국전쟁을 계기로 그의 사상은 또 한 번의 껍질을 벗게 되었다. 그의 사상의 기저에는 성경 사상 즉 기독교적 요소가 있으나 정통 기독교의 교리주의나 형식주의를 반대하고 노장, 공맹, 화엄 사상 등에 종교적 진리가 있음을 인정했다. 그의 저서 《성서의 입장으로 본 조선 역사》를 《뜻으로 본 한국 역사》로 개칭했고, 말년에는 퀘이커교에 가입하여 평화 운동에 진력했다. 그의 역사관은 이러했다.

"역사란 단순히 예전의 기록이 아닙니다. 그냥 외우면 되는 게 역사가 아닙니다. 실로 우리는 역사를 기록에만 의존하고 절대적 진리인양 믿고 있지요. 하지만 역사란 지금의 사람들이 어떻게 하느냐에 따라 그 가치가 끊임없이 변합니다."

함석헌은 우리의 '고난의 역사' 속에서 희망을 본다고 말했다. 과거의 고난을 알고 이겨내야만 참된 역사의 '뜻'을 알 수 있을 것이라는 말이다. 제목의 '뜻'은 하나님일 수도 있고 무신론자의 입장에서는 세계를 움직이는 원리나 힘으로 생각할 수도 있다고 했다.

그는 한국의 역사를 '고난의 역사'라고 정의하면서 고난에 좌절하거나 이를 숙명으로 받아들일 것이 아니라 이를 극복하여 장차 한국을 보다 높은 차원의 단계로 상승시켜야 한다는 것을 강조하였다. 아울러 세계 인류사 역시 고난의 역사라고 할 수 있는데, 한국이 그중 다른 어떤 나라보다 고난의 경험을 많이 가졌고 또 극복하여 왔으므로 앞으로 진리의 세계가 올 때에는 반드시 그러한 경험을 자산으로 하여 세계의 중심 국가로 부상할 수 있을 것이라고 강조했다.

1930년대 초반 청년 함석헌은 《성서의 입장에서 본 조선 역사》를 쓴 이유를 자기 모멸과 절망에 빠져 신음하는 식민지 하의 백성에게 희망을 북돋우기 위함이라고 했다. 30대의 햇병아리 역사 교사가 써놓은 책이 변화무쌍한 시대상황에서도 변하지 않는 '뜻'을 밝혀 다음 세대까지 읽힐 명저가 되었다는 것은 청년 함석헌의 정신이 얼마나 창조적이고 치열했는가를 보여준다.

월남 후 함석헌은 자유당과 군정하에서 민주 운동, 인권 운동의 재야 인물로 시민 운동의 전선에서 활동했다. 1956년 장준하가 발행하던 월간 〈사상계〉 1월호에 "한국 기독교는 무엇을 하고 있는가?"를 발표하여 윤형중 신부와 논쟁을 벌였다. 함석헌을 〈사상계〉에 글을 쓰도록 한 데 대하여 당시 편집을 맡았던 안병욱은 이렇게 말했다.

"함석헌 씨는 이화여대 앞에서 조그만 셋방살이를 하고 있었는데, 그이가 훌륭한 인물이란 걸 알고 장준하 형 보고 함석헌 씨를 끌어내자고 했어요. 그럼 안 선생이 책임지라고 해서……그분을 찾아가서 〈사상계〉에 글 좀 써달라고 청을 드렸더니 '나 글 안 써' 하고 거절하는 거예요. 그래 그 뒤로 서너 번 더 찾아갔더니, 그런 삼고초려(三顧草

廬)의 정성에 이분이 오케이를 하고 말았어요. 그때 나온 글이 '한국 기독교는 무엇을 하고 있는가?'였는데, 이 글로 일약 〈사상계〉 성가가 높아졌지요."

그는 교회를 비판했다. 함석헌이 보기에 교회는 우상이었다. 이런 말을 하면 교회가 그를 멀리했다. 말을 하면 할수록 그는 무교회주의자라는 비판만 들어야 했다. 우치무라와의 관계는 함석헌을 더욱 곤경에 빠뜨렸다. 일본인과 어울리며 민족정신을 팔아먹는 자라는 비난을 들어야 했다. 그는 이렇게 말했다.

"적어도 나는 처음부터 교회에 가지 말자는 것은 아니었다. 방학에 집에 오면 될수록 교회에 나갔다. 그러나 갔다가는 늘 실망했다. 조금도 심령의 소생하는 것이 없고, 낡아빠지고 껍데기가 돼 버린 교회 형식만 되풀이하는 데 견딜 수가 없었다. 우리가 알기로는 신앙은 첫째, 자유여야 하는데 거기는 자유가 없었다. 형식적이요, 수단적이다. 심령의 문제인데 나와 하나님 사이는 직접적인 문제인데, 항상 교회란 우상이 그 중간에 선다. 이것이 견딜 수 없어 더러 말을 하면 처음엔 독선이라, 고답이라 하다가 그 다음엔 교회를 부인한다고 하여 차차 멀어졌다."

그가 또 기독교를 비판한 것을 읽을 수 있다. "이렇게 혼란해 가는 사회를 보고도 아무 용기를 내지 못한다. 전쟁이 났다면 기독교 의용대나 조직해서 불신자로부터 병역 기피하는 비방이나 듣고, 수많은 청년을 양심의 평안도 못 얻고 육신의 생명도 못 누리고 죽게 하고, 성직자는 먼저 구해야 한다고 그 가족은 먼저 도망을 하고 신자는 또 그렇다고 비난을 하고, 교회당에 피난민이 오면 신자를 먼저 들이고 불신자를 막고, 구호물자가 오면 그 때문에 싸움이 나고 그렇지 않으면 그것을 미끼로 전도를 하려 하고, 그리고 선거를 하면 누구를 대통령으로 찍으라, 누구를 부통령으로 찍으라 하고, 기독교 연합을 만들어 추천을 하든지 매수를 하든지 하고, 교회를 지반으로 정당 운동이나 하고, 기독교 학교라는 학교도 다 남보다 못지않게, 누구보다 더 학생을 착취하고 있을 뿐이지, 이 역사를 세우려 기독교적인 입장에서 높은 입장을 주장하는 커다란 사상적인 노력도, 기울어져 가는 집을 한 손으로 감당해 보려는 비장한 실천적인 분투가 힘 있게 나오는 것도 없다." 이렇게 공격한 것이다.

교회가 이렇게 된 데는 교회가 외형 불리기에만 몰두해 권력층과 결탁하고, 돈 있는 사람을 장로로 삼아 교회 경영을 맡기는 데 원인이 있다고 했다. 결론적으로 그는 교회가 '고혈압 증세'에 처해 있다고 했다. 이러한 신랄한 기독교 비판에는 함석헌 특유의 종교관이 깔려 있다. 그는 종교를 인생의 종교와 역사의 종교로 구분한다. 인생의 종교는 자기 개인의 구원을 비는 종교를 말하고 역사의 종교는 역사와 사회에 대해 책임을 질 줄 아는 종교를 말한다.

함석헌은 〈사상계〉 8월호에 '생각하는 백성이라야 산다'라는 글을 발표하여 큰 관심을 불러일으켰다. "우리가 일본으로부터 해방이 되었다고는 하나 참 해방은 조금도 된 것이 없다. 전에는 상전이 하나였던 것이 지금은 둘셋이다. 일제 강점기에는 종살이를 해도 형제가 한 집에 살 수 있고 교통할 수 있었는데 지금은 그것도 못해 부모처자가 남북으로 헤어져 헤매는 나라가 자유는 무슨 자유, 해방은 무슨 해방인가. 남한은 북한을 '소련, 중공의 꼭두각시'라 하고, 북한은 남한을 '미국의 꼭두각시'라 하니 남이 볼 때 있는 것은 꼭두각시뿐이니 나라가 아니다."

함석헌은 이 글 때문에 처음으로 20일간 투옥되었다. 1960년 4.19혁명이 일어난 직후부터 함석헌은 자신의 "로맨스" 때문에 "연옥"에 빠진 심정으로 약 1년간 일절 글을 발표하지 않았다. 그는 다석 유영모 선생에게 여자 문제로 꾸지람을 들었다. 이 시절 그는 절친한 안병무에게 절박한 어조의 편지를 보냈다.

"친구들도 나 용서 아니 하나 봐요. 그래서 맘을 걷잡을 수 없어요. 죽겠어요!……친구! 친구! 없어요. 죄를 사하고 나를 일으켜 주는 사람만이 친구인데 없나 봐요. 나는 한 사람이 필요해요. 내 맘을 알아 줄, 붙들어 줄 한 사람!"

이듬해 함석헌은 5.16군사정변을 비판하는 '5.16을 어떻게 볼 것인가?'를 〈사상계〉 7월호에 발표했다. 그는 5.16을 4.19와 비교하여 "그때는 맨주먹으로 일어났으나, 이번에는 칼을 들었다. 그때는 대낮에 내놓고 행진을 했지만 이번에는 밤중에 몰래 했다. 그만큼 정신적으로 낮다. 혁명은 민중의 것이다. 민중만이 혁명을 한다. 군인은 혁명 못한다"라고 했다.

함석헌은 1962년 미국 국무성과 영국 외무성 초청으로 미국과 영국 여행 중에 철학자 학킹과 역사학자 토인비를 만났다. 역사학자 노명식은 함석헌의 역사 탐구에 대해 갈파했다. 노명식은 "함석헌과 토인비를 비교할 때, 두 사람의 역사를 보는 자리와 시각은 놀랄 만큼 거의 일치한다"라고 했다. 이어 노명식은 "그 일치는 인생과 역사의 본질은 고난으로 파악한 점"이라고 했다. 함석헌은 1965년 한일협정 체결에 반대하는 조국수호국민협의회 상임 대표로 선출되었다. 1967년 반독재 투쟁에 나서 국회의원 선거에 옥중 출마한 장준하를 유세로 당선시켰다. 이어 박정희 대통령의 3선 개헌 반대 투쟁에 나섰다.

 1970년에 월간 〈씨올의 소리〉를 창간했다. 그가 씨올에 대한 어휘를 처음 대한 것은 유영모의 '大學' 강의에서 '民'을 '씨올'로 옮긴 데서 비롯되었다. '민중, 백성, 국민'과 같은 말들이 있는데 '씨올'이란 말을 쓰는 까닭은 두 가지이다. 첫째, 민(民)이란 말속에 지배, 피지배의 관계, 봉건 제도의 잔재가 들어 있기 때문이다. 민(民)이 봉건시대를 표시한다면 씨올은 민주주의 시대를 표시한다. 둘째, 우리의 민족혼, 우리의 주체성을 되찾기 위함이다. 중국의 한자 문화에 눌려 잃어버린 민족 정신과 언어를 찾기 위해 순수한 우리말 '씨올'을 쓰자는 것이었다.

 씨올관을 이해하려면 '체(體)'와 '용(用)'의 두 가지 관점을 보아야 한다. 體의 관점은 씨올의 존재론적 관점이고, 用의 관점은 사회역사 속에 나타난 씨올의 현상적 모습에 맞춘 관점이다. 그는 역사적, 사회적 관계에서만 씨올을 규정하고 이해하는 데 반대하면서 지배, 피지배 관계에 좌우되지 않는 씨올의 본질적 측면을 강조했다. 그러나 씨올이 지배자들에 의해 억눌리고 수탈당하고 소외당하는 존재라는 사실을 부정하거나 외면하지 않았다. 항상 그 사실을 폭로하면서 지배자들을 질타했다.

 그에게서 씨올은 억눌리고 빼앗기며 무시당하는 존재이면서도 주체적이고 창조적인 생명의 본성을 온전히 간직한 존재이다. 씨올은 정태적인 개념이나 존재론적인 개념도 아니다. 그것은 지배, 피지배의 관계에 있으면서도 그 관계를 극복하고 자유로운 공동체적 관계를 지향하는 실천적 역동적 개념이다. 씨올은 역사변혁의 주체로서 새로운 공동체를 창조할 수 있는 존재이다.

씨올은 '맨 사람'이다. 씨올은 역사와 사회의 밑바닥에 있으므로 사회 제도의 신분과 계급에 의해서만 규정될 수 없는 존재다. 그것은 '나(我)대로 있는' 사람이며 '난(生)대로 있는' 사람이다. 모든 사회 제도의 옷을 벗은 사람 곧 '올사람'이다. 따라서 씨올은 사회 제도 속에 규정된 인간 즉 임금, 대통령, 장관, 학자, 목사, 신부, 군인, 관리, 문사, 장사꾼, 죄수 등과 대조된다.

5천 년 역사에서 눌리고 빼앗기면서도 인간생명의 본성을 간직한 씨올은 어리석은 것 같으나 지혜롭고, 못난 것 같으나 어질고, 착한 것 같으나 위대한 존재이다. 그는 깊이 음미하며 사고하고 정리하여 '씨올의 사상'을 펴냈다. 씨올은 사회역사적 개념에 머물지 않고 하나님과 직결되는 신앙적 개념이다. 깊은 중심에서 보면 씨올은 이 끝에서는 '나'로 알려져 있고 저 끝에서는 '하나님'으로 알려져 있다. 씨올의 본질을 '나'와 '하나님'으로 파악한 것은 씨올을 신앙적, 존재론적으로 이해한다. 이것은 개체로서의 씨올을 극적으로 강조한 것이다. 인간이 하나님의 역동적 관계, 긴장된 일치를 나타낸다. 씨올이란 그런 의미를 담고 있다. 생명의 근원, 자아, 민중 같은 이론을 갖고 있다.

그의 독특한 '씨올 사상'이라는 생명의 세계가 한국의 정신계에 열렸다. 과학적으로 사고하고 종교적으로 직관하고 시적으로 표현하나 그의 방대한 저작들은 20세기 한국이 낳은 세계적 사상가임을 입증한다. 1980년 '씨올의 소리'가 강제 폐간되어 문필생활을 중단했다. 1984년 민주통일국민회의 고문을 지냈다. '폭력에 대한 거부', '권위에 대한 저항' 등 평생 일관된 사상과 신념으로 항일, 반독재에 앞장섰다.

함석헌은 개신교가 한국에 전래된 이후 주체적으로 기독교 신앙을 소화해 동양의 고전과 조화시키면서 독창적인 사상을 이룩한 종교사상가이자 역사를 가르친 교육자였다. 300여 편의 탁월한 종교시를 남긴 문필가였지만 그의 핵심은 행동하는 지성인, 진리 구도의 종교 사상가, 거짓과 비겁에 저항하는 시대의 양심이었다. 그의 중심 사상인 '씨올 사상'에서 '씨올'은 민중 속에서도 순수한 사람됨을 지향하는 순수 한글 표현이다. '씨올'은 '자신을 모든 역사적 죄악에서 해방시키고 새로운 창조를 위한 백성'이란 뜻이다.

그의 역사관은 영웅사관, 유물사관, 유심사관이 아니고 역사의 주인은 '씨올'이라고 보는 민중사관이다. 1979년과 1985년 2차례 노벨 평화상 후보에 추천되었으며, 1987년 제1회 인촌상을 수상했다. 1979년 퀘이커세계협의회 초청으로 미국 종교대회에 참석했다. 1985년 퀘이커세계협의회 멕시코 종교대회에 참석했고 한국 퀘이커교 대표를 역임했다.

그는 1989년 89세를 일기로 생을 마쳤다. 그는 개신교가 한국에 전래된 후 주체적으로 기독교 신앙을 흡수하여 동양의 고전과 대화하면서 독창적이고 토착화된 기독교 사상을 이룩했다. 그는 역사 교육자였고 인생의 진리를 추구한 종교 사상가였으며 언론인이면서 민주 인권운동가였다.

그의 주저 《뜻으로 본 한국 역사》는 〈성서 조선〉에 연재한 《성서적 입장에서 본 조선 역사》였다. 초고에서는 한국 역사에 나타난 하나님의 뜻을 확인하고 그 의미를 밝히고자 하는 목적이 컸으나, 해방된 후

원고를 수정하면서 기독교적 사상에서 탈퇴한다는 의미에서 《뜻으로 본 한국 역사》라고 제목을 바꾸었다. 6.25한국전쟁 후에 역사에 관한 장을 한 장 더하고 한자를 좀 덜어냈다.

그는 '씨올의 소리'를 통해서 자신의 사상과 신앙을 표현했다. 그는 1970년 4월 개인 잡지 〈씨올의 소리〉 창간호의 '씨올'이란 글에서 '씨올'의 철학을 소상히 밝혔다. "씨올이란 말은 씨라는 말과 알이란 말을 한데 붙인 것이다. 보통으로 하면 종자라는 뜻이다. 순전한 우리말로 하면 씨올 혹은 씨갓이다. 아마 원래는 씨알인 것이 ㄹ이 ㅅ으로 변해서 씨앗이 되고 또 '아' 줄과 '가' 줄이 서로 통하는 수도 있기 때문에 씨갓으로도 됐는지 모른다. 어쨌건 종자라는 말인데 여기서는 그것을 빌어서 민(民)의 뜻으로 쓴 것이다. 보통은 없는 것을 새로 지어낸 말이다. 지금 민(民)의 시대여서 우리는 늘 민이란 말을 쓰는 경위가 많다. 국민, 인민, 민족, 평민, 민권, 민생……등등이다.

그런데 거기 맞는 우리말이 없다. 국(國)은 나라라 하면 되고, 인(人)은 사람이라 하면 되지만, 민(民)은 뭐라 할까? 백성이라 할 수도 있지만 그것은 백성의 음뿐이지 순전한 우리말이 아니다. 이것은 사실 내가 생각해 낸 것이 아니고 유영모 선생이 먼저 하신 것이다. 그는 민을 씨올이라 하였다. 씨올은 유영모 선생이 창안한 것을 함석헌이 생명을 불어넣고 그 후 일반적인 대중용어로 만들었다."

장편 종교시 〈흰 손〉에서 그의 사상의 결정적인 내용을 나타냈다. 그 시는 민중들의 소리인 '씨올의 언어'로 표현되었으므로 전문적으로는 '시 아닌 시'일 수 있다. 그러나 그의 시란 '순수시'가 아니라 자신의 종교적 깨달음과 영적 체험의 세계를 드러내고 이 땅의 씨올들에게 가장 쉬운 보편적 일상의 언어로 전하고자 함에 궁극적 목적이 있었다.

물론 같은 씨올의 언어라도 잘 다듬어진 '시어'를 통하여 아름답고 빼어난 은유를 전달하는 〈맘〉과 같이 시적 매끈함과 미학적 아름다움이 배어나는 서정적 시가 있는가 하면, 〈흰 손〉과 같은 격정적 종교 체험에서 우러나와 직지인심(直指人心)의 직설적 언어로 질풍노도처럼 쓴 장편의 종교시도 있다. 그 시는 구약성경의 호세아나 아모스 같은 예언자를 연상케 하는 강력한 느낌을 준다. 씨올 사상은 민중 신학 못지않게 씨올 스스로 자기를 구원하기 전에는 절대 구원은 없다고 주장한다. 하나님이 구원한다고 해도 그 하나님은 씨올을 통해서 씨올 안에서 구원한다는 것이다.

함석헌은 이 기독교의 전통적인 교리를 비판한 핵심적 근거도 씨올의 자기 구원론에 뿌리를 두고 있다. 사실 함석헌의 '씨올 사상'은 '민중 신학'과 유사한 점도 있지만 다른 점이 더 많다. 한편 함석헌은 자신의 시 작업을 자기의 심장에 대고 그은 '칼질'이라 표현하기도 하고, '육비에 쓴 기록'이라고 했다. 하지만 그것을 다른 말로 하면 자신의 가장 깊고 내밀한 마음의 지성소에서 길어낸 샘물이요, 모두가 잠든 고요한 새벽에 《주역》의 표현처럼 '적연부동 감이수통'(寂然不動 感而遂通)의 상태에서 하늘의 말을 그대로 받아 쓴 것으로 여기기도 한다.

김경재 교수는 그의 중심 주제를 '대속'으로 보았고, 깊은 종교적 고뇌에서 드러난 철저한 '구속'을 강조한 신앙 고백과 씨올의 삶과 정치, 종교 지도자들에게 주는 경고와 질타가 있다고 보았다. 이 글이 그의 사상으로 끝나지 않고 많은 후대 사상가들에게 미칠 영향을 기대했다. 그는 일본의 무교회주의자 우치무라 간조의 성경공부에 참여해서 기독교 신앙에 대해 이질성을 갖게 되었다. 그는 우치무라 간조의 사상인 기독교와 민족을 함께 보는 신앙으로 전향해서 김교신과 함께 무교회주의자가 되었다.

함석헌은 무교회주의자가 되어 한국 교회가 교리주의와 교파주의에 치중한 것을 비판했다. 교회 지도자들의 권위주의를 비판했으며 한국 교회는 선교사들에 의해서 선교되었기 때문에 외국 종교라고 보았다. 그러므로 기독교도 한국인의 토착적 신앙이어야 한다고 주장했다. 그것은 우치무라 간조가 일본의 기독교를 주장한 데서 온 것으로 여겨진다. 우치무라 간조의 신앙은 민족적 기독교였다. 미국인이 전하는 기독교가 아니라 일본적 기독교를 주장했으므로 서양의 기독교인 교회를 부정하게 되었다.

함석헌이 그에게서 배운 것은 한국적 기독교였다. 그는 민족 운동가였다. 일본 식민지에서 해방되어야 한다는 것이었다. 민족적 신앙이어야 된다고 주장했다. 그 결과 무교회주의자가 되었으며 퀘이커교도가 되었다. 김교신의 〈성서 조선〉에 글을 쓰게 되었다. 사실 《성서의 뜻으로 본 조선 역사》를 〈성서 조선〉에 연재했다. 그다음에 노장 사상을 흡수하여 다원 종교를 주장했다. 자신을 기독교의 이단자라고 했다. 자신은 예수를 구세주로 믿지 않았다. 하나님 신앙도 기독교적이 아니었다.

1947년 월남해서 퀘이커교도로서 학교와 단체에서 성경 강론을 했다. 그가 퀘이커에 접근한 것은 그들이 비형식주의, 반교리주의, 검소함, 평등주의, 세계평화, 사회 개혁적인 태도 등에 매료되었기 때문이다. 6.25한국전쟁 때 전주에서 퀘이커교도들이 의료원에서 행한 것을 보고 그는 크게 감격했다.

그가 퀘이커와 직접 관련된 것은 1960년대부터였다. 미국과 영국에서 퀘이커교도들과 사귀게 되었다. 그래서 퀘이커교도가 되었으며 그들을 통해서 세계 평화 운동가가 되었다. 그의 평화 사상은 매우 원리적인 것이었다. 그는 원수도 사랑해서 구원받게 해야 한다고 주장했고, 무저항 운동을 강력하게 주장했다. 그는 세계 퀘이커들의 추천에 의해서 노벨 평화상 후보자로 두 번이나 이름이 올랐다. 퀘이커들은 사회정의 없는 평화는 불가능하다고 믿었기에 사회정의, 빈곤 및 문맹 퇴치, 반전 운동 등에도 적극적으로 참여했다.

그는 윤형중 신부와 '한국 기독교는 무엇을 하고 있는가?'는 글로 〈사상계〉에서 논쟁했다. 그리고 '생각하는 백성이라야 산다'는 글로 자유당 독재 정권을 통렬히 비판하고 투옥되었다. 그는 몇 차례 투옥되면서 오기가 생겼다. 바른말을 하면 고난을 겪는다는 것을 알면서도 말하지 않을 수 없었다. 거리에 나서서 시위도 했다.

그는 정치인들에게 불만이 많았다. 그는 정치가를 '속 알이 없는 쭉정이'라 했다. 모든 정치가를 같이 취급하지 않고 최영, 임경업이나 정몽주, 장준하의 정신을 높이 보았다. 많은 정치가들이 민중 위에 군림했다고 했다. 이것은 그가 정치를 무시해서가 아니라 정치하는 이들의 행태에 대한 평가였다. 그들에게 많은 고통을 당했다. 그는 신앙적으로는 장로의 아들이었으므로 가정과 교회에서 기독교 신앙으로 살았다. 그러나 일본에서 무교회주의자 우치무라 간조에게 배우고 와서 투옥되었을 때 중국 사상을 만났고, 이것이 종교적 신앙에도 큰 힘이라고 믿었다. 그래서 한국 기독교에 토착 신앙을 부르짖었다. 이것이 민중 신학에 영향을 주었다.

그는 한국 교회를 심하게 비판했다. 교리적이고 권위주의를 싫어했다. 거기에는 퀘이커교도라는 것과 동양 철학에서 오는 영향을 거부할 수 없다는 데서 나타났다. 엄밀한 의미에서 함석헌은 현대에 많은 문제를 제기하는 종교적 다원주의를 주장했다. 그의 '씨올의 사상'을 펴는 데는 종교가 필요하고 역사적 의식이 있어야 한다고 했다. 새로운 대한민국은 이러한 사상으로 뭉쳐야 한다고 주장했다. 그는 민족 사상가이지만 한국 기독교에 이단자가 되었다.

함석헌의 역사 이해 근저에 놓여 있는 기독교적 요소 또는 성경적 영향을 고찰하면 그의 종교적 사관은 그의 종교적 통찰의 지평이 확대, 심화되어 가는 과정을 따라 그의 나이 40-50대를 중심으로 해서, 그 이전과 이후로 크게 달라진다. 그의 자서전적 진술을 들어 보면 이러하다.

"……그러나 그것만이 문제는 아니었다. 그보다 중대한 문제가 있었다. 내 믿음이 달라진 것이다. 처음에 역사를 쓸 때에 나는 기독교 신자, 그중에서도 무교회 신자였다. 기독교만이 참 종교요, 그 기독교는 성경에 있다고 생각하였다. ……그래서 책이름도 《성서적 입장에서 본 조선 역사》라 했고, 참 의미의 역사 철학은 성경에만 있다고 주장하였다. ……1961년 그 셋째 판을 내려 할 때에 나는 크게 수정을 하기로 하였다. 고난의 역사라는 근본 생각은 변할 리가 없지만 내게는 이제 기독교가 유일의 참 종교가 아니요, 성경만이 완전한 진리도 아니다. 모든 종교는 따지고 들어가면 결국 하나요, 역사 철학은 성경에만 있는 것이 아니다. 나타나는 형식은 그 민족을 따라 그 시대를 따라 가지가지요, 그 밝히는 정도의 차이는 있으나, 그 알짬 되는 참에 있어서는 다름이 없다는 것이다."

그러나 함석헌이라는 한 인격의 불화로를 버티고 있는 세 개의 버팀목은 '믿자는 의지', '나라에 대한 사랑', '과학적이려는 양심', 세 가지였다고 한다. 다시 말해서 기독교적 신앙, 민족주의적 인간애, 이성적인 과학 정신은 함석헌 사상의 기저에서 울리는 세 가지 음향이었으며, 그 기조음은 고난을 통한 생명의 '자기 통전', '자기 창조', '자기 초월'의 운동이었다.

그래서인지 한국 교회의 소위 '민중 신학자'들은 함석헌을 '민중 신학자'라고 한다. 그러면서 함석헌에게서 기독교적 사관을 찾아내려 했다.

첫째로, 역사의 기조를 고난으로 본 점이다. 둘째로, 역사의 변화운동을 나선형의 창조적 과정으로 보았다. 셋째로, 역사를 자유와 정의를 핵으로 하는 인격적 생명 주체의 저항과 개혁과정으로 보았다. 넷째로, 역사의 주체와 신국 실현의 장을 씨올 생명의 자기실현으로 보았다. 다섯째로, 역사적 실재를 '궁극적 실재의 자기 창조적 외화 과정'으로 보았다.

함석헌은 민중이라는 용어와 씨올이라는 어휘를 모두 동시에 사용했지만, 한 가지 분명한 것은 민중이든 씨올이든 함석헌에게 있어서 그 어휘들은 정치, 경제적 사회관계에서만 규정되는, 소위 과학적임을 자부하는 사회 과학적 분석 언어의 한계 안에 절대적으로 한정시키거나 유폐시킬 수 없는 보다 존재론적인 범주의 상징 언어이라고 추켜세웠다.

그의 사상은 기독교 신앙에서 출발했으나 그의 삶에서 무교회주의자로, 퀘이커교도로, 다원 종교가로 변하면서 자신은 기독교에서 떠난 사람이라고 선언하고 말았다. 그는 기도하고 "나는 '예수님 이름으로 비옵나이다'를 그만둔 지 오래됐어요"라고 했다. '아멘'을 하지 않은 것은 오래되었고, 예수 그리스도를 구세주로 믿지 않았다. 함석헌은 〈대선언〉에서 "즐겨 이단자 되리라"고 자처했다. 이렇게 이단자가 된 것은 역사와 사회에 대한 인식의 과정이기도 했다. 그러면서 "기독교는 위대하다. 그러나 참은 보다 더 위대하다"라고 했다.

그는 여러 종교 사이에 큰 차이가 없다고 보았다. 역사적, 사회적 역할을 다하는 데 교리상의 차이는 사소한 것이라 생각했기 때문이다. 당면한 역사적, 사회적 상황은 똑같지 않은가. 따라서 그는 다양한 종교와 철학을 연구했고, 특히 동양 철학에 주목했다. 그는 〈노장을 말한다〉에서, "우리가 노자, 장자를 높이 평가하는 것은 그들은 애당초 정치하자는 생각은 없었고 이상론을 한 것이니 크게 정치에 영향을 끼쳤다고 할 수는 없지만, 그것은 우주 근본의 깊은 데를 파고들어 간 말이었으니만큼 앞으로도 오히려 생명을 가지고 있다고 볼 수밖에 없다"라고 했다.

함석헌은 자신의 단점이나 잘못한 일에 대해서는 솔직히 고백하거나 인정하는 일이 없었다고 한다. 구렁이 담 넘어가듯 죽는 그 순간까지 자신의 잘못을 피했다. 어떤 말이나 글도 남기지 않았다. 함석헌에 대해서 글을 쓴 김동한 씨의 한 말이 있다. "역사는 반드시 진실만을 말하고 있지는 않다. 그러나 역사학자나 역사 연구자들은 진실을 밝히는 일에 온 힘을 다해야 한다. 불완전한 인간을 절대화하는 일은 신을 모독하는 행위이다"라고 했다.

그는 기독교 가정에서 태어나서 기독교 신앙인으로 성장했다. 그러면서 다른 종교와 철학을 연구하면서 이단자가 되었다. 분명한 것은 기독교 신앙으로 교육을 받았으나 기독교 신앙으로 살지 못했다. 기독교 신앙의 기초는 회개에서 출발한다. 그런데 함석헌은 한 번도 회개라는 기독교인의 과정을 거친 일이 없다. 분명히 여자관계로 인해서 유영모 선생에게 책망을 듣고 1년 동안 들어앉아 글도 쓰지 못하고 고독하게 지낼 때 친구가 모두 떠났다고 외로운 독백을 하면서도, 회개한 흔적이 없다.

함석헌이 정치가들과 기독교 지도자들을 협박하듯이 책망한 것은 결국 회개를 외친 것이었다. 자신은 회개하지 않으면서 다른 사람들에게 회개를 외친 결과가 되었다. 역사의 지도자는 한 개인으로서 생활을 바르게 하는 데서 나타난다. 그런 의미에서 함석헌은 말로는 회개를 외쳤지만 자신은 회개할 줄 모르는 사람이 되고 말았다.

함석헌은 어떤 사람인가? 그는 자신을 신천옹(信天翁)이라고 불렀다. 일종의 아호인 셈이다. 본인이나 주변에서 그렇게 많이 사용했던 것도 아니다. 시대가 아호로 호칭되기에는 너무 급속히 서구화된 상황 탓도 있었을 것이다. 함석헌은 자신을 왜 신천옹이라고 불렀을까? 바닷새의 일종인 신천옹은 학명이 알버트로스(albatross)과에 속한 조류의 일종이다. 북극권에 인접한 섬에서 유년기를 보낸 뒤 암컷은 아프리카 마다가스카르 남부에 있는 아열대 지역의 해역에서, 수컷은 남극 빙하지대 북쪽 지역에서 겨울을 난다. 몸의 길이는 91cm, 날개를 편 길이는 약 210cm이다. 몸은 균일한 백색이며 목은 황색, 첫째 날개깃은 흑색이다. 거대한 핑크색 부리가 특징이다. 대양에서 생활하며 날개를 좌우 일직선으로 뻗어 바람을 잘 이용하여 난다. 한번 떴다 하면 850km를 나는 놀라운 비행력을 갖고 있다.

　함석헌이 자신의 아호로 신천옹을 삼은 것은 바로 동작이 느리고 쉽게 날 수가 없고 사람을 겁내지 않는 습성 때문으로 여겨진다. 실제로 그는 신천옹을 바보 새라 부르면서, 스스로 먹이를 사냥할 줄도, 적으로부터 자신을 보호하는 날렵함도 갖추지 못한 데서, 이 새를 좋아하고 아호로 삼게 되었다고 밝혔다. 그의 말로는 그렇다 할지라도 사실은 바보인 듯하면서 큰 능력을 소지하고 있는 새로 알았을 것이다. 그렇게 생각한다면 자신을 은근히 높이는 격이 되었다고 할 수 있다. 왜냐하면 작은 날개로 850km를 비행하는 괴력을 갖고 있다. 함석헌은 이 같은 사실을 잘 모르는 채 '동작이 느린' 바보 새로만 여겨졌지만, 정작 대단한 비행력은 함석헌의 거대한 존재와도 일치하여 '바보 새'의 아호가 적격이었다고들 말했다.

　함석헌의 다른 별호에 도깨비란 것이 있다. 이 별호는 일반화된 것이 아니었다. 이것을 퍼뜨린 사람은 작가 선우휘다. 그는 〈사상계〉 1962년 호에 '주관적 함석헌 론'을 썼는데, 바로 이 글에서 "도깨비 비화"를 밝혔다. 내용은 "무엇이든지 못하는 것이 없어서 도깨비의 이름이 붙었다"는 것이다.

　그의 이름 앞에 수식을 붙이자면 그는 퀘이커교도이며, 종교 사상가다. '한국의 간디', '종교적 다원주의의 선구자', '광야에서 외치는 자의 소리' 등으로 불리는 그와 그의 삶은 그가 잠시 머물렀던 자리를 그리고 그가 남긴 자리의 깊은 흔적을 드러내긴 하지만 한 번도 공식적인 자리를 차지한 적이 없는 함석헌에게는 그리 어울리는 수식어는 아닌 듯하다.

  1989년 함석헌은 암이 재발해서 사망했다. 향년 89세였다. 함석헌은 민족적 종교가로 정치에 뛰어들어 민중을 위한 행동가가 되었다. 그러 중에 종교적 신앙이 변질되고 역사관의 주체성 때문에 약자를 위한 사상가가 되었다. 그의 가장 큰 불행은 기독교 가정에서 태어나 기독교 신앙으로 성장했는데, 이단자가 되었다는 것이다.

4부 부흥사

1. 드와이트 L. 무디
위대한 평신도 부흥사

2. 소복(小僕) 이성봉 목사
천당 갈 사람을 찾아다닌 부흥사

3. 시무언(是無言) 이용도 목사
목숨 걸고 사랑을 외친 부흥사

01 드와이트 L. 무디
(Dwight L. Moody, 1837-1899)

위대한 평신도 부흥사

무디는 1837년 매사추세츠 주 노스필드에서 석공인 에드윈 무디와 벱시 홀튼에게서 태어났으나 4세 때 아버지가 별세했다. 9남매와 가난이 남았다. 초등학교 5학년으로 그의 교육은 끝났다. 17세 때 보스턴에서 삼촌의 구두 가게에서 일했다.

무디는 주일학교 교사 에드워드 킴볼을 통해 구원의 확신을 얻었다. 킴볼 선생님의 반에 처음 들어갔을 때 무디는 성경을 제대로 찾을 수 없었다. 그러나 그에게 하늘의 빛이 비취었고 그 빛은 그 이후로 결코 꺼지지 않았다. 그 이후 무디는 자신과 구세주가 화목하게 된 그 사건에 대하여 매우 부드러운 어조로 말하곤 했다.

1898년 트레몬트 성전에서는 이렇게 말했다. "나는 이곳 트레몬트 성전에서 돌을 던져서 40년 전 내가 하나님을 발견했던 장소에 떨어뜨릴 수 있습니다. 나는 젊은이들을 내가 만났던 하나님께 인도하기 위하여 어떤 일을 할 수 있기를 소망합니다. 또한 하나님께서 내게 행하신 바를 사람들에게 이해시킬 수 있기를 바랍니다. 그분은 내가 그분께 한 일에 비해 100만 배나 더 훌륭한 일을 내게 행하셨습니다."

언젠가 그는 다음과 같이 말한 적도 있다. "내가 회심했던 그날 아침, 밖으로 나가서 만물을 사랑스런 눈으로 바라보았습니다. 세상을 비추는 밝은 태양이 그토록 사랑스러웠던 적은 없었습니다. 아름답게 지저귀는 새소리도 너무나 사랑스러웠습니다. 모든 것이 달라진 것입니다."

그가 멸망당할 영혼을 보면서 영혼 구원에 열정을 쏟았다. 무디는 시카고에서 첫 주일에 제일침례교회의 주일학교에 참석하게 되었다. 거기 모인 학생들 중에는 장차 그의 아내가 될 소녀도 있었다. 그리고 그는 플리머스 회중교회의 편지를 가지고 가서 신분을 밝히고, 그곳에서 처음으로 신앙 활동을 시작했다. 그는 성장하는 서부 도시에는 자기와 마찬가지로 고향을 멀리 떠나온 젊은이들, 또 자리가 꽉 찬 교회에 나가는 것을 망설이는 젊은이들이 많다는 사실을 발견하였다.

주일 오후에는 시카고 거리와 웰스 가의 모퉁이에 있는 주일학교에서 작은 일을 맡아 봉사했으며, 곧 한 반을 맡고 싶다고 교장선생님께 제안했다. 교장선생님은 이미 12명의 교사가 확보되어 있으나 학생은 불과 16명에 불과하다고 말하면서, 만일 무디가 스스로 노력해서 한 학급을 만들 수 있다면 가능하다고 했다.

다음 주일 무디는 길에서 모은 거칠고 불순한 18명의 '건달들'과 함께 나타났다. 그들은 모두 구원 받아야 할 학생들이었다. 무디는 그 학생들을 다른 교사들에게 맡긴 다음 그 학교의 정원이 넘칠 때까지 계속해서 더 많은 학생들을 확보하기 위해 거리로 나섰다. 그는 자신이 스스로 그들을 가르칠 수 있다고는 생각하지 않았으나, 하나님의 집에서 봉사할 젊은이들과 어린이들을 포함한 신입생들을 '불러 모을 수 있도록' 자신의 재능을 하나님을 위해 온전히 사용하였다.

어린이 선교회가 600명이 넘자 설교목사 존 파월을 초청했다. 시카고에서 6년 만에 가장 큰 어린이 선교회가 되었다. 1861년 4월 남북 전쟁이 일어났다. 무디는 군목으로 4년 동안 1,500여 회 집회를 했다. 그는 남북 전쟁 중에 어린이 전도를 같이 하던 에마 샬로트와 결혼했다. 북군이 승리한 후 1867년 영국을 방문했다. 그는 영국과 여러 나라를 돌면서 복음을 증거했다. 1899년 12월 1년 중 가장 짧은 날, 크리스마스의 기쁨으로 온통 떠들썩한 22일에 병으로 생을 마쳤다.

네 가지로 그를 평가할 수 있다.

첫째로, 그의 성품은 적극적이고 세밀했다. 진실함에 감복하는 사람이었다. 그는 잃어버린 영혼을 사랑했다. 영혼 구원에 적극적이었다. 매일 한 사람이라도 전도해야 잠을 잤다. 그의 조직력은 탁월했다. 적재적소에 일꾼들을 세웠다. 무디는 설교의 원동력을 성경에서 얻었다. 그는 새벽마다 성경 속에서 하나님과 만났다. 집회 후에는 서재에서 책을 읽었다.

그를 통해서 성령의 역사가 나타났다. 무디에게 성령의 능력이 나타나기까지 그는 집중적인 연구와 기도로써 하나님과 동행했다. 일상에서 영적 열매를 맺는 자연스러운 설교였다. 결정적인 것은 영감과 준비된 메모, 그리고 살아 있는 예화였다. 그의 20여 권의 성경에는 틈틈이 기록한 메모가 가득했다. 그의 가장 뚜렷함은 겸손이었다. 그는 하나님께서 자신보다 다른 사람을 더욱 쓰신다고 믿었다. 하나님께서 그를 평생 쓰신 것은 겸손했기 때문이었다. 그는 컬컬한 목소리와 문법적 오류, 결함이 많았지만 성령께서 역사하셨다.

그는 '무디'라고 서명했다. 목사가 되지 않았다. 그는 '무디' 씨로 불러 주기를 원했다. 무디는 "나는 할 수 없다. 그러나 하나님께서는 하실 수 있다"라고 했다. 그는 겸손을 꾸미지 않고 남을 자기보다 높게 여겼다. 그가 그리스도께 헌신한 후부터는 성령의 역사로 설교했다. 이는 그가 그리스도께 헌신함으로 어떤 망설임 없이 순종했기 때문이다. "여러분, 어느 날 무디가 죽었다는 것을 신문에서 보게 될 것입니다. 그러나 여러분은 그 말을 하나도 믿지 마십시오. 그 순간 나는 지금보다 더욱더 생생한 모습으로 살아 있을 것이기 때문입니다."

무디는 많은 어린이들을 구원하는 데 많은 노력을 기울였다. 그리하여 주일학교는 부흥되었다. 그러나 무디를 곤경에 빠뜨린 이들이 또 있었다. 성당에 다니는 근처의 어린이들이었다. 그들은 무디의 집회를 방해했으며 강당의 유리창을 깨뜨리기도 했다. 무디는 그 어린이들의 못된 장난을 금지시키려고 모든 수단들을 동원했으나 실패하자 더건 주교를 만나기 위해 집을 나섰다. 그러나 주교는 외출 중이었다. 무디는 기다리겠다고 했다.

이윽고 무디는 주교를 만났고, 자신의 불만을 이야기했다. 그리고 그의 교구에 속해 있는 아이들의 행동을 제어해 줄 것을 요구하였다. 주교는 친절히 대해 주었으나 열성적인 사람은 참된 교회로 들어와야 한다고 했다. 무디는 자신은 옳은 길로 가고 싶은데 만일 천주교인이 된다면 정오 기도회에 더 이상 갈 수 없게 될 것이라고 했다. "그렇지는 않을 겁니다" 하고 주교가 말했다.

"그렇지만 천주교인인 제가 개신교인들과 함께 기도할 수는 없지 않겠습니까?"

"아닙니다. 하실 수 있습니다."

"그래요? 만일 천주교인들이 개신교인들과 함께 기도할 수 있다면 주교님은 지금 즉시 무릎을 꿇고 하나님께서 우리의 눈을 열어서 진리를 볼 수 있게 해달라고 기도하실 수 있겠습니까?"

이렇게 해서 두 사람은 무릎을 꿇고 하나님께 기도했다. 그 결과 무디는 더 이상 이웃 아이들로부터 조직적인 방해를 받지 않게 되었다.

에이브러햄 링컨 대통령이 당선되었을 때 한번은 시카고에서 주일을 보내게 되었는데 파웰의 초청을 받아 연설을 하지 않겠다는 조건으로 그 학교를 방문하게 되었다. 학생들은 방문자가 누구인지 알고는 대단히 열광했다. 링컨이 학교를 떠나려고 자리에서 일어섰을 때 무디는 그의 방문 조건을 학생들에게 일러 주면서 다음과 같은 말을 덧붙였다. "만일 링컨 대통령께서 우리들에게 용기를 줄 만한 몇 마디 말씀을 생각하고 계시다면 물론 우리는 그 말씀을 경청할 것입니다."

이 제안이 수락되어 링컨 대통령은 자신의 어린 시절의 경험에 근거한 유익한 훈화를 학생들에게 들려주었다. 그는 학생들이 선생님의 말씀에 주의하고 배운 바를 실천한다면 미래에 그들 중 한 사람이 미국 대통령으로 선출될 수 있을 것이라고 진지하게 충고해 주었다.

1857년에서 1858년 사이에 일어난 부흥의 결과로 시카고에서 YMCA가 조직되었다. 또한 뉴욕에서 있었던 폴턴 스트리트 기도회와 유사한 오후 기도회가 열리게 되었는데, 무디도 그곳에 참석하곤 했다. 이 기도회는 처음에 많은 관심을 불러일으키지 못했으나 어느 날 유일한 참석자가 되어 내내 홀로 찬송하고 기도하고 성경을 읽는 한

늙은 스코틀랜드인의 모범에 자극이 되어 무디와 다른 사람들이 참석하게 되었고, 얼마 후 그 모임은 대성황을 이루게 되었다.

그는 주일학교와 새로운 사랑의 대상인 YMCA를 통해 더 많은 활동을 할 수 있었다. 그의 지도하에서 YMCA는 주일학교와 마찬가지로 매우 인기 있는 기관이 되었으며, 나아가 그 도시 전체에 영향력을 행사하게 되었다. 그는 자신의 사업을 포기한 이후로 그 어느 곳에서도 정기적인 급여를 받아 본 일이 없다.

시카고에서 영구적인 조직이 세워져야 했다. 그래서 무디는 그들의 필요에 상응하는 건물을 짓기 시작했는데 그것이 바로 일리노이 스트리트 교회이다. 그 건물은 교회의 예배는 물론 주일학교 교육을 위해서도 사용되었다. 본당은 1,500명을 수용할 수 있었고 몇 개의 교실이 딸려 있었다. 이 교회는 1864년 초에 봉헌되어 그 도시에서 가장 활력 있고 크게 부흥하는 교회가 되었다.

무디는 집사의 직분으로 봉사했으며, 집사들과 모든 교인이 동일하게 열심을 내어 봉사하였다. 일반 모임 외에도 어른들과 젊은이, 소년들 그리고 어머니와 소녀들을 위한 특별 모임이 있었고, 성경 공부, 복음 전파, 찬양, 기도, 간증을 했다. 철야 모임이나 감사 예배 등과 같은 특별 모임도 당연히 있었다. 그곳은 끊임없이 부흥과 열정의 현장이었다.

무디는 주일 아침 예배에서 설교했고, 오후에는 주일학교를 지도하였다. 저녁에는 페어웰 홀에서 이어지는 성경 연구 모임에서 아침에 했던 설교를 반복했고, 초청 목사나 친구가 집회를 인도했다. 무디는 점차 알려져서 주일학교와 YMCA 집회에서 강사로 더 많이 활동해야 했다. 무디와 그의 동역자들은 집회에 참석한 청중들을 사로잡았고, 모든 기존 관례들을 일소시키곤 했으며, 대부분의 집회가 부흥회로 바뀌었다. 무디는 기독교를 전파함에 있어서 직접적인 접근 방식을 채택했는데, 그 사실을 증명해 주는 많은 예화들이 있다.

어느 날 밤 집으로 향하던 무디는 가로등에 기대 있는 한 사람을 보았다. 무디는 그에게 가까이 가서 손을 어깨에 얹고 "당신은 그리스도인인가요?"라고 질문했다. 그 사람은 벌컥 화를 내면서 주먹을 쥐더니 무디를 시궁창에 던져 버리려고 했다. "기분을 상하게 했다면 죄송합니다. 하지만 저는 필요한 질문을 했다고 생각합니다."

"당신 일이나 신경 쓰시오."

"이것이 바로 저의 일입니다."

석 달 가량이 지난 후 혹독하게 추운 어느 날 아침 먼동이 틀 무렵에 어떤 사람이 무디의 집 대문을 두드렸다. "누구십니까? 무슨 일이죠?"

"그리스도인이 되고 싶어서 왔는데요." 놀랍게도 대문 앞에는 가로등 밑에서 욕설을 퍼부었던 바로 그 사람이 서 있었다. 그는 이렇게 말했다. "저는 그날 밤 이후로 평안이 없었습니다. 당신의 음성이 떠나지 않고 늘 저를 괴롭혔어요. 지난밤에는 잠을 이룰 수 없었고 결국 이곳에 와서 당신과 함께 기도해야겠다는 생각이 들었습니다."

그 사람은 그리스도를 영접했고, 이렇게 물었다. "제가 주님을 위해 무슨 일을 할 수 있을까요?" 그는 전쟁이 일어나기 전까지 주일학교에서 학생들을 가르쳤다. 그리고 전쟁에서 적과 싸우다가 적탄에 맞아 전사했다. 그러나 그때까지 그는 하나님을 증거했다.

무디는 겸손한 사람이었다. 한번은 무디가 집회의 여러 강사들 중한 사람으로 선정되었다. 그런데 무디의 뒤를 이어 나온 목사가 설교를 하면서 무디의 설교가 신문에서 발췌한 기사 등으로 이루어진 것이라고 비판했다. 그가 자리에 앉자 무디는 다시 앞으로 나가서 자신은 학식이 부족하다는 사실과 훌륭한 설교를 할 만한 능력이 부족하다는 사실을 인정했다. 그리고 그 목사에게 자신의 부족한 점을 지적해 준 것에 대하여 감사하다고 말하면서, 하나님께서 좀 더 훌륭한 설교를 할 수 있도록 도와주시기를 기도해 달라고 부탁했다.

토리는 자기가 만나본 사람 중에 가장 겸손한 사람으로 무디를 꼽았다. "그는 결코 겸손을 가장하지 않는다. 마음속 깊은 곳에서 계속 자신을 과소평가하고 다른 사람들을 과대평가했다"라고 했다. 얼마나 많은 사람들이 하나님께 쓰임 받은 후 자기가 완전하다고 생각하여 교만하여져서 하나님께 버림을 받고 마는지 모른다. 유망한 사역자들이 실패하여 위기에 처한 것은 다른 이유가 아니라 자만심 때문이다.

무디는 "믿음은 가장 많은 것을 얻고, 사랑은 가장 많은 일을 하나, 겸손은 가장 많은 것을 보존시킨다"라고 했다. 무디는 하나님께서 크게 쓰신 사람이었다. 그러나 그는 결코 자만하지 않았으며 자기를 쳐 복종케 한 사람이었다. 무디는 청년들에게 말했다.

"여러분, 특히 청년들이여, 만약 하나님이 여러분을 사용하시기 시작했다면 아마도 사람들은 훌륭한 은사를 받았다고 여길 것입니다. 주의하십시오. 하나님 앞에 고개를 숙이십시오. 가장 위험한 마귀의 덫이 여기에 있다고 믿습니다. 마귀는 사람을 실망시키지 못하면 훨씬 나쁜 방법으로 다가갑니다. 귀에 대고 이렇게 속삭여서 의기양양하게 만드는 것입니다. '너는 시대를 이끌어 가는 복음 전도사다. 너는 네 앞에 있는 모든 것들을 휩쓸 것이다. 너는 매우 장래성이 있는 사람이다. 너는 이 시대의 D. L. 무디다.'" 그리고 계속한다. "여러분이 그 말에 귀를 기울이면, 파멸에 빠지고 말 것입니다. 많은 사역자들이 교만해져 자만심이라는 거센 바람으로 암초에 부딪혀 파선되었습니다."

무디는 설교에 최선을 다했다. 그의 설교 준비를 보면 남다른 것을 느낄 수 있다. 어떤 주제나 본문에 대한 설교를 준비하기로 결정한 후에는 우선 커다란 봉투를 가져다가 그 위에 다음과 같은 제목이나 참고 문구를 적어 놓는다. '하늘나라', '시편 23편', '배교자', '악인은 그 길을 버리라', '구도자 상담법' 등등. 무디는 봉투 속에 설교와 주석에서 발췌한 복사물들과 신문에서 오려낸 자료들 그리고 떠오르는 생각이나 제안들을 메모해 놓은 것, 자신의 경험에서 나온 일화나 예화 등 주제에 관한 내용을 담고 있는 모든 종류의 자료를 모아 두었다.

무디는 보스턴에 있을 때부터 노예 폐지론을 지지하였으며, 그와 관련된 사태의 흐름에 대하여 깊은 관심을 가지고 있었다. 링컨 대통령의 징병령이 발표되던 날 무디는 일리노이 주 시카모어에서 주일학교 집회를 인도하고 있었다. 그는 친구인 버넬에게 다음과 같이 말했다. "우리도 싸움터에 나가야 하겠지만 지금은 이곳에 있으니, 오늘은 많은 영혼들을 그리스도께 인도하기 위하여 최선을 다하도록 하세."

무디의 형제인 워렌이 입영하였다. 이로 인하여 무디의 마음은 더욱더 군대로 기울어졌다. 1862년 9월 13일 어머니에게 보낸 편지에서 무디는 워렌의 동향에 관한 정확한 소식을 전해 달라는 부탁을 했고, 회신을 받은 후 워렌에게 몇 권의 책을 보내 주었다. 무디는 복음 전파, 기도회, 음악 봉사, 성경책, 서적, 팸플릿의 배포, 개인 방문 등을 통하여 병사들을 그리스도께 인도하려고 노력하였다. 그는 신앙을 고백한 그리스도인들과 함께 '그리스도의 깃발'을 옮기며 자신들이 고백한 명분과 서로에게 충실하게 일할 "형제단"을 조직하였다.

무디는 아홉 차례에 걸쳐서 전방을 방문했다. 무디는 군인들에게 대단히 인기가 있었고, 헌신적인 수고로 매우 존경을 받았다. 무디의 사역은 그의 노력에 전적으로 동조해 준 하워드 장군의 통제하에서 일하고 있을 때 특별한 열매를 맺었다. 무디의 명성은 전쟁을 통하여 전국에 퍼지게 되었다. 시카고에서의 정오 기도 모임은 만남의 장소가 되었는데, 무디와 그의 동역자들은 그곳에서 만나 전방에 다녀온 이야기들을 나누곤 했다. 노스웨스트에 살고 있는 많은 사람들로부터 기도 모임을 통해 그들의 남편과 형제, 아들들을 위해 기도해 달라는 부탁이 쇄도했다.

무디는 설교가였다. 그러나 신학을 공부하지 않았다. 그가 설교할 때는 많은 사람들이 회개하고 구원의 확신을 갖게 되었다. 이것이 그의 설교에 성령의 능력이 나타났다는 사실이다. 그는 설교를 잘한 사람이었다. 그는 성경을 연구했고, 그 결과 성경적 설교를 할 수 있었다. 설교를 위한 그의 노력은 초인간적이었다고 할 수 있다.

그는 1884년 영국에서 스펄전이 목회했던 태버너클 교회에 가서 스펄전이 자신의 생애에 미친 영향에 대해 말했다. "오늘 밤 스펄전은 울고 싶다고 했습니다. 나는 애써 눈물을 거두어 주려 했지만 뜻대로 되지 않았습니다. 17년 전, 완전한 이방인으로서 이 건물에 들어오던 때가 기억납니다. 25년 전, 회심 이후 나는 런던에서 아주 큰 능력으로 설교하는 한 젊은이의 설교를 읽게 되었고 그의 설교를 직접 듣고 싶다는 열정에 사로잡혔습니다. 그때만 해도 내가 설교자가 되리라고는 전혀 상상하지 못했습니다. 나는 그가 설교한 것 중에 인쇄되어 나온 것은 모두 구해서 읽었습니다."

그는 스펄전의 설교에서 많은 감화를 받았으며 그렇게 설교하는 사람이 되려고 노력했다. 오직 주 예수 그리스도 중심이었고, 구원을 확인시키는 것이 목적이었다. 그것은 오직 성경을 연구하고 기도하는 중에 설교를 준비하는 습관이었다.

무디는 영국 출신 17세 소년 설교가 헨리 무어하우스를 만났다. 그런데 그는 설교하기를 원했다. "이 청년은 설교를 할 수 없어"라고 무디는 중얼거렸다. 무디가 출타하는 기회가 있었다. 그래서 직원들에게 설교할 사람이 올 터이니 그에게 설교를 하도록 도우라고 부탁하고 떠났다. 다음에 무디는 그의 설교를 들었다.

6일간 요한복음 3장 16절로 계속 설교했다. 헨리 무어하우스는 매일 밤 "하나님께서 인간을 사랑하신다"라고 외쳤고, 7일째에 "여러분, 저는 설교할 새로운 본문을 찾았지만 요한복음 3장 16절보다 더 좋은 말씀을 찾지 못했습니다"라고 했다. 그는 그 구절을 갖고 가장 뛰어난 설교를 했다. 그는 본문을 '둘째'나 '셋째'로 구분하지 않고 전체적으로 다루어 창세기부터 요한계시록까지 하나님께서 모든 세대에 걸쳐 세상을 사랑하셨다는 것을 증명했다. 하나님께서는 세상 사람들에게 경고하기 위하여 선지자들, 종들과 거룩한 사람들을 보내셨으며 마지막에는 외아들을 보내셨으나 사람들은 아들을 죽였으며, 그리하여 하나님은 성령을 보내 주셨다고 했다.

다음 날 밤에는 수많은 사람들이 모여들었다. 왜냐하면 하나님이 그들을 사랑하신다는 사실을 듣기 원했기 때문이다. 그는 전날과 같이 설교를 시작했다. "형제 여러분, 성경 요한복음 3장 16절을 찾아보면 제가 읽은 말씀이 기록되어 있는 것을 볼 수 있을 것입니다." 그는 놀라운 구절을 가지고 또다시 창세기부터 요한계시록까지에 나타나 있는 하나님의 사랑을 증명하기 시작했다. 그는 성경의 모든 부분을 인용하면서 설교했는데 다른 어떤 설교보다 더 훌륭했다. 그는 청중들의 감정을 더욱 고무시켰으며, 그의 설교를 들을 때 영혼이 기뻐하였다.

무디는 그의 설교를 통해 말씀의 깊이를 알았고, 하나님의 사랑을 배웠다. 무디는 하나님께서 죄인은 지옥에 보내고 선한 사람은 천국에 보낸다고 했다. 하지만 무어하우스는 사랑의 하나님이 죄인을 돌아오게 했다고 전했다. 무디도 "하나님은 사랑이시다"라고 외치게 되었다. 영국에서의 경험과 헨리 무어하우스의 설교는 평생에 교훈이 되었다. 그래서 무디는 "세상에서 사랑보다 더 큰 것은 없다"라고 외쳤다.

17세의 설교가 헤리 무어하우스의 설교는 무한의 가능성이었다. 그는 "주 예수님, 주께서 뜻하시고 바라시는 일이 무엇이든 그 일에 저를 사용해 주소서. 제 마음은 가난하여 빈 그릇과 같으니 당신의 은혜로 채워 주소서. 제 영혼은 죄로 더러워졌고 번민에 싸였으니 당신의 사랑으로 소생시키시고 새롭게 하옵소서"라고 기도했다.

무디는 수만 명이 모인 캔자스시티 부흥회에서 설교를 마치지 못했다. 한 달여 동안 치료했으나 차도가 없었다. "대지가 물러간다. 내 눈앞에 하늘이 열려 있다. ……이것은 꿈이 아니다. 정말 아름답다. 정말 황홀하구나! 만일 이것이 죽음이라면 무엇이 두려우랴! 하나님이 나를 부르고 있다."

　1899년 12월 22일 새벽 62세로 무디는 생을 마쳤다. 하나님은 그를 천국의 영원한 청년으로 부르셨다. 그는 44년 동안 하나님의 생명에 참예한 자로 살아왔으며, 보이는 세계에서 보이지 않는 세계로, 현세의 영역에서 영원의 영역으로의 전환을 가져왔다. 그는 그토록 헌신적으로 사랑했고 지칠 줄 모르는 정열을 가지고 섬겨 왔던 그 동일한 주인을 다른 영역에서 계속 섬기고 있는 것이다. 지상 생활에서 그의 유일한 목표는 하나님의 뜻을 행하는 것이었으며, 이제는 아주 기꺼이 하나님의 마지막 부르심에 응했다.

　그는 예기치 못한 상황에서 최후의 부르심을 받았다. 그가 임종하던 날, 새벽 3시까지는 그의 사위인 피트가 곁에서 지켜보고 있었는데 그는 잠들어 있을 때가 많았다. 새벽 3시부터는 그의 아들인 윌 무디가 피트와 교대하여 간호하게 되었다. 무디는 몇 시간 동안 불편해하며 잠을 이루지 못했는데, 아침 6시경이 되어 안정을 되찾으며 잠이 들었다. 그는 약 1시간 동안 잠을 잔 후 깨어났는데, 나직하고 고른 목소리로 다음과 같이 말했다.

　"이 땅은 물러가고 하늘나라가 내 앞에 열리고 있구나. ……윌, 이것은 꿈이 아니란다. 참으로 아름답고 황홀하구나. 이것이 죽음이라면 죽음이란 참으로 달콤한 것이야. 이곳에는 골짜기가 없어. 하나님이 나를 부르고 계신다. 그러니 나는 가야만 해!"

　노스필드 교회의 스코필드 목사와 시카고 스트리트 교회의 토리 목사의 주례로 집에서 간단히 예배를 드린 후, 32명의 헐몬 산 학생들이 관을 관대(棺臺)에 얹어 묘지로 운반하여 1km 못 미쳐 있는 무디가 섬기던 회중교회로 향했다. 스코필드 박사가 말했다. "우리는 언제나 확신 가운데 거합니다. 이것이 죽음의 신비를 대하는 그리스도인들의 진정한 자세입니다. 무디는 늘 영생의 확신 속에 사역하던 중 지난주 금요일 오후에 운명했습니다."

1899년 12월 26일 그의 장례식에서 스코필드 목사가 시편 90편을 읽고 설교했다. 운구는 노스필드 신학생들이 했고, 많은 사람들이 무디가 좋아하던 찬송을 불렀다. 무디는 어떤 날 라운드 탑에서 노을과 아름다운 풍경을 보면서 "그리스도께서 재림하실 때 이곳에 있었으면 좋겠어"라고 했다. 그는 바로 그 자리에 묻혔다. 무디의 비석에는 "하나님의 뜻을 행하는 사람은 영원히 사느니라"고 새겨져 있다.

무디는 18세 때 보스턴의 주일학교 교사인 에드워드 킴볼에게서 구원의 확신을 갖게 되었다. 그는 1837년 2월 5일이 육의 생일이고, 1855년 4월 21일은 영의 생일이라고 어머니에게 썼다. 무디를 감동시킨 사람들이 있다.

첫째는, 조지 뮬러였다. 영국을 처음 방문했을 때 조지 뮬러를 만나 고아원에 대한 이야기를 듣는 중 기도의 능력을 깨달았다. 뮬러가 경영하는 고아원의 아이들은 1,150명이었다. 그런데 뮬러가 아이들의 양육에 드는 비용을 사람에게 구한 적이 한 번도 없었다. 그는 오직 하나님께 구했으며 하나님은 그에게 필요한 것들을 보내 주셨다. 하나님께서 기도의 사람을 통하여 하시는 일은 놀랍기 그지없다.

다음은, 스펄전 목사였다. 그의 설교를 듣고 눈물을 흘렸다. 그때부터 평생 교제했다. 그는 헨리 발리 목사의 기도회에서 평생의 지침을 얻었다. "세상은 하나님께 완전히 헌신한 사람을 통해 하나님이 하시는 일을 보아야 합니다." 무디는 자신이 그 사람이 되어야 한다고 결심했다. YMCA 건물을 건축하기 위해 기도하고 노력할 때 그를 신임했던 사이러스 매코믹이 1만 달러를 기부했다. 그것은 무디가 그때까지 받았던 기부금 중 최고의 액수였다.

무디의 최초 동역자는 어머니였다. 어머니는 항상 아들을 위해 기도했다. 9남매를 신앙으로 키웠으며 영향을 끼쳤다. 그의 어머니는 평생 아들을 위해 기도했다.

세 번째 통역자는 생키였다. 1870년 생키가 무디와 합류했다. 그를 처음 만난 것은 인디애나 주의 인디애나폴리스에서 개최된 YMCA 국제 대회였다. 소문을 통해 서로 알고 있었으나 처음 만났다. 그는 많은 사람들에게 찬송을 통해서 영혼을 구원하는 능력으로 알려져 있었다. 당시 그는 펜실베이니아 주의 행정 관리였다. 그는 찬양의 은혜가 충만했다. 그가 찬송을 부를 때 성령의 역사가 일어났다.

생키(Ira. D. Sankey)는 영국인 아버지와 스코틀랜드계의 아일랜드인 어머니의 혈통을 받아 1840년 8월 28일 펜실베이니아 주 로렌스 군 에든버러에서 태어났다. 그는 감리교인이었으나 여가 시간을 이용해서 신앙생활을 했고 어린 시절부터 노래하는 법을 배웠다.

무디가 인도하는 새벽 집회에 참석했던 생키는 집회 찬양을 시작하기가 어렵게 되자, 친구의 강권함으로 〈샘물과 같은 보혈〉을 선창했다. 그러자 모든 회중이 따라서 함께 찬양했다. 집회가 끝나고 생키의 친구는 회중 앞에서 생키를 소개했다. 그래서 무디는 찬양을 인도했던 그를 알게 되었다.

무디가 생키에게 처음 권면한 말은 이러했다. "당신은 공무원직을 포기하고 나와 같이 일해야 합니다. 당신은 내가 지난 8년 동안 찾던 사람입니다. 당신이 시카고에 와서 나의 사역을 도와주셨으면 좋겠습니다."

그러나 불확실한 것을 위해 훌륭한 지위를 포기한다는 것은 쉬운 일이 아니었다. 기도하기로 하고 헤어졌다. 다음 주일 생키는 무디의 말을 생각해 보았다. 그런데 무디에게서 한 장의 카드가 도착했다. 그것은 그날 저녁 6시에 한 거리의 모퉁이에서 찬송을 불러 달라는 내용이었다. 생키는 그 카드의 뒤편에 응낙의 답신을 써서 무디에게 돌려보냈다. 그리고 몇몇 친구들과 더불어 정해진 시간에 약속된 장소로 갔다. 잠시 후 무디가 왔다. 무디는 즉시 가게 안으로 들어가서 강단 대용으로 쓸 커다란 상자 하나를 빌려 달라고 말했다. 주인의 허락을 받은 그는 상자를 거리 모퉁이로 가지고 나와서 그 위에 올라선 후 생키에게 찬송을 불러 달라고 했다.

생키가 한두 곡을 부르고 나서 무디가 설교를 하기 시작했다. 때마침 공장이나 제분소에서 일하던 노동자들이 퇴근하는 중이었기 때문에 얼마 되지 않아서 많은 사람들이 몰려들었다. 생키는 무디가 그날 저녁 그 상자 위에서 한 설교는 전에 들어 본 적이 없는 설교였노라고 말했다. 청중들은 무디의 입술에서 흘러나오는 매우 강렬하고 빠른 설교에 감동되어 넋을 잃은 채 서 있었다. 15분 정도가 지난 후 무디는 상자에서 뛰어내려와 집회 장소를 음악 학원으로 옮겨서 계속 설교하겠노라고 하면서 청중들에게 자기와 함께 갈 것을 제안하였다. 생키와 그의 친구들은 '강가로 모일까요?'라는 찬송을 부르면서 거리를 행진했다. 무디는 복음 사역에 있어서 음악이 차지하는 역할이 매우 중요하다고 생각했다.

첫날부터 생키는 무디와 함께 성도들 가운데 병약한 자를 심방했다. 그때마다 생키가 먼저 찬양을 부르고, 그 후 무디는 하나님의 말씀을 전하고 치유되기를 위해서 기도했다. 그 주간에 맞이한 주일에는 페어웰 홀(Farewell Hall)에서 큰 집회가 열렸다. 예배가 끝날 무렵에 많은 사람들이 주님을 영접하려는 기도에 동참하려고 일어났다. '신앙 문답 결단 상담'을 마칠 즈음에 무디는 생키에게 이렇게 말했다. "내일 고향에 가시지만 제가 이 사역에 오셔서 도와달라는 요청이 옳다고 인정하신다면 가능한 빨리 마음을 정하시고 저에게 오셔서 도와주시길 바랍니다."

이 바람은 이루어졌다. 생키는 자기 직장을 그만두고 시카고에 와서 무디가 사역하던 일리노이 스트리트 교회에 함께 합류했으며 기독교청년회(YMCA)의 활동에 동참했다.

무디는 인디애나폴리스 집회에서 생키로 인해서 집회가 새로워짐을 알았고, 복음 사역에서 찬송의 역할을 믿게 되었다. 포스터에 "무디가 복음을 전하며, 생키는 노래한다"라고 썼다. 세 번째 영국 집회는 청중들이 생키의 찬송을 들으면서 변했고, 시간이 지날수록 강해졌다. 〈뉴욕 트리뷴〉지는 무디와 생키에 대해 '두 사람의 신실성'을 높이 평가했다. 무디와 생키가 1873년 출판한 찬송가는 엄청난 호응을 얻었다. 가사는 무디가 썼고, 곡은 생키가 붙였다. 무디와 생키는 가장 잘 어울리는 콤비였다.

마지막 동역자는 토리 박사였다. 무디는 토리에게 "당신은 내 입에 필요로 하는 물을 마시게 할 수 있습니다"라고 했다. 이 말이 이루어지기까지 많은 과정이 필요했다. 무디의 사촌이었던 플레밍 레블(Fleming H. revell)은 거대한 국제그리스도교 사역자협회에서 토리의 뛰어난 활약상을 무디에게 귀띔해 주었다. 그에게는 유능한 지도자가 필요했다. 뉴헤븐(New Haven)과 클리블랜드(Cleveland)에서 전도 사역과 신앙 상담을 겸비한 인물이 필요했다. 이로 인해서 무디는 토리의 의사를 확인하기 위해서 대학교와 신학교 동료에게 편지를 보내서 확인하게 되었다.

토리는 처음 만나서 무디의 학교 설립에 대한 발전안들을 들었다. 무디는 모든 준비 상황을 설명하더니, 대뜸 "나는 이 일을 당신이 맡아주시기를 바랍니다. 그러시지 않겠습니까?"라고 요청했다. 그러자 토리는 깜짝 놀랐다. 토리는 즉석에서 대답하지 않았다. 무디는 이렇게 토리에게 말했다. "당신이 원치 않는 줄 압니다. 그렇지만 기도를 해 보시고 곧바로 분명한 입장을 저에게 전해 주시기 바랍니다." 토리는 자신의 결단을 무디에게 알리고 "가능한 빨리 집에 가서 이 문제를 매듭짓고 더욱 시급히 필요로 하는 곳으로 가겠다"라는 입장을 전했다.

이 성경학교에 토리는 원장이 되었다. 토리 박사는 성경학교를 크게 발전시켰다. 무디는 능력 있는 부흥사였지만 학교에서는 청소부였다. 무디는 토리 박사에게 협력했고 존경하고 신뢰했다. 토리 박사는 최선을 다했다. 그래서 그 학교에서 많은 전도자들을 배출했다. 무디는 교회를 은퇴하면서 토리 박사를 지명했다. 토리는 《왜 무디인가?》를 저술했다. 거기서 하나님이 무디를 들어 쓰신 이유 7가지를 기록했다. 이것은 토리가 무디와 깊은 관계 속에서 함께 복음 사역을 한 데서 얻은 결과였다.

"1. 하나님께 온전히 헌신했다. 2. 열심히 기도했다. 3. 성경을 깊이 있고 실제적으로 연구했다. 4. 겸손했다. 5. 돈을 사랑하지 않았다. 6. 영혼 구원을 향한 뜨거운 열정이 있었다. 7. 위로부터 오는 능력을 덧입었다."

토리는 《왜 무디인가?》의 서문에서, "무디의 업적은 계속 남을 것입니다. 그 구원의 영향력은 지속되고 점점 더 커져서, 이 나라뿐 아니라 온 세계에 축복을 가져다 줄 것입니다. 참으로 그것은 영원히 지속될 것입니다"라고 했다.

마지막으로 무디가 평생에 한 일은, 먼저 주일학교 운동이었다. 12명이던 어린이 선교회를 1,500명으로 부흥시켜 주일학교 운동가가 되었다. 무디의 주일학교에서 아이들이 구원의 확신을 얻었다. 그는 설교자가 되었다. 무디가 성공한 것은 한 사람의 영혼을 사랑하고 구원하고자 하는 열정 때문이었다.

1861년 남북 전쟁이 일어났다. 무디는 군목으로서 복음을 증거했다. 그는 사랑으로 기도하고 격려했다. 개인 상담도 했다. 그 후 영국을 다녀왔다. 1871년 무디가 시카고의 페어웰 홀에서 설교를 마칠 때 시카고 전체가 불에 탔다. 도시가 전소되었다. 그의 처자와 성경책만 남고 모든 것을 잃었다. 무디는 곧 구제 사업을 시작했다. 그리고 1871년 12월 24일 노스사이드 태버너클로 알려진 그 건물이 하나님께 봉헌되었다. 잿더미 속에서 하나님이 함께하심과 잃은 것보다 얻은 것이 더 많음을 깨달았다.

1873년 무디는 다시 영국을 방문했다. 영국에서의 복음 전도는 어려움이 많았다. 그는 자비로 3년간 전도했다. 요크에서 시작했는데 생키는 찬양하고 무디는 외쳤다. 불신자가 예수를 믿고, 탕자들이 돌아왔으며 영국의 흩어진 교회들이 복음주의로 돌아왔다. 요크에서 뉴캐슬로, 에든버러와 맨체스터와 셰필드 그리고 버밍엄과 리버풀로 성령의 역사는 마지막으로 런던에서 크게 나타났다. 그날은 7월 12일이었다.

북부 농협회관은 수용 능력이 15,000명에서 20,000명 정도로 추산되었는데 계속해서 차고 넘쳤다. 만일 5,000명을 수용할 수 있는 왕립 오페라 극장에서 집회를 가졌다면 수용 인원의 3-4배에 해당하는 청중들이 몰렸을 것이다. 일간 신문들은 이 모임에 관한 기사를 크게 보도했다. 성가집과 독창곡집이 발행되어 싼값으로 거리에서 팔렸다. 부흥 집회는 런던이라는 한 도시를 움직일 뿐 아니라 세계적인 경이의 대상이 되었다.

이때 무디의 나이 서른여덟이었다. 2년 전 가망이 없어 보이던 상황에서 요크에서부터 시작된 그 사역의 위대한 결과에 대하여 누구보다도 더 놀란 사람은 바로 무디 자신이었다. 영국 순회 여행의 직접적인 결과를 다음과 같이 요약할 수 있다.

"수천 명의 불신자와 타락했던 그리스도인들이 돌아와 하나님과 친밀한 교제를 나눌 수 있게 되었다. 복음주의의 정신이 되살아나서 결코 쇠퇴하지 않았다. 수많은 도시 선교 단체와 적극적이고 활동적인 기관들이 설립되었다. 교파적인 불일치 현상이 현저하게 없어졌고, 모든 교파의 성직자들은 영혼의 구원이라는 공통적인 명제하에서 서로 협력하게 되었다. 킹제임스 역을 읽기 시작했으며 성경 연구가 활발하게 진행되었다. 오래된 편견들이 일소되었다. 기독교적인 행사 절차마다 새로운 생명력이 넘쳐났다. 회심자들은 주님의 훈계로 양육받기 위하여 기성 교회로 돌아갔다."

영국에서도 생키는 무디와 함께 했다. 샤프츠베리 경은 생키가 사람들에게 '성을 지키라'는 찬송을 부르도록 가르쳐 준 것만으로도 대영 제국을 위하여 측량할 수 없는 유익을 제공한 것이라고 말했다. 미국 〈트리뷴〉지는 영국에서의 사역에 관한 사설을 통하여 "무디와 생키 두 사람의 신실성에 대해서는 한 가지 견해만을 피력할 수 있을 뿐이다. 그들은 돈 버는 자도 사기꾼도 아니다. 그들의 사역과 사역의 방식에 대하여 비난했던 근엄하고 보수적인 영국 당국도 수개월 동안 그들에 대하여 충분히 조사했으나 단 하나의 불순한 동기도 찾아낼 수 없었다"고 했다.

무디와 생키는 1875년 8월 3일 미국으로 돌아왔다.

영국에서 무디와 생키가 벌인 사업 중에 찬송가 발행이 있었다. 처음에는 매우 어두웠으나 점차 인기가 있어서 영국을 떠나기 직전에는 35,000달러가 넘는 출판업자의 인세 소식이 있었다. 무디와 생키는 런던의 기독교위원회에 편지를 보내 자신들은 그 돈을 조금도 사용하지 않을 것이므로 그들이 원하는 대로 기독교 사업을 위하여 사용해 달라고 했다. 그러나 기독교 위원회는 그 돈이 무디와 생키의 것이므로 자신들은 그런 큰돈을 지불하라는 제안을 한 적이 없다고 주장하면서 받기를 거부하였다.

받을 사람이 없어서 남겨져 있는 돈이란 얼마나 기이한 일인가! 시카고에 있는 시카고 애비뉴 교회의 직원 한 사람이 당시에 영국에 들렀다가 이 상황을 듣고 애비뉴 교회의 건물을 완공하는 데 사용하도록 송금하자고 제의했다. 1873년에서 1974년에 이르는 대공황으로 인해서 교회 건축을 위한 작정 헌금을 거둔다는 것이 불가능하게 되었기 때문이었다. 결국 공사는 겨우 1층을 세운 후에 중단되고 말았으며, 그 위에 임시로 지붕을 덮어서 2년 동안 예배실로 사용해 왔었다. 그의 제안은 수락되어 돈이 시카고로 송금되었고, 교회는 완공되었다.

무디는 영국에서의 대부흥 집회를 통해서 능력을 배양하게 되었다. 그는 죽는 그날까지 지식과 은혜 속에서 자라난 인물이었다. 그러나 그는 집회의 통솔력, 자료의 준비성, 지도력, 실수하지 않는 재치와 전략적인 통찰력, 기능 등 훌륭한 능력들을 충분히 갖춘 상태에서 미국으로 돌아왔다. 무디의 인격도 원숙해져 있었다. 이 세상에서는 가장 어려운 세 가지 시험이 강인한 사람들을 기다리고 있다. 궁핍과 비천의 시험, 부요와 칭찬의 시험, 그리고 고통의 시험이 바로 그것이다.

그가 받은 천부적인 은사로는 세련된 유머 감각과 정념을 자아내는 일, 그리고 상상력에서 나온 묘사력 등을 들 수 있다. 청중 앞에서 성경에 나오는 사건의 전체적인 배경을 소개하는 데 있어서 탁월한 은사를 받은 사람이었다. 성령께서는 이 겸손한 예수님의 제자를 들어 탁월한 설교가로 사용하셨다.

무디는 열 사람이 해야 할 일을 혼자서 해냈는데 그 비결은 다음과 같다고 여겨진다. (1) 세부적인 일을 함에 있어서 하나님의 인도를 절대적으로 의지했으며, 그 결과 성패에 대한 초조감에서 벗어날 수 있었다. (2) 통솔력 (3) 개인적으로 해야 할 일은 신속하게 처리하고 타인이 처리해도 되는 일은 수하인들이나 협조자들에게 양도하는 능력이 있었다.

한때 성지 순례를 했다. 그는 부인과 둘째 아들 폴을 데리고 로마에서 매우 행복한 시간을 보냈다. 사도 바울과 관련된 곳으로 생각되는 장소를 세심하게 살펴보았다. 아피아 도로를 방문했으며, 예부터 보존되어 온 본래의 길에 도달했을 때에는 마차에서 내려 바울이 걸었던 돌길을 한번 걸어 보자고 제안하기도 했다. 팔레스타인 언덕 위에 있는 네로 궁전의 황폐한 모습은 베드로 성당이나 현대 로마의 그 어떤 곳보다 더 그의 눈길을 끌었다.

그가 예루살렘에 도착한 이튿째 되는 날은 부활 주일이었다. 그는 갈보리 산 정상에서 주위에 솟아 있는 헐몬 산과 감람산, 모압 산들을 가리키면서 시편 125편 2절 말씀을 본문으로 설교했다. 그는 예루살렘과 그 인접한 곳에 관심 있는 장소들을 보면서 한 주간을 보냈으며, 하루는 헤브론에서 지내기도 했다. 그는 베다니에서 통역 담당자에게 혹시 마리아나 마르다라는 이름을 가진 어린이가 있는지 질문해 보라고 했다. 그 질문에 그 이름과 동일한 아라비아식 이름을 가진 많은 아이들이 대답했다. 그는 '미리암'과 '마르다'라는 이름을 가진 대부분의 어린이들이 소년들이라는 말을 듣고 매우 웃었다.

팔레스타인을 떠나 애굽으로 갔다. 피라미드와 다른 중요한 유물들을 관광하면서 카이로에서 며칠을 지낸 후 오월 첫 주에 이태리로 떠났다. 그를 알아보는 이들이 요청에 의해서 로마, 예루살렘, 카이로, 나폴리, 파리 등에서 어떤 때는 하루에 두 번씩이나 설교했으며, 그 외에도 성경 읽기 모임을 수차례나 인도했다.

무디의 생애에서 가장 큰 즐거움 중 하나는 그의 어머니가 그리스도를 공적으로 고백하고 복음주의적인 교회에 가입한 것이었다. 1876

년의 어느 주일 아침에 무디는 노스필드에 있는 낡은 회중교회에서 설교를 하기로 되어 있었다. 설교 본문은 시편 51편이었다. "종교는 개인적인 문제입니다. 다윗은 하나님께 기도할 때 자신의 옷이 아닌 바로 그 자신을 깨끗하게 해달라고 말했으며, 자신에게 자비를 베풀어 달라고 했습니다."

설교를 마친 후 청중들에게 자신이 모시고 있는 구세주를 각자의 구세주로 모셔 들이도록 부드럽게 권고했다. 그의 어머니는 앞자리에 앉아 있었는데, 기도하기 위해 제일 먼저 일어선 사람들 중 하나였다. 무디는 어머니가 일어서자 눈에는 눈물이 가득 고였고 목이 메었다. 그는 강단 위에서 자기 옆 자리에 앉아 있던 시카고의 제이콥스에게 "저분이 제 어머니입니다"라고 말하면서 기도를 부탁했다.

무디의 어머니는 1896년 1월 26일에 세상을 떠났다. 무디는 장례식에서 다음과 같이 말했다. "친구들이여, 지금은 애통할 때가 아닙니다. 우리는 이토록 훌륭한 어머니가 계신 것을 자랑스럽게 생각하고 있습니다. 우리는 그분으로부터 위대한 유산을 물려받았습니다."

영국에서 돌아온 후 집회는 뉴욕에서 시작됐다. 거기서 하나님의 역사가 나타났다. 1876년부터 1881년까지 순회하며 짧게는 몇 주, 길게는 몇 달 동안 계속되었다. 그 후에도 무디는 끝까지 복음이 필요한 곳에 찾아가서 사명을 다했다. 그가 전도 집회를 한 곳은 80여 도시였다. 뉴욕 집회는 경마장에서 모였으며 그의 설교는 항상 성령으로 시작하고 성령으로 마쳤다. 단순하면서도 솔직함, 간결하면서도 적절한 말, 알맞은 예화와 유머적인 삽화가 청중을 감동케 했다. 집회를 마치면 손을 흔들며 내려왔다.

무디는 평신도로서 2억 명 이상에게 복음을 증거했으며 100만 명 이상이 구원의 확신을 갖게 했으며, 세계로 나가는 선교사들을 파송했고, 여러 선교 단체를 통해서 복음을 증거했다.

훌륭한 예수님의 제자 무디는 그의 사명을 감당하기 위해서 최선을 다했다. 자기의 목숨을 바치는 순교적 사명자였다. 하나님의 뜻을 행하기 위해서 자신의 생명을 다했다. 무디는 당대에 복음 전파를 위해서 세계에 제자들을 파송한 위대한 일꾼이었다.

02 소복(小僕) 이성봉(李聖鳳) 목사

(1900-1965)

천당 갈 사람을 찾아다닌 부흥사

이성봉은 1900년 7월 4일 평안남도 강동군 간리에서 이인실과 김진실의 장남으로 태어났다. 6세 때 가족이 예수를 믿었다. 그리하여 장로교와 감리교에서 신앙인으로서 성장했다. 19세에 이영기 장로의 장녀 은실과 결혼했다. 21세에 병에 걸려 3년간 고생한 끝에 회개하고 중생했다.

26세에 학비와 생활비를 받지 않는 성결교 성서학원(현 서울신학대학교)에 입학하여 모처럼 공부하고 싶었는데, 열심히 공부할 뿐 아니라 신학교의 성령 역사로 큰 은혜를 받았다. 특히 이명직 목사를 잊을 수 없었다. 21세에 회개했으나 회개의 열매를 맺어야 한다는 것을 깊이 느꼈다. 특히 신학생 시절 교회에서 주일학교를 열심히 지도했는데, 매우 보람을 느꼈을 뿐 아니라 어린이들에게 크게 인기가 있었다. 특히 선배 이원균은 청량리교회에서 장년을 맡고 이성봉은 주일학교를 맡았다. 그리하여 크게 부흥시켰다. 그는 성결교인이 되었으며, 3년 후 졸업했다.

처음 파송된 목회지가 수원이었다. 여기는 교회가 있어서 온 곳이 아니라 개척하라는 명령이었다. 셋집을 얻어 전도했는데 개인 전도, 가정 집회, 노방 전도로 쉬지 않고 전도했다. 날마다 전도된 사람들이 모여들었다. 병자가 일어나고 귀신 들린 자들이 놓임을 받는 이적으로 많은 사람들이 주의 권능과 사랑을 찬송하며 하나님 앞으로 돌아왔다. 각처에서 회개의 역사가 일어나 많은 사람들이 모여들고 전도 강연을 하니 승승장구로 불일 듯 교회가 부흥되었다.

가장 큰 역사는 회개의 사람들이 많았다. 교회가 세워져 가는 데 시험도 있었다. 무당이 사당에 있는 모든 물건들을 불태우고 회개한 후 예수를 믿었다. 이러한 증거들이 일어났으므로 전도한 사람들이 교회로 모였다. 그리하여 성전을 건축했다.

수원에서 개척 교회 성공으로 목사 안수를 받을 줄 알았는데 당시 감독 제도하에서 목사 안수는 받지 못하고 목포로 전근되었다. 이성봉 전도사는 매우 섭섭했다. 목포교회는 기성 교회였다. 전임 목사들이 전근되고 세 번째 교역자로 부임했다. 그때 기도 제목은 성전 건축이었다. 증축을 세 번 했으나 여전히 좁았다. 미국의 후원자가 있어서 석조로 48평, 다락까지 지었다.

드디어 32세에 목포교회 담임목사로 안수를 받았다. 목포에서는 믿지 않는 사람들의 박해가 심했다. 교회 종소리를 고발하여 방해했다. 소실이 교회에 나와서 회개하고 예수를 믿으니 목사가 해를 받을 수밖에 없었으며, 교회 안에서는 청년들이 목사 축출 운동을 했다. 그러나 이성봉 목사는 목포에서 여러 지교회를 세웠다. 암태교회, 임자도교회, 후증도교회 등을 세웠다.

교단에서 감독제와 선교사들의 금전의 권리를 배격하는 운동이 일어났다. 이때 주동이 평안도, 황해도 사람들이었는데 이성봉 목사가 가담하지 않았다고 외면을 당했다. 불평, 불만, 원망, 시비는 마귀의 시험인 줄 알았으므로 그렇게 하지 않았다. 그는 "서로 물고 먹으면 피차 멸망하리라"고 하신 말씀과 "다른 사람의 불의한 일을 가지고 불평하지 말라. 죄에만 빠지리라"고 하신 말씀이 생각났다고 한다.

목포교회 목회를 6년간 했는데 신의주로 전근 명령이 떨어졌다. 전임자는 한성과 목사로 서울 신학교로 가고 그 후임으로 가게 되었다. 그는 신의주 교회에서 목회자로 성공했다는 평을 듣게 되었다. 그것은 전도에 성공했기 때문이다. 그리하여 장년 400여 명, 유년 500여 명 도합 1천 명이나 되었고, 24구역에 구역장을 두고 남녀 직원 50여 명이 한데 뭉쳐 은혜로 기도와 성경 연구에 힘쓰고 전도와 봉사가 초대 교회와 같았다고 했다.

1937년 이성봉 목사가 38세 때 총회가 서울 신학교에서 모였는데 그때 부흥사의 사명을 받게 되었다. 그는 이것을 비몽사몽간에 받았다. 그 직후 총회가 그를 전국 부흥사로 임명했다. 성전 건축하고 봉헌예배를 드리고 사흘 후에 신의주 교회를 이별하고 서울로 올라갔다. 인간적으로는 신의주를 떠난다는 것이 섭섭했다. 그러나 하나님의 사명을 감당하기 위해서 떠나야 된다는 계시를 받았으므로 그는 회갑 때까지 1천 교회를 목표로 하고 출발하게 되었다.

전국 부흥사로 임명된 것은 만세전에 이미 작정된 것으로 감사하며, 중대한 책임을 생각할 때 황송하고 떨리지 않을 수 없었다고 했다. 자신은 약하나 하나님은 약한 자에게서 강한 열매를 맺는 기적적인 능력을 체험하게 되었다. 신의주를 떠날 때 "벧세메스로 향하는 길 눈앞에 어리어 내 심장은 고동하며 내 갈 길을 재촉하니 아니 가지 못하노라. 주여, 이 몸 떠난 후에 사랑하는 신의주교회에 배전의 축복을 더하사 큰 영광과 이적을 한 번 더 찬송케 하여 주소서"라고 쓴 글은 매우 큰 사명을 받은 사람으로서의 결단이었다.

그 당시 순회 전도기는 성결교 교단지 〈활천〉(活泉)에 다달이 기재되었다. 그는 최초의 체험을 다음과 같이 고백했다. "처음 집회에 나서서 아무 지식도, 지혜도, 능력도 없었으나 일 년간을 하나님만 의지하고 각 곳에 다닐 때 주님이 같이하사 무한한 영광을 돌리게 했던 것이다."

이성봉 목사는 1937년 12월 22일 신수정교회 집회부터 1939년 7월 11일 마지막 부흥회까지 1년 7개월 동안 400일 이상 집회를 인도했다. 그의 부흥회는 성결교만 아니라 장로교, 감리교에서도 대환영이었다. 그래서 타 교파에도 많이 나가게 되니 여기에서 문제가 생겼다. 성결교 부흥사니 성결교만 집회하고 다른 교파에는 가지 말라는 것이다. 이렇게 제지하니 마음이 매우 괴로웠다고 말했다. 그는 장로교에서 구원받고 한 십 년 있다가 또한 감리교 구역에서 한 십 년 있었다. 그리고 25세에 성결교회로 와서 신학을 공부하고 성결교인이 되었다. 그는 계속해서 타 교단에도 부흥 집회를 인도했다.

교단에서 북한 지역은 김이라는 사람에게 맡기고 이성봉 목사에게는 남한만 집회하라는 것이었다. 불가불 그는 39세에 휴직하고 일본 유학을 떠났다. 그러나 거기서도 동포들에게 복음을 전파하기 위하여 부흥회를 인도했다. 동경, 대판, 풍교, 신도, 광도 등 각 지방으로 다니며 집회를 인도했다. 방수원 목사의 주선으로 독창 몇 가지를 레코드로 발매하기도 했다. 그는 공부도 중단하고 돌아와서 고국에서 부흥회만 하고 다녔다.

교단 본부에서 청천벽력이 떨어졌다. "너는 왜 공부하러 간다고 하더니 공부는 안 하고 부흥회만 다니고 이제 또 돌아와서 명하지도 않은 부흥회만 다니느냐? 이제는 휴직 만기가 됐으니 어느 교회든 맡아서 목회를 하든지 그렇지 않고 부흥회를 하려면 이 교단에서 나가 자유로 하라"는 권고 사직장이었다.

그때 그에게 큰 시험이 들었다. 장로교회에서 오라고 대환영이었다. 감리교에서도 돌아오라고 대환영이었다. '성결교 같은 작은 교단에서 인간의 야심과 시기심으로 가득 차 사람을 헐뜯는 것을 생각할 때 차라리 자유롭게 나아가 전도하는 것이 낫지 않으랴' 하는 이러한 마음과 함께 사직서를 몇 번이나 썼는지 모른다. 그러나 어느 것이 주님의 뜻인지 몰라서 기도하고 또다시 기도하다가 아내에게 마지막으로 의논하였다. 아내는 사직하지 말고 순종하자고 했다.

학비와 먹을 것을 주고 살 집을 주어서 공부했으니 일단 주님께 헌신하고 목사 안수 받을 때에 본 단체에 충성할 것을 맹세한 것이 아니냐며 거짓 맹세하지 말 것과, 또한 나를 수양시켜 준 은혜를 행여 배은망덕하지나 않을까 두렵다는 아내의 말에 그대로 본 교단에 있기로 결심하고 총회장을 찾아가서 순종하겠다고 말했다. 대신에 목회할 곳을 만주로 정해 달라고 요청하였다.

그 당시에는 일본인의 압박이 점점 심해지고 신사 참배를 강권했기 때문에 그것을 피하기 위해서 만주로 보내 달라고 한 것이었다. 만주 봉천 중앙교회에 목사로 임명받아 1941년에 이국 땅 만주로 식구들을 거느리고 건너갔다. 미완성이었던 예배당도 완전히 준공하였다. 청신 성경 학생들을 모집하여 새벽 기도회를 인도했다. 그 교회에서 많은 성직자가 배출되었다. 1941년 11월 26일 만주에 있던 다섯 교파(장로교, 감리교, 성결교, 조선, 동아)를 '만주 조선 기독교회'로 통합하게 했다. 그리고 부흥회를 다니기 위해서 중앙교회를 김홍순 목사에게 맡기고 5년 동안 동만, 남만, 북만, 방방곡곡에 교회를 찾아 유리하는 우리 동포들을 위해 부흥회를 인도했다.

그 당시 제2차 세계대전 말기라 교통이 불편했다. 전도 다니기가 참으로 어려운 때였다. 그렇게 다니는 중에 생전의 어머니를 보러 가지도 못하고 어머니는 세상을 떠나셨다. 그는 무순에서 해방을 맞았다.

이성봉 목사는 1945년 9월 15일 귀국했다. 고국으로 돌아와서도 방방곡곡으로 부흥회를 다녔다. 무너진 성결교단의 교회들을 세우기 위하여 분주하게 다녔다. 그는 해방 후 핍박을 견딘 성도들에게 위로를 아끼지 않았다. "알곡인지 쭉정인지는 까불러 봐야 알 것이며 선한 목자인지 삯꾼인지는 이리가 와 봐야 아는 것이다"라고 했다.

북한에서 공산당들이 날뛰는 것을 보다가 1946년 3월에 38선을 밤중에 넘었다. 무너진 제단을 다시 세웠다. 양 떼들을 모아들이고 물러간 교역자들을 불러내어 새 힘을 얻어 일하게 하고 이리저리 팔아 없앤 교회당들을 3-4년 동안에 다시 찾아 복구하느라고 무던히 애를 썼다.

그리고 계속하여 초교파적으로 농촌, 산촌, 도서, 도회지 방방곡곡을 계속 순회하면서 부흥 사명에 충성하였다. 1년에 최고 기록은 82교회에서 부흥회를 인도하였다. 그는 성결교의 사중 복음(중생, 성결, 신유, 재림)을 그대로 받고, 그대로 의지하고, 그대로 체험하고, 그대로 전함을 그의 사명으로 알았다. 그러는 중에 신유가 많이 나타났다. 먼저 자신에게서 나타났다. 약한 몸이 치유되었다.

몸이 아파서 설교를 할 수 없을 때에 그는 "입으로 못하면 죽음으로 하리라"고 결단하였다. 그는 맹장염으로 고통당할 때도 신유의 은사를 체험했다. 수술하지 않으면 죽을 수도 있다고 했을 때 그는 "아이고, 그만두소. 나 죽으면 하나님 손해나지 나 손해나겠소? 그만 이대로 주님께 맡길랍니다" 하고 거절하였다. 의사는 "별난 목사 다 보았네. 왜 일부러 죽으려는지 모르겠다"라고 했다. 결사적으로 기도만 했더니 그날 밤 너무 고통스러워 정말 죽는 줄 알았단다. 그러나 아침에 씻은 듯 나음을 주셨다.

6.25 한국전쟁 때 전라남도 지역에 있었는데 공산군에게 잡혔다. 10여 명의 청년들에게 매를 맞았다. 그러나 아파하지 않았다. 그러니까 얼마나 풍풍한지 아픈 줄을 모른다고 더욱 많이 때렸다. 마지막에 코가 터져 뜨거운 피가 쏟아지니 참으로 그는 감사했다. "주님은 나를 위하여 피 쏟아 구속했는데, 나도 생피라도 쏟게 하시니 감사하다는 마음이었다"라고 고백했다.

인민군의 천당이 있느냐는 질문에 천당의 지점 이야기를 해서 증명했다. 그때 죽을 고비를 넘긴 것도 사실이다. 6.25 한국전쟁 후에 무너진 제단을 쌓기 위해 무진 애를 썼다. 육체적 괴로움은 말로 다할 수 없었다. 어느 교회를 갔더니 이불이 없어 이불 하나 가지고 세 사람이 덮고 잤다. 부산과 인천에 이르기까지 천막을 치고 집회를 인도했다. 새벽 기도, 유년 주일학교, 장년 주일학교, 정식 공예배, 오후 성별회, 또 밤 집회를 계속해도 시간시간 힘을 주셨다.

특별한 것은 이성봉 목사가 나환자들을 모두 찾아다니며 집회를 한 것이다. 사회에서 가정에서 버림받고 병으로 몸은 썩고 문드러지는 비참한 그들을 동정하여 찾아가서 복음을 전할 때 진정한 사랑, 참된 신앙의 무리는 그곳에 있는 것을 보았다. 그들이 구제품을 얻어 입고 돼지를 기르고 닭을 쳐서 꼭꼭 십일조를 드리고, 썩을 몸뚱이를 가지고도 박수를 치면서 즐겁게 찬송 부르는 것을 보고는, 건강한 사회에서 보지 못하는 참 성령의 역사를 체험하게 되었다.

그들은 오히려 나환자 된 것을 감사했다. 건강한 몸을 가지고 그냥 지냈다면 하나님을 이렇게 전적으로 믿지 못하였을 것을 오히려 고난 당한 것이 자기들에게 유익이라고 감사했다. 건강한 몸으로 감사할 줄 모르고 주신 재산을 활용치 못하는 자는 차라리 문둥이를 만들어서라도 은혜를 체험케 했다. 이성봉 목사는 양로원, 고아원, 자매원에서도 집회를 많이 했다.

수복 후에는 특별히 임마누엘 특공대를 조직해서 전국을 누비며 집회를 인도했다. 군 복음화를 위해서 부대들을 찾아갔다. 고급 장교들을 감화시켜서 예수를 믿게 했고 믿는 이들은 더욱 훌륭한 신앙으로 조국을 지키는 일에 충성하도록 도왔다. 집회를 다니면서 군대 용어를 사용했다. 이성봉 목사가 이렇게 부흥회를 인도한 것을 보고한 곳은 〈활천〉이었다. 그러므로 일기를 쓰듯이 모두 보고하여 성결교에 속한 교회에서는 항상 그 활동 상황을 읽을 수 있었다.

미국에 가서도 많은 교회를 찾아 집회를 했으며 미국인들 교회 특히 흑인 교회를 방문한 적도 있었다. 그리고 큰 집회만 아니라 가정 집회도 많이 인도했다. 그때마다 하나님의 은혜는 성령으로 인해 풍성했던 것을 그는 보고했다. 하나님이 쓰시는 일꾼은 어디를 가나 하나님의 권능이 나타나고 있음을 증명했다. 미국에서 재청 설교를 한 일도 있었다고 한다. 이성봉 목사는 미국에서 이살림 목사의 부인이 세상을 떠났다는 말을 듣고 가서 장례식에서 전도 설교를 했다. 이뿐 아니라 딸 결혼식 때 인사하러 나가서 인사는 한마디 하고 전도 설교를 했다고 한다. 그는 기회만 있으면 전도 설교를 했다. 죄인을 구원하는 일을 항상 염두에 두고 예수님의 제자로서 충성했다.

그가 미국에 온 목적으로 두 가지를 들었다. 첫째는 복음의 빚과 사랑의 빚을 만 분의 일이라도 갚는 것이요, 둘째는 우리 교포들, 즉 이스라엘의 잃어버린 양을 찾는 것이었다. 그는 오로지 영혼 구원을 위해서 세계를 돌아다녔다.

1955년 자택에서 신촌교회를 개척했다. 성결교 희년인 1956년에 1천 교회 목표 달성을 위해 대교회 순회 집회를 하며 교회 설립을 촉구했다. 희년전도대로 대도시 중심으로 순회 집회를 했다. 1959년 8개월간 미국에서 부흥회를 인도했다. 1961년 9월 23일에서 1963년 2월 17일까지 1일 1교회 순회 집회로 480교회를 순회했다. 성결교 합동 총회에서 설교하고 1965년 8월 2일 소천했다. 그의 생애는 4기로 나눌 수 있다. 그러나 제5기는 하늘나라에서 영원히 계속될 것이다.

이성봉 목사의 부흥 운동은 철저한 회개가 이루어지던 원산 부흥 운동과 맥을 함께한다. 1937년 12월이지만 성서학원 시절부터 부흥회를 인도했다. 특히 김천교회에서 소아 부흥회를 인도할 때 어린이들이 무서운 죄를 자복하고 애통하는 마음으로 회개했다. 그 일로 이성봉이 아이들을 마취시켰다는 오해를 받기도 했다. 그는 노래와 동화로 마음을 사로잡고 설교를 통해서 심령에 회개의 불을 지피는 탁월한 재능을 보였다.

필자는 1.4후퇴 시 경남 구포교회에서 이성봉 목사 부흥회에 월요일 저녁부터 토요일 새벽까지 14회를 한 시간도 빠짐없이 참여했으며, 그 집회에서 회개하고 부모의 서원이 북한에서 피난 오면서 잊혀졌는데, 그때 다시 본인의 서원으로 목사가 될 것을 하나님 앞에 약속했다. 필자는 이성봉 목사의 설교를 듣고 하나님 앞에 꼬꾸라졌으며 회개하고 구원의 감격을 체험했다. 그리고 부모님이 서원했던 목사가 될 것을 나 자신이 서원하는 계기가 되었다.

그 부흥회에서 존 번연의 《천로역정》과 박계주의 《순애보》로 성경 공부한 기억을 평생 잊지 못한다. 그는 항상 오른손으로 예수님의 손을 잡고 다녔다. 기도할 때 귀 뒤에서 마귀가 속삭이는 것을 물리치기 위해서 '쳇' 하는 소리를 내곤 했다. 설교 200편 정도가 머리에 있어서 부흥회 할 교회를 생각하며 20분 정도 명상 기도를 하면 한 편의 설교가 작성된다고 하였다. 이미 컴퓨터의 내장된 설교 자료를 갖고 있었다. 부흥회 마지막 시간은 성결교회식으로 손뼉을 치면서 찬송 부르기를 원했다. 그의 자작 찬송들은 심금을 울렸다. '허사가'를 부를 때는 온 삶을 다해 불렀다. 모두 따라 불렀다.

이성봉 목사의 음악적 자질은 자타가 공인했다고 한다. 1937년 12월 1일부터 열린 성결교회 연회 제4일 저녁 성별회 시간에 "본 단체 유일의 성악가 이성봉 목사의 48장 독창, 옛날 찰스 웨슬리 선생을 추억하게 하였다. 실로 그 감화는 만장에 충익하였다"고 인수천(印受川)은 보고했다. 이성봉 목사의 '허사가'는 이명직 목사의 '희망가' 일부를 인용한 것이다. 1923년 6월 '헛되다! 뜬세상 일'이라는 제목으로 11절의 가사가 전도서 1장 2절이라는 부표와 함께 〈활천〉에 익명으로 게재되었다.

이명직 목사는 1939년 '길 찾는 친구에게'를 발행했는데, '헛되다! 뜬세상 일'의 가사를 일부 수정하고 5절을 더하여 '희망가'라는 제목으로 16절의 가사를 부록으로 실었다. 이성봉 목사가 1957년 강릉에서 부른 '허사가'는 '희망가' 16절 가운데 1, 2, 7, 10, 11, 13절을 포함하고 있었다. 이성봉 목사는 그중 여섯 절을 즐겨 부른 셈이다. 그것은 이성봉 목사가 신앙적 삶에서 하나님과의 만난 체험에서 왔다고 볼 수 있다.

정성구 목사는 이성봉 목사를 허무주의자로 여겼던 것 같다. 그 이유는 그의 '허사가'의 내용과 종말론적 신앙 때문이다. 그러면서 세상을 부정하고 하나님 나라를 희망하는 삶을 살아야 한다고 외쳤기 때문이다. 거기에 사용된 자료가 존 번연이 쓴 《천로역정》이었기 때문이다. 그러나 이성봉 목사는 누가 보아도 허무주의자이거나 세상의 일을 부정하는 신학이 아니었다. 그는 세속주의를 물리치자는 것이었다. 세속주의란 재물, 이성 그리고 명예였다. 그래서 이성봉 목사는 항상 이 세 가지를 물리쳐야 한다고 주장했다. 자신이 그렇게 살았다. 그래서 세상의 것을 갖지 못해서 어려움을 겪는다면 그것은 신앙적 고난으로 수용했다.

그는 구원의 확신과 하나님의 말씀을 항상 따르는 삶이 진정한 그리스도인이라고 가르쳤다. 그런 사람은 예수님이 언제 오시든지 두 손 들고 환영할 수 있는 삶을 살 수 있다고 강조하였다. 그것이 그의 종말론적 삶이었다. 그렇게 살려고 하면 회개한 사람이라야 가능하다고 여겼다. 오늘 한국 교회의 침체가 어디서 왔는가? 세속주의에 빠졌다는 데 있다. 성공, 승리, 축복이 신앙인의 삶이요, 그 증거는 돈을 많이 벌고 큰 인물이 되는 것이라고 한다. 그것이 하나님의 축복이라는 것이다. 세상은 지나간다. 거기에 연연하지 말라는 것이 사도 요한의 신앙이었다(요일 2:15-17).

만일 세상의 성공, 축복이 그리스도인의 삶이라면 순교자는 얼마나 복 받지 못한 사람인가? 그러나 하나님 나라에서는 순교자가 가장 큰 복을 받은 사람으로 인정된다. 이성봉 목사의 종말론적 삶이란 하나님 나라에서 사는 삶이었다. 그래서 그는 하나님의 뜻대로 살기 위해서 항상 예수님의 손을 잡고 다닌다는 것이었다. 회개한 사람은 인생 철학이 변하며 바른 삶의 자세를 갖고 세상에서 천국을 이루자는 것이 아니라, 영원한 하나님 나라에서 하나님 아버지께서 다스리시는 곳에 영원한 삶의 터전이 있다는 것을 믿고 그곳을 향한 순례자의 삶을 사는 것이 세상의 그리스도인이라는 것을 가르쳤다. 그것이 《천로역정》이었다.

그는 전국적으로 다녔으며 중국과 일본 그리고 미국에 있는 교포들을 위해서 집회한 평생 부흥사였다. 몸이 아파도 들것에 실려 가면서까지 집회에 참석해 설교한 분이었다. 병들어 죽을 수도 있다는 의사의 진단에도 개의치 않았다. 내가 죽으면 하나님 손해라고 했다. 그리고 "말로 못하면 죽음으로라도 설교한다"라고 했다. 이것이 그의 자서전의 제목이 되었다.

그의 중심적 설교는 '회개'였다. "조상도 더욱 죄에 얽매인 하류층의 가정이었는지도 모른다"고 자서전 머리에 썼다. 부모가 처음 예수 믿고 열 살도 되지 않은 어린 아들을 산으로 데려가 보는 데서 참회하는 모습을 보여주었다. 그리고 그의 어린 시절부터 여러 차례 회개한 것을 기록했다. 그는 21세 때 중병으로 인해서 죽을 고비에서 눈물을 흘리며 회개했다. 그리고 신학교로 직행했다.

회개는 그의 삶에만 있지 않았다. 그의 부흥회 첫날은 강력한 회개를 설교하였다. 듣는 사람들을 모두 죄인이라고 호통을 쳤다. 회개하지 않으면 벌 받는다고 외쳤다. 그때 '허사가'를 불렀다. 유명한 예화 '째깍 째깍 인생'이 나온다. 그때 회개한 사람은 수없이 많았다. 그의 부흥회는 '회개 운동'이었다. 회개해야만 구원을 받기 때문이다.

그리고 예수님의 사랑을 외친다. 성경 공부 교재는 성경과 존 번연의 《천로역정》 그리고 박계주의 《순애보》였다. 성경을 열거하며 그 소설을 읽었다. 《순애보》를 읽으면서 눈물을 흘리지 않은 사람이 없다. 이렇게 예수님의 사랑을 가르쳤고 우리는 예수님의 사랑으로 구원 받았다고 했다. 그러므로 예수 믿는 사람은 사랑해야 된다고 가르쳤다. 회개는 구원, 구원은 사랑 실천의 공식이었다. 그는 회개를 설명하면서 "회개는 주님의 명령이요 소원이며, 회개란 지, 정, 의, 행의 전폭적인 변화"라고 폭넓게 설명했다.

다음으로, 그의 신학은 종말론이었다. 구름을 보면서 "주님이 저 구름 타고 오실지 모른다"라고 했다. 주님의 재림을 항상 기다리며 설교했다. 그 교재가 번연의 《천로역정》이었다. 재미있고 실감이 났다. 그러므로 항상 주님의 재림을 기다리라는 것이었다. 재림 신앙은 일본 식민지 때 민족 신앙의 뿌리였다.

누가 재림하시는가? 한 분 예수님이시다. 그러므로 이성봉 목사는 오직 예수주의였다. 정인교 교수는 이성봉 목사의 신앙을 평하면서 "이성봉 목사는 신본주의적, 그리스도 중심적 사고를 갖고서 모든 본문을 풀어간다"고 《이성봉 목사의 생애와 설교》에서 밝혔다. 그래서 이성봉 목사의 설교는 신약 중심적이고 복음서 중심적이며 예수 중심적이라고 지적했다.

재림 신앙을 외친 길선주 목사는 요한계시록을 1만 독을 했다. 재림 신앙을 도표로 보여주며 부흥회를 인도했다. 이성봉 목사도 마찬가지였다. 그의 찬송에 세상의 미련을 갖지 말라는 내용들이 많다. 《천로역정》의 '기독도'는 천국을 향해 가는 순례자이다. 그는 세상을 등지고 이별했다. 가족들이 불러도 듣지 않으려고 귀를 막고 성경을 들고 도망치듯 떠났다. 아브라함이 하나님의 말씀을 듣고 갈대아 우르를 떠났으며, 소돔과 고모라를 도망친 롯의 가족도 그랬다. 이성봉 목사를 허무주의자로 몰아가는 것은 잘못이다. 그는 세상이 천국의 지점이라고 가르쳤다. 그러므로 허무주의자로 몰아가는 것은 잘못이다.

셋째로, 이성봉 목사를 한국의 무디라고 말하지만 무디는 평신도 부흥사였다. 이성봉은 부흥 목사였다. 이 목사는 한국의 존 웨슬리나 스펄전이다. 이들은 영국 교회를 회개하게 했다. 이성봉 목사가 전국적인 부흥회를 할 때 또 다른 부흥사는 김익두 목사였다. 그의 부흥회는 기적이 많이 나타났다. 또 한 사람은 이용도 목사였다. 그는 피를 토하며 예수님의 사랑을 외쳤다. 이성봉 목사는 김익두와 이용도를 합한 능력을 나타냈다.

넷째로, 이성봉 목사의 집회에는 찬송이 넘쳤다. 이 목사가 부르기 시작하면 모든 성도들이 따라 불렀다. 그의 목소리는 바리톤이었다. 찬송을 잘 불렀다. 성악가로서의 자질도 풍부했다. 그리고 듣는 이들로 하여금 감격하게 했다. 노래를 부를 때 음악적으로 훌륭한 사람이 있고, 감격을 주는 노래가 있다. 이성봉 목사의 찬송을 들으면 감격한다. 감격하여 부르기 때문이다. 이성봉 목사는 자신이 감격하면서 부르고 함께 부르는 사람들로 감격하게 했다. 그의 부흥회에서 병을 고친 사람들이 많았다. 그리고 무당의 굿하는 곳에서 회개한 사람의 원으로 모든 귀신 단지를 깨고 불사른 일도 있었다. 인민군에게 잡혀서도 천당을 가르쳤다.

그는 많은 고난을 당했다. 신사 참배 반대에서부터 공산당에게 당한 고난은 이루 형용할 수 없다. 고난을 극복하는 큰 무기는 인내라고 했다. 그리고 토마스 아 켐피스의 《그리스도를 본받아》를 읽고 "십자가가 올 때에 자진하여 그 십자가를 지면 그 십자가가 너를 져다가 원하는 곳에 데려다 주지만, 오는 십자가를 피하면 그곳에는 더 큰 십자가가 있느니라"고 했다.

고난은 정면 대결이다. 피하는 자는 반드시 더 큰 고난으로 망하게 된다는 것이다. 산 위에서 내려갈 때는 힘들고 위험하지만 참고 끝까지 내려가면 평지를 만난다.

마지막으로, 이성봉 목사는 특별히 어린이들을 사랑했다. 신학교 1학년 방학 때 청량리교회에서 장년부는 상급생이 맡고, 이성봉은 유년 주일학교를 맡았다. 그들에게 열심히 말씀을 전하는데 얼마나 어린이들에게 재미있게 하는지 어린이들이 장난하지 않았다. 여름성경학교를 마칠 때 어린이 부흥회를 했다. 그 부흥회에 성령의 불이 붙었다. 순진한 어린 심령들이 애통하며 회개하고 자복하는 열매를 맺는데, 걷잡을 수 없이 자신의 죄를 털어놓았다. 어린이들이 그 무서운 죄를 숨김없이 통회 자복하니 온 동리에 큰 소동이 일어났다.

어린이 부흥회는 여러 교회에서 계속되었다. 이성봉 목사는 일찍이 소학교 교원으로 있으면서 아동 심리를 연구했다. 그러므로 주일학교 부흥회를 할 때 많은 도움을 받았다. 이것은 한때의 불꽃이 아니었다. 어느 교회에서 청년 집회를 하기로 했는데 그만 취소되었다. 그래서 어린이 부흥회를 시작했다. 그때도 성령의 역사가 일어나 많은 어린이들이 예수를 믿게 되었다.

이성봉 목사는 장로교에서 예수를 믿기 시작했고, 감리교에서 자랐다. 그러나 성결교 신학을 했기 때문에 성결교 목사로 활동했다. 그는 부흥회를 하는데 교파를 가리지 않았다. 어디서나 환영 받았다. 이는 그의 사중 복음이 적중했기 때문이다. 한국 교회의 신앙적 기준을 바로 외쳤고, 공통된 신앙을 외쳤다.

그러나 한때 성결교단에서 추방될 뻔했다. 본인도 잠시나마 떠날 생각을 했었다. 그러나 순종을 약속하고 중국으로 보내 줄 것을 요청했다. 이성봉 목사는 한국 성결교의 가장 성실한 목사였으며, 성결교단을 빛낸 목사이기도 하다. 교단정치에는 한 번도 도전한 바 없으면서도 교단 통합을 위해서 큰 공로를 갖고 있다. 그는 교단 통합 예배에서 마지막 설교를 했다.

그의 집회에서 헌금이 많이 나왔다. 어디서나 헌금을 강조하지 않는데도 헌금이 많이 쏟아졌다. 6.25 한국전쟁 때도 많은 헌금이 나왔다. 이것은 장차 망할 세상을 떠나는 청교도의 신앙이었다.

이성봉 목사는 여러 가지로 평할 수 있다. 첫째로, 청렴한 사람이었다. 한 영혼을 향한 구령의 뜨거운 열정이 타오르고 있었다. 돈에 더욱 깨끗했다. 삶이 항상 깨끗했다. 하루를 살아도 깨끗하게 산다는 신념이었다.

둘째로, 그는 기도하는 사람이었다. 항상 기도를 강조하였을 뿐 아니라 항상 기도에서 응답받은 대로 살았다. "목회자는 기도의 사람이어야 한다"라고 하였다. 셋째로, 이성봉 목사는 많은 사람을 목사로 양육했다. 사위 셋 중에도 둘이 목사이며 그의 감화로 목사가 된 사람들이 많았다.

넷째로, 그는 부흥사로 태어난 사람이었다. 즉 하나님께서 한국 교회의 대부흥사로 달란트를 주셨다고 믿었고 그대로 산 사람이었다.

마지막으로, 그는 죄인을 사랑해서 구원시키는 데 충성한 사람이었다. 영혼구원을 위해서는 자신의 모든 것을 희생했다. 이성봉 목사는 한국 교회 역사에서 가장 훌륭한 부흥사로 남아 있다.

이 글을 마치면서 그의 자서전 《말로 못하면 죽음으로》에 대한 이야기를 하고자 한다. 이 글을 자서전이라고 해서는 안 된다. 이것은 '참회록'이다. 아우구스티누스, 장 자크 루소, 레오 톨스토이의 3대 참회록이 있다. 그러나 이성봉 목사의 참회록은 루소나 톨스토이의 것보다 더 참회록적이다. 이성봉 목사는 《말로 못하면 죽음으로》라는 제목부터 참회록적이었다. 그러므로 자서전이라고 하지 말고 '이성봉의 참회록'이라고 해야 한다고 여겨진다.

이성봉 목사의 시대적 배경이 있다. 1901년 미국 은혜 감리교회 신자인 카우먼(Charles E. Cowman)과 길본(E.A. Kilborne)이 동양에 순수한 성경적 복음을 전하기 위해 일본 동경에 와서 동양선교회(OMS: Oriental Missionary Society) 간판을 내걸었다.

 이 두 사람은 친구로서 교역자 양성을 위하여 성서 학원을 세우고 4중 복음(중생, 성결, 신유, 재림)의 교리를 중심으로 가르치기 시작했다. 사실 이 4중 복음은 웨슬리의 '그리스도인의 완전'(마 5:48)이란 교리에 근거하고 있다. 한국인으로서는 최초로 정빈과 김상준이 동양선교회가 운영하는 성서학원을 졸업하고, 1907년 5월 30일 한국으로 돌아와 서울 무교동에 동양선교교회를 세웠다. 1911년 4월 영국인 선교사 토머스가 무교동에 경성 성서학원(서울 신학대학 전신)을 설립하였고, 그 다음 해인 1912년에 북아현동에 학교 건물을 신축하고 이전하였다.

 1921년 성서학원의 교수와 학생들이 15일 동안 계속된 집회를 통해 큰 은혜를 받고 교세가 날로 확장되어 갔다. 1925년 경성 성서학원에 중학교 밖에 졸업하지 못하여 다른 신학교에는 가지 못하고 찾아온 26세 된 청년이 성결교회는 물론 한국교회 강단의 거성이 될 줄은 아무도 몰랐다. 그가 바로 이성봉이었다.

 그는 하나님께서 참된 예수님의 제자로서 한국 교회에 보내신 목사였다. 그리고 훌륭한 부흥사였다. 그러므로 그가 비록 성결교회의 목사였으나 널리 다니며 부흥회를 인도했기 때문에 교단에서는 질시를 받았던 것이 사실이다. 그러나 이성봉 목사는 복음에 교단의 벽을 허물고 부흥회를 인도하여 많은 사람을 회개시켜 참 기독교인이 되게 했고, 많은 사람들을 목사로 부름 받게 했다. 그는 특별히 고난 중에서 큰 믿음의 모범을 보여준 영적 지도자였다. 많은 사람을 사랑했으며 어린이들, 나병환자들, 고아와 과부들을 사랑했다. 전쟁 중에도 곳곳에 다니며 부흥회를 인도했고 병중에도 들 것에 실려 집회 장소에 갔고 굶어도 감당했다. 가정의 식구들을 너무 돌보지 않은 잘못이 있었다. 그러나 사모와 딸들이 훌륭한 신앙인으로 계속 이성봉 목사의 복음 사역에 대해서 가장 큰 후원자가 되었다는 것 역시 모범적이었다.

이성봉 목사에게는 장점이 많이 있다. 어머니의 철저한 가정교육과 신앙 지도를 받은 사람이었다는 점, 김익두 목사 같은 분에게 깊은 감화를 받은 점이다. 오직 복음을 전하는 한 가지 일에만 몰두하고 교단의 정치나 감투에 연연하지 않았다. 대중적인 인기를 누리면서도 3가지 욕심(돈, 명예, 이성) 없이 깨끗하고 청빈한 삶을 살았다. 순교를 각오하고 복음을 전한 목사라고 할 수 있다. '말로 못하면 죽음으로'였다.

03 시무언(是無言) 이용도(李龍道) 목사

(1901-1933)

목숨 걸고 사랑을 외친 부흥사

한국 교회 역사에서 1920년대 말에 신비주의자로 나타났다가 사라진 이용도는 1901년 4월 6일 황해도 금천군 서천면 시변리에서 이덕흥과 양마리아의 4남 1녀 중 3남으로 태어났다. 시변리 공립보통학교를 거쳐, 1915년 송도 한영서원에 입학했고, 3.1 운동 때 조선 독립 주비단에 입단하여 결사대원이 되었다. 그 해 6월 4일 손봉애와 결혼했다. 1923년까지 독립운동으로 감옥에 수차례 갇혔다.

출감하여 송도 고등보통학교에 왔으나 교장인 선교사 왓슨은 이용도를 신학교에 추천했다. 별로 관심은 없었으나 '내 주여, 뜻대로 행하시옵소서'라며 서울 협성신학교 영문과에 입학했다. 공부는 하지 않고 신문, 잡지, 시집, 소설, 법률, 정치 책들을 읽고 학생들과는 이론적인 대화를 나눴고, 교수들에게는 까다롭고 괴상한 질문을 했다. 그러나 점차 마음이 가라앉았고, 신학생으로 자리가 잡혀갔다. 과는 달랐지만 이호빈, 이환신과 함께 자취하면서 친해져 형제처럼 지냈다.

1925년 겨울 2학년 2학기, 폐병 3기 진단을 받았다. 이환신은 자기

고향 강동에서 휴양하게 했다. 신학생이 왔다는 소문에 근처 교회에서 부흥회를 요청했다. 처음에는 부족한 것을 알기 때문에 사양했다. 그러나 허락된 후에는 밤을 새워 기도했다. 부흥회는 기도와 찬송을 부르는 중에 하나님의 임재를 느꼈다. 울음바다가 되었다. 여기저기서 통회했다. 이용도는 피를 토해도 예수만 전파되기를 바랐다. 죽을 각오로 설교했다. 한 주간을 지내니 밥맛도 나고 기운도 생겼다. 자신이 생긴 용도와 환신은 주변 교회에서 한 달 동안 부흥회를 인도했다.

1928년 신학교 졸업 후 처음 파송된 곳은 강원도 통천이었다. 그는 이성적이요 문학적이었다. 그래서 기도하는 청년 박재봉과 산에서 10일간 금식 기도를 했다. 이용도는 변하여 기도꾼이 되었다. 그 해 겨울 사탄을 물리쳤고, 다음 해 양양교회에서 유사한 체험으로 큰 용기를 얻었다. 50여 명인 교회가 150여 명으로 부흥했다. 여러 곳에서 부흥회를 하던 중 일본에서 공부하던 공산주의자 김광우가 회개하고 목사가 되었다. 가는 곳마다 많은 사람들이 눈물로 회개하는 성령의 역사가 일어났다.

그의 일기(p.136)에 "일어나 교회로 나갈 때는 오전 2시 반 조금 전이었습니다. 나는 주님 앞에 엎드러졌습니다. 주님께서는 나에게 다시 긍휼과 자비를 베푸셔서 통회 기도하였습니다. 온전히 세상과 나를 버리기 위하여, 늘 주님을 모시고 있게 되기를 위하여 간구하였습니다"라고 했다.

1932년에는 서북과 서울, 충청 그리고 강원도의 30여 교회에서 부흥회를 인도했다. 가는 곳마다 성령의 불길이 계속되었다. 〈신앙생활〉의 김린서는 "이용도 목사의 부흥식이라면 식이고, 파격이라면 파격이

겠다. 보기에는 갈대같이 약한 이가 강단에서는 사자같이 강하다. 이 목사의 기도란 영에 읊어지는 시편이거나 하늘에 닿는 긴 호소요, 그의 설교란 생명에 떨리는 핏방울이거나 진리가 흐르는 청계수의 한 폭이다. 복음에서 생명으로, 구원보다 예수의 정체에, 교리보다 영에, 신학보다 진리에, 의식보다 체험 등은 이 목사가 강조한 점이다"라고 평했다. 1933년 2월 22일 해주 남본정교회 집회가 공적인 부흥회로는 마지막이었다.

그의 부흥회 주제는 회개, 기도, 사랑이었다. 특히 1930년대 정체된 교회의 회개를 촉구했다. 가는 곳마다 기도 운동이 일어났고 평양중앙교회 집회를 계기로 서문밖교회의 동지들이 평양 기도단을 결성했는데 그중에 김예진, 김영선, 김용진, 이도근, 박윤선, 김린서, 이정심, 이종현, 김교순 등이 있었다. 평양노회는 이용도 목사에게 금족령을 내렸다. "1. 이용도는 거짓말쟁이다. 2. 이용도는 대접받기를 좋아한다. 3. 이용도는 파괴주의자다. 4. 이용도는 질서를 혼란케 한다. 5. 이용도를 세우면 본 교회 담임목사가 푸대접을 받는다"고 했다.

유명화의 신비주의적 사건발생시 그들을 인정했다. 이용도 목사는 장로교와 감리교에서 쫓겨났다. 그를 따르는 성도들도 교회에서 쫓겨났다. 이용도 목사에게 새 교단의 대표자가 되라고 했을 때 "주님이시여, 이 일만은 나에게서 떠나게 해주소서"라고 기도했다. 평양에서 쫓겨난 성도가 500여 명이었다. 그들이 당국에 포교계를 낼 때 이 목사의 도장을 찍었다. 그 서류가 허가되기 전에 원산에서 1933년 10월 2일 친지들과 찬송을 부르는 가운데 소천했다.

이용도는 애국자였다. 그는 양주삼을 통해 기독교 신앙과 민족의식의 상관성, 그리고 새로운 세계의 인식과 전통 활용의 방향을 배울 수 있었다. 그리고 3.1 운동에 합류했다. 개성형무소에서 2개월간 유치장에 있었다. 1920년 2월에 기원절(紀元節) 사건으로 체포되었다. 또 황해도 출신 손재홍 등이 조직한 '조선 독립 주비단'에 입단했다. 주비단은 황해도에 설치하고 독립결사대, 독립청년단, 비밀청년단과 연계되어 있었다.

이로 인해 이용도는 1920년 12월 28일 황해도 신계 경찰서에서 옥고를 치렀다. 1921년 송도고보에 재입학한 이용도는 4학년 때 '태평양회의 사건'으로 개성 경찰서에 체포됐다. 그는 성령의 역사로 사탄을 쫒은 체험으로 용기를 얻었고 부흥회마다 눈물바다가 되었다. 예수 그리스도의 피를 믿는 감격이 그를 울게 했다.

이용도의 독특한 부흥회 스타일은 오랫동안 지속되었으며 그의 예언자적 충고는 오늘의 교회에도 반성을 촉구하는 명언이다. 1930년 전후의 한국 교회는 3.1 운동 이후의 정치적 좌절감, 경제 공황, 사회주의사상 침투, 일제의 한국 민족에 대한 억압과 강화된 통제로 위기의식을 느끼고 있었다. 교회는 급변하는 상황에 적응하지 못하였고 이런 위기를 회피하고 있었다. 선교사들이 주도하던 교회의 비정치화 작업에 따라 이때의 교회는 내세적이며 현실 회피의 신앙이 강하였고, 형식과 교권으로 양떼를 먹이던 때였고 교회는 침체해 있었다.

김린서는 이렇게 말했다. "교회가 혁명 부흥 운동에 의해서 전진, 성장한 것은 역사의 과정이다. 생명체인 교회가 쇠퇴기에 들되 부흥의 소리가 들리지 아니하고 심한 부패에 타락하되 혁명의 깃발이 일지 아니하면 병이거나 죽음이다. 금일의 교회는 망하는 영혼을 곡하지도 아니하고 생명의 기쁨을 춤추지도 아니하니 조선 교회는 자느냐? 병들었느냐? 불러도 대답이 없고 외쳐도 일어나지 아니하니 조선 교회는 자는 것이다. 병든 것이다. 건설에서 날뛰어야 할 조선 교회는 어느새 벌써 잠이 드는가? 어린아이같이 충만한 생명력에 시시각각으로 성장할 조선 교회는 어찌 그리도 죽음을 향한 노인처럼 무기력한가! 사랑하는 조선 교회는 이 병적 상태에서 혁명의 수술을 받으려 하는가? 부흥의 치료를 받으려 하는가?"

이용도 목사는 "조선 교회는 부흥되어야 되겠다"라고 외쳤다. 그는 자기를 광야의 소리가 되게 해달라고 기도하였다. 광야의 소리가 되어 잠자고 있는 교회를 깨워 새 용기와 활기를 불어넣으려고 하였다. 그의 광야의 소리는 반(反)형식, 반(反)교권, 반(反)선교사의 성격을 띠었고, 형식화되어 생명력을 잃은 교회와 지도자들에게 집중되었다. 형식의 틀에 굳어버리고 직업적인 교역자 부흥사들에 대해 분노를 터뜨렸다. 요란한 기구의 개혁이 아니라 교회의 정신과 메시지의 개혁을 외쳤다. 그는 회개와 기도와 사랑을 외치며 살다가 죽었다. 회개와 기도와 사랑이 없이 참 생명 운동은 기대할 수 없었다.

그는 예수와 결혼했다고 말했다. 항상 함께 있고 그의 고난을 현재성으로 살았다. 금욕적 신비주의였다. 오직 예수께 대한 사랑을 그의 신앙의 중심으로 삼았다. 그것은 예수의 사랑으로 승화되었다. 오직 예수의 사랑을 외쳤다. "예수 사랑하심은 거룩하신 말일세"를 수없이 불렀다. 이것이 지나치게 표현되어 그는 비판받았다.

그는 기성 교회를 비판하였다. 그는 "남을 공격하려는 생각을 가져본 일은 없고 가끔 그런 일을 하지 않게 해달라고 기도도 드리는데 웬

일인지 강단에 나서면 자기도 알 수 없는 말을 하게 된다고 하였다"라고 하였다. 그가 실제로 "벽돌로 담을 쌓고 장식해 놓은 것이 교회가 아니고 이러한 예배당을 다 불질러 버리고 잿더미 위에서라도 몸과 마음을 바쳐 참된 예배를 드려야 그것이 교회이다. 현대 교회는 신앙이란 내용은 하나도 없고 껍데기와 기관과 조직만 남아 가지고서 남의 귀한 심령을 해하고 망하게 하고 죽여 버리고 있다"라고 했다.

이 설교는 요한복음 4장 24절의 "하나님은 영이시니 예배하는 자가 영과 진리로 예배할지니라" 하는 말씀에 기초한 것이었다. 그러나 이 설교는 그의 무교회주의자 혐의가 짙게 드려져 있다고 했다.

그는 교회가 예수의 사랑보다 교리와 신조에 얽매여 있는 것을 지적했다. 1929년 일기에서 신조, 조직, 언론의 선구자보다 지금 한국에 필요한 것은 회개 운동의 선구자가 필요하다고 했다. 한국 교회에 있는 것은 말질, 시기, 분쟁, 분열, 이기심이요, 없는 것은 기도, 사랑, 감사, 찬송, 협동, 봉사라고 했다. 전적으로 '예수의 피를 버리고 그 형식만 취하는 교회'라고 했다.

이용도 목사는 한국 교회에 큰 부흥의 불길을 일으켰으나 교계 지도자들은 그를 비난했다. 금족령을 내리고 이단으로 몰았다. 그 일로 인해서 서울 아현성결교회 집회에서 쫓겨났다. 1932년 평양의 중앙교회 집회 때는 6천여 명이 모였다. 이용도 목사의 인기는 높았다. 가는 곳마다 많은 이들이 운집했다. 이용도는 한국 교회에 큰 바람을 일으켰다. 그래서 현대의 신학자 중에는 "이용도 목사가 그립다"라고 한 이도 있다. 민경배 목사는 "요새 이용도 목사를 이단이라는 사람은 없다"라고 했다.

이용도 목사의 부흥 운동은 그 후의 조선 교회에 몇 가지 영향을 끼쳤다.

1) 참 나라 사랑, 민중 사랑의 본을 보여주었다. 그는 고난당하는 민족과 참으로 동고동락했다.

2) 그는 새로운 스타일의 부흥회를 시작했다. 그의 부흥회는 1907년의 부흥회와는 다른 토착적 타입의 집회였다.

3) 그는 자기만족에 빠진 교계 지도자들, 즉 선교사, 목사, 부흥사들에게 교만과 파벌 등에 대한 그들의 자성을 촉구함으로 하나님의 교회를 교리와 형식의 질곡에서 해방시켜 비록 짧은 기간 동안이었지만 새생명의 바람을 전국 교회에 불러일으켜 1930년대 초기의 교회를 부흥 내지 개혁시키는 데 일조했다.

4) 그는 전국적으로 기도의 붐을 일으켰다. 한국 교회에 기도가 없다는 것을 크게 한탄했던 그는 자기 스스로가 기도에 미치고 기도의 사람이 됨으로 기도에 불을 붙였고, 그 이후 교회마다 새벽 기도가 활발해졌고, 들과 산골짜기는 기도할 곳을 찾아 모여드는 사람들로 덮이게 되었다.

5) 이용도 목사의 감화와 부흥 운동으로 많은 젊은이들이 그리스도를 위하여 몸 바치기로 결심하게 되었다. 그 대표적인 인물들은 조경우, 조신일, 이호운, 명관조, 김광우, 변종호, 김용련 목사 등이다.

그러나 그의 문제는 폐병이었다. 그래서 33세에 삶을 마감했다. 만일에 그가 원한 대로 3년만 더 살았으면 한국 교회가 좀 더 변했을 것이다. 그가 더 살았다면 한국 교회는 크게 변했을 것이다. 심지어 선교사까지 이용도 목사를 흠모했다. 그는 빅터 웰리톤 피터스로 감리교 선교사였다. 그는 이 목사의 고향에 자주 드나들었고 한흥복이라는 한국 여인과 결혼했다. 피터스는 시변리에 들어갈 때 변두리에서 신을 벗고 맨발로 들어갔다. 피터스는 〈코리아 미션 필드〉라는 월간 선교지에 '시몬-한국의 기독교 신비주의자'란 글을 1936년 한 해 동안 매월 연재했다.

당시 이용도는 신학산(神學山)의 백남준, 유명화, 이유신, 이호빈, 박승걸, 한준명 등과의 접촉 때문에 그의 신비주의가 의혹을 받아 장로교, 감리교 양 교단의 정죄를 받던 인물이요, 기왕의 벗이던 송창근, 김린서에게도 혹독한 비난을 받고 '외로운 노변의 들꽃'처럼 파묻혀 갔다.

신학산의 이단성을 김린서는 '용도교회 내 조사 발표'(〈신앙생활〉 1934년 4월호)라는 글을 통해서 밝혀냈다. "1. 성경 권위 부인. '백남준이 구약은 생명을 들려주고 신약은 생명을 보여주고 새생명의 길은 생명을 받게 한다고 해서 새생명의 길은 신약 이상의 것으로 망언하였고 신구약 66권만이 성경이란 고집을 버리라고 했다.' 2. 삼위일체 신 부인. 소위 새생명의 길에 의하면 '성신은 각 위가 아니다'라고 했다. 3. 예수의 재림과 신자의 부활 부인. 입류 신(入流 神)이 말하기를 '이렇게 입류하는 것이 재림이다. 또 다른 재림이 없느니라'고 했다. 4. 천계에 대한 이설(異說). 천계에 대한 설은 스웨덴붉의 '천계와 지옥' 또는 선다 싱의 '영계의 묵시', 그것을 성경 묵시록과 같이 여겨 신학이라고 여러 가지 설을 말했다. 5. 예수의 가형설(假形說). 접신녀(接神女)가 '나는 마리아의 피 한 방울도 안 받았다'고 하여 저들은 이를 자기의 독특한 교리의 하나로 주장했다. 이는 영지주의 사상의 예수 가형설이다. 6. 원죄와 속죄 공로 부인. 원산 신학산에서 한 학생은 어름어름하지 말고 교리를 정면으로 가르쳐 달라고 세 시간 동안이나 부탁했다. 다음 날 교수는 "나는 지난밤 자지 못했소. 예수의 피 공로라든지 속죄라든지, 죄의 이탈이라든지, 성신 정화라든지, 원죄라든지 다 없는 것이요. 예수는 빛이요 죄는 어두움인데 빛이 임함으로 어두움이 없어지는 것뿐이요"라고 했다.

김린서가 이용도를 찾아갔다. 이미 이용도가 장로고, 감리교 교단에서 이단으로 지목을 받았던 때이다. 1933년 10월 이용도가 세상을 떠날 때에도 김린서는 그를 바로 보고 있었다. 이용도가 이단으로 단죄되는 것이 "조선의 죄냐, 그대의 죄이냐, 내 이를 애통하노라"고 했다. 그 후 1934년 '용도교회의 내막 조사 발표'라는 장황한 비판적 글에서 이용도를 이단으로 규명한다. 그가 원산의 접신녀 유명화의 입류언(入流言)을 계시로 오신(誤信)한 것을 성토했다. 김린서는 이용도가 "속은 사람이요, 속이는 사람은 아니었다"라고 했다. 그러나 김린서는 이용도가 신비주의와 교회 분열을 한 것이 흠이라고 했다.

"나는 별것 다 봅니다. 무교회지도 보고 사회주의지도 봅니다. 나는 어떤 때 형제에게는 불경 좀 보기를 권하고, 또 어떤 교역자에게는 사회주의지 보기를 권하기도 합니다. 취사(取捨)의 일을 주님께 의탁한 나는 무엇에나 다 접근합니다. 나를 기를 수 있어야 취하고, 나를 기를 수 없어 나는 버립니다."

초기 한국 개신교의 부흥 운동을 이끈 이용도 목사는 그렇게 자유로웠다. 그는 서구에서 들어온 기독교에 의심의 눈길을 보냈다. 유교와 불교, 심지어는 무속에 이르는 동양적 영성이 조화된 새로운 한국적 기독교의 모형을 탐색했던 것이다.

100여 년이라는 짧은 기간에 개신교가 우리나라 최대 종교의 하나로 자리 잡을 수 있었던 것은 어쩌면 이용도 목사와 같은 이들이 부흥을 일으켰기에 가능했을지도 모르는 일이다. 대한예수교장로회 총회 역사위원회 주최로 모인 한국 교회사 세미나는 그 가능성의 단초를 엿보는 자리였다. 한국 교회 부흥 운동을 이끈 주요 인물 중에 이용도 목사를 비롯해 길선주, 이성봉 목사를 주목했다.

'한국적 개신교'라는 관점에서 보면 이용도 목사가 단연 돋보인다. 이용도는 1919년 3.1 운동 이후 한국 교회 부흥 운동을 주도한 감리교 목사인데 성백걸 교수는 그에 대해 "아시아 영성을 바탕으로 근대 개신교의 모형을 한국적으로 변형시켰다"라고 강조했다. '아시아 영성'에는 유, 불, 선의 가치가 모두 내재해 있다. 이용도 목사는 평소 '창조'를 '창성'으로 표현했는데, "이는 창조와 완성을 뜻하는 것으로 하나님의 창조와 동양의 음양 생성 이론을 융합한 것으로 동양적인 변형적인 변형을 이룬 개신교의 모형"이라는 것이 성 교수의 주장이다.

그는 과연 '전적 광인'(全的 狂人)이었는가? 이러한 초인적 활동이 기성 교회와의 갈등을 빚었다. 그런 어려움이 이용도에게는 그리스도와의 일체감을 갖게 하는 신비주의로 가는 길이었다. 그의 부흥회는 1931년에서 2년 동안이 절정이었다. 간도(間島), 남만(南滿), 서북의 장로 교권을 다녔다. 그때의 설교는 '고난 받으시는 그리스도'에 대한 애절한 사랑과 앙모였다. 수난의 민족사에서 십자가의 그리스도상이 가슴마다 파고들듯 호소하였다.

이용도는 "예수와의 친밀한 관계는 예수의 영의 약동, 거기를 한 곳이라도 만져 보아야 성립할 수 있다"라고 했다. 그는 기독교 신비주의의 한 원형을 보여주었다. "신비주의가 기독교에서 신과 인간의 본질적 일치나 융합이 아닌 고도의 인격적 일치를 말할 때는 항상 성애나 결혼의 은유를 써 왔다"라고 헤일러가 말했다. 이용도는 "주는 신랑 나는 신부, 주여, 침방에서 사귀는 사랑의 사귐의 때를 허락하소서"라고 하여 예수를 유일한 애인으로 표현했다.

십자가도 구원의 사건이 아니라 우리 위해 당하시는 고난에 대한 애틋한 사랑으로 여겼다. 그래서 이용도에게는 구원론이 없다. 신비주의가 있을 뿐이다. 이렇게 그의 그리스도 신비주의는 한국 교회에서 배척을 받아 고독하게 되므로 원산에 있는 신령 신비주의 집단에 가게 되었다. 그의 병과 소외가 그리스도의 사랑에 대한 피안적 경건으로 그를 이끌고 간 것이라고 민경배는 피력했다.

그의 불행은 정이 넘쳤기 때문에 비롯되었다. 사랑으로 사람들을 대했고 정으로 사람들을 감쌌으며, 불행의 때가 왔을 때 자신의 유리한 이점들을 포기한 채 불행을 사랑으로 껴안았다. 사랑은 죽음보다 강하다고 믿었기에 현실에서 사랑의 배신을 맛보았고 교회 정치에 희생당해 고독한 사람이 되었다.

1932년 평양에서 한준명이 강신극(降神劇)으로 교회의 비난을 받을 때 이용도는 그를 옹호했다. 1931년 황해도 재령 부흥회 때 김경하 목사에게 〈성서 조선〉을 주어서 무교회주의자라는 의혹을 받았다. 기성 교회의 "경직된 교권과 생명 없는 교리와 전통의 신학"을 혹독하게 비판했다. 신비주의자들은 그들 나름대로의 가치 기준이 있다. 이용도는 좌우명으로 다섯 가지를 들었다. 곧 "고(苦)는 나의 선생, 빈(貧)은 나의 애처(愛妻), 비(婢)는 나의 궁전(宮殿), 예수는 나의 구주(救主), 자연(自然)은 나의 친구(親舊)"라고 했다. 그는 "아주 미칩시다. 예수에게, 물불을 헤아리지 않는 성광(聖狂)을 이룹시다"라고 했다.

이용도를 공개적으로 비난한 다섯 가지는 ① 재령교회의 불영접(不迎接)을 훼방한다, ② 사리원 자매들과의 서신 왕래, ③ 소등 기도(消燈祈禱), ④ 교직 공격, ⑤ 〈성서 조선〉지 선전 등이다.

1927년경 원산감리교회에서 신앙생활을 하던 유명화는 입신 체험을 했다. 예수가 자기에게 친림하였다고 주장하므로 그 신비한 체험이 불처럼 번져 나갔다. 이용도 목사는 한준명 목사를 만남으로써 이들과의 교제가 깊어졌고, 박승환 장로의 아내인 유명화의 신적 친림에 참석하여 그의 신탁 언어에 빠져들었다.

이호빈 목사도 이용도 목사에게 보낸 편지에서 "주께서 스웨덴붉과 선다 싱에게는 나타나셨지만 유명화에게는 친림하셨습니다"라고 했다. 이에 이용도 목사는 원산에 가서 이 입신녀 앞에서 신비 체험을 하면서 "주여!"라고 했다. 이용도 목사 연구에 평생을 걸었고 저작 출판에 정열을 쏟은 변종호 목사는 이전까지는 이용도 목사가 흠 잡힐 데 없는 인기와 신뢰를 갖고 있었다고 하였으니, 이용도 목사 몰락의 결정적 계기가 여기 있었음을 알 수 있다.

1932년 최석주 목사가 원산 명석동에서 이용도를 만났다. 이용도는 유명화에 대해서 "명화라는 그 개인은 주도 아니요, 하나님도 아니다. 그를 통해 나타나시는 말씀만이 곧 주시라. 그러므로 그 말씀 안에는 경배하지 않을 수 없다"라고 했다.

이용도가 유명화의 친림 신탁의 체험에 대하여 한 말이 인상적이다. 첫째, 기도하는 동안 서너 번, 혹은 십여 차례 느끼다가 한숨을 크게 쉼. 둘째, 이때 유명화는 무아 상태에 들어감. 셋째, 이런 입신 상태에서 하는 말은 다 주께서 친히 말씀하신 것임. 넷째, 그 말에는 불의와 악이 없고, 또 과거와 미래지사를 통찰하게 됨. 다섯째, 그 입신 상태에서 깨어나면 평상시와 같은 겸손한 한 여자가 됨. 여섯째, 입신 상태는 극히 평온한 때도 있으나 분노와 권위로 나타날 때도 있음.

그중 세 번째 것이 이용도를 혼미하게 했다. 최석주는 이용도가 미혹되었다고 지적했다. 그러나 김린서는 이용도를 이해하는 편이었다.

김성실이라는 사람은 금강산 은자(隱者)로서 영지(靈知)가 밝은 신비 경험자이다. 그러므로 이용도 목사에게 두 번이나 권면했다. "속지 마소서. 말세요, 신앙의 근본 진리를 모르는 고로 잘못 말하는 자가 많습니다……그들의 말을 무슨 괴이한 묵시나 환상으로 보아서 그대로 살려고 해서는 안 됩니다"라고 했다. 그러나 그것도 소용이 없었다.

원산 접신파와의 합류는 다음 단계로 옮겨갔다. 타의도 있었으나 1933년 6월 3일 '예수교회'의 창립에 동의하고 포교계를 제출하면서 그 선도감(宣道監)에 추대되었다. 그의 내심은 번민하였다. 이용도 사후 3일째 임시 공의회를 소집, 이호빈을 이용도 후임 선도감에 추대하고, 11월 1일 평양 하수구리에서 교회 설립 선포식을 가졌다. 이런 일련의 성급한 조치들과 그 조직 및 헌장 작성 등에서 실질적 추진력으로 현존했던 인물이 백남주다. 변종호는 이용도 몰락의 배후에 백남주가 있었고, '예수교회'와 이용도는 무관하다고 했다.

1933년 3월 26일 이용도는 "평양에서 버림받은 무리들이 '예수교회'라는 간판을 걸고……적지 않은 일이 벌어졌으니 야단났습니다"라고 할 만큼 사태 진전을 모르고 있었다. 그런데 백남주와 한준명 및 박승걸은 이미 그해 1월 3일에 '새생명의 길'을 선포했고, 그것으로 '예수교회'의 설립 근거를 삼았다. 이것이 이용도와는 관련이 없다고 여겨진다.

그래도 그를 이단으로 몰았다. 그가 마지막으로 선 강단은 해주의 감리교회였다. 그에게 교인들이 돌을 던졌다. 머리가 터지고 피가 흘렀다. '완성'의 날이 다가오고 있었다. 1933년 가을, 친구들은 이용도의 병이 회복될 희망이 없음을 알았다. 마지막을 지켜 본 이호빈 목사는 "최후 4일간을 그의 병석에 함께 있었는데 사흘이 되는 날까지도 건강이 회복되는 기대가 나에게도 있었고 환자 자신에게도 있는 것 같았으나, 마지막 날 아침부터는 회복 못할 것을 알게 되었다"고 비통해 하였다. 1933년 10월 2일 오후 5시, 모친과 아내 송봉애와 두 형제 그리고 동지들이 그의 임종을 지켰다.

이용도 목사에게 죽음은 빨리 찾아왔다. 33세였다. 그러나 그는 이미 25세에 폐결핵 3기였고, 1931년 겨울부터는 심각해졌다. 1932년 겨울부터 그는 죽음을 말하곤 했다. "나의 앞에 죽음밖에 없노라. 십자가, 나는 오직 그 후에 오는 부활을 바라노라. 이 육에 속한 체(體)는 완전히 죽어 버리고 영에 속한 체(體)로 바꾸려 하노라. 이것도 성의(聖意)를 기다릴 뿐이로다. 내용으로는 죽을 수도 없고 더구나 사도라는 그런 영광을 감당치 못하겠노라. 오직 성의(聖意)가 있을 뿐이로다."

그는 죽음을 앞에 두고 이 기도를 드렸다. "오, 주여! 나에게 3년만 더 주옵소서. 그리하여 나의 온 힘과 열정을 가난한 이들에게 쏟게 하소서. 그들과 함께 굶고 그들과 함께 웃고 그들과 함께 울게 하옵소서. 오, 주여! 단지 3년만 그들에게 줄 수 있게 하옵소서."

그의 호는 시몬이다. 한문으로는 시무언(是無言)이다. 곧 말을 하지 않는 것이 옳다는 뜻으로 신비주의의 침묵을 두고 하는 말이다. 신비주의자들은 하나님과 일체를 이루는 경험을 높은 종교적 황홀과 입신으로 보는데 그런 상태는 말로는 표현할 수 없기 때문이다. 성 시므온은 주후 6세기에 시리아 에데사에서 태어난 소년이다. 그는 20세 때 예루살렘에 갔다가 은혜를 받고 사해 근방 조그만 초막에서 29년을 침묵의 고행을 했다. 그리하여 무언, 겸비, 기도의 생활 끝에 예수 닮은 자, 순수한 성령인, 다 이룬 자로서 살았다는 이야기가 있다. 이처럼 시무언(是無言), 즉 침묵의 성자이고자 했던 이용도 목사였다.

1931년 2월 평양 중앙교회 부흥회는 500명 들어갈 교회당에 1천여 명이 들어왔다. 그때 전한 "피의 설교"는 그의 대표적인 설교였고 확신이었고 기도였다. 특히 설교 메모밖에 남아 있지 않았던 그날의 7시간의 설교는 이러했다.

"주께서 십자가에 달리신 때에 네가 남을 구할 수 있는 자이거든 거기서 내려와 먼저 네 몸을 구하라고 했다. 그러나 주님은 거기서 죽었다. 여기에 진리가 있으니 세인은 영웅이나 귀인이나 먼저 자기가 살고 남을 살린다. 이것이 과학적이고 합리적이다. 그러나 하늘에서의 사랑, 예수의 사랑은 먼저 제가 살고 남을 살리는 것이 아니라 자기는 죽고 남을 살리는 것이다. 자기는 벗어서 남을 입히고, 자기는 주리고 남을 먹인다. 이것이 지상에 처음으로 나타난 새 사랑의 원칙이다."

결론은 그의 생애를 이해하는 신학적인 단편이다. 이것으로 이용도의 제자직의 신비를 알 수 있고 십자가 신비주의를 알 수 있으리라.

"최후에 주님은 다 이루었다고 하셨다. 이 말씀도 세상 사람으로는 못할 말이었다. 예수처럼 실패한 이는 세상에 또 없다. 친구, 친척, 백성이 다 버리고 가장 사랑하던 열두 제자도 다 버리고 돌아섰다. 그런데 주님은 다 이루었다고 하셨다. 이 말에 깊은 의미가 있으니 세상 사람들은 살아서 계속하고 살아서 끝맺는 것이지만, 예수는 죽어서 시작하고 죽어서 계속하고 죽어서 끝맺는 것이었으니, 이것이 예수의 방식이요, 이것이 즉 살아서 영생하는 도인 것이다."

그는 어린이 설교를 잘했다. 연극 대본을 써서 연출, 주연을 했다. 그것이 "십자가를 지는 이들"이다. 어린이 사랑이 부흥회에서 어른들에게까지 이어졌다. 예수님은 사랑이므로 나도 다른 사람을 사랑해야 한다고 생각했고 그대로 실천했다. 그래서 송창근이 미국 유학 갈 때 자기의 단벌 양복을 고쳐서 주었다. 길에서 거지를 보면 옷을 바꾸어 입었다. 부흥회에서 사례비를 받고 나올 때 거지들이 줄을 서 있으면 그들에게 모두 나누어 주었다. 집에는 돈을 갖고 가지 못했다.

하나님은 사람을 택하시는 방법이 묘하시다. 이용도가 감옥에서 나왔을 때 교장 왓슨(A. W. Wasson, 왕영덕) 선교사가 이 독립군을 목사가 되게 하려고 신학교로 보냈다. 그가 목사가 된 것은 하나님의 뜻이었다. 소명의 주체는 하나님이시다. 이용도는 하나님의 뜻에 순종했다. 그래서 짧은 부흥사의 삶을 통해서 한국 교회에 큰 성령의 불길을 일으켰다. 그것은 '오직 예수'였다. 예수님의 기도 생활, 회개하는 죄인, 예수님처럼 사랑하는 사람이 그의 신비주의의 내용이었다.

이용도는 어머니에게서 기도를 배웠다. 목회 초기에 금강산 기슭 백정리에서 10일간 금식 기도를 통해 기도하는 목사가 되었다. 산기슭이든 시냇가든 가리지 않고 엎드리는 곳이면 기도했다. 12월 24일 밤 기도 중 악령을 쫓아낸 경험은 그의 기도생활의 극치라 할 수 있다. 그 기도에서 받은 계시가 곧 설교가 되었다. 그의 신비주의의 원천은 기도다. 그는 기도를 통해서 절망적인 삶이 새로운 희망이 될 수 있는 영적 능력이었다. "그리스도의 죽으심", "십자가"의 제목이 말해 준다.

이용도에게 구원은 곧 예수의 고난을 본받는 것이었다. 그는 기도의 예술가였다. 변종호의 서간문에서 "기도! 어찌 기쁜 소식인지 모르겠습니다. 늘 기도해 주세요. 기도는 생명의 탄생처입니다. 기도 가운데서는 무슨 생명이 나오고야 맙니다"라고 했다. 기도는 예수의 십자가에서 자기를 부정하고 부활의 생명으로 변화되어 가는, 생명의 역할로서의 기도 생활이 기독교인들에게 희망을 주었다. 그는 기도를 '하늘도 땅도 다 손아귀에 넣고 죽음, 가난, 고민을 다 한덩어리를 만들어서 주먹에 넣고 사는 길'로 보았다.

그를 신비주의자라고 한다. 성경 속에 '신비주의'란 어휘는 없다. 그러나 신비주의란 '입과 눈을 막는다'는 헬라어에서 왔다. 그것은 내적이며 신적인 조명을 받기 위해서 외부적인 것을 떠나 초월적, 종교적 비전을 전수받는 것이다. 이것이 기독교 역사에서 여러 형태로 나타났다. 6세기 시리아 수도승인 디오니시우스의 영향에 의해서 시작되었고, 그 전성기는 1250-1500년의 중세기였다. 기독교 신비주의는 단순히 고립된 환상이 아니라 그 핵심에는 하나님의 사랑을 온전하게 성취하려는 유기적 과정이다. 즉 그리스도의 사랑을 통해서 궁극적으로 그리스도와 하나 되려는 인간의 노력과 연관된 것이다.

이용도가 경계를 받기 시작한 것은 1930년이었다. 통천교회를 사임하게 하고 그를 주일학교 전국 연합회 간사로 파송했다. 부흥회를 하지 말라는 경고였다. 주일학교 강습회를 해도 그의 강의는 부흥회로 변하고 말았다. 그래서 경성지방 순회 목사로 파송되었다. 감리교 순회 목사인데 초교파적으로 부흥회를 인도하면서 전국을 돌아다녔다. 1932년부터 그의 신앙 노선이 의심을 받았다.

이용도 목사의 친구였던 김린서, 송창근과 김성실, 최태용, 김교신, 박형룡, 길선주 등 모두가 비판했다. 숭실 대학 학장이었던 베어드 목사는 이들을 가리켜 영적 은사를 강조하는 이단이라고 했다. 그런데 오늘 이용도 목사를 '금욕적 신비주의', 존 웨슬리와 중세 신비주의자 버나드(Bernard)처럼 오직 예수에 대한 사랑을 신앙의 중심으로 삼았다고 평한다. 민경배는 "고난 받으시는 예수 - 신비주의"로, 감리교 선교사 도마련(Marion B. Stokes, 1882-1968)은 "길선주에 이은 김익두, 이명직의 부흥 집회를 외형적이며 물량주의적인 운동"이라고 비판하며 "영적 능력의 결핍"이라고 단언했다. 부흥회에서 신비적 영성을 실천한 사람이 이용도였다.

감리교의 송길섭은 그를 광신주의자나 신비가로 보기보다는 예언자적 교회 개혁자로 보자고 했다. 윤성범은 "십자가 신비주의"라고 표현했다. 김철손은 이용도를 "예수 - 신비주의"라고 칭하며, 한국 사람의 심성에 맞는 한국적 신비주의를 창도한 부흥사라고 했다. 유동식은 이용도의 신앙과 신비 사상에서 무슨 병적이거나 이단성 같은 것을 찾을 수 없다고 했다. 이영헌은 이용도의 신비주의를 "신부 신비주의"로 규정했다. 김인수는 이용도를 "신비주의자나 이단자로 부르지 말고 '자유인'이라고 불러야 옳다"라고 했다. 아무것도 무서워하지 않았으며 세상에 대한 욕망이나 욕구를 모두 포기하고 하늘만을 바라보고 산 '자유인'이었다. 그의 모든 행동은 자유인으로서 충분했다고 평했다.

한숭홍은 한국 신학자 가운데 이용도를 지나치게 해석하는 경향이 있다고 하면서, 그를 서양의 신학자들과 대등한 신학 사상으로 높이며 이용도를 에크하르트처럼 "한국의 종교적 영웅"으로 추켜올린다. 그러면서 한 교수는 "신앙은 초월적 차원에 대한 현실적 반응이란 점에서 참된 신앙의 깊이에 접하면 누구나 신비스러움을 느낄 수밖에 없다"라고 했다. 신령한 설교란 신비적 체험이나 신비스럽게 전달하는 것을 말한다고 할 때 한국 교회는 신비적 체험을 가진 설교자의 말씀을 원하고 있다.

박용규는 "이용도를 비판하는 이들이 주장하듯 그는 이단의 주창자는 아닌 듯하다"라고 했다. 김홍기는 시무언(是無言)의 영성을 논하는 가운데 루터적 십자가 신학 중심의 영성 운동으로, 웨슬리적 성화 추구의 영성 운동이라고 했다. 김홍기는 이용도의 신비주의를 성 버나드의 성애적 신비주의이며, 영적 신랑인 그리스도를 사모하는 영성이라 했다. 변선환은 이용도와 마이스터 에크하르트의 신비주의를 논의함에 있어, 이용도를 한국 선교 도상에서 주님을 위하여 곧은 길을 예비하였던 '제2의 세례 요한'이라고 높이 평가했다.

이용도에 대한 기존 연구자들의 전형적인 이해는 '열광주의자', 'Christian Mystic' 혹은 신비주의 종파의 대표적 '신비주의 계보'라고 묘사했다. 유동식은 이용도의 열광주의에서 일종의 허영심과 인기에 편승하려는 영웅심을 지적하면서도 병적인 것이나 이단성을 찾기는 어렵다고 했다.

이런 면에서 이용도를 이단이라고 단정하기는 어렵다. 그리고 신비주의자로 몰아붙이는 것은 그에게 오히려 긍정적인 부흥사 이미지를 갖게 했다고 할 수 있다. 왜냐하면 신령한 부흥사에게 있어야 할 것은 신비적인 사건이다. 훌륭하고 은혜가 넘치는 부흥사들은 신비적이었다는 사실을 잘 알고 있다. 그래서 기사와 이적이 나타나고 신비적인 체험을 갖게 된다고 했을 때 성도들에게 많은 신령상의 은혜를 받게 한다.

이용도 목사가 좋게는 신비주의자로, 나쁘게는 이단으로 규정받았으나 지금도 그를 그리워하는 이유는, 그의 열정적이고 신령한 설교 즉 성령의 역사로 설교하여 회개 운동이 일어났으며 기도 운동이 전개되었기 때문이다. 그리고 그는 한 시대적 부흥 운동의 역사를 이루었다. 이런 면에서 한국 교회의 부흥 역사를 연구할 때 반드시 다루어야 할 인물이다. 그는 한국 교회에 성령의 바람을 불게 했던 부흥사였다. 당시에 그를 시기했다고 하지만 과연 목사가 목사를 시기했다고 하면 이것은 어불성설이다. 분명히 별난 신비주의자였고, 이단성이 있었던 것이 사실이다. 그러므로 금족령을 내렸고 감리교단에서 사표를 수리했다.

그러나 지금에 와서 이용도를 객관적이고 역사적으로 평한다면, 이용도는 신비주의적인 경향은 있었으나 이단은 아니었다고 여겨진다.

진리는 말하는 데 있지 않고 사는 데 있으며, 신앙은 설교가 아니라 삶이라고 선언했다. 이용도가 그렇게 살아간 데 대한 주재용의 의견은 "첫째, 그의 신비주의적인 종교적 선천성이요, 둘째, 고난의 민족사 속에서의 절망적 삶의 상황, 종말론적인 환상과 희망으로서만이 오늘을 살아갈 수 있었던 그의 시대적 배경, 셋째, '굵고 짧게' 살기를 원했으며 하루하루를 마지막이라고 생각하고 살아야 했던 그의 건강 상태, 넷째, 도그마화 되어 생명력을 상실한 한국 교회에 대한 그의 개혁적 열정, 마지막으로 다섯째, 자기를 버리고 그리스도와의 완전한 합일만을 추구한 그의 신앙에 의해서 가능했을 것이다"라고 했다.

1930년대는 김익두 목사의 부흥회가 일본인들에게 금지 당했고 신(新)신학이 들어오기 시작한 때였다. 이때 이용도의 부흥회 설교는 불을 토하는 성령의 역사였다고 역사가들은 말하고 있다. 그는 설교를 총알같이 빠른 말로 10분에 끝내기도 하고, 어떤 때는 3시간, 4시간, 7시간을 계속하였다. 가장 오래 설교한 적이 있는데 저녁 설교를 시작해서 새벽 기도회가 끝날 때까지 계속했다. 그렇다면 적어도 8시간 내지 9시간으로 여겨진다.

그는 설교를 준비하지 않았다. 준비한다고 하면 기도하는 시간이다. 그래서 신학적으로 문제되는 때가 있다. 설교하다가 목이 쉬어서 소리가 안 나오면 손수건을 흔들어도 눈물을 흘리며 은혜를 받았다. 이용도는 눈물이 많았다. 기도하면서도 울고, 설교하면서도 울었다. 혼자서도 울고, 부흥회 시간에도 울었다. 자신을 위해서도 울고, 교회를 위해서도 울고, 나라를 위해서도 울었다. 그는 예수 그리스도의 십자가를 생각하며 눈물을 많이 흘렸다.

이용도의 신앙은 한국 교회에 많은 영향을 끼쳤다. 그의 신앙은 보다 높은 것을 바라는 복음적 신앙인의 삶이었기 때문이다. 그는 금욕적이었으며, 신앙을 중요시했으며, 신앙은 개인적이지만 더욱 넓혀가는 데서 사랑으로 변화된다고 했다. 그래서 예수를 죽도록 사랑하고 그 사랑으로 이웃을 사랑하는 것이 예수 믿는 사람이라고 생활을 통해 보여주었다.

민경배는 이용도 목사를 두둔하는 것으로 여겨지는 글을 쓴 적이 있다. "사람이 쫓기고 배척을 받으면 외로워진다. 그리고 누구든 손을 뻗으면 거기에 안기게 된다. 고독은 그렇게 무서운 것이다."

이용도 목사가 마지막으로 강단에 선 것은 해주의 감리교회였다. 그에게 교인들이 돌을 던졌다. 머리가 터지고 피를 흘렸다. 그때 그에게 손을 뻗은 이들이 원산의 백남주 일파였다. 이용도 목사는 원산으로 갔다. 그리고 유명화라는 여인 앞에서 주님의 음성을 들었다고 착각하였다. 그들 속에 묻혔다. 원산만이 그에게 마지막 피난처를 제공했다. 백남주는 이용도 목사 일파와 손을 잡고 '조선예수교회'를 설립했다. 더러는 이용도 목사가 속은 사람이요, 속인 사람은 아니라고 변명하였다. 하지만 이것이 이용도 몰락의 결정적인 계기가 되었다.

이용도를 이단이 되게 한 원인을 제공한 책임이 기성 교회라고 여겨진다. 젊은 목사가 성령 운동을 벌이는데 신비적인 요소가 있다고 비판하고 금하기보다는 좀 더 아량을 갖고 너그럽게 선도했다면 좋았을 것이다. 기독교는 신비적인 면이 있다. 그렇기 때문에 종교로 인정된다. 종교에 신비적 요소가 없다면 그것은 철학이요 도덕이지 종교는 아니다. 그리고 신비주의의 반대는 세속주의일 것이다. 이렇게 도식을 만든다면 신비주의는 기독교의 바른 내용이라 할 수 있다.

이용도에게 신비주의가 문제된 것은 이단과 연결되었기 때문이다. 교회에서 금족령을 내릴 것이 아니라 그를 더 많이 세움으로 선도할 수 있는 길이 있었을 것이다. 그리고 그가 좀 더 살았다면 바른길로 돌아왔을 것이다. 이용도는 무지한 사람이 아니요, 철학을 알았고 문학을 좋아한 사람이라 논리적인 사고를 할 수 있었다. 그를 조금만 더 기다려 주었다면 이단자가 되지 않을 수 있었을 것이다. 그러면 이용도는 이단자인가?

직설적으로 말하자면, 그렇다고 할 수밖에 없다. 그러나 이용도가 이단적인 요소나 이단적인 설교를 했는가 할 때는 그 증거를 찾기 어렵다. 그래서 지금 와서 많은 이들이 이용도 목사를 그리워하며 그의 설교를 듣기 원하는지도 모른다.

이용도가 시작한 기독교 신비주의 운동이 한국 교회에 새로운 활력을 갖게 했고, 그 당시 사회주의 운동이나 세속으로 편향되던 대중에게 신앙의 바람을 일으킨 것이 사실이었다. 그런데 이용도는 이 신비주의 운동을 교회 테두리 안에서 일으켰다. 불행하게도 교회의 신학자와 교역자들에게 거부되어 교회에서 나가라고 했다. 심지어 어떤 역사 분석자들은 기성 교회 지도자들의 시기와 질투에 의해서 거절당했다고 한다.

이용도의 설교는 금욕주의 요소가 농후했다. 겉으로는 중세 수도원을 비판했으나 실제로는 수도원에서 지켰던 청빈, 순종은 그대로 지키려 하였다. 그의 사상은 고난의 예수와 직접적인 사랑이라는 두 주제를 통하여 신비적 합일을 도모하며 그의 '사랑'은 상징적으로 성애로 표현되었다. 또 그는 자기방기(自己放棄)를 통하여 몰아적(沒我的) 사랑을 체험하였는데, 동물에게까지 이어져 호랑이가 물어도 물려 죽겠다고 했으며 개가 짖을 때 지팡이를 들었다가 회개한 일이 있었다. 신앙 태도에 다소간 다른 점이 있다는 한준명은 고사하고 도적이나 살인강도라도 손을 잡고 눈물을 흘리다가 죽기를 원했다. '무조건적이며 제약 없는 사랑'을 실천하다가 그는 기성 교회의 이단 시비에 올랐다.

　이용도가 이단이라고 단정할 수 없다고 했다. 그렇다고 이단이 아니었다고 할 수 있는 근거도 없다고 했다. 그러나 역사가가 무승부라고 한다면 이용도는 진심으로 예수님을 죽도록 사랑한 목사로서 한국 교회를 사랑하는 마음으로 외쳤다고 보아야 할 것이다. 그런 가운데 조금 잘못된 사건도 있었을 것이다. 그것을 역사는 용서한다고 여겨진다. 역사적으로 평가한다는 것은 결과론에 치우치는 것은 아니지만 이용도 목사가 한국 교회에 부흥 운동을 일으켰다는 것이다.

　그의 부흥회에 온 사람들은 진심으로 회개했고, 예수님을 사랑했고, 이웃을 사랑했으므로 일본 학정 밑에서도 두려움 없이 믿음을 지켰다. 예수님이 말씀하신 대로이다.

"그들의 열매로 그들을 알지니"(마 7:16).

　오늘 이용도 목사를 그리워 함은 그런 부흥사가 있었으면 하는 소망 때문이다. 그는 한 시대의 예언자였다. 그렇게 외쳐 줄 예언자적 설교를 그리워하는 것이다. 한국 교회는 지금 진정한 예언자의 설교가 필요하다.

　이용도 목사의 시대적인 배경을 보면 한국 교회의 정신적, 시대적 고난의 때였다. 유금주는 두 가지로 말하고 있다.

　첫째, 선교사들의 선교 기관으로의 은퇴라고 했다. 즉 선교사들이 직접적인 선교에 나서지 못하고 직접적인 영향력 행사가 불가능하게 되었다. 선교 역사가 짧은 한국 교회가 후견자가 사라진 것이다.

둘째, 물질적 가난은 일제의 식민지 경제 수탈의 결과였다. 1920년 말부터 세계 경제 공황이 오고 있었다. 한국인들은 가난에 시달리는 상황으로 극심했다. 이런 점에서 이용도 목사의 신비주의는 역사적 산물이었다. 그 신비주의가 타깃이 되었다. 그의 신비주의는 기사, 이적, 예언과 방언으로 이룩되지 않았다. 철저한 예수 정신, 영에서 살자는 속세 탈출 신앙이었다. 그것이 예수와 함께 십자가를 지는 고난에 합일하는 데까지 나아갔다.

그의 활동 기간은 길게는 5년, 짧게는 3년에 불과했다. 그는 유창한 웅변과 예민한 감정 표현으로 성도들을 울리고 웃겼다. 바닥에 납작 엎드린 기도의 자세는 통회의 눈물로 계속되었다. 그 시간도 한정되지 않았다. 강단에 엎드리는 기도가 끝나야 설교가 시작되었다. 그는 기도에 미친 사람이었다. '목석도 눈물을 흘리게 하는 기도', '웅변은 사람을 동하게 한다. 그러나 기도는 하나님의 마음을 동하게 한다'고 했다.

그러나 성경을 깊이 있게 해석하므로 예수님의 신앙으로 정확하게 풀어 주었다. 목사는 믿음으로 목회하고 믿음으로 설교해야 한다는 것이다. 그런데 당대의 목사들은 믿음으로 하지 않고 교리와 정치적 역량으로 했다는 것이다. 믿음이란 예수 중심의 믿음이다. 그 외의 것은 모두 가짜요, 형식이요, 외식이라고 했다. 철저한 목회관이 필요하다는 것을 역설했다.

그는 일기(p.101)에서 "현대의 교인은 괴이한 예수를 요구하매 현대 목사는 괴이한 예수를 전한다. 참 예수가 오시면 꼭 피살될 수밖에 없다. 참 예수는 저희들이 죽여 버리고 말았구나. 그리고 죄의 요구대로 마귀를 예수와 같이 가장하여 가지고 선전하는구나. 화 있을진저, 현대 교회여!"라고 했다.

다음은 사랑이었다. 사랑이란 실천적인 것이다. 아무리 교리적인 설교를 잘해서 성도들에게 믿음을 잘 알게 할지라도 실천적 사랑이 없다면 울리는 꽹과리가 되고 만다. 사랑은 명사가 아니라 동사이다. 그러므로 실천이 필요하다. 지식이 아무리 고상하더라도 사랑이 없으면 비열한 인격자가 되고 만다. 설교는 잘하는데 실천이 없는 목사는 잘못된 것이라고 했다. 그의 입장은 이성과 감성의 균형을 이룬, 사랑의 실천과 행위를 동반하는 지식을 외칠 따름이었다.

또한 목사에게 기도가 없으면 영적으로 빈사 상태에 머물게 되고, 자연히 사랑과 용기가 식어 교회와 교인을 위한 필사의 목회보다는 안락한 비극 속에 하루하루를 보내는 목회를 하게 된다. 그는 이러한 상황을 힐난했다. "기도하고 하는 설교는 익은 설교요, 기도 안 하고 설교하는 강도는 날강도"라 했다. 원수도, 미운 사람도, 도둑도, 거지도, 불구자도 그리고 세상이 거절하는 사람도 사랑할 수 있어야 한다고 했다. 사실 그가 이단자가 된 것은 이단자들을 무차별 사랑했기 때문이다.

사랑은 혀에 있는 것이 아니라 손끝과 발가락에 있다고 했다. 그는 사랑을 아는 데 그치지 말고 그 실천에 온 정력을 기울여야 한다고 했다. 첫 목회지인 통천교회에서 함께 기도하러 다니던 청년 박재봉은 나중에 목사가 되어 유명한 부흥사가 되었다.

그의 회고에 의하면 다음과 같다.

"이용도 목사는 기도하는 전도자로 알려졌고 후에는 일하는 목사, 성령의 역사를 나타내는 목사로 알려졌다. 산과 들과 예배당에서 기도에 열중했고, 어느 집회에 가든지 성령의 큰 역사를 나타내고 실생활에서는 손으로 예배당을 수리하며 동리에 우물을 파주며 걸인을 업고 다니는 등, 어찌 보면 좀 지나칠 만큼 같은 생활과 실천에 힘썼다. 그래서 어떤 구석에서는 용도를 좀 이상하게 보았다"《이용도 목사전》 부록 p. 8).

이렇게 본다면 이용도 목사의 긍정적 면을 알 수 있다.

성령은 회개하는 사람과 그들이 있는 자리에 임하신다. 그러면 초대교회처럼 교회다운 교회가 될 수 있다. 소아시아 일곱 교회에서 에베소 교회에게 예수님이 사랑을 버렸다고 하시면서 회개하여 처음 행위를 가지라고 하셨다(계 2:4-5). 회개 없이 개혁은 있을 수 없다.

감리교 목사인 윤춘병은 이용도 목사의 신앙 시를 소개했다.

절벽이 비록 위태로워도
꽃은 웃고 섰고
봄바람이 아무리 좋아도
새는 울며 돌아간다.

5부 신학자

1. 성 아우구스티누스
성경의 진리를 바로 해석한 수도사

2. 리처드 니버
책임적 윤리를 강조한 신학자

01 성 아우구스티누스

(St. Augustinus, 354-430)

성경의 진리를 바로 해석한 수도사

서양 고대사에 위기가 세 차례 있었다. 그때마다 최고의 지성이 위기에 대한 철학적 진단을 했다. 기원전 4세기 고대 그리스의 도시 국가가 부패했을 때 플라톤이 《국가》를 썼다. 그 400년쯤 뒤 로마 공화국이 붕괴했을 때 키케로는 《공화국》을 집필했다. 또 400년이 흘러 로마 제국이 무너지는 시점에서 아우구스티누스는 22권의 대작 《하나님의 나라》를 썼다.

아우구스티누스는 북아프리카의 타가스테에서 태어났다. 로마시민권을 가졌으며 하급 관리였던 아버지는 아들을 교육시키려고 애썼다. 신앙심이 깊었던 어머니 모니카는 암브로시우스에게 "기도의 자식은 망하는 법이 없다"라고 들었다. 그녀는 아들이 뒷날 개종하는 데 정신적인 지주가 되었다. 어머니는 예수 그리스도에 대한 경외심을 갖게 했다.

아우구스티누스는 카르타고에서 18세 수사학을 배우는 학생으로서 한 여인에게서 아들을 낳았다. 방탕했고, 마니교에 빠졌다. 29세에 로마로 갔으나 꿈을 이루지 못하였다. 로마는 그에게 출세와 성공의 땅이 아니었다. 그는 회의에 빠졌다. 아카데미학파의 회의론을 통해 의구심을 갖고 마니교를 떠났다. 그는 밀라노에서 수사학 교사 시험에 합격했고, 그곳 주교인 암브로시우스를 만나 삶의 전환기를 맞는다. 인격과 학식을 갖춘 암브로시우스에게 아우구스티누스가 감동했다. 이즈음 그는 신플라톤주의에도 심취하였다. 마음은 하나님께 있어도 세속적 야망과 욕망을 버리지 못해 정신적으로 방황하였다.

고민하던 그는 정원의 무화과나무 아래 주저앉아 눈물을 흘리며 자신의 죄와 고통을 하나님께 기도했다. 이때 밖에서 '톨레 레게(tolle lege)! 톨레 레게(tolle lege)!'('들고 읽어라! 들고 읽어라!')라는 어린이들의 노래가 들렸다. 그는 즉시 성경을 펴서 읽어 내려갔다. 그 말씀은 로마서 말씀이었다.

> "또한 너희가 이 시기를 알거니와 자다가 깰 때가 벌써 되었으니 이는 이제 우리의 구원이 처음 믿을 때보다 가까웠음이라 밤이 깊고 낮이 가까웠으니 그러므로 우리가 어둠의 일을 벗고 빛의 갑옷을 입자 낮에와 같이 단정히 행하고 방탕하거나 술 취하지 말며 음란하거나 호색하지 말며 다투거나 시기하지 말고 오직 주 예수 그리스도로 옷 입고 정욕을 위하여 육신의 일을 도모하지 말라"(롬 13:11-14).

아우구스티누스는 이 신비스런 체험을 통해 방탕했던 과거와 결별하고 참다운 기독교인이 되었다. 그가 주님께 돌아왔을 때 《아우구스티누스》를 쓴 피터 브라운은 "이렇게 해서 아우구스티누스는 출세길에 종지부를 찍었다"고 기록했다. 그때 서른두 살이 되었다.

거듭난 그는 이듬해에 밀라노로 가서 아들 아데오다투스, 동료 알리피우스와 함께 암브로시우스 주교에게 세례를 받았다. 그리고 387년 고향에서 수도 생활을 하려고 오스티아 항구에서 배를 기다리던 중 어머니가 세상을 떠났다. 모니카는 아들이 떠났을 때 밀라노까지 찾아갔으며, 마니교에 빠졌을 때 눈물로 기도했으며, 주교인 암브로시우스를 찾아가 아들을 기독교인이 되게 해 줄 것을 눈물로 부탁했다. 아우구스티누스는 고향에서 재산을 빈민들에게 나누어 주고 수도원을 세웠다. 이때 아들이 죽었다. 그는 3년 동안 평신도 생활을 했다.

암브로시우스는 갈리아 지방 지사의 아들로 당대의 훌륭한 교육을 받은 사람으로 한 공무원, 즉 아직도 평신도였고 세례조차 받지 않았던 이탈리아 위편 지방의 지사였다. 그가 몹시 놀라고 전혀 마음에 내키지 않았던 것은 민중들이 그에게 밀라노의 감독이 돼 달라고 간청한 사실이다. 그가 원하지 않던 자리이긴 했지만 그것을 보다 더 충실히 지키기 위해 일련의 신학 서적들을 읽게 됐는데, 그는 스토아적 배경을 기독교 신앙과 결합시킴으로써 가장 유명한 감독, 행정가, 전도자들 가운데 한 사람이 됐다.

그는 또 찬송가들을 작사했다. 그는 로마에 있던 이교도당을 반대했으며, 그의 관구에 있던 비기독교인들을 많이 믿게 했고, 티롤(Tyrol)에 있는 선교사들을 격려했다.

그의 설교와 가르침이 많은 사람들을 감동시켰으며 명성은 높아졌고, 395년에 아우구스티누스는 히포의 주교로 임명되었다. 그때 교회당 옆에 수도원을 세우고, 그 수도원에는 검고 긴 옷을 입은 수도사들을 모아 철저한 수도 생활을 했다. 그는 수도사적인 삶에 매력을 느끼기 시작했다. 그는 수도사들이 영속적인 공동체 생활에 성공했고, 그 공동체 내에서 모든 개인적인 관계들은 기독교의 명령인 사랑에 의해서 이루어지고, 영속적이고 아버지 같은 권위를 가진 사람이 자발적으로 의무를 지는 자들을 주재한다고 생각했다.

그는 수도원 생활을 성경을 읽는 데 전념하는 삶으로 만들려고 했다. 이 수도원 학교는 진정한 의미에 걸맞은 신학교가 되었다. 이 겸손한 하나님의 종들 중에는 무서운 비밀경찰 출신도 있었다. 여기서 울려 퍼지는 나팔 소리는 마니교 신자들과 도나투스파 신자들에게는 흉조였다. 이는 아프리카 기독교 역사에서 극적인 혁명의 시작이었다.

수도원이란 세상의 희망을 포기한 사람들의 생활 공동체였다. 죄인들의 장막에서 살기보다는 하나님의 집에서 비천하게 사는 것을 택한 것이다. 아우구스티누스의 고백에 의하면 "저는 높은 직책의 위험을 감수하기보다는 비천한 자리에서 구원을 얻기 위해서 할 수 있는 일들을 했습니다"라고 했다.

그의 교회에는 절실하게 설교해 줄 지도자가 필요했다. 히포에서 가톨릭은 괴롭힘을 당하고 있는 소수파였다. 경쟁 교회, 즉 도나투스파가 도시와 주변 농촌 지역에서 우세했다. 도나투스파는 대표적인 지역 지주들의 지지를 받고 있었고, 지역 관리들의 암묵적(暗默的)인 인정을 받고 있었다. 게다가 마니교도들이 사기가 저하된 가톨릭 회중의 주변에서 큰 성공을 거두고 있었다. 그들의 사제인 포르투나투스도 카르타고에서 아우구스티누스와 알고 지내는 사이였다.

히포 교회는 마니교와 도나투스파에게 거센 도전을 받았다. 그는 마니교를 반박했다. 마니교는 3세기에 마니(Mani)를 그 교조로 삼았다. 페르시아 출신으로 그에게 파르티아 아르삭세스 왕조(the Parthian Arsacids)의 피가 흐르고 있던 마니는 동서(東西)가 마주치는 메소포타미아의 주요 도시 셀리우키아 크테시폰(Seleucia-Ctesiphon)에서 성장했다.

종교적이었던 그는 그가 접촉한 많은 신앙들 곧 그의 페르시아 조상들이 믿던 조로아스터교의 옛날 바벨론 시조들, 유대교 및 기독교로부터 깊은 영향을 받았다. 그는 신의 계시에 의해 자기가 예언자로서 임명받았다는 확신을 가지게 됐다. 그는 강력한 조로아스터교의 반대를 받고 페르시아 제국으로부터 추방됐으며 여러 해 동안 새 신앙을 위한 방랑 전도자로 지나는 가운데 중앙아시아 및 인도까지 가서 널리 가르쳤다는 말이 있다.

마니는 그의 서신들을 '예수 그리스도의 사도 마니'라는 말로 시작했다고 전해지고 있다. 그는 자기가 예수에 의해 약속된 파라클레테(the Paraclete, 성령 또는 보혜사, 요 14:16)라고, 자기를 통해 '파라클레테'가 말을 한다고 선언했다.

마니교는 기독교 이단으로서 이원론을 주장했다. 빛과 어두움으로 나누는 선과 악의 세상이 되었다. 여기에는 동양 사상이 깊이 들어 있었다. 아우구스티누스는 마니교에 10년 동안 빠졌던 사람으로 그 내용을 너무나 잘 알고 있었다. 그들은 빛과 어두움이 혼합되어 지금의 세상이 만들어졌다고 믿는다. 고로 세상은 사악하다. 마니교를 반대하는 아우구스티누스는 다섯 가지로 지적했다.

첫째, 암흑의 신이 빛의 신을 능가할 수 없다.

둘째, 이것은 신이 가변적이라는 것을 전제하는 것이다.

셋째, 이원론에 대해 신의 불변성을 주장했다.

넷째, 두 신적 권세자들의 우주론적 투쟁에 대한 표상 언어에 반대하여 스스로 선과 악을 규정할 수 있는 개인의 도덕적 경험을 상기시켰다.

다섯째, 인간의 자유의지를 강조했다.

그가 히포에 왔을 때 대부분이 도나투스파에 속해 있었고, 아우구스티누스는 분열된 교회를 일치시키기 위해 노력했다. 도나투스파는 이단이었다. 이를 증명하기 위하여 세례에 대한 교리가 확고하게 되었다. 303-305년에 있었던 최후의 대박해인 대오클레티아누스의 박해 시에 주교들이 '협력했다.' 그들은 성경의 사본들을 불태우도록 이교도들에게 넘겨주었다. 이 비겁한 행위, 즉 성경을 넘겨준 것은 죄 있는 주교들에게서 영적인 권능을 박탈했다. 서품 받은 것을 무효화했다. 이들의 주장은 많은 지지를 받았다.

그러나 347년경 제국의 지사인 마카리우스가 아프리카를 위협해서 가톨릭 교회에 복종시켰다. 도나투스파는 교회의 불법 집단으로 해체되었다. 도나투스파 주교는 제거되었고, 가톨릭 신도들이 그들의 교회를 인수했다. 아우구스티누스는 지도자를 잃은 회중을 흡수하는 불쾌하고 몹시 힘든 과제에 직면했으나 사랑으로 그들을 끌어안았다. 그들은 아우구스티누스와 같은 성경을 해설했고, 똑같은 신경을 고백했으며, 동일한 예식을 거행했다. 그러나 그들은 가톨릭교회에 관해 명백한 진리를 보는 것을 거부했다.

교회는 완벽함과 거룩함을 계속 유지해야 한다. 교회는 '진정한 포도나무'이고, 따라서 포도나무처럼 철저하게 전지(剪枝)를 해야 한다.

교회는 존경할 가치가 없는 주교들을 쫓아내야 순결함을 유지할 수 있다. 주교의 죄는 세례를 주거나 서품을 하기 위해서 행한 기도를 자동적으로 효력이 없게 만들기 때문이다. 그러므로 그 사람은 재세례를 받아야 한다는 것이다.

그러나 아우구스티누스는 성직자가 베푼 세례는 유효하다고 주장했다. 그는 재세례에 몹시 경악했는데, 재세례가 올바른 가톨릭 의식을 '제거하는' 신성 모독이라고 생각했다. 도나투스파의 기본적인 관념은 자신들이 '선택된 백성'들이고 '불결한' 세계와 타협하지 않으므로 정체성을 유지한다는 것이었다. 이들은 폭넓은 지지를 받았다.

도나투스파는 "인간은 본래 선하다. 아담과 하와가 죄를 저지르기 전과 같다. 원죄란 없다. 그러므로 유아 세례를 받지 않아도 된다"라고 주장했다. 그러나 아우구스티누스는 "인간은 아담과 하와로 인해서 죄를 범하므로 원죄가 있다. 고로 태어나면서부터 죄인이다. 유아 세례는 필요한 성례다"라고 주장했다. 도나투스파도 아우구스티누스의 주장에 복종하지 않았다. 그러므로 정치적인 힘이 그들을 교회에서 정당한 신앙인이 아니라고 추방하고 말았다. 그러나 그들은 지하로 들어가 계속 교회를 유지하였다.

세례를 베푸는 분은 근본적으로 예수님이시다. 그리고 성직자로 임명된 사람이 시행한다. 아우구스티누스에 의하면 현재 천주교에서 영세를 받은 사람이 교회에 나왔을 때 그 영세를 인정해야 한다는 것이다. 즉 성삼위의 이름으로 받은 영세이므로 당연히 인정되어야 하고 재세례는 필요 없다는 것이다.

아우구스티누스가 주교가 된 후에 이런 이단들 때문에 많은 재판을 했으며 토론도 많이 했다. 그럴 때마다 아우구스티누스는 성경으로 바른 주장을 했으며, 그의 주장에 많은 주교들이 찬성하게 되었다. 그러므로 펠라기우스파도 이단으로 규정되었다.

펠라기우스는 4세기 말이 조금 지나 로마에 온 청교도의 수도사로서, 그곳에 7-8년간 체류하고 있었다. 그는 평신도였고, 어느 정도의 학식이 있었던 사람으로 엄격하고 금욕적인 사람이었다. 그는 분명 로마 사람들의 방종한 생활에 분개했기 때문에 저들에게 생활을 개선하라고 외쳤다. 저들이 진정 생활을 개선하고 싶어 한다면 하나님의 계명을 지킬 수 있을 것이라고 주장했다. 그가 신앙으로 인도한 사람들 가운데 법률가인 청년 셀레스티우스(Celestius)가 있었는데, 그는 펠라기우스와 마찬가지로 평신도였다. 셀레스티우스는 그의 견해들을 표현하는 데 있어서 자기의 선생보다 더 솔직했고 덜 약삭빨랐다.

펠라기우스와 그의 추종자들은 기본적으로 확신이 있었는데, 인간의 본성이 근본적으로 변하지 않는다고 믿었다. 그들은 "하나님에게서 선하게 창조된 본성의 능력이 과거 습관의 힘 때문에 그리고 사회의 부패 때문에 제한 당했다는 것은 인정할 수 있다. 그러나 제한은 순전히 표면적인 것이다. 기독교 신자에게 세례를 통한 '죄의 사면'은 무지와 관습으로 인해 단지 정지되어 있을 뿐이었던 행동의 완전한 자유를 즉각 회복하는 것을 의미한다"라고 주장했다. 그러나 아우구스티누스는 "세례 받은 사람도 계속 연약한 존재로 남는다. 세례를 통해서 구원 받는다. 그러나 남은 인생을 사는 동안 교회에서 오래 걸리고 불확실한 회복기를 감내하며 살아야 한다"라고 주장했다.

펠라기우스가 주장하는 인간은 본질적으로 개별적인 개체이다. 반면에, 아우구스티누스가 주장하는 인간은 거대하고 신비스러운 연대 책임에 언제나 휘말려 있다. 인간은 이 사람, 모든 인류의 공통 조상의 육체적 후손이라는 그 사실 하나만으로도 연약함을 갖고 태어난다. 펠라기우스에게 있어서 인간의 죄는 본질적으로 표면적이다. 그것은 선택의 문제이다. 잘못된 선택은 인간 본성이라는 순수한 금속을 다소 '녹슬게 할 수 있다. 그러나 선택은 말 그대로 뒤집을 수 있다.

아우구스티누스에게 인간의 불완전한 본성은 깊이 그리고 영구적으로 탈구(脫臼)된 것이었다. 그러나 그처럼 탈구된 상태는 하나의 긴장으로서 어떤 균형적인 전체 속에서 집요하게 해결책을 찾으려고 한다. 펠라기우스는 선을 선택하고 악을 버릴 수 있는 자유로운 결정을 할 수 있다고 믿었다. 아우구스티누스는 죄의 욕망에 무의식적으로 동의하는 경우가 있다고 했다. 아우구스티누스의 중대한 관심은 부활이었다. 기독교인은 오랫동안 치유를 받도록 살아야 한다고 믿었다.

절충적인 사람도 있었으나 자유의지에 반대하는 논쟁은 카시아누스(John Cassian)에 의해 시작됐다. 그는 415년경에 갈리아의 마르세유 근처에 수도원을 세운 도우 출신 수도사였다. 그는 하나님이 몇 사람만이 아니라 모든 사람들이 구원 받기를 원하신다는 것, 하나님께서는 인간이 선을 행하기 싫어하거나 행할 수 없도록 만드시지 않으셨다는 것, 그리고 우리 안에서 선을 지향하는 가장 작은 의지의 섬광을 발견하셨을 때에는 작다고 개의치 않으시고 그것을 강하게 해주신다는 것이다. 카시아누스는 그의 문하생 빈센트에 의해 계승됐는데, 이 사람은 레랑(Lerins)의 수도사였다.

두 파의 토론은 계속되었으나 아우구스티누스가 유리했다. 두 사람

모두 종교적인 천재였다. 둘 다 혁명가들이었고 그들의 불화에 뒤따른 논쟁은 순전히 학구적인 입씨름이 되기는커녕 서구 기독교 세계의 영적인 풍경을 최초로 깨끗하고 명확하게 파악한 갈림길이었다. 여기서 아우구스티누스의 '은총론'이 나왔으며 '예정설'이 확인되었다.

아우구스티누스는 "모든 사람이 아담의 원죄가 있기 때문에 심판을 받을 수밖에 없다. 그러나 하나님께서는 그의 크신 자비로 어떤 사람들을 구원 받도록 예정하셨다. 하나님께서는 다른 사람들을 그들의 죗값으로 형벌을 받도록 버려두셨다. 죄로 더러워진 모든 인간은 정죄를 받아 마땅하지만 하나님께서는 그의 은총을 따라 하나님의 자유선택에 의해 어떤 사람들은 구원 받도록 선정하셨고, 또한 그가 구원하시지 않을 사람들을 선정하셨다.

하나님께서는 그의 은혜를 받을 사람들의 정확한 숫자를 예정하셨으며, 그 숫자가 매우 확실하기 때문에 아무도 그 숫자에 더 보태거나 감할 수 없다. 따라서 선택받도록 예정된 사람들은 결국 구원을 받을 것이다. 하나님께서는 그의 은총으로 말미암아 저들에게 궁극적인 구원의 은총을 허락하실 것이므로 비록 저들이 죄를 범했다 하더라도 회개하게 될 것이다"라고 주장했다.

선택된 사람들에게 주신 최고의 축복은 선을 포기할 수 없을 것이라는 것, 죽을 수 없다는 것이다. 이것은 모든 자유 가운데서 최고의 자유이다. 서방 기독교의 진행 과정에서 자주 당면하게 될 신념들은 '예정', '불가항력적 은총' 및 '성도들의 궁극적 구원'이 있다. 아우구스티누스는 자기가 선택된 무리들 사이에 끼어 있는지 여부에 대해 사람은 아무도 알 수 없다고 했다. 복음서의 비유들 가운데 하나를 인용해 본다면 '청함을 받은 자가 많기' 때문에(마 22:14) 아마도 그는 믿는 사람들 가운데 끼어 있을지 모른다.

'그러나' 다시 그 비유를 인용한다면 '택함을 입은 자는 적다.' '부름 받고 믿는 자들'이 다 궁극적으로 구원을 받지는 못할 것이다. 원죄와 세례 이전의 범한 죄들은 세례에 의해서 씻겨진다. 아우구스티누스는 세례와 성찬 두 가지를 구원에 필요한 것이라고 했다. 인간은 하나님의 은혜로 선을 행할 수 있고, 하나님께서는 그 선행을 보상하신다.

로마 제국이 멸망의 위기에 처하게 되었다. 즉 서고트족의 침략으로 함락될 위기에 처했다. 이때 기독교는 로마 제국이 쇠퇴해 가는 시기에 국교가 되었기 때문에 기독교인들은 로마 제국 쇠퇴의 원인이 야만족에게 있다고 비난하였고, 한편 만족들은 기독교에 로마 제국 쇠퇴의 책임이 있다고 주장하였다. 과거에 로마가 번영하던 시기에는 티베르 강의 범람이나 그 밖의 자연현상으로 인한 재앙은 신의 분노의 탓으로 돌려졌다. 그러나 이제 몰락해 가는 로마 제국 내에서의 여러 가지 재앙의 원인들을 새로운 종교와 로마의 옛 제단들을 파괴한 탓으로 돌렸다.

사실 기독교는 많이 타락하고 부패해 있었다. 성직자들의 윤리적인 삶에 문제가 많았으며 이단으로 교회는 항상 시끄러웠다. 수도사들의 삶에서 나타나는 게으름 등은 좋은 영향을 주지 못했다. 기독교인들은 교육, 사치 풍조, 전제권 등에 의해 부패되고 있었다. 여기에 대하여 아우구스티누스는 인간의 어떤 문제가 아니라 하나님의 역사에 의하여 성하고 쇠한다고 보았다.

여기에 대하여 오로시우스(Orosius)는 만족들을 세계의 가장 큰 악으로 한탄한 것을 입증하기 위해서 그의 역사를 서술하였다. 다음으로 살비아누스(Salvianus)는 만족들의 무질서가 만족들의 몰락을 초래하였다고 주장하는 한 책을 서술하였다. 마지막으로 아우구스티누스는 천상 국가란 인간의 몇 가지 미덕 때문에 로마인들이 헛된 보상을 받은 것을 자만하고 있는 지상 국가와는 다르다는 것을 기술하였다.

410년 로마가 함락되자 교회는 야만인들에게 쫓기는 이들에게 보호자가 되었다. 그들은 교회의 보호를 받았다. 교회는 생명을 살리는 데 큰 능력을 발휘했다. 반기독교적인 분위기를 이겨내기 위해 아우구스티누스는 22권의 방대한 《하나님의 나라》를 집필하고 기독교 신앙을 옹호했다. 그가 '하나님의 나라'를 쓴 동기는 이러하다. 고트족 귀족에 속해 있던 알라리크(Alaric)가 로마 제국 안에서 높은 자리를 차지하기를 원했다. 그러나 테오도시우스 1세가 죽은 후에도 그러한 기회가 없음에 불만을 품고 로마 제국 전체를 장악하기 위하여 전후 세 번(408, 409, 410년) 로마 시를 침공했다. 410년의 침공이 성공함에 따라 알라리크는 로마를 방화, 약탈로 초토화했다.

그 소식을 듣고 큰 충격을 받은 아우구스티누스는 로마가 파괴된 책임이 절대로 그리스도교도들에게 있지 않다는 것을 변명하고 그 책임이 신의 뜻을 어긴 로마 시민에게 있다는 것을 말하고자 했다. 그리고 그 배후에는 역사를 주관하시는 하나님의 섭리가 있다는 것을 밝히려는 데 그 동기가 있었다. 그는 로마가 초토화된 후 3년간 숙고하다가 413년 《하나님의 나라》를 쓰기 시작하여 426년 그가 죽기 4년 전에 이 대작을 완성했다.

제11권부터 아우구스티누스는 《하나님의 나라》의 주요 부분인 나라의 기원과 역사와 종말에 대한 구체적인 내용을 기록했다. 그는 두 나라에 대한 성구를 시편에서 인용한다. 하나님의 나라에 관해서는 시편 48편 1절과 87편 3절을 인용했다. 이 성의 거민들은 사랑의 영감을 받아 성의 시민이 되기를 원하나 지상의 나라는 자기들의 하나님을 추구하고 불경건하고 교만스러운 신만을 추구한다. 그에 의하면 인류의 역사는 창조 역사로부터 시작된다. 우주가 창조됨과 동시에 시간이 시작되었다. 얼마 후 천사들의 타락 사건이 일어난다.

430년 8만 명의 반달족이 히포를 침입했다. 두 감독이 살해되자 아우구스티누스에게 피신을 제의했다. "그 누구도 우리 배를 그렇게 손쉽게 차지할 꿈을 꾸게 할 수는 없다. 이처럼 위급한 때에 선원들도 배를 버려서는 안 되는데 하물며 선장이 어떻게 배를 버리겠는가!"라고 했다. 8월 28일 그는 76세에 죽어 매장되었다.

그는 히포에서 감독의 임무로서 설교하는 일, 훈련을 담당하는 일, 가난한 사람들을 돌보는 일, 그의 신도들 간의 논쟁을 판결하는 일을 충실히 감당했다. 또한 그는 자주 서신을 주고 받았으며 이런 기록과 그의 다른 기록들의 교환을 통해 자칫하면 잘 알려지지 않았을 히포의 항구를 당대의 기독교 사상의 으뜸가는 중심지가 되게 했다. 그는 방대한 저술가였다. 불면증으로 고생했고 자주 병이 들었지만, 그는 엄청난 부피의 저술을 완성했다.

반달족이 히포를 포위했고 아프리카의 로마 문명은 막을 내리고 있었다. 로마 황제의 힘은 약화되었지만 게르만족에게 포교한 기독교는 교세를 넓혔다. 교회는 안으로 분열을 막고 이단적인 신앙을 척결하면서 새로운 도약을 준비했다. 게르만족의 대이동과 로마 제국의 몰락은 기독교의 무대를 지중해에서 북유럽으로 옮기게 했다. 로마 제국이 멸망하게 되자, 기독교는 희망으로 떠올랐고 기독교 신앙은 그들의 생활 속으로 파고들었다. 교회는 게르만족과 함께 중세라는 새로운 시대의 막을 열면서 그 주인공으로 떠오르게 되었다.

히포가 함락되기 1년 전에 히포의 사람들은 모두 떠났고 부분적으로 불탔다. 그렇지만 도서관은 파괴되지 않았다. 포시디우스는 아우구스티누스의 마지막 편지를 주교들에게 가져갔고, 그 편지에서 아우구스티누스는 주교들에게 그들의 직책을 지키도록 권면했다. 포시디우스는 이 편지를 유용하고 적절한 것이라고 말했다. 포시디우스는 폐허 속에서 몇 년을 살았다.

그 후에 포시디우스가 동료 기독교인 도나투스파 주교를 쫓아냈듯이 아리우스파인 카르타고의 새로운 기독교 지배자들이 그를 칼라마에서 쫓아냈다. 이제 아우구스티누스의 것으로 도서관을 제외하면 남은 것이 없다. 포시디우스는 그의 작품 전체의 목록을 만들었다. 그는 아무도 그의 전체를 읽을 수는 없다고 생각했다. 미래의 모든 아우구스티누스 전기 작가들은 포시디우스가 그 빈 공간에서 느꼈던 것을 느끼게 된다.

아우구스티누스의 책이 100여 권이나 있다. 그중 《삼위일체론》과 《하나님의 나라》는 기독교 사상사에서 중요한 고전이다. 그러나 그의 대표작은 《고백록》이다. 이 책은 자신의 삶과 신앙을 하나님에게 고백하듯 적어 내려간 글이다. 아우구스티누스는 신플라톤주의로 이데아론과 하나님의 나라를 연결시켰으며, 도나투스파와의 교리 논쟁을 했으며, 이단 펠라기우스와의 투쟁도 치열했다. 인간의 가장 중요한 능력은 겸손이라고 했다. 아담의 타락 후 인간은 죄를 범하게 되었다. 인간은 죄의 종이다. 오직 하나님의 은총으로만 용서받을 수 있다. 오직 예수 그리스도의 십자가만이 구원의 길이다.

《고백록》은 45세에 완성되었다. 13년 전 기독교인이 되었으므로 유년기와 방황을 기록했다. 《고백록》은 전기가 아니라 회개와 감사에서 나온 봉헌이다. 《고백록》의 내용은 양심의 가책을 느낀 주교가 하나님을 향한 회개의 기도이다. 아우구스티누스에게 '고백'이란, 자신의 죄에 대한 고백일 뿐 아니라 죄 많은 삶을 통해 체험한 하나님 사랑에 대한 고백이며 찬송이다. 아우구스티누스는 《고백록》을 "내 《고백록》은 나의 악한 행동과 선한 행동을 말함으로써 정의롭고 선하신 하나님을 찬양하고 있으며, 사람들의 이해와 사랑을 자극하여 하나님에게 향하게 하는 데 있다"고 427년 그의 《재고록》에서 평했다.

객관적으로 평하면 아우구스티누스의 《고백록》은 일반적인 범주에 속하는 고백이기보다는, 하나님이 그에 대해서 하신 일을 감사와 감격에 넘쳐 세상 사람들에게 알려줌으로써 하나님에게 찬양과 영광을 돌리려고 하는 신앙고백서이다. 그는 그가 아직 신앙생활을 하기 전에 가진 모든 체험이 사실은 하나님이 자기를 신자로 만들기 위한 과정으로 생각하고 하나님에게 한없는 감사를 드리는 것이다. 이 고백서는 기독교인들의 신앙생활에 가장 빛나는 하나의 길잡이가 되었을 뿐 아니라 진리를 갈구하고 영원한 안식을 위한 순례자들에게 둘도 없는 친구이다.

북아프리카의 칼라마의 주교이며 아우구스티누스와 40년간 가까이 지낸 친구 포시디우스가 남긴 유일한 저술은 《아우구스티누스의 생애》이다. 이는 아우구스티누스가 걸어간 삶의 여정을 과장 없이 그려 낸 전기이다. 《고백록》이 아우구스티누스의 자서전이라면, 《아우구스티누스의 생애》는 동료 포시디우스가 쓴 전기이다. 친구가 쓴 아우구스티누스의 삶은 복음적이다. 포시디우스는 아우구스티누스를 가장 잘 알고 이해하는 사람으로, 아우구스티누스가 회심한 뒤 얼마나 혹독하게 복음대로 살고자 몸부림쳤는지를 기쁘고 행복한 마음으로 증언한다.

아우구스티누스는 76년의 생애 가운데 거의 40년을 사제와 주교로 살았다. 또한 그 40년은 수도승의 삶이었다. 아우구스티누스는 사제가 된 후 교회 옆에 동료들과 함께 수도원을 세웠다. 포시디우스는 그 수도원의 형제 가운데 한 사람이었다. 이 수도원의 명성이 날로 퍼져 나가자 수도 공동체 형제들은 여러 교회들의 요청에 따라 주교로 부름받았는데, 포시디우스도 예외가 아니었다.

아우구스티누스는 411년 겨울에 볼루시아누스 주교에게 보낸 편지에서 포시디우스를 일컬어 "나의 거룩한 형제이며 나의 동료 주교인 포시디우스"라며 깊은 우정과 커다란 신뢰를 표현했다. 포시디우스가 반달족 겐세리쿠스 왕의 박해로 437년에 귀양살이를 떠났기 때문에 그때까지는 살았을 것으로 추정한다.

포시디우스는 《아우구스티누스의 생애》에서 자신을 언급하거나 자신의 업적에 대해서 단 한 마디도 덧붙이지 않았다. 이러한 겸손으로 인해 포시디우스는 이상적인 전기 작가로 자리매김할 수 있다. 포시디우스가 언제 이 작품을 썼는지 잘 알 수 없다. 아우구스티누스가 세상을 떠난 430년 여름 이후부터 포시디우스가 추방당하기 전에 썼으리라고 추정할 뿐이다. 그 내용은 생애, 행적, 죽음 세 부분으로 구분한다.

첫째, 생애로는 아우구스티누스가 회개하기 전 내용으로 1장에서 짧게 다루었다. 그것은 《고백록》에서 볼 수 있으므로 중복을 피하기 위함이라 여겨진다. 여기서 수사학 교수직에서 물러나 가난한 이들에게 재산을 나누어 준 일, 고향에 돌아와 동료들과 함께 시작한 수도 공동체 생활, 자신의 바람과는 상관없이 사제가 되어 활동하게 된 사정들을 기록했다.

아우구스티누스는 마니교에 몸담았던 사람으로 마니교를 정확하게 분석했으며 헛된 교리를 공격했다. 그리고 여러 이단과의 논쟁과 도전으로 인해서 많은 위협을 느꼈으며, 그는 이단과의 논쟁에서 성경적인 진리를 바로 해석하는 데 많은 기도와 명상 그리고 시간을 투입하여 연구하고 계시를 받았다. 그것이 포시디우스가 쓴 《아우구스티누스의 생애》에서 자세히 다루어졌다. 그가 논쟁한 도나투스와 아리우스, 그리고 펠라기우스 이단에 대한 답변과 논쟁은 그의 신학이었다. 그가 큰 신학자가 된 것도 이단과의 투쟁의 결과이다.

둘째, 행적으로는 참된 목자이며 교회의 파수꾼인 아우구스티누스와 소박하면서도 균형 잡힌 중용의 길을 걸어간 수도승 아우구스티누스의 삶을 증언하고 있다. 아우구스티누스는 극단적인 금욕주의자가 아니었다. 예컨대, 그는 식사 때 포도주를 마시는 것을 허용했으며, 독서와 토론을 즐겼다. 세속적인 거래나 사업에는 철저하게 무관심했지만 가난한 이들을 위해서라면 성물마저 쪼개고 녹여 필요한 이들에게 기꺼이 나누어 주었다. 평범한 일상 속에서도 복음 정신으로 충만하여 살아간 아우구스티누스를 곳곳에서 만날 수 있다.

셋째, 죽음에 대해서는 반달족의 침입으로 히포로 피난 왔던 포시디우스가 자신이 지켜보았던 아우구스티누스의 최후의 나날과 죽음에 관해서 정직하게 증언한다. 특히 제30장에서는 아우구스티누스가 반달족에게 포위된 상황에서 동료 주교 호노라투스에게 보낸 편지가 덧붙어 있다. 이 편지는 아우구스티누스가 동료 주교 쿠오드불트데우스에게 써 보냈던 내용과 거의 같다. 적들이 쳐들어올 때 목회자는 어떻게 처신해야 하는지 물어 온 티아베나의 주교 호노라투스에게 아우구스티누스는 앞서 쿠오드불트데우스에게 보냈던 편지의 사본에 인사말을 덧붙여 보냈다.

포시디우스는 이 편지를 《아우구스티누스의 생애》에 덧붙임으로써 짙게 드리운 죽음의 그림자 속에서도 아우구스티누스의 목회 열정을 증언하고 전쟁과 박해의 고난을 겪고 있는 목회자들에게 위로와 희망과 용기를 불어넣고 있다.

이 편지는 우리말로 14페이지에 달하는 긴 글이다. 침략자들 앞에서 배교자가 되지 말고 굳건한 신앙을 위해서 마지막까지 견디라고 했다. 특히 교회를 버리고 피신하는 일에 대해서 비겁한 행동을 하지 말라고 했다. 그러나 목회자가 모두 잡혀 죽는다고 하면 나중에 성도들을 위한 목회자가 없어질 것이니 누군가 반드시 살아남아야 한다고 했다. 그때 "내가 남을 것이다"라고 하는 사람은 없어야 한다. 목회자 공동체에서 누구를 선출해서 피신하도록 해야 한다고 했다.

마지막 장은 '최후의 나날과 죽음'이다. 그는 마지막 병석에서 참회에 대한 다윗의 시편을 짧게 옮겨 써서 그 종이를 벽에 붙이고 침대에서 날마다 그것을 곰곰이 되새기고 읽었으며, 뜨거운 눈물을 끊임없이 흘렸다고 했다. 그의 나이 76세였으나 보는 것과 듣는 것은 여전했다. 아무런 유언도 남기지 않았다. 그 이유는 하나님의 가난한 사람이 유언을 할 이유가 없기 때문이었다고 한다.

그를 겸손한 사람으로 묘사했다. 한번은 정치인에게 청탁의 편지를 보냈다. 정치인이 "보내 주신 서신은 너무도 겸손하고 깍듯해서 주교님께서 청하시는 바를 들어 드리지 않는다면 잘못은 제게 있는 것이지, 사안의 어려움에 있는 것이 아니라는 생각이 들 정도입니다"라고 했다. "그분의 옷과 신 그리고 잠옷들은 수더분하고도 어울리는 것으로서 지나치게 화려하지도 그렇다고 형편없이 낡은 것도 아니었다"고 기록되었다.

음식은 야채류를 주로 한 검소하고 절제 있는 식사를 했다. 식사에서 먹고 마시는 일보다 독서나 토론을 더 즐거워했다. 암브로시우스에게 배운 것이라면서 누구에게도 중매 서지 말고, 누가 군대 가기를 원한다 해도 추천하지 말 것이며, 제 고향에서는 식사 초대에 가지 말라고 했다.

《하나님의 나라》에서 아우구스티누스는 두 개의 국가가 공존한다고 했으며, 이 두 개의 국가는 매우 다른 목적을 갖고 있다. '지상의 국가'는 의지의 타락에서 나오며, 이 지상 국가는 '하나님이 경멸하는 자기 사랑'을 원리로 삼는다. 반면에, '하나님의 나라'는 자신을 경멸하는 '하나님의 사랑'에 근거하며 하나님을 사랑하고 하나님의 법에 따라 사는 민족을 재결합시킨다. 천상의 국가는 경계를 넘어서 지상의 끝까지 정의로운 자들을 통합한다. 역사 속에서 엉켜 있던 두 개의 국가는 오늘날 분해되어야 한다. 왜냐하면 천상의 국가는 고유한 목적을 추구하고, 그 보상으로 하나님의 국가에서 모든 백성들이 화해를 기대하고 있기 때문이다.

《하나님의 나라》는 《고백록》의 확대판이다. 《고백록》의 성찰을 역사와 문화에 확대 적용한 셈이다. 서양 최초의 역사철학, 시작과 종말을 잇는 직선 사관의 효시, 라틴 문학 및 수사학의 거작 등 다양한 찬사를 받는 책은 그리 쉽지 않다. 우선 엄청난 분량이고, 유머도 없고 재미도 없다. 이 책은 기독교만 아니라 역사에 관한 통찰을 키워 주고 라틴 고전에 대한 이해를 증진시키며 로마의 시대상과 철학 및 문화를 배우는 중요한 기초이다.

아우구스티누스는 진심으로 하나님께 돌아온 탕자였다. 그것이 자신의 노력으로 된 것이 아니라 하나님의 전적인 은혜로 성취되었음을 영혼으로 고백했다. 인간은 아담 이후 죄를 범하는 존재일 뿐이다. 그러므로 절망한 상태에서 살다가 죽는다. 그러나 하나님의 사랑으로 새로운 피조물이 된다. 이것이 은혜이다. 은혜란 거저 받은 것이다. 대가성이 아니다.

그는 "주여! 당신께서 나를 당신에게로 향하도록 만드셨나이다. 내 영혼은 당신 품에서 안식을 취할 때까지 편안하지 못할 것입니다"라고 했다. 인간의 행복은 하나님을 사랑하는 데 있다. 하나님을 사랑하려면 하나님을 알아야 함은 물론 하나님이 내재해 있다는 우리의 영혼도 알아야 한다. 그 때문에 아우구스티누스가 철학의 대상으로 관심을 가졌던 것은 하나님과 영혼이었다.

아우구스티누스는 동부 기독교에서 별로 영향력을 발휘할 수 없었다고 한다. 그는 서부 기독교 대부분을 형성하는 일을 돕는 것과 그 개요를 만드는 일을 통해 지중해 세계 서부의 기독교와 동부의 기독교 사이의 초기적인 차이점을 나타내는 데 이바지했다. 그의 사상은 적어도 여덟 세기 동안 라틴 기독교에서 중심적이었으며, 그 후에도 줄곧 라틴 가톨릭교회에서 저명했고, 개신교에 대해 주요한 공헌을 했다. 그는 기독교 역사에서 사도 바울의 신학을 계승했으며, 종교개혁가 존 칼빈의 신학을 이어주었다. 가톨릭에서도 매우 중요한 신학자이며 철학자요 역사가로 인정한다.

20세기의 신학자 폴 틸리히(Paul Tillich)는 아우구스티누스를 이해하기 위해 7단계로 나누어질 수 있는 그의 사상의 발전 과정을 더듬어 볼 필요가 있다고 했다.

① 아우구스티누스를 새로운 전통, 곧 기독교적 전통과 연결시켜 준 경건한 기독교도였던 어머니의 영향이다.

② 아우구스티누스가 키케로의 저서 《호르텐시우스》를 연구함으로써 내적으로 진리 탐구에 대한 자극을 받았다는 사실이다. 키케로는 창조적인 철학자가 아니었고 하나의 절충주의 철학자였다.

③ 아우구스티누스는 마니교 사상가였다. 그는 마니교에 10년 동안 있었다. 첫째로, 마니교에 있어서 진리란 단순히 이론적인 문제, 논리적 분석의 문제가 아니고, 종교적인 문제 곧 실천적, 실존적 관심사였다는 사실이다. 둘째로, 마니교의 진리는 구원의 진리를 의미했다는 사실이다. 셋째로, 마니교에서 진리란 선의 원리와 악의 원리 사이의 싸움에서 나타난다고 보는 점이다.

④ 아우구스티누스는 마니교를 떠난 후 회의주의에 빠졌다. 그는

회의를 극복하고 확실성을 찾는 일에 힘썼다. 이 회의주의는 기독교의 계시 사상을 받아들일 준비로서 소극적이었지만 그 전제가 되었다. 회의주의는 자주 계시의 이론을 위해 그 바탕이 되었다. 회의주의는 그에게 두 가지 결과를 안겨 주었다. 하나는 아우구스티누스가 계시에 관한 교설을 받아들였다는 점이고, 또 하나는 그가 철학자로서는 자기 자신 곧 그의 혼속에서, 그의 혼의 가장 내면의 중심에서 확실성을 탐구하게 되었다는 점이다.

⑤ 아우구스티누스는 회의주의를 철학적으로는 신플라톤주의의 도움을 통해서 극복했다. 그리스 철학은 신플라톤주의로 이어졌다. 신플라톤주의는 아우구스티누스가 새로운 확실성 곧 혼의 내부에 있는 신의 직접적 확실성에 도달하는 데 필요한 도움이 되었다. 사랑의 신이 세계의 창조의 근거가 된다는 것이다.

⑥ 아우구스티누스는 회의주의를 단지 신플라톤주의의 도움을 입어 철학적으로 극복했을 뿐 아니라 교회의 도움으로 극복했다는 사실이다. 그것은 밀라노의 감독 암브로시우스의 영향에 의해서 이루어졌다.

⑦ 아우구스티누스가 깊은 인상을 받았던 또 하나의 요소로서 수도자나 성자들이 실천하고 있었던 기독교적 금욕주의가 있었다. 그의 시대에는 성생활이란 극도로 퇴폐했었는데 스토아주의도 신플라톤주의도 이 상태를 극복할 수가 없었다. 자유분방한 성의 자연주의가 널리 퍼져 있었다. 그 어느 철학도 이것을 저지할 수가 없었다. 아우구스티누스는 자신을 위해서 그리고 다른 사람을 위해서 이 문제를 해결할 새로운 성화의 원리를 찾아냈다. 그는 구약성경을 그 바탕으로 하

는 기독교인으로서는 가정이나 성생활을 긍정했지만, 신플라톤주의자로서는 성적인 것을 부정하고 금욕을 주장했다. 종교개혁자들은 구약성경의 예언자의 사상에 따라서 육체를 원칙적으로 긍정했다.

⑧ 이상의 아우구스티누스의 발전에 나타난 일곱 가지 요소에 대해서 그에게 끼친 주요한 영향 가운데서 그에게 결여되어 있는 하나의 요소가 있다는 사실인데, 그것은 아리스토텔레스의 영향이다. 그는 순수논리의 추상화에는 관심이 없는 직관적 주의주의(主意主義)적 사상가였다. 아리스토텔레스는 귀납적 사상가 곧 경험론자였다. 아우구스티누스는 플라톤과 마찬가지로 직관적 사상가였다.

02 리처드 니버
(Richard Niebuhr, 1894-1963)

책임적 윤리를 강조한 신학자

예일 대학교의 탁월한 기독교 윤리학자이며 신학자인 리처드 니버는 미국 미주리 주 라이트(Wright) 시에서 독일계인 북미 '독일 복음주의교회' 목사 구스타프 니버의 아들로 1894년에 출생했다.

그는 아버지의 뒤를 이어 목사가 되기 위하여 일리노이 주의 기독교 대학인 엘름허스트(Elmhurst) 대학을 거쳐 세인트루이스에 있는 이든(Eden) 신학교에서 공부했다. 졸업 후 세인트루이스에서 목회했다. 같은 도시의 워싱턴 대학교(Washington University)에서 1917년 문학 석사를 취득했다. 1924년 예일 대학교에서 '에른스트 트뢸치(Ernst Troeltsch)의 종교 철학'에 대한 논문으로 철학박사 학위를 받았다.

그 후 모교인 엘름허스트 대학의 학장과 이든 신학교 교수를 역임했으며, 1931년 예일 대학교 교수가 되어 1962년까지 윤리학과 신학을 강의했다. 그는 2년 먼저 태어난 형 라인홀드 니버보다 먼저 1963년에 세상을 떠났다. 그의 저서로는 《교파주의 사회적 구원》(1929), 《미국에서의 하나님 나라》(1933), 《계시의 의미》(1941), 《그리스도와 문화》(1951)

등이 있고, 그의 사후 제자였던 구스타프슨의 주선으로 출판된 《책임적 자아》(1963)가 있다. 그의 제자들은 '신앙과 윤리'(Faith and Ethics)라는 제목의 기념 논문집을 출판하였다.

니버는 단 한 권의 조직신학에 대한 책도 저술하지 않았다. "그에게 있어서 신학함이란 또 신학자가 된다는 것이 일관된 체계를 세우는 것을 의미하는 것은 아니다"라고 회더메이커(Libertus A. Hoedermaker)는 말했다. 그에게는 기독교 교리보다는 신앙이 더 근본적이고 중요한 문제였다. 신앙은 인격적인 만남에 그 뿌리를 두고 있으며, 상호 인격적인 신뢰와 충성을 포함한다. 그는 교의학적이기보다는 교회와 사회를 위해서 필연적으로 변혁하는 데 확고한 신념을 두었다.

"교회가 그리스도에 충성하기 위해서는 변혁적인 요구에 개방적인 존재가 되어야 한다"라고 그는 말했다. 더욱이 교회는 자본주의, 공산주의 그리고 기술과 같은 외부적 힘뿐만 아니라 교회와 성경 그리고 그리스도에게조차 우상적인 것과 같은 내부로부터의 위험천만한 힘들에 대해서도 경계를 늦추지 않아야 함을 강조했다.

그릇된 신학을 우려한 탓에 교의 신학적인 노력을 주저했을 것으로 추측한다. 그럼에도 불구하고 니버는 분명히 그의 신학적인 전제를 갖고 있다. 니버 신학의 기초는 하나님의 주권이다. 우주적인 하나님의 주권은 그가 하나님에 대해서 단언하고 싶을 뿐만 아니라 주권적 하나님에게 신뢰와 충성을 통해 겸허해질 수 없다는 자각이 동반되기 때문이다. 이런 점에서 니버는 왜곡된 성경주의나 교회주의적 자만심, 자기 방어적 독단성은 그리스도인들의 무질서였다. 적어도 하나님 주권에 대한 강조는 방법론적으로 신 중심의 윤리로 귀결된다. 그는 하나님의 사랑을 신학과 윤리의 결정적인 요소로서 그리스도만을 강조하기보다는 모든 창조와 연관하여 이해한다.

프라이(Hans W. Frei)는 "니버의 신학적 출발점이 예수로부터가 아닌 아버지와 함께 시작된다. 그에게 있어서 기독교 신학의 과제는 예수 그리스도 안에서 하나님의 행위라는 견지에서 신앙의 변혁, 하나님의 능력과 통일성 그리고 선하심에 대한 신앙적으로 새로운 이해를 표현하는 것이다"라고 말함으로써 니버가 철저하게 하나님 중심적 신학을 전개하고 있음을 말해 주고 있다.

니버는 하나님의 주권에 대한 강조뿐 아니라 당대의 에큐메니컬 운동에도 참여함으로써 그리스도를 창조, 구속의 주체로 지나치게 강조하여, 결과적으로 성부 하나님과 성령의 자리를 무시하거나 배제하게 된 것을 경고했다. 니버는 그리스도 중심 신학을 꺼리고 있다. 니버는 삼위일체 하나님을 믿는다. 예수 그리스도는 십자가에 달리시고 장사되고 부활하신 역사적인 한 개인이었다는 점을 확고히 한다. 동시에 자유주의적 입장과도 뚜렷하게 대조된다.

"진노하지 않는 하나님을 말하는 것은 죄 없는 인간이 십자가 없는 그리스도의 사역을 통하여 심판 없이 하나님 나라에 들어가게 됨을 말하는 것과 진배없다"는 니버의 말을 살펴보면 자유주의 입장과는 노선을 달리하고 있다. 균형 잡힌 기독론을 위해서 그리스도의 인간성을 약화시키면서 그의 신성을 강변하려는 그리스도를 역사적 예수에서 유리시키려는 시도들을 거부한다. 이것은 '그리스도와 문화'에서 예수를 도덕적으로 해석하는 데서 잘 엿볼 수 있다.

니버는 역사적 예수를 추구하기보다는 그리스도의 삶에서 나타난 몇몇 덕목들 - 사랑, 소망, 순종, 신앙, 그리고 겸손 - 을 고찰함으로 도덕적 모범이신 그리스도를 탐구하였다. 니버에게서 그리스도인은 기독교 공동체에 속했고, 기독교 공동체란 예수 그리스도 - 그의 생애와 말과 행실 - 가 그들과 그들의 세계를 이해하는 열쇠로서 중요한 것이라고 인정하며, 그가 하나님과 인간과 선과 악에 대한 지식의 원천이고, 끊임없는 양심의 동반자 그리고 악으로부터의 구원자라고 믿는 사람들의 공동체이며, 교회는 그리스도의 덕목을 사랑, 소망, 순종, 믿음, 겸손 등으로 간주하는 공동체로 인식한다.

이러한 덕목들 또는 성격의 탁월성은 단순히 인격적 자질에 속한 것이 아니라 예수의 신 중심적 삶의 결과다. 즉 단순히 '사랑을 위한 사랑'이 아니라 '하나님 사랑 그리고 하나님 안에서의 이웃 사랑'이다. 소망도 단순히 '대망함'이 아니라 하나님의 현존하는 규칙에 대한 소망이다. 슈바이처의 '철저한 종말론'에 반대해서, 니버는 하나님의 아들 됨을 소망의 근거라고 보았다. 역시 순종도 율법의 원리로 말하는 것이 아니라 온 자연과 온 역사의 창조자요 지배자이신 하나님과의 관계에서 다루고 있다. 신앙 역시 인간이나 제도에 속한 것이 아니라 하나님에게 속한 것이다. 겸손이란 열등한 것을 말하는 것이 아니라 하나님에게 절대적으로 의지하고 절대적으로 그를 신뢰하는 것이다.

니버는 그리스도에 대한 여러 해석과 그의 주요한 덕목 중 하나에 포섭되지 않고, 다양성을 인정한다. 단지 그 해석이 신약성경의 예수 그리스도와 모순이 되어선 안 된다. 왜냐하면 성경은 그리스도의 원 초상화가 보여주는 행위와 인격이 그리스도인들에게 동일하게 역사하시는 권위요, 이 권위를 다양한 모습으로 행사하는 분은 한 분 그리스도라는 사실을 보여주기 때문이다.

　니버에게서 그리스도는 성경적으로 아들 됨의 상징이다. 하나님과의 관계에서 이 상징은 그의 인격과 권위에 대한 신학적 관점의 기준이다. 하나님의 아들로서 예수는 역사적이고 사회적인 권력들과 많은 가치들로부터 선하시고 유일하신 하나님을 향하도록 해준다. 아버지 하나님과의 아들 됨은 하나님을 향한 인간들, 인간들을 향한 하나님, 세상에서부터 타자에게로, 타자에게서 세상으로의 이중적인 운동을 함의하고 있다. 인간들이 이러한 그리스도에 관계될 때 비롯되는 책임성 역시 이중의 운동을 내포하게 된다.

　니버 신앙의 특징은 또한 교회에 대한 관념에 있다. 실제로 회더메이커는 니버의 신학은 "처음부터 끝까지 교회 주변을 맴돌고 있다"라고 말한다. 니버는 교회 공동체와 교회의 역사의 중요성을 말한다. 그것은 예수 그리스도뿐만 아니라 이스라엘에서 하나님의 전능한 행위를 함께 기억하면서 그리고 하늘과 땅에서 하나님의 나라가 이루어질 것을 고대하는 소망의 공동체로 묘사하는 것, 예배하는 공동체로 묘사하는 것, 그리고 논쟁과 갈등이 일어나는 사상의 공동체로서 묘사하는 것은 신학의 상당 부분을 포괄한다.

　니버는 교회를 고찰하면서 공동체와 제도라는 두 가지 대립 개념을 사용한다. 이들 특징은 서로에게 속하면서도 뚜렷이 구별된다. "제도로서의 교회가 더 중요한가? 공동체로서의 교회가 더 중요한가? 또한 어떤 것이 더 우선적인가 하는 문제는 사고와 언어의 관계에 대한 문제와 유사하다. 제도로서의 교회는 공동체로서의 교회를 타락시킬 수도 있지만 보존시키기도 한다. 공동체로서의 교회는 제도로서의 교회에 생동감을 부여할 뿐만 아니라 무의미하게 만들기도 한다."

니버는 가시적 교회와 불가시적 교회의 문제에 있어서 신정통주의와 노선을 달리했다. 신정통주의는 교회가 교회의 영원한 실제와는 모순된 존재임을 배타적으로 강조했다. 그러나 니버는 가시적 교회가 많은 문제가 있는 것은 사실이지만, 그럼에도 불구하고 가시적 교회에 참여하지 않고서는 불가시적 교회에의 참여할 수 없으며, 불가시적 교회와 가시적 교회는 서로에게 속해 있으며, 그리스도인이 모인 곳에는 항상 현존한다고 보았다. 니버의 이런 교회 이해는 하나님의 주권과 인간 역사의 관계성 문제에 대해서 명확하게 응답할 수 있다.

하나님에 관한 경험은 역사 안에서 일어난다. 이것은 공동체, 즉 하나님 이해와 신앙 이해를 공동체 안에서 선배들의 경험과 현재의 경험을 통해서 현재의 공동체를 유지한다. 그러나 인간의 죄와 한계성 때문에 하나님과의 만남이 어렵다. 공동체의 역사는 신앙 경험으로 고백하므로 공동체를 이어간다. "하나님은 공동체들의 구체적인 역사에 매몰되지 않고 그 역사 속에서 인식하고 섬길 수 있어야 한다."

도덕 이론에 대한 니버의 공헌은 두 개의 신학에 근거한다. 하나는 종교개혁 후기의 주권적 하나님에 대한 신학이고, 다른 하나는 인간의 인식론적 한계성에 대한 19세기의 신학적 강조이다. 니버는 이 두 전통에 대한 설명으로, 하나님만이 지고(至高)하시고 영원하시기 때문에 도덕적 판단을 포함한 그 밖의 모든 것은 상대적이고 신앙 고백적일 수밖에 없다고 말한다.

니버는 도덕 이론들을 세 가지 방법으로 특정 짓는다. 제조자로서의 인간, 시민으로서의 인간, 그리고 응답자로서의 인간이다. 제조자형은 인간의 도덕적 삶이 목적론적이라는 것을 암시하며 시민형은 의무론적임을 암시한다. 그리고 응답형은 니버 자신의 도덕이론으로 도덕적 삶이 상황에 따라 판단된다는 것을 암시한다.

니버의 주장은 인간의 도덕적 삶은 자동차 운전자의 삶과 같다는 것이다. 자동차 운전자가 도상에서 활동하는 것은 단순히 그의 목적지나 도로 규칙을 지키는 것이 아니라 수천 개의 다른 요인들, 도로의 상태, 자동차의 신뢰도, 그리고 다른 자동차 운전자들의 숫자에 의해서도 역시 판단된다. 도덕적 판단은 상황에 '합치해야' 한다. 따라서 니버의 도덕 이론은 가치의 상대적 이론, 카테콘틱 윤리(Cathekontic ethics; 또는 상응 윤리), 상대주의, 실존적 관념론, 절대주의의 한 유형, 그리고 실천적 목적론적 윤리이론 등과 같이 다양하게 정의되어 왔다. 절대주의가 하나님이 비역사적이고 비상대적인 상황에서는 단 하나의 적절한 행위만 있다고 인정하는 반면, 상대성이란 인간의 역사적 상황을 고려하는 것이다.

니버의 사상에 영향을 준 사람은 카를 바르트와 트뢸치이다. 그는 두 사람의 다른 사상을 독특한 방법으로 연결시켰다. 그는 바르트의 철저한 객관성을 수용하면서도 트뢸치의 상대주의를 통해서 재조정하고 있다. 니버는 트뢸치의 역사적 상대주의를 수용하고 바르트의 계시의 우월성에 대한 주장도 수용한다. 그는 바르트와 트뢸치의 사상을 독특한 방법으로 결합하여 '상대주의'와 '객관주의'의 긴장 관계를 변증법적으로 해결하려고 했다.

여기서 니버의 '상관적 객관주의'가 나타난다. 니버의 이런 사상은 하나님과 인간의 관계를 대화 관계로 하고, 또 인간이 하나님의 선하심과 은총을 고백하게 한다. 뿐만 아니라 윤리적으로는 인간이 자기의 결단에 책임지고 응답하는 책임적 자아에 이르게 한다. 니버에게 끼친 트뢸치의 영향은 기독교 사회학에 대한 관심에서 나타났는데 이는 그의 저서 《그리스도와 문화》에서 상세히 설명한다. 그는 신앙생활은 문화적, 정신적 배경과 사회적 영향을 벗어날 수 없다고 주장한다. 이것이 복음의 역사적, 사회적 성격이다.

니버 사상의 또 다른 특징은 신학과 윤리학 이외의 다른 분야의 학문의 지식을 이용했다. 그는 철학, 사회학, 과학, 그리고 심리학 등을 연구했다. 그의 초기 저서들은 역사의 경제적 해석에 대한 관심을 보여준다. 그러나 니버는 신학교의(神學敎義)나 윤리학의 포괄적 '체계'를 만들어 내려고 하지 않았다. 그는 시회 및 교회의 개혁에 깊은 관심을 가지고 있었다. 그의 초기 저서들이 자본주의와 공산주의를 날카롭게 비판하였으나, 그의 후기 저서들은 교회를 개혁해야 할 필요성을 강조하였다. 그는 교회 개혁에 자기의 주장을 집중시켰고, 그의 형 라인홀드 니버는 사회에 대한 비판과 사회 개혁에 관심을 가지고 있었다.

그가 《그리스도와 문화》를 썼다. 이 저서에 사회윤리 사상을 가장 체계 있게 서술했으므로 사회윤리 분야의 고전적 가치를 인정받고 있다. 《그리스도와 문화》는 당연히 지속될 문제이지만 이 문제는 우리의 결단을 촉구하고 있다. 니버는 그 서문에서, "신세졌다고 생각하는 분은 평생을 두고 교회와 문화에 전념한 신학자요 역사가인 에른스트 트뢸치일 것이다"라고 할 만큼 트뢸치에게 집중했다.

니버는 트뢸치에게서 자기가 인정하려고 했던 많은 것을 배웠다. 그에게 배운 것 중에는 도덕적 결단의 필요성, 철저한 자기 인식의 필요성, 그리고 자신의 상황을 가능한 한 포괄적으로 알아야 할 필요성 등이었다. 그는 사회 및 교회 개혁에 깊은 관심을 가지고 있었다.

리처드 니버는 개혁신학, 즉 칼뱅주의 전통에 속했다. 니버의 사상은 사도 바울, 성 아우구스티누스, 그리고 존 칼뱅으로부터 청교도 전통을 통해서 조나단 에드워즈에 이르는 계열이다. 니버의 중요한 신학적 긍정들은 이 전통에서 유래했는데, 예를 들면 하나님의 주권, 죄를 범한 인간의 속박, 예수 그리스도 안에서 주어진 구원이다. 니버의 관심이 교회의 내적인 개혁에 집중되기는 했지만, 니버의 기본적 원리들은 하나님이 참 하나님이시기 때문에 모든 피조물들 가운데 함께하신다. 그러므로 니버는 언제나 하나님의 역사하심을 세계 안에서 찾았으며 동시에 불신 세계에 대한 하나님의 뜻과 교회의 목적을 발견하려고 했다.

니버는 나중에 영국의 신학자 모리스(F. D. Morrice)를 치켜세웠다. "모리스는 무엇보다도 요한적인 사상가였다. 세상에 오신 그리스도는 자기 백성에게로 오신다는 사실에서부터 시작한다"라고 말했다. 모리스로 하여금 개혁주의자로 일관하게 한 것은 그리스도가 왕이라는 원리를 견지한 사실이다. 그는 개혁주의적 이념을 더 명백하게 표현했다. 문화에 대한 그의 태도는 시종일관 긍정적이다. 말씀 없이는 아무것도 존재할 수 없다는 신념이었다.

인간은 문화를 떠나서 살 수 없다. 그러므로 그 속에 주 예수 그리스도께서 오셨다. 구속의 은총으로 인간에게 영원한 생명을 주신 주께서 문화를 변화시키므로 인류의 역사를 바르게 흐르도록 하는 것은 너무나 현실적이고 미래적이다. 이렇게 볼 때 니버의 사고는 기독교적 역사관으로 가장 사회적 관심에 집중되었다. 현실적으로 기독교인들이 유토피아적이고, '천로역정'적이고, 기독교적 염세주의로 인한 사회 부정, 또는 현실 부정적 입장을 갖고 있다.

이런 면에서 볼 때 그의 노력은 공헌이 있었다. 인간의 생활은 현실을 떠날 수 없다. 그러므로 기독교인들은 이 비뚤어진 사회를 그리스도와 함께 개혁해야 한다.

그의 여러 저서들 중 대표적인 책은 《그리스도와 문화》(1951)이다. 이 책은 사회 윤리 사상을 가장 체계 있게 서술했으며, 사회 윤리 분야의 고전이다. 니버는 에른스트 트뢸치의 유형론적 방법을 적용하여 그리스도와 문화의 상관관계를 역사적으로 분석, 비판하면서 '문화의 변혁자'로서의 그리스도상을 드러내려고 했다. 즉 "하나님 나라는 변혁된 문화이다. 그리스도는 문화의 변혁자이다"가 그의 신학적 신념이었다. 그는 모리스와 요한적인 사상가이다. 세상에 들어오신 그리스도는 자기 백성에게로 오신다는 사실에서부터 시작한다.

리처드 니버는 그의 형 라인홀드 니버에 비해 한국에 잘 알려지지 않았으나 미국 신학계에는 지대한 관심의 대상이다. 그 이유는 그의 신학이 상대주의를 받아들이면서도 그것을 지양하는 신학의 넓은 꿈을 제시해 주고 있기 때문이다. 《그리스도와 문화》의 사회적인 관심은 그리스도를 통하여 하나님 중심으로 사는 기독교인들이 인간 중심으로 사는 문화 속에서 성실히 살아가는 문제이다. 예수 그리스도를 구주로 믿는 이들이 하나님을 모르는 문화 사회와 어떠한 관계를 갖느냐 하는 것을 그 상황에 따라 서술, 분석, 비판하는 방법이다.

이 책에서 그는 기독교는 문화와는 정반대된다는 것과, 다른 한편으로 문화생활의 극치야말로 기독교적 생활이라고 하는 태도가 있다고 한다. 이 극단 사이에 세 가지 중간적 태도를 말한다. 그는 그리스도의 권위와 인간이 성취한 문화의 권위에서 사는 기독교인들의 딜레마와 긴장 관계를 다섯 가지 유형으로 나누었다.

첫째 유형은, '문화에 대립하는 그리스도'(Christ against culture)로서, 문화에 대한 기독교인들의 배타적 태도이다.

그들은 그리스도냐 문화냐 하는 양자택일에서 그리스도만 주장하고 문화의 모든 유산을 배격한다. 그리스도와 문화에 대립하는 그리스도로서 문화에 대한 배타적 입장이다. 그런 유형은 초대 교회사에서 유대인들이 예수를 배격한 것이나 기독교인이 유대적 문화를 반대한 데서 나타나고, 중세의 경우 수도원이나 소종파 운동과 현대에서는 선교사들이 새로 믿는 이들에게 이교적 사회 관습을 떠나라든지 혹은 서구 사회에서 기독교적 신앙과 서로의 가치와 제도와의 대립을 주장하는 경우이다.

이들이 갖는 신앙의 논리는 우리가 믿는 예수 그리스도는 세상에 대립해서 사신 분으로 이 세상 문화나 질서와는 전혀 다른 문화와 질서를 세우신 분이라는 것이다. 이런 태도는 그리스도에게 충성하는 윤리적인 행위만을 강조한다. 세상 문화의 타락한 오락, 학문, 권력, 정치에서 떠나도록 권면했던 2세기의 교부 테르툴리아누스(Tertullianus), 그리스도의 계명은 모세의 율법을 파기한 하나님의 영원법을 주장했고, 기독교인은 모든 문화적인 요소를 버리고 예수님의 산상수훈으로 살아야 한다고 주장한 톨스토이에서 그 전형적인 모델을 찾을 수 있다고 했다.

이들의 주장은 탈세적이며, 신비주의적이다. 이러한 반문화적 사상은 이성과 계시, 세계와 하나님을 극한적으로 구분하는 신학적 이원론에 빠질 위험이 있다. 이런 주장에서 그리스도는 삶과 진리의 구체화이시며 새로운 법의 수여자이시다.

그러므로 기독교인들은 그리스도에게만 충성해야 한다. 이들은 이성을 부정하고 계시만을 주장하며 그리스도를 떠난 인간은 죄인이요, 헛된 존재라 한다. 이러한 반문화적인 삶은 그 자신이 난점을 안고 있다. 그들이 세상 문화에서 떠난 삶을 산다고 하지만 여전히 세상에 살고 있다. 니버는 "인간이 항상 문화 속에 살고 있기 때문에 순수한 자연인이란 없다. 그러므로 하나님은 항상 사회와 역사적인 경험에서 계시하시고 역사하신다"라고 말한다.

둘째 유형은, 첫째와 정반대인 '문화의 그리스도'(Christ of culture)이다. 그리스도와 문화의 근본적 일치 및 연속성을 주장하는 유형이다. 따라서 그리스도는 세상을 살아가는 현명한 지혜를 가르쳐 주는 지혜로운 분이며, 최고의 이성과 고귀한 제도와 숭고한 철학을 대표한 분으로, 인간의 사상사에 나타난 위대한 영웅으로 그의 사업과 인격이 문화의 가장 중요한 요소와 일치한다는 것이다. 그리스도를 통해서 문화를 해석하게 되고 문화를 통해서 그리스도가 해석되기 때문에 양자의 긴장, 대립 관계는 완전히 해소된다. 이들은 그리스도와 문화 사이에 근본적인 일치와 연속성이 있다고 본다. 가치를 지향하는 인간의 열망이 그리스도 안에서 그 절정에 도달했다고 한다. 따라서 그리스도 자신도 문화의 한 부분일뿐 아니라 그것을 전승하고 보존해야 할 사회적 유산이라는 것이다.

이렇게 볼 때 그리스도는 위대한 교육가요 도덕적 스승이며 문화의 영웅이다. 이런 주장은 예수를 유대교의 전통적인 문화의 완성자로 본 초대 교회의 '에비온주의자들'(Ebionites), 그리스도를 헬라주의의 '지혜'로 해방시켜 주는 진리의 계시자로 믿는 영지주의자들(Gnostics), 기독교를 1세기의 문화와 동일시하려는 개신교 근본주의자들, 또는 기독교를 13세기의 문화와 동일시하려는 천주교도들, 18-19세기의 기독교 합리주의자들, 19세기의 자유주의 신학자들에게서 찾아볼 수 있다.

18-19세기 기독교의 합리성을 주장한 존 로크(John Lock), 복음을 이성의 한계 안의 종교로 환원시킨 칸트, 그리스도를 완전한 도덕 교육가로 본 토머스 제퍼슨(Thomas Jefferson), 그리스도를 모든 종교의 완성자로 본 슐라이어마허(Schleiermacher), 그리스도를 기독교 공동체의 창시자로, 문화사에 있어서 큰 발전을 표시한 도덕적 영웅이라고 한 리츨(Ritschl)에게서 잘 나타났다. 이러한 문화 일치의 그리스도는 문화와 타협, 순응함으로 문화에 흡입되어 기독교의 독특성을 상실하게 되며, 이성적 신학에 이르게 될 위험이 있다.

그래서 회심파의 태도는 문화생활은 죄로 말미암아 치명적인 상태에 있다는 것이며, 이러한 상황에서 구원은 그리스도의 역사이며 이 역사야말로 영원히 계속되는 창조의 사업이라는 것이다. 그리스도인의 생활은 문화생활에 대립만 할 수 없다. 그 생활을 변화시키는 것이 되어야 한다는 태도가 바로 이 '회심파적' 태도이다. 물론 이러한 변화의 완성은 종말적인 것이지만 이 세대 안에서는 그리스도 안의 생활과 문화 속의 생활을 구원이 있는 영역과 없는 영역으로 구별하여 상극시킬 수 없다는 것이다.

니버의 신앙과 신학은 자연히 이 '회심파적' 태도에 처해 있다. 자연과 계시의 관계를 말하면서 "이 둘은 서로 배격하여도 안 되며 또 이 둘은 어떤 역사 발전적 단계로서 필연적인 것일 수도 없다. 오히려 변화의 상관관계로 보아야 한다. 그리고 계시를 자연의 결실이라고 하기보다는 그 이전의 역사적 단계를 변화시킨 사역자로 보아야 한다"라고 하였다.

계시는 영적 '물건'이 아니라 항상 새롭게 변화하는 '사건'으로 감사함으로써 받아들여야 한다고 생각한다. 따라서 그리스도인의 종교는 문화적 종교와 기독교 신앙 이 두 면을 피할 수 없다고 보는 것이 니버의 독특한 지론이다. '문화의 그리스도'를 주장한 신학자들은 그리스도를 문화의 완성자로 보고 이성과 계시의 근본적인 화합과 일치를 주장한다.

세 번째 유형은, '문화 위의 그리스도'이다.

이 유형을 종합론자(synthetist)의 견해라고도 한다. 이들은 그리스도와 문화 두 가지 중 어느 하나는 택하고 버리겠다는 입장이 아니라 양자를 종합해 보려는 입장이다. 그래서 그리스도와 문화를 다 긍정한다. 그러나 그리스도와 문화 사이에 간격이 있다. 종합론자들에게서 그리스도는 창조주 하나님의 이성과 지혜로서 창조에서 참여했기 때문에 문화와 밀접하게 연결되었다. 그러나 그리스도를 문화에서 찾을 수 없는 새로운 인간문화의 접촉을 시도하므로 단순한 종합이 아닌 위로부터 오는 은총을 통해서 세속의 모든 것이 완전해질 수 있다고 본다. 즉 그리스도와 문화 양자를 연결하면서도 그리스도는 세상의 문화 위에 계심을 주장하므로 대등한 위치의 종합이 아닌 하나님의 은총이라는 계시를 통한 종합을 말하고 있다.

문화와의 접촉성을 가지고 있다는 점에서 인간을 그리스도에게로 인도할 수 있게 한다. 그러나 그에게 도달하려면 불연속적인 비약이 필요하다. 그리스도는 진실로 문화의 그리스도이다. 동시에 문화 위에 있는 그리스도이다. 그리스도는 세상을 초월하시기 때문에 문화적으로만 해석할 수 없다. 그러므로 양자의 상호 관계는 수직적이어서 그리스도에 대한 신앙과 세상 문화에 대한 책임은 항상 병행해 간다고 볼 수 있다.

그리스도와 문화를 수직적으로 보기 때문에 종합론자들은 '문화의 그리스도'를 주장한 자들과 다르고, 또한 문화의 중요성을 인정하기 때문에 배타적인 기독교인들과도 다르다. 그들은 그리스도를 로고스(창조자)와 주님(초월자)으로서 이해한다. 그리스도는 문화에 역행하지 않고 문화의 장점을 이용하여, 인간이 성취할 수 없는 은혜를 내려 준다고 본다. 그러므로 이들은 헬라철학을 계시로 인도하는 몽학선생으로 보고, 아리스토텔레스를 마케도니아의 세례 요한처럼 보기도 한다.

이런 주장은 클레멘트(Clement of Alexandria)에서 나타났고, 후에는 토마스 아퀴나스(Thomas Aquinas)와 영국 교회 감독 조지프 버틀러(Joseph Butler)에게서 나타났다. 이 종합론자들은 창조자와 구원자를 하나로 보고, 구원을 피조물이 파괴한 것이 아니라 그것을 완성시키는 것으로 믿어 그리스도와 문화, 계시와 이성, 하나님의 역사하심과 인간의 일, 영원과 시간의 관계를 하나의 계층적인 체계로 종합한 것은 큰 장점이라 할 수 있다.

그러나 이러한 계층적인 체계가 고정화되어 상대적인 것을 절대화하고 무한을 유한한 형태로 바꾸어 놓으며, 역동적인 신앙생활을 정적인 것으로 이해하여 문화적인 보수주의와 상대적인 것의 절대화, 무한한 것의 유한화, 생명적인 것을 물질화하는 경향 그리고 문화 수호주의에 빠질 위험성이 있다. 그들은 인간의 모든 문화 활동에 있어서 악의 심각성을 경시한다.

네 번째 유형은 '역설 관계에 있는 그리스도와 문화'이다.

여기에 속한 그리스도인은 평생토록 서로 합의되지 않는 두 권위에 동시에 복종한다는 긴장 속에서 살아간다. 그래서 그들은 둘째 유형과 셋째 유형의 태도를 배격하고 오히려 '문화에 대립하는 그리스도'를 신봉하는 자들과 동조한다. 그러나 그들과 달리 하나님에 대한 복종이 사회 제도에 대한 복종을 전제로 하며 사회에 대한 충성과 심판자이신 그리스도에게 복종한다는 데서 신념을 달리한다.

그리스도와 문화는 양극과 긴장 안에서 인생은 역사의 피안에 있는 의인으로서 불안정하고 죄 된 삶을 계속해야 한다고 본다. 신학적으로 루터와 루터교가 이에 속한다. 이들은 이원론이다. 여기서 이원론(dualism)은 '그리스도와 문화'의 관계를 역설적으로 보면서 그리스도에 대한 충성과 문화에 대한 책임감을 구분하는 이원적인 태도를 말한다.

역설적으로 기독교인은 의인인 동시에 죄인이다. 종합론자들처럼 그리스도와 문화를 계층적으로 화합하지 않고 화해할 수 없는 양자 간의 끊임없는 싸움을 강조한다. 그러므로 문화를 배격하는 기독교인들처럼 인간의 전문화는 죄로 물들어 있다고 주장하기도 한다. 그러나 배타적인 기독교인과는 달리 그 죄 된 문화에서 빠져 나오려고 하지 않는다. 왜냐하면 기독교인은 문화 속에 살고 있으며, 또한 벗어나지 못하기 때문이다. 그럼에도 불구하고 하나님은 그들을 그 문화 안에서 보전해 주시고 지켜 주신다. 만일 하나님이 그 죄 된 세계를 붙들어 주지 않으시면 한순간도 존재할 수 없고 이 긴장은 계속된다. 그리스도는 그리스도요, 문화는 문화다. 이 양자는 결코 만나지 못한다.

기독교인은 이 양 세계에서 계속 살아가야 한다. 이 주장은 역설적이다. 기독교인은 항상 죄인이면서 의인이요, 율법 아래 있으면서 은혜 아래 살고, 그리스도 안에서 자유를 얻었지만 계속 세상에서 죄를 짓고 산다. 기독교인들은 두 가지 도덕에 복종해야 하며 서로 연속되지 않아 상반되는 두 세계의 시민이 되어야 한다. 그들은 그리스도와 문화의 양극성과 긴장성을 안고 불안정하고 죄 된 세상에서 살아가야 한다. 유일한 희망은 하나님이 우리 행동과 상관없이 우리를 의롭게 여겨 주신다는 것이다.

이 유형에는 사도 바울, 마르키온(Marcion), 루터, 그리고 키르케고르가 있다. 이런 사상가들은 반율법주의, 문화적 보수주의에 빠지기 쉽다. 그리고 기독교인은 계속적으로 역설적인 상황에서 산다.

다섯 번째 유형은 '문화의 변혁자인 그리스도'이다.

요한복음, 아우구스티누스, 칼뱅, 존 웨슬리, F. D. 모리스가 이 유형을 대표한다고 그는 말한다. 이 입장은 첫째와 넷째의 입장과 동조하여 인간 본성은 타락되고 비뚤어져 있는데 그것이 문화에 나타날 뿐 아니라 문화로 말미암아 전승된다고 이해한다. 그러므로 그리스도와 문화는 서로 대립되는 것임을 인정한다. 그러나 대립은 첫 번째의 유형과 같이 기독교인을 세계로부터 분리시키는 입장도 아니고 네 번째의 입장과 같이 초역사적 구원을 바라고 참으라는 것도 아니다. 그리스도는 각자의 문화와 사회 안에서 인간을 변혁시키는 분이시라는 것이다. 이 개혁주의자의 입장은 신학적으로 아우구스티누스나 칼뱅에서 명료하게 주장되고 있다고 니버는 본다.

그리스도는 문화를 변화시키기 위해서 오셨다. 기성의 죄악 된 문화를 변혁시켜 그리스도 안에서 새로운 문화 건설을 지향한다. 즉 이들의 태도는 문화는 죄로 말미암아 치명적 상태에 있으므로 이런 상황에서 구원하는 것이 그리스도의 역사이며, 이 역사야말로 영원히 계속되는 창조 사업이라는 것이다. 이들의 신학적 근거는 하나님이 천지를 창조하셨으며 그 역사 안에서 그리스도의 성육신을 통해서 하나님의 구속이 이루어졌다. 그러므로 이들은 하나님의 능력과 그리스도의 오심으로 죄와 죽음에서 구속되었고, 인간의 문화를 계속적으로 성화시키고 변혁시키는 일이 일어났다고 본다.

니버는 다섯 가지 유형 가운데 어느 하나를 답으로 지적하지 않았고 또한 자신이 한 가지 유형을 택할 수도 없으며, 이것이 기독교의 대답이라고 할 수도 없다고 했다. 그러나 니버가 반복적으로 논증하고 있는 글 속에서 우리는 변혁의 주체와 대상 그리고 방법에 관한 일련의 관계를 그의 도덕적 입장에서 '책임'의 윤리적 언어와 '변화'의 도덕 추리를 제시하고 있음도 부인할 수 없다. 특히 그의 책 《미국의 하나님 나라 사상》(The Kingdom of God in America)에서 니버는 하나님의 주권 하에 세계와 문화가 통치 받으며, 변혁의 진정한 주체가 하나님이심을 지적한다.

따라서 교회는 운동과 조직의 긴장 속에서 기독교 신앙의 역동성을 견지할 수 있어야 한다. 이것은 니버가 관계적 자아의 규범 형성의 원리로 '책임성'을 제시했듯이 관계적 공동체의 규범으로 '변혁성'을 제시한 것이다. 이 두 개념은 '적합한 행위'에 대한 개인 및 사회 윤리적 규범적 접근법이다.

제한된 인간, 상대적인 인간이 완전할 수 없다. 또한 기독교인은 자유에 이르지 못한다. 그러나 우리들은 상대적인 관점, 상대적인 판단, 상대적인 가치관을 가지고 현재의 신앙 안에서 개인적인 결단을 내린다. 최종적인 답을 얻을 때까지 기다리지는 않는다. 이론적으로 최종적인 답을 못 얻었지만 실천적인 결단에서 그 해답을 찾는다. 그런데 이 결단은 개인적, 현재적인 것만이 아니라 사회적, 역사적인 차원을 가지고 있다.

니버의 결론을 종합하면 그리스도와 문화의 여러 문제에 관한 기독교인들의 대답은 '이것이다', '저것이다' 하고 말할 수 없다. 다만 하나님의 신실하심을 믿는 신앙 안에서 하나님을 신실하게 믿는 충성스러운 무리들에 의해 교정 받고, 용서 받고, 보충되면서 결단할 뿐이다. 그리고 그 결단을 할 때 "죽은 자 가운데서 부활하신 그리스도는 교회의 머리이시며, 세상의 구속주이시며, 인간이 이룩해 놓은 문화의 세계라 해도 하나님의 나라, 즉 그의 은혜의 범위 안에 있으며 그 밖에 있지 않다는 것"을 명심해야 한다고 말한다.

그럼에도 불구하고 니버에게서 가장 바람직한 유형은 '문화의 변혁자로서의 그리스도'이다. 이는 문화를 적대시하지도 않고 그 문화와 하나이지 않으면서도 문화를 변혁시켜야 함을 뜻한다. 문화란 하나님의 피조된 세계의 일부로서 선하므로 변화될 수 있다는 확신과 또 문화란 타락되고 무질서하게 되어 마땅히 변화되어야 한다는 신앙에 근거한다. 그러므로 그리스도의 복음에 따른 문화의 변혁은 강력히 추진되어야 한다.

그는 양극단을 들어 기독교가 문화와 정반대된다는 태도를 취하는 것과 문화생활의 극치야말로 기독교적 태도가 있다고 한다.

첫째로, 그리스도와 문화는 역설적 관계를 가지고 있다. 문화와 그리스도는 상극되는 관계를 가지고 있다는 이원론적인 태도가 있는데 결국 양쪽을 다 긍정할 수밖에 없으며, 따라서 시민 사회의 요구 역시 하나님의 뜻으로서 응하여야 하며 하나님의 사랑의 은사 또한 받아들이지 않을 수 없다는 것이다.

둘째로, 인간은 자연적 질서와 초자연적 질서에 속하였다고 주장하면서 초자연적 하나님은 자연 질서에 연결됨으로써 자연과 하나님은 융화된 상하(上下)의 관계를 유지하고 있다고 보는 종합적 혹은 타협적 태도가 있다. 그러나 '회심파'(conversionist)의 태도로서 문화생활은 죄로 말미암아 치명적인 상태에 있다는 것이며, 이러한 상황으로부터의 구원은 그리스도의 역사(役事)이고, 이 역사가 영원히 계속되는 창조의 사업이라는 것이다.

그리스도인의 생활은 문화생활에 대립만 할 수 없다. 그 생활을 변화시키는 것이 되어야 한다는 태도가 바로 이 '회심파적' 태도이다. 물론 이러한 변화의 완성은 종말적이지만 이 세대 안에서는 그리스도 안의 생활과 문화 속의 생활에 구원이 있는 영역과 없는 영역으로 구별할 수 없다.

니버의 신앙과 신학은 이 '회심파적' 태도에 입각하고 있다. 자연과 계시 이 둘은 서로 배격하여도 안 되며, 또 이 둘은 어떤 역사 발전적 단계로서 필연적인 것일 수도 없다. 오히려 변화라는 상관관계로 보아야 한다. 그리고 계시를 자연의 결실이라고 하기보다는 그 이전의 역사적 단계를 변화시키는 사역자로 보아야 한다고 하였으며, 계시는 어떤 '물건'이 아니라 항상 변화하는 '사건'으로 감사함으로 받아들여야 한다고 생각한다. 그리스도인의 종교는 문화적 종교와 기독교 신앙, 이 두 면을 피할 수 없다는 것이 니버의 독특한 지론이다.

그는 신앙인을 '변증법적' 또는 동적 긴장 관계로 본다. 신앙인은 그의 문화적 배경과 사상적 구조 안에서 그리스도라는 '세력'과의 긴장 관계 안에서 성장하고 있다. 그리고 개인과 공동체와의 관계, 나아가서는 이 교회 공동체와 이 공동체 안에 있는 사람들과 이 밖의 공동체와 그 공동체의 사람들과의 '대화적' 관계 위에서 신앙인은 활동해야 한다는 것이다.

신앙을 이러한 '변증법적' 동적 긴장 관계에 놓는 데에는 그럴 만한 신학적 이유가 있다. 즉 인간은 모든 것과 '대화적' 상관관계를 가지고 있으며 동시에 이러한 우주와의 '대화적' 상관관계를 통해서 인간은 근본적으로 궁극적 '타자'(他者)와의 대화적 상관관계를 가질 수 있다. 자연 종교와 기독교 신앙의 상호 관계에서 니버의 근본 사상은 무엇보다도 하나님을 제일자(第一者)로 보는 것과 인간이 절대적으로 하나님에게 의지한다는 변증법적이며 상관적이라고 한다.

니버에게 하나님은 궁극적으로 '타자'(他者)이며 인간과는 절대적인 질적 차이가 있다는 키르케고르의 사상과 바르트의 '변증 신학'이 있다. 그러므로 이러한 신학적 태도는 인간이 자연적 혹은 문화적인 '대화적' 관계를 통하여 궁극적으로 '타자'인 하나님과 '대화적' 관계를 유지해야 하는 신학적 근본 문제가 있다.

이러한 자연 신학과 계시신학의 문제가 있으므로 니버의 신학은 그리스도 중심보다는 하나님 중심적이다. 우리는 하나님 앞에 '대화적' 관계에 있다는 것이다. 그러나 절대자 하나님은 예수와는 다른 '타자'이다. 그리고 이 타자는 심판자이신데 인간이 하나님과 '대화적' 관계를 유지하며 하나님을 은혜의 하나님으로 믿고 대할 수 있겠는가? 기독교인은 그리스도를 통해서 하나님의 선하심과 그분의 은총이 계시되었다고 고백한다. 이러한 고백은 인간의 것이 아니라 오로지 하나님의 역사를 통해서만 가능한 역사적 사건이라는 것이다. 니버는 솔직하게 계시신학의 관점을 신앙고백의 입장에 둔다. 따라서 비이론적 태도에 그 기초를 두고 있다.

니버의 신학은 첫째 인간의 '상관성'(relational)을 강조하고 있는 한편, 또한 '객관성'(objectivity)과 '계시성'(revelational)을 동등하게 역설하고 있다. 즉 하나님의 절대적 객관성을 역설하면서 신인(神人) 관계는 하나님 편의 자의적 계시를 통해서만 가능하다는 것을 주장한다. 하나님은 인간이 느끼는 의지의 감정에서만 인식된다고 하는 상관주의는 결국 주관성에 사로잡혀 자유로우며 절대적인 하나님의 객관적인 은사를 무시하는 결과를 가져올 것이라는 카를 바르트의 비판을 면하기 어렵다.

니버의 신학은 과연 이 딜레마에 서 있다는 것이다. 그리고 이 이론을 '변증법적' 긴장 관계에 놓고 신학을 펼치고 있다. 니버의 신학 방법은 '상관적 객관주의'(relational objectivity)를 모색하고 있다고 할 것이다.

니버는 이 신학적 딜레마를 실존주의적 견해로 해소하려고 노력했다. 객관과 주관의 갈등, 나와 다른 사람들과의 대립, 이러한 문제와의 키르케고르의 철학적 씨름은 그의 신학적 고민을 해결해 주고 있다. 니버에게서 실존주의가 다룬 문제는 'Communication' 또는 'Dialogue' 즉 대화의 문제이다. 그의 마지막 책 《책임적 자아》(Responsible Self)에서는 인간을 '대화적 동물'이라고 정의하므로 커뮤니케이션을 실존 문제의 중심으로 보았다.

실존주의에서 커뮤니케이션에 내포된 양자를 포함하는 한 '사건' 혹은 '언어적 행위'로 보는 데 의의가 있다. 따라서 커뮤니케이션이라는 언어 행위에서는 한 실존과 타자를 지배하고 소유하고 독점하는 관계를 형성하는 것이 아니라, 독립된 타자의 주체성을 인정해야 하며 '나와 너'와의 인간관계가 형성되어야 한다. 이러한 구체적인 인간의 대화 관계에서, 즉 주체와 주체 간의 교통과 이러한 행위를 통하여 일치하면서 또한 상호 독립성을 유지하는 '나와 너'와의 관계 속에서만 참된 신앙이 가능하다는 것이 니버의 실존주의적 '언어 신학'이다.

이러한 사상은 진리라는 것이나 진리에 대한 지식이 객관적 이거나 중립적일 수 없으며 주관과 주관의 실존적 화해 속에 가능한 것이라는 생각을 포함하고 있다. 인간은 윤리적으로 그리고 책임을 가지고 서로 대화하는 '대화적 동물'이다. 그렇다고 해서 니버의 실존주의는 반이성주의는 아니다. 니버는 '너'와의 관계를 신앙과 결단으로 맺음으로써 이지적 고찰을 참으로 가능하게 한다는 것이다.

실존적 신앙과 결단은 주체와 객체가 대등하게 책임 있게 대하여 대화함으로써만 이루어질 수 있다는 것이다. 인간은 근본적인 실존적 관계를 가져야 하며 가지고 있는 주체는 과연 살아 계신 하나님이다.

하나님의 실재를 실존적으로 이해할 때 인격적인 것이다. 하나님을 '상관적, 객관주의적'으로 이해될 때 인격적인 것이다. 하나님을 '상관적, 객관주의적'으로 말한다는 것은 '영원한 너'로서 대화적 관계에서 보며 인격적으로 대하는 것을 말한다. 니버에게서 하나님은 인격적이다. 인격적인 하나님 뒤에 있는 실재에 대해서 인간은 아무것도 알 수 없다. 하나님을 말할 수 있는 유일한 길은 그를 인격적으로 보는 길이다. 하나님은 우리와의 관계에서 제한을 받지 않으시는 절대적 주체인 반면에, 인간은 이러한 주체와의 대화에 의지하며 절대적 의지를 통해서만 그 주체성을 유지할 수 있다는 것이다.

그러므로 하나님은 '나와 너'의 대화의 기반인 동시에 '나와 너'의 관계 밖에서 하나님을 알 수 없다. 하나님은 인간의 모든 변증법적 관계와 언어의 관계 속에 역사하신다는 유일신적 견해를 고수한다.

과연 니버의 실존주의가 신학적 딜레마를 해소했다고 할 수 있는가? 객체와 객체 간의 대화를 통한 관계에서 얻어지는 지식이 가능하다면 신인 관계를 통한 인간의 신지식을 극단으로 부정하는 바르트의 반박을 어떻게 처리할 것인가? 그리고 하나님만이 절대적이며 하나님만을 예배해야 하며 하나님만이 인간 실존의 기본적이며 궁극적인 관심사라고 역설하는 니버 자신에게도 바르트의 1920년대의 이원론이 있는 것이 아닐까? 이러한 문제의 해소는 종말적인 소망에 속하는 듯하다.

니버는 철저하게 비형이상학적이며 인간과 인간의 대화적, 인격적 관계에 신학의 기초를 둠으로써 실존주의적 윤리를 모색했다. 그러므로 니버를 말할 때 '상대주의'는 역사적 상대주의와 구별해야 하며, 인간과 인간의 대화를 통한 상관에 입각한 객관과 주관이 종합된 진리를 말하고 있으며 동시에 상호 관심과 책임을 수반하는 윤리적 행동을 말하고 있다는 것을 명확히 인식해야 한다.

따라서 니버의 윤리학은 이러한 인간의 대화적 관계를 비판적으로 사고하고 분석하는 학문이라고 봄으로써 '서술적 윤리'의 방법도 역시 모색하고 있다. 인간의 대화적 관계는 인간과 하나님의 언어적 관계를 가능하게 한다는 것, 이것은 바로 새로운 '언어 신학'의 가능성을 시사하고 있다.

니버의 신학이 서양의 기독교는 물론 동양에도 많은 영향을 끼쳤다. 그의 저서로 인하여 그는 유명한 신학자가 되었다. 그는 비록 신학교에서 외친 학자이지만 사회 각 분야에서 많은 기독교인들에게 미친 영향으로 그리스도인들을 변화시켰고, 사회가 변화되는 데 적극적인 역할을 하였다. 지금도 많은 열매를 맺고 있다. 그리스도는 지금도 문화를 개혁하시는 역사의 주관자이시다.

제임스 구스타프슨(James M. Gustafson)이 지적한 대로 '책임적 자아' 개념은 니버의 신학과 윤리의 작업에서 포괄적이고 일관된 주제였다. 이 주제는 니버로 하여금 주로 성경적 및 신학적 교리로부터 윤리적 행위를 해석하려는 '윤리 신학자'라기보다는 교회 공동체와 더불어 사회 공동체의 도덕적 삶에도 관심을 갖는 '기독교 도덕 철학자'로 돋보이게 했다.

니버가 기독교 도덕 철학적으로 발전시킨 도덕 원리로서 책임 윤리는, 도덕 기준으로서 '규범'과 '상황'의 틀 속에서 제기되는 다양한 윤리적 과제들을 해명하고 판단하는 데 있어서 그 기준들과 접근 방법 그리고 관계들이 보다 포괄적인 입장을 견지할 수 있는 다양성과 역동성을 보여주었다. 이 점은 그가 도덕적 및 역사적 활동과 관련된 윤리적 반성의 중심이 그것을 고착화시키는 형식주의화의 위험을 강력히 경계하는 데서도 잘 드러나 있다.

니버의 책임 윤리가 안고 있는 문제점은 상대주의에 대한 일관된 주장에서 오는 구체적인 도덕적 선택과 판단이 내포하고 있는 도덕 기준의 문제는 도덕 및 역사적 활동으로부터 도덕 원리와 체계 문제로의 윤리적 반성의 중심이 제기되고 있는 점이다. 그리고 도덕적 삶에 있어서 수동성과 능동성의 문제가 니버의 책임 윤리 속에서는 상황의 질서와 수용이란 경향성을 내포하고 있는 점이다.

이런 점에서 폴 램지(Paul Ramsey)가 잘 지적했듯이, 니버의 기독교 윤리 규범 형성으로서 '책임성'이 '상대주의를 변혁하시는 그리스도'인지, 아니면 '객관적 규범을 관계적으로 변혁하시는 그리스도'인지 명확하지 않다는 점이다.

6부 예술가

1. 레오나르도 다 빈치
〈최후의 만찬〉 등을 그린 미술가

2. 미켈란젤로 부오나로티
〈천지 창조〉와 〈최후의 심판〉을 그린 조각가

3. 장 프랑스아 밀레
자연과 노동을 그린 화가

01 레오나르도 다 빈치
(Leonardo da vinch, 1452-1519)

〈최후의 만찬〉 등을 그린 미술가

　레오나르도 다 빈치는 인류 역사에 나타난 위대하고 독창적인 천재 중 한 사람이다. 회화, 조각, 건축, 음악, 공학, 물리학 등 다방면에서 뛰어난 역량을 보였던 그는 대표적인 르네상스적인 교양인이었다.
　다 빈치는 1452년 이탈리아의 빈치에서 세르 피에로 다 빈치(Ser Piero da Vinci)와 그의 하녀 카테리나 사이에서 서자로 태어났다. 그의 어머니는 아버지의 평생 하녀였다. 이복형들이 있었으나 '형'이라고 불러 보지 못했다. 그는 불행한 어머니의 불행한 아들이었다.
　그는 아버지의 지시대로 예술가가 되기 위해서 당대의 유명한 피렌체의 조각가이자 화가인 베로키오(Verrocchio)의 도제(徒弟)로 훈련받으며, 1470년에서 1477년까지 7년 동안 일했다. 다 빈치는 어머니와 5세까지 함께 살았다. 그는 어머니의 사랑을 한껏 받았다. 어머니에게서 웃음을 알았고 어머니에게서 성(性)을 알았다. 그것이 〈모나리자〉에서 미소로 나타났다. 이렇게 고독하게 자란 것은 '빈치에서 온 레오나르도'라는 뜻으로 성이 없는 셈이니 주인과 하녀 사이에서 태어난 사생

아였기 때문이다.

　이탈리아어로 '1500년대'를 뜻하는 '친퀘첸토'(Cinquecento)의 초기에 여러 천재들이 있었다. 이때를 전성기 르네상스라고 부른다. 전성기 르네상스는 15세기 말에서 16세기 초까지의 예술 상황을 가리키는 용어다. 이때 레오나르도 다 빈치, 미켈란젤로 부오나로티, 라파엘로, 티치아노, 지오르지오네 코레지오, 뒤러 홀바인 등 불멸의 거장들이 수많은 걸작을 남겼다. 예술가는 단순한 기술자나 장인이 아니라 천재라고 하는 르네상스인들의 생각은 전성기 르네상스의 예술가들에게 큰 도전정신과 힘을 불어넣어 새롭고 놀라운 작품들을 창조하게 했다.

　다 빈치는 천성적으로 사교적이었고 고독과 우울함에 잠겨도 성격적으로 사교적이었다. 그는 키가 훤칠하고 균형 잡힌 몸매에 얼굴은 미남이었으며 힘도 장사였다. 또 매력적인 태도에 달변이었으며, 항상 활기가 넘치고 누구에게나 상냥했다. 그는 독서 범위가 엄청났다. 자연과학 분야에는 당대는 물론이고 고대의 저술도 많다. 그중에 신화를 탐독했다. 다 빈치는 고매한 정신의 소유자였으며, 성품은 너그러웠다. 많은 사람들로부터 존경을 받았다.

　다 빈치의 이상은 누구도 범접할 수 없을 만큼 높았다. 그것을 이루기 위해 엄청난 사색과 노력을 했지만 그 자신이 만족할 만큼 성과를 본 것은 별로 없었다. 레오나르도 다 빈치는 자연의 사물을 철학적으로 사색하는 데 몰두하여 천체의 운행을 연구하고, 풀과 암석과 나무의 특성을 조사했으며, 시대를 앞선 새로운 학설들을 은밀히 기록해 놓곤 했다. 또한 운하를 설계하고 수력을 동력으로 하는 기구를 고안했으며, 산을 옮기는 방법이나 기중기, 비행 기구, 성을 지키기 위한 다

연발 총포도 발명했다.

  사람들이 그에게 어렵게 느끼는 면이 있었으나, 그것은 그의 성품이 워낙 고결했기 때문이었다. 사람들은 자신보다 위대한 인간을 만나면 어려워하게 마련이다. 다 빈치는 그 당시 사람들에게 신비에 찬 카리스마를 지닌 인물로 보였다. 그의 음성과 언변은 사람들을 매혹시켰다. 자신이 원하는 심오한 회화적 효과가 여의치 않을 때는 더 그리지 않고, 영감이 떠오를 때까지 그냥 놔두고 보는 그의 창작 태도 때문에 완성작이 많지 않았다.

  그에 대한 가장 신뢰할 만한 저술은 르네상스 당시의 뛰어난 미술 평론가이자 화가였던 조르지오 바사리이다. 바사리는 레오나르도 다 빈치를 하늘이 내린 천재라며 최고의 찬사를 아끼지 않았다. 바사리는 그가 무엇을 하든 인간이 한 것 같지 않고 마치 신이 한 것 같았다고 평했다.

  그가 평생 가지고 다닌 두 작품이 있다. 〈세례 요한〉과 〈모나리자〉였다. 프랑스 왕 프랑수아 1세의 초청으로 프랑스에 갔을 때 혼자 그림을 감상하고 있는 방에 프랑수아 1세가 들이닥쳤다. 감상에 빠져 있던 다 빈치가 놀라서 그림을 가렸다. 황제는 그림을 본 후에 팔라고 했다. 그 그림이 황제에게 감으로 루브르 박물관이 만들어진 계기가 되었다.

  모나리자의 주인공은 피렌체 부자 상인 프란체스코 델 조콘다의 아내 리자 디 안토니오 마리아 게라르디니이다. 그림에서는 모나리자이다. 그것은 마돈나 곧 유부녀의 이름 앞에 붙이는 경칭 '부인'이라는 뜻이며, 피렌체의 부자 비단 상인 프란체스코 델 조콘다의 부인 리자

게라르디니를 일컫는 것이다. 즉 '리자 부인'이다.

이 그림은 가로 53cm, 세로 79cm로 포플러 나무판에 그려진 20호 미만의 그림이다. 전시된 그림은 두 장의 비반사 3중 접합 방탄유리로 둘러싸여 있고, 그 앞에서 관객은 매일 북새통이다. 루브르의 수많은 걸작 중 유독 이 그림에 사람들의 눈길이 쏠리는 이유는 그림에서 끝없이 이야기가 샘솟기 때문이다. 신비한 미소, 도난 사건, 그리고 현대 미술가들의 숱한 패러디까지 〈모나리자〉는 살아 있는 그림이다.

다 빈치의 많은 작품 중에서 가장 궁금해하는 작품은 〈모나리자〉일 것이다. 이 초상화는 대중적 인기를 받고 있으며 현대에도 작품이나 광고에 수많은 패러디로 나오고 있다. 그러나 그림을 신비의 베일로 신화화하는 것은 감상의 좋은 방법은 아니다. 그동안 살펴본 다 빈치의 탐구심을 상기한다면 이 그림도 그 관심의 결과라는 사실을 알 수 있다. 〈모나리자〉는 프란체스코 델 지오콘다 부인의 초상이다. 그러나 그 주인공이 아름답기 때문에 그림이 아름다운 건 아니다.

우선 〈모나리자〉의 시선은 정면을 바라보고 있지만 몸은 약간 오른쪽으로 틀고 두 손을 앞으로 모았다. 따라서 세 변이 서로 약간 다른 삼각형의 구도를 이루며 자연스럽다. 오늘도 사진 촬영에서 이 포즈를 많이 이용하고 있다. 눈이나 머리카락, 옷, 손등의 모든 세부들은 윤곽선이 선명하지 않다. 그가 어린 시절부터 사용해온 스푸마토 기법(물체의 윤곽선을 마치 안개에 싸인 듯 사라지게 하는 기법)을 더욱 섬세하고 우아하게 적용했기 때문이다. 이 기법이 〈모나리자〉를 신비하게 느끼게 한 주 요인이다. 배경도 실제의 풍경과 〈동굴의 성모〉에서 느끼는 지리학에 대한 관심이 함께 어우러져 있다.

다 빈치 자신이 이 그림에 애착을 가진 것은 자신이 그림을 통해 추구한 자연의 근원에 대한 탐구와 실제 사물이 잘 어우러져 있기 때문일 것이다.

명화라고 지칭하는 다 빈치의 작품들보다 그의 관심 세계를 더 잘 이해할 수 있는 작품들은 드로잉 또는 스케치들이다. 교황의 허가로 인체를 해부해서 그린 인체의 그림들도 그중 일부이다. 그는 팔과 다리의 근육과 뼈, 동작에 따른 변화들을 상세히 관찰하고 묘사했다. 일반적으로 화가들이 정확한 묘사를 위해 해부학을 공부했지만 그의 해부학은 그러한 목적을 넘어서는 것이었다. 그가 체내의 내장이나 신경조직, 뱃속의 태아까지 연구한 것을 보면 그의 탐구는 생명의 근원에 대한 관심에서 비롯되었음을 알 수 있다. 인체뿐만 아니라 수많은 물거품을 이루며 부서지는 홍수의 소용돌이에서 사물이 움직이는 원동력, 에너지의 원천을 찾고자 했다. 그의 업적들은 단순한 재주가 아니라 사물에 대한 통찰과 탐구의 소산이었다.

〈모나리자〉는 다 빈치가 죽은 후 수난을 당했다. 처음에는 프랑수아 1세가 이 작품을 샀다. 그 후 베르사유 궁전과 보나파르트 나폴레옹의 침실에 걸렸다가 루브르 박물관에 전시되었다. 1911년 8월 22일 루브르 박물관은 "어제 〈모나리자〉를 도난당했다"고 발표했다. 사라진 지 24시간이 지나도록 도난 사실조차 몰랐을 정도로 박물관에서 '찬밥'이던 작품이었다. 그 후 〈모나리자〉와 다 빈치에 대한 기사를 쏟아 놓았다. 도난당한 지 2년 3개월 후 범인이 체포되었다. 범인은 루브르에서 〈모나리자〉 보호 액자를 제작할 때 유리공으로 일했던 빈센초 페루자였다.

그가 피렌체 우피치 미술관에 그림을 10만 달러에 팔려다가 덜미를 잡혔다. 이탈리아인인 그는 〈모나리자〉가 이탈리아가 아닌 프랑스에 있다는 것에 불만을 품고 훔쳤다고 했다. 이를 통해 루브르의 수많은 작품 중 하나일 뿐인 이 그림이 대표 소장품이 됐다. 1956년에 누군가가 산을 뿌려 그림 하단을 훼손시키는 일까지 일어났다. 결국 그 이후로 두 겹으로 된 유리의 보호를 받게 되었다.

1499년 밀라노 공화국이 프랑스에 패배하자 만토바, 베네치아에서 잠시 체류하고 있던 다 빈치는 피렌체로 돌아갔다. 아마 그때 그는 피렌체의 문화적인 분위기가 자신이 기억하던 것과 무척 달라졌음을 느꼈을 것이다. 메디치 가문은 추방당하였고, 피렌체는 그들이 복귀하기 전까지 짧은 기간이나마 공화국 체제를 유지하고 있었다. 다 빈치가 저 유명한 〈모나리자〉를 그린 것은 바로 이런 상황에서였다.

〈모나리자〉는 다 빈치의 명성을 높인 작품이었다. 이 그림은 신비스러운 생명감을 경탄할 만한 표현 기법으로 현실화시킨 작품이다. 이 그림 이전에 그려진 모든 화가들의 초상화보다 깊이감을 지닌 〈모나리자〉에 다 빈치는 강한 애착을 보였다.

섬세한 스푸마토 기법이 〈모나리자〉에 이르러 완벽하게 구사되었기 때문에 다른 화가들의 눈에는 이 그림이 하나의 기적처럼 비쳐졌다. 형태가 매우 묽고 옅은 피막의 겹으로 덧칠되었기 때문에 전체 화면은 그림 속에서 비치는 부드러운 빛으로 물든 것처럼 느껴진다. 그러나 〈모나리자〉의 명성은 기법적인 세련미에 근거하기보다 더 매력적인 부분은 인물의 성격을 다루는 심리적인 측면에 있다.

그는 지식이 풍부하고 사려 깊은 화가였다. 그 지식은 그 자신의 관찰과 탐구에 의한 것이었다. 그는 종래의 인물화가 인체의 윤곽선을 분명하게 그어나감으로써 문제를 초래한 것이 아닌가 생각했다. 인체의 윤곽선이 날카로우면 날카로울수록 인물은 더 딱딱하게 보이고, 그러한 딱딱함이 생명감을 훼손시켰다. 그는 형상이란 그늘의 관계가 만들어 내는 것으로 생각하여 명암의 점진적인 변화에 의해 인물을 표현했다.

이 그림에 대해 잘못 알고 있는 속설이 있다. 그림 속 여인의 얼굴에 눈썹이 없어서 미완성 작품이라고 여기는 것이다. 작품 속의 인물이 생존했던 당시에는 이마가 훤하고 넓은 것을 미인의 한 조건으로 생각했다. 그림 속 인물 역시 당시의 유행에 따라 눈썹을 제거했던 것이고, 따라서 레오나르도 다 빈치의 〈모나리자〉에도 눈썹이 없게 그려졌던 것이다.

웃는 얼굴을 그린 많은 그림 가운데서 왜 유독 〈모나리자〉의 미소만이 '신비스러운' 것일까? 그 이유는 이 그림이 초상화에 대한 고정관념을 충족시키지 않기 때문이다. 모델인 모나리자의 얼굴은 너무나 개성이 강했기 때문에 다 빈치로서도 이상적인 얼굴형으로 그려내기가 쉽지 않았다. 최근에 와서 모나리자는 한 피렌체 상인의 아내로 밝혀졌다. 그러나 다 빈치는 이 그림에서 이상화의 경향을 너무나 진지하게 추구하였기 때문에 그녀의 개성적인 외모는 감추어졌다.

모나리자는 눈이 부어 있고 눈썹도 없으며 뺨은 너무 살이 찌고 이마는 넓어, 요즘 기준에 따르면 미인도 아니고 매력도 없다. 그럼에도 불구하고 유명한 이유 중 하나는 그의 미소이다. 그것은 미소가 신비스럽다는 것이다. 어떤 이는 두 가지 의미로 해석한다. 우선 일시적인 기분의 표현이며 또한 그리스 미술의 '아르카익 스마일'과 같이 시간을 초월한 상징적인 표현으로 해석할 수 있다.

〈모나리자〉를 이렇게 유명하게 만든 데는 바사리, 고티에, 페이터라는 세 사람의 비평가가 큰 역할을 했다. 조르조 바사리는 《르네상스 미술가 열전》(1550)에서, "이 여인은 붓으로 그린 것이 아니라 진짜 살아 있는 사람을 보는 듯하다. ……목에서 맥이 뛰고 있는 것을 느낄 수 있다. ……얼굴 표정에서 사랑스런 미소가 피어난다. 이 미소는 인간의 미소라기보다는 천상의 미소라고 할 만큼 매력적이다"라고 썼다.

프랑스의 시인이자 비평가인 테오필 고티에(Theophile Coutier, 1811-72)는 1855년 모나리자를 "풀리지 않는 수수께끼 같은 미소를 짓고 있는 아름다운 여인"이며 "보랏빛 그림자를 드리우며 살짝 치켜 올라간 입술은 부드럽고 자비하지만 어떤 범접할 수 없는 우월감으로 관객을 압도한다. 그 표정 앞에서는 공작부인과 마주친 어린이처럼 어쩔 줄 모르고 머뭇거릴 수밖에 없다"라고 했다.

한편 영국의 예술 평론가 월터 페이터(Walter Pater, 1839-94)는 《르네상스 미술과 시에 관한 연구》(1893)에서, "그녀의 아름다움은 내면에서 나오는 신기한 생각과 환상적 꿈, 세밀한 정열이 세포마다 차곡차곡 쌓여 살로 만들어진 아름다움이다"라고 했다.

〈모나리자〉의 가치는 '미소'에서 나타난다. 무터는 "관객을 매료시키는 것은 그 영묘(靈妙)한 미소의 마력이다"라고 했다. "모델인 부인은 여왕처럼 잔잔한 미소를 지었다. 이런 모든 것이 그 미소의 베일 뒤에서 언뜻 드러났다가 사라지고 그 미소의 시(詩) 속에 다시 묻히곤 했다"라고 이탈리아의 작가 안젤로 콘티는 말했다. 또한 바사리는 "다 빈치는 모델이 앉아 있는 동안 수완을 부려서 비위를 맞춰 얼굴에서 그 유명한 미소가 날아가지 않도록 최대한 신경을 썼다"라고 했다. 그 미소는 이상적인 여성상이라고 볼 수 있다.

"다 빈치가 모나리자의 미소에 매료된 것은 그 미소가 오래전부터 그의 영혼 속에 잠자고 있던 어떤 것, 아마도 아주 오래된 기억을 눈 뜨게 했기 때문일 수 있다"라고 주장한 이는 지그문트 프로이트였다. 프로이트는 다 빈치가 그린 〈모나리자〉의 미소는 어머니의 것이라 했다. 어려서 어머니에게서 본 미소를 〈모나리자〉에게서 볼 수 있게 되었다는 것이다. 어머니를 그렇게 그리워했으며 어린 시절 받은 그 아름다운 미소가 그의 작품에서 여실히 드러났다는 것이다.

"미소 짓는 여인들은 어머니 카테리나의 재현이었다. 따라서 그 불가사의한 미소의 주인공이 바로 그의 어머니일 가능성에 무게를 두게 된다. 과거에 잃어버렸던 그 미소를 피렌체의 귀부인에게서 다시 찾는 순간 다 빈치는 거기에 완전히 매료된 것이다"라고 프로이트는 말했다.

그리고 다 빈치가 〈모나리자〉와 비슷한 시기에 그린 〈성 아나와 함께 있는 성모와 아기 예수〉에 두 여인을 그렸다. 그 두 여인의 입술에 감도는 미소는 〈모나리자〉의 미소와 동일하지만 묘하면서도 불가사의한 면은 없다. 〈성 안나와 함께 있는 성모와 아기 예수〉가 표현하고 있는 것은 애정과 고요한 행복감이다. 이 그림에는 그의 어린 시절 내력이 모두 종합돼 있었다.

다 빈치는 어머니가 두 분이었다. 첫 번째 어머니는 생모인 카테리나였는데 다섯 살 무렵 강제로 헤어졌다. 두 번째 어머니는 아버지의 정부인인 젊고 자상한 계모 도나 알비에라였다. 다 빈치는 어린 시절의 이런 사실과 두 여인을 하나로 농축시켰고, 그리하여 〈성 안나와 함께 있는 성모와 아기 예수〉가 형상화되었다.

1481년 피렌체를 떠나 밀라노 대공 루도비코 스포르차(Ludovico Sforza) 밑에서 일했다. 다 빈치는 후원자인 대공을 위해 '최후의 만찬'을 그렸다. 밀라노의 산타 마리아 델레 그라치에(Santa Maria delle Grazie) 성당 안 수도사들의 식당 북쪽 벽에 그려진 〈최후의 만찬〉은 세계 회화 사상 가장 장중하고 엄숙한 걸작이다. 1495년부터 시작해서 4년 후인 1498년에 완성한 불후의 대작이다.

〈최후의 만찬〉은 전성기 르네상스 회화의 이상을 드러낸 최초의 고전적인 사례로 인정받아 왔다. 불행하게도 이 그림은 완성된 지 몇 년 후부터 손상되기 시작했다. 전통적인 프레스코 기법의 한계에 불만을 갖고 있던 다 빈치가 템페라에 기름을 섞은 물감으로 실험적인 작업을 시도했는데, 그 물감이 벽면에 제대로 칠해지지 않았다.

그러나 이 그림이 그려졌을 때의 화려함을 충분히 상상해 볼 수 있다. 이 그림은 현재 상태로도 원래의 분위기를 그대로 반영한다. 무엇보다도 전체적인 구성에서 이 그림이 취하고 있는 안정된 균형감은 감동적이다. 다른 어떤 화가가 시도한 적이 없었던 이런 균형감은 여러 가지 상반된 관점들의 절충과 조화에 의해 달성될 수 있었다.

이 그림은 유다가 예수를 팔기 전 열두 제자와 유월절 만찬의 예수를 묘사한 그림이다. 인물들은 식탁의 한쪽 면에 배치되어 있다. 그래서 식탁은 성당의 식당에서 밥을 먹고 있는 수도승들과 성스러운 사건을 분리하는 장벽 역할을 한다.

유명한 이탈리아 화가들의 전기를 쓴 16세기 작가 조르지오 바사리

(Giorgio Vasari)는 이 프레스코 벽화는 예수가 "너희 중에 한 사람이 나를 팔리라"(마 26:21)고 한 순간을 포착한 것이다. 그리고 예수의 말에 대한 제자들 각각의 반응을 표현했다. 제자들은 제각기 부정, 의심, 분노, 불신, 애정의 서로 다른 감정을 나타내고 있다.

이 장면과 관련된 복음서의 다른 구절도 표현되었다. 예수는 "나를 파는 자의 손이 나와 함께 상 위에 있도다"라고 했다(눅 22:21). 요한이 "예수의 품에 의지하여 누웠는지라"고 한 말씀도 나타났다(요 13:23). 제자 한 사람 한 사람의 표정을 살리기 위해서 다 빈치는 많은 사람을 연구했다. 이 그림에서 유다는 예수 이외에 식탁에 손을 올리고, 돈 주머니를 쥐고 있는 유일한 사람이다. 유다의 표정은 어둡고 몸은 예수에게서 멀어지려 하고 있다.

다 빈치는 〈최후의 만찬〉을 그리기 위해서 여러 사람을 관찰했으며 예수의 얼굴 표정 그리고 열한 제자와 특히 유다를 그리기 위해서 독특한 기법을 사용했다. 다 빈치는 이것을 그릴 때 자신의 모습을 생각했다. 그래서 죄인이 예수님 앞에 설 때의 그 표정을 그렸다. 제자들은 항상 주님을 향해 있었다. 그러나 유다는 예수님에게서 떨어져 가는 느낌이었다. 사람이 예수님을 가까이할 수 있는 것은 그에게 헌신하고자 할 때이다. 그리고 떠나가는 사람은 탕자와 같다. 죄인은 탕자이며 탕자는 예수를 팔고 떠난다. 그것은 자멸의 길이다. 〈최후의 만찬〉은 다 빈치의 신앙적 고백이었다. 다 빈치는 성경의 내용을 그림으로 표현한 천재였다. 그를 통해 예수를 볼 수 있고 죄인인 나를 볼 수 있게 되었다.

복음서의 〈최후의 만찬〉 부분을 들으면서 그림을 자세히 볼 수 있다. 예수께서 같이 음식을 나누시면서 "너희 중에 한 사람이 나를 팔리라"고 하셨다(마 26:21). 제자들은 몹시 걱정이 되어 저마다 "주여, 나는 아니지요?" 하고 물었다. 예수께서 "나와 함께 그릇에 손을 넣는 그가 나를 팔리라"고 했다(마 26:23). 그때 예수를 배반한 유다도 나서서 "랍비여, 나는 아니지요?" 하고 묻자, 예수께서 "네가 말하였도다"라고 대답하셨다. 예수께서 빵을 들어 축사하시고 "받아서 먹으라. 이것은 내 몸이니라"고 하셨다(마 26:26).

여기서 제자들의 동작이 마치 연극 같다. 제자들은 저마다 두 손으로 자기를 가리키며, 또는 두 팔을 벌리며 "주여, 나는 아니지요?"라고 말하고 있다. 배반할 사람이 누구인지에 대해 서로 수군거리고 있다. 그러나 저마다 놀라고 있는 동작에도 불구하고 침착해 보이는 것은 화면의 구성 덕분일 것이다. 침착한 예수의 좌우에 있는 12명의 제자는 3명씩 네 그룹으로 나뉘어 화면의 균형을 이루고 있다. 그리고 유다는 왼쪽에서 다섯 번째, 몸을 뒤로 빼서 머리는 네 번째에 그려졌다.

그는 아직 두 사람의 얼굴을 더 그려야 하는데 못하고 있었다. 그리스도는 신격을 지녀야 하기에 사람의 상상력으로 떠올리기가 불가능하고 유다는 자신의 주인에게 무한한 은혜를 입었으면서도 배반한 얼굴을 떠올리기가 힘들어 그리지 못하고 있었다. 그냥 인물을 그린 것이 아니라 예수와 맺은 관계에 따라 각자의 성격을 보여주었다. 유다는 무리에서 벗어나 있지 않으나 어둡고 반항적인 기질을 보여주는 옆얼굴은 다른 제자들과 거리감을 분명하게 드러낸다.

제자들의 이런 태도는 다 빈치가 자신의 작업 일기에 적었던 내용을 그대로 나타냈다. 그는 회화에서 가장 숭고하고 가장 어려운 목적은 사람의 표정과 동작을 통해 '인간의 영혼에 내포된 심성을 묘사하는 일'이라고 토로했다. 그가 남긴 경구는 일시적인 감정의 상태가 아니라 인간이 영위하는 내적인 삶에 대한 언급으로 해석되어야 할 것이다.

그는 새벽에 작업장에 와서 해질 때까지 잠시도 붓을 놓지 않고 먹고 마시는 것도 잊은 채 그림만 그리다가, 어떤 때는 팔짱을 끼고 매일 몇 시간씩 그림을 뚫어지게 바라보면서 붓질 한 번 하지 않고 사나흘을 보내기도 했다.

1625년에 벽에 문을 냄으로 예수의 발이 망가져 버렸다. 18세기, 19세기에 이를 복원하려고 시도했으나 부분적인 복구만 되었다. 그 후 제2차 세계대전 중에 식당이 폭격을 받아 그림이 더욱 훼손되었다. 1978년 이탈리아 정부가 대대적인 복원 작업을 시작해서 20년 넘게 진행되었다. 복원된 〈최후의 만찬〉은 1999년에 다시 공개되었다.

다 빈치 이전에도 화가들이 '최후의 만찬'을 그렸다. 그러나 그들의 그림과 다 빈치의 그림은 근본적으로 다르다. 다 빈치의 〈최후의 만찬〉에는 사건의 실재성이 느껴지며, 그는 이 정경에 기념비적인 영적 생명의 영원성을 부여했다. 현실성과 초월성의 조화, 영원한 이상미의 시각적 현실화가 다 빈치의 〈최후의 만찬〉에서 느껴지고 있다. 풍부한 공간의 깊이와 시선을 집중시키는 절묘한 구도, 인물들에 깊이를 부여하는 독특한 명암법, 자연스런 후광 효과를 위한 창의적 발상 등 이 작품은 전성기 르네상스의 개막을 알리는 신호탄이었다.

밀라노에서 그는 다양한 일을 했다. 성채를 설계하고, 기마상의 모형을 만들고, 〈최후의 만찬〉을 그렸다. 다 빈치는 1499년에 피렌체로 돌아와서 많은 그림을 그렸다. 그중에서 유명한 작품이 〈모나리자〉다. 1513년과 1516년 교황청의 초청을 받아 로마에 머물렀다. 그 후 밀라노를 막 탈환한 프랑수아 1세의 초청을 받아 프랑스로 갔다. 다 빈치는 1519년에 클루 성에서 죽었다.

다 빈치의 천재성과 명성은 다른 예술가들에게 끊임없는 영감을 주었다. 오늘에도 다 빈치는 텔레비전 시리즈 〈스타 트렉〉(Star Trek)에서부터 소설 《다 빈치 코드》(The da Vinci Code)에 이르기까지 광범위한 창작물에 등장하고 있다. 2005년 1월, 피렌체 산티시마 안눈치아타 교회 옆 한 수도원에서 굳게 잠긴 방들이 발견됐다. 이 방들이 다 빈치의 비밀 작업실이었다고 믿는 이들도 있다.

철학자 안병욱은 다 빈치의 인간상의 특색을 이렇게 말했다. "그는 고독했다. 그러나 무서우리만큼 강한 인간이었다. 정치에 대해서 무관심하고 세속에 대해서 초연한 독립자였다. 그는 탐구와 창조의 파토스로 산 천재였다. 다 빈치는 인간적 감정에 사로잡히지 않는 달관의 사람이었다. 그는 권태롭게 사는 것보다는 차라리 죽음을 원할 만큼 삶의 충실과 자아의 완성을 향해서 돌진한 개성적 천재였다."

다 빈치의 천재성은 왼손잡이에서 나타났다. 그의 5천 매에 달하는 수기는 왼손으로 썼으며 거꾸로 썼다. 그래서 다른 사람이 잘 알아볼 수 없었다. 그 기록은 그의 삶을 적나라하게 썼다. 그의 삶과 철학이며 회화에 대한 애착과 자부심이 들어 있다. 그리고 다양한 재주를 하나님께로부터 받았다는 사실을 인정하며 그 달란트를 최대한 발휘하기 위하여 고독한 인생을 게으르지 않은 성실한 삶을 살았다.

그는 고독한 신앙인이었다. 그의 말년은 마르틴 루터가 종교개혁을 일으킨 때였다. 그 소식을 들었는지 알 수 없으나 그는 개혁의 의지를 갖고 있었다. 르네상스의 주역이었다는 것 자체가 개혁자란 뜻을 갖고 있다. 정치에 개입하지 않았다. 그 시대의 정치는 곧 종교였다. 그리고 예술가가 종교개혁에 가담하면 예술가의 역량을 발휘할 수 없었다. 이것은 미켈란젤로에게서도 마찬가지였다.

프로이트는 다 빈치가 여성과 함께 한 시간이 없었다고 말하면서 그것이 어디로 갔느냐 하는 데 대해서 몇 가지를 말하고 있다.

첫째는, 그 정열을 연구에 쏟았다는 것이다. 그렇기 때문에 그는 그렇게 많은 연구를 통해서 처음으로 연구 결과를 나타낸 것이 많았다. 다 빈치의 예술 작품이 다른 사람에 비해서 적은 것도 미완성 작품이 많은 것도 과학이나 다른 분야의 연구에 집중했기 때문이라고 볼 수 있다.

다음으로, 금욕적 생활을 했다. 그는 채식을 많이 했다. 여성을 가까이하지 않으므로 성직자적 금욕 생활을 했다. 그러므로 그의 신앙적 삶이 뚜렷했다. 그의 작품은 모두 신앙적 열매였다. 〈세례 요한〉과 〈성 안나와 함께 있는 성모와 아기 예수〉, 〈최후의 만찬〉 등이다. 그의 〈세례 요한〉을 두고 무터는 이렇게 말했다. "광야에서 메뚜기를 먹으며 사는 세례 요한의 입가에 불가사의한 미소를 띤 채 미끈한 다리를 꼬고 앉아 보는 이의 감각을 마비시키는 눈으로 우리를 응시하는 바쿠스, 젊디젊은 아폴론으로 변형시켰다."

세례 요한은 눈을 내리깔지 않고 왠지 모르게 의기양양한 표정으로 정면을 응시하고 있다. 엄청난 행복을 알고 있는데 말할 수는 없다는 듯한 표정이다. 어쩐지 익숙한 그 황홀한 미소를 보면 그것이 사랑의 비밀이라고 추측된다. 프로이트는 "다 빈치는 세례 요한을 통해 자신의 성생활의 불행을 부정하는 동시에 예술적으로 극복했다고 할 수 있다"라고 말했다.

프로이트는 그의 저서 《레오나르도 다 빈치》에서, 다 빈치는 동성애자의 성격이 있다고 했다. 그 큰 이유는 어머니에 대한 신화 즉 '독수리 이야기'에 대한 꿈에서 가져왔다. 그러나 다 빈치에게서 동성애자로서의 흔적은 전혀 없었다는 것이다. 여기서 나오는 결론은 그는 여호와 하나님에 대한 철저한 신앙의 사람이었다는 것이다. 하나님이 창조자임을 철저히 믿었으며, 예수 그리스도에 대한 구원의 확신이 있었던 예술가였다. 그러므로 그의 예술 작품이나 과학에 대한 열정은 그의 신앙의 열매였다.

그는 전적으로 신앙을 위해서 살았으며 신앙적인 작품을 위해서 자신의 최선을 다했다. 그의 작품은 신앙적 천재임을 나타내는 결과였다. 신앙을 위해서는 결혼도 재물도 명예도 모두 포기했다. 포기의 신앙이 뚜렷했다. 그리고 그의 삶에서 크게 찾을 수 있는 성품은 인내력이다. 하나의 그림을 완성시키기 위해서 4년의 기간이 필요했다. 〈모나리자〉를 그릴 때도 모델을 4년 동안 앞에 앉혀 놓고 그렸다. 〈최후의 만찬〉을 그리는데도 4년이 걸렸다. 천재는 성실 즉 꾸준함과 정직함 그리고 인내가 필요했다. 그리고 다 빈치에게는 고독과 싸우는 투쟁이 필요했다. 오직 하나님 앞에서 혼자 신앙을 지켜간 그야말로 뚜렷한 '코스모폴리탄'(Cosmopolitan)이었다.

다 빈치의 신앙을 검증할 수 있는 것은 무엇인가? 그것은 그의 성화 속에서 분명하게 드러난다. 예를 들면 〈최후의 만찬〉을 그릴 때 그가 수도원 식당에 그린 것은 바로 수도사들의 삶을 그 그림에서 나타냈다. 거기에 예수님은 수도사들이 구주로 믿는 분이요, 그 제자들이 곧 수도사들이었다는 것이다. 그러므로 〈최후의 만찬〉을 그리는 다 빈치의 자세는 곧 수도사였다. 수도사로서 작품을 남기는 사람으로서 분명한 영적 자세와 신앙이 분명하게 나타나야 한다고 믿었다.

〈최후의 만찬〉은 곧 다 빈치의 신앙을 나타내는 작품이었다. 그는 수도사로 살았으며 수도사로서 모범적이었다는 것이다. 마지막까지 그리지 못했던 두 그림은 곧 예수님과 가룟 유다였다. 예수님은 신으로서의 신비스럽고 인간으로서 고결한 모습을 나타낼 수 있어야 한다는 것이었다. 그리고 가룟 유다는 평범한 인간이 아니라 단테의 《신곡》에서도 지옥의 가장 밑층에 떨어진 자, 가장 악한 죄인의 모습을 그리려고 했다. 그럴 때 두려움도 있었고, 그런 사람을 상상하는 데 체험하지 못한 존재이므로 어려웠다.

가장 유명한 〈최후의 만찬〉과 〈모나리자〉는 바로 다 빈치의 삶을 남긴 것이다. 예술가의 작품은 그의 사상이요, 곧 그의 삶이요, 그의 존재이다. 오늘 그리스도인들이 삶을 남긴다는 것은 최대의 작품을 남기는 것이다. 그런 의미에서 삶의 작품은 창조이다. 신앙인의 삶은 하나님이 창조하시고 "보시기에 심히 좋았더라"(창 1:31)고 하신 것처럼, 참 좋은 삶의 열매를 창조해야 한다. 그런 의미에서 그리스도인은 신앙적으로 창조적 예술가이다.

02 미켈란젤로 부오나로티

(Michelangelo Buonarroti, 1475-1564)

〈천지 창조〉와 〈최후의 심판〉을 그린 조각가

천재성은 성스러운 영감, 그가 가진 신앙과 말할 수 없는 노력에 의해서 형성된다는 관점, 즉 소수의 예외 인간에게 부여된 초인간적인 능력이라는 천재 개념은 미켈란젤로의 삶과 작품에서 잘 드러났다. 이런 판단은 그를 예찬하는 이들만의 생각은 아니었다. 신플라톤주의에 몰입해 있었던 미켈란젤로는 하나님이 주신 재능이야말로 가치 있는 유일한 리얼리티라고 생각했다.

그가 영위한 길고도 격렬했던 삶을 유지시켜 준 것은 바로 그의 주체성과 자신이 창조한 모든 것은 주관적인 정당성을 지닌다는 그의 신념이었다. 그는 전통이나 규범, 인습 따위는 열등한 영혼을 가진 자들의 눈에만 보일 뿐이라고 생각했으며 자신이 지닌 재능을 억압하는 어떤 권위도 인정하지 않았다.

미켈란젤로는 1475년 3월 6일 피렌체 공화국의 카프레세에서 태어났다. 그의 아버지는 카프레세의 관리였다. 어려서부터 그림에 뛰어나 13세에 기를란다요에게 보내서 이듬해 조각가 베르톨도에게 도나텔로의 작품을 배웠고, 메디치가의 고대 조각을 연구했다. 그때 로렌초의 집에서 인문학자들과 접촉해 고전문학과 신구약성경을 탐독했고, 조각을 위한 인체 해부도 배웠다. 시스티나 성당의 〈천지 창조〉와 〈최후의 심판〉이 그의 대표적 회화 작품이다. 또한 〈피에타〉, 〈다비드〉, 〈성모자 상〉은 조각 작품으로 유명하다. 미켈란젤로는 생의 대부분을 조각에 몰두했고 스스로 조각가라고 말했다.

그는 레오나르도 다 빈치보다 23년 연하였다. 그는 다 빈치만큼 다방면에 뛰어난 지식과 능력을 가지지는 않았으나 조각과 회화에 있어서만큼은 그에 비견될 만한 사람이었다. 미켈란젤로는 인체를 집중적으로 탐구하여 인체를 표현하는 데 있어서 완벽에 가까운 조각술과 데생력을 지녔다. 그의 명성은 높아졌고, 추기경이나 교황은 자신들의 업적을 남기기 위해 미켈란젤로에게 작품을 주문했다.

르네상스는 일반적으로 1400년부터 1530년의 130년간을 의미한다. 이 시기에는 회화에 있어서도 눈부신 발전을 이룩했다. 미켈란젤로, 레오나르도 다 빈치, 라파엘로 등이 활동하면서 르네상스 화단을 화려하게 장식했고, 이들의 활약에 힘입어 주제, 양식, 기법 등 모든 면에서 고도의 발전을 이룩했다. 미켈란젤로는 르네상스 시대의 대표적 조각가였다.

그는 1496년 로마에서 고전 예술에 접촉, 조상(彫像) 〈바쿠스〉를 제작했다.

성모 마리아가 죽은 예수를 안고 있는 〈피에타〉는 1499년에 프랑스의 산 디오니 추기경의 요청으로 조각했다. 이 내용이 성경에는 없다. 예수께서 죽은 후 아리마대 요셉이 장사하려고 총독 빌라도에게 허락 받아 세마포로 싸서 장사한 것이 전부이다(마 27:59-60; 막 15:46; 눅 23:53; 요 19:40). 이 조각상은 너무나 아름다워 미켈란젤로의 명성을 떨치게 했다. 바사리는 이 작품을 어떤 작가도 흉내 낼 수 없는 기적의 소산이라 했다. 시인이자 작곡가였던 베키오(Gio. Battista Stozzi il Vecchio)는 '순결한 아름다움이여! 한숨짓는 차가운 대리석 피에타여!'란 시를 바쳤다. 미켈란젤로의 머리에는 '피에타'의 형상이 이미 그려져 있었다.

미켈란젤로는 모성애에 대한 그리움이 있었다.《미켈란젤로 부오나로티》를 저술한 조반니 파니니는 "그가 평생토록 성 모자상에 매달린 까닭은 어머니의 정이 그리웠기 때문이다"라고 했다. 〈피에타〉는 죽은 예수를 안고 있는 성모의 모습이다. 베드로 대성당에 보존되어 있는 미켈란젤로의 걸작이다.

'피에타'라는 말은 '경건'을 뜻한다. 〈피에타〉를 보면 경건한 마음을 품게 된다. 아들을 무릎에 누인 마리아의 모습에서 아들의 죽음을 애도하는 어머니의 경건과 아픔을 깊이 느끼게 한다. 오십이 넘은 마리아의 무릎에 서른 살 초반인 아들의 시신을 놓는 것이 어려웠다. 미켈란젤로는 예수를 마리아의 무릎에 누이기로 했다. 마리아의 품과 무릎은 교회의 제단을 상징하고 예수는 제단에 바쳐지는 제물을 상징한다. 교회의 의미를 상징하기 위해 그는 마리아의 오른손은 예수의 상체를 받쳐 들게 하고 왼손은 밖으로 향하게 했다. 그녀의 슬픔은 신앙심이 깊은 화가들이나 조각가들에게 경건한 마음을 갖게 했다.

〈피에타〉는 미켈란젤로의 깊은 신앙과 모성애를 의미한다. 〈피에타〉는 영혼이 아름답다면 육체 또한 아름답다는 신플라톤주의 즉 '마리아의 순수한 영혼이 완벽한 육체를 영원히 지켜 준 것'이다. 〈피에타〉는 역사적으로 많은 상상력을 불러 일으켰다. 그것은 예술적인 것만 아니라 신앙적인 면에서 더욱 그러했다.

그는 2년 동안 〈피에타〉에 열중하여 작품을 완성했지만 디오니지 추기경이 갑자기 죽어서 대금을 받지 못했다. 재료비는 물론 완성된 작품을 운반할 경비조차 없어서 베드로 성당 한구석에 둔 채 피렌체로 돌아왔다. 〈피에타〉에는 원래 작가의 이름이 없었다. 어느 날 미켈란젤로가 이 조각상이 있는 전시장에 들어갔을 때, 관람객들이 감탄하면서 조각품들을 감상하고 있었다. 한 사람이 조각가가 누구냐고 묻자, 다른 이가 엉뚱한 사람의 이름을 말했다.

미켈란젤로는 내심 자기의 작품이 다른 사람의 작품으로 알려지는 것이 불쾌했으나 그 자리에선 말하지 않았다. 그날 밤 미켈란젤로는 끌과 촛불을 들고 전시장에 들어가서 성모 마리아가 두른 띠에 자기 이름을 새겨 넣었다. 이로서 이 작품은 미켈란젤로가 이름을 새겨 넣은 유일한 작품이 되었다. 르네상스시대 미술사가 조르조 바사리(1511-1574년)는 "조각이라는 예술의 모든 가능성과 힘을 보여줬다"고 평했다.

〈피에타〉의 이미지는 최근에도 재해석되고 있다. 작가 이용백은 〈피에타〉를 모자 관계가 아니라 자아와 또 다른 자아와의 관계로 해석했다. 신경숙의 소설 《엄마를 부탁해》에서도 〈피에타〉는 주제를 관통하는 주요 이미지이다. 소설의 끝부분에서 어머니를 잃어버린 주인공은 로마를 방문해 미켈란젤로의 〈피에타〉 상 앞에서 고해하듯 "엄마를, 엄마를 부탁해"라고 독백했다. 〈피에타〉는 모성에 대한 갈망과 구원에 대한 갈급함을 상징한다. 김기덕 감독의 영화 〈피에타〉도 무자비한 채권 추심업자인 주인공이 엄마를 자처하는 여인에게서 '구원'을 갈망하는 내용이다.

미술사학자 이주은은, "〈피에타〉는 죄 없는 예수의 희생적 죽음을 통해 자비 없는 사회를 고발하므로 보는 이에게 처절한 고통을 안겨 주지만 그 고통을 '분노와 복수'가 아니라 '용서와 수용'으로 승화시키도록 하는 이미지"라고 했다. 그리고 "이는 모자 관계를 통해 신의 경지에 이르는 용서를 보여주는 〈피에타〉가 21세기에도 보편적인 공감을 끌어낼 수 있는 이유"라는 것이다.

문화 심리학자 김정운은 "근대화의 단선적 발전론이 방향성을 잃고, 전 세계가 경제 위기로 상실감을 겪고 있어 인류 보편적 가치에 대한 욕구가 그 어느 때보다 강하다. 압축 성장의 대표적 모델인 한국을 배경으로 '구원'을 제시한 김기덕 감독의 〈피에타〉가 세계적인 설득력을 얻은 것은 그 때문"이라고 분석했다.

피렌체의 시뇨리아 광장은 13세기에 열려 몇 세기 동안 피렌체의 정치, 사회적 고비마다 큰 사건들이 일어난 역사의 무대다. 또한 재앙과 천벌을 예언하며 종교와 정치의 개혁을 주창했던 지를라모 사보나롤라가 1498년에 화형당한 곳이다.

이 광장 남쪽에는 다섯 개의 조각이 한 줄로 서 있다. 그 중 하나가 미켈란젤로의 〈다비드〉 상이다. 다른 조각가가 조각하려다 상처만 낸 대리석 덩어리를 피렌체의 장관이었던 소데리니와 교회 사목위원회로부터 받아 완성한 것이다. 소데리니와 사목위원회는 무엇을 하든 마음대로 하라고 미켈란젤로에게 버려진 대리석을 주었는데, 그는 훌륭한 〈다비드〉 상으로 탄생시켰다.

이 조각상은 늠름한 청년의 모습이었다. 도나텔로의 〈다비드〉 상에서 보여준 소년의 가는 몸매와는 대조적이다. 미켈란젤로의 〈다비드〉 상에서 고대 조각의 영향을 느낀다. 힘이 있으면서도 섬세하고 유려한 인체 표현, 생동감 있는 모델링, 자연스런 콘트라포스토 등 그리스의 조각가가 정지 상태에 있는 인체에 생명의 약동을 부여하기 위해 사용했던 고전적 방법을 미켈란젤로가 다시 사용했다. 고대 조각에 대한 그의 연구가 작품에 활력을 부여했다.

미켈란젤로의 조각 양식은 르네상스를 대표했다. 〈다비드〉 상을 제작한 후 이어진 〈모세〉나 〈반항하는 노예〉, 〈죽어 가는 노예〉 등을 보면 미켈란젤로의 개성을 통해 되살아난 고대 그리스, 로마 조각의 숨결이 느껴진다. 1501년 피렌체로 돌아와 〈다비드〉를 조각하기 시작해서 2년 5개월 동안 다듬은 끝에 1504년 1월 25일 완성했다. 이 작품은 피렌체의 자유 수호의 상징으로 세워졌다.

〈다비드〉는 전성기 르네상스 최초의 대형 조각상이다. 여기에 미켈란젤로의 예술이 지닌 독특한 성격이 드러나 있다. 그가 26세 되던 해인 1501년에 주문을 받았던 이 거대한 인물상은 피렌체 성당의 부벽 위 높은 곳에 설치될 예정이었다. 그러나 피렌체의 신부들은 이 조각상에 골리앗의 머리를 제작하지 않았다는 이유로 승리가 아니라 정의의 화신으로 인정해서 피렌체 공화국에 대한 애국심의 상징으로 취급하여 도시 중심부에 세워진 메디치가의 베키오 궁 앞에 설치했다.

비록 〈다비드〉 상의 이미지가 옛 다가라는 사람이 청동으로 만들었던 〈다비드〉 상과 비슷하다 하더라도, 억눌린 에너지로 전율하듯 미켈란젤로의 〈다비드〉는 도나텔로의 〈성 조르주〉와 같은 표정으로 응시하고 있다. 〈다비드〉상은 고대 조각상의 모방이 아니다. 헬레니즘 조각상에서 육체는 영혼의 고통에 '발동'을 건다. 그러나 차분한 동시에 긴장감을 지니기도 한 〈다비드〉상은 '정지된 상태에서의 동작'을 보여주는데, 이것이 바로 미켈란젤로의 작품을 특징짓는 본질적인 성격이다.

〈다비드〉는 오른손에 돌멩이를 쥐고, 왼손으로는 돌팔매 끈을 쥐고 미간을 찌푸리며 적장을 노려보고 있다. 이 거대한 젊은이의 나체상은 아름다움과 힘의 극치를 이루고 있다. 이 청년의 모습은 힘차면서도 날렵하고 고요하지만 전의에 불타고 있으므로 아폴론과 헤라클레스의 합성이라고 일컫는다. 어떤 미술가는 〈다비드〉는 고전시대 이래 모든 조각상을 압도하는 걸작이며, 미켈란젤로가 대리석에 인간의 모습뿐 아니라 감정과 영혼까지 불어넣었다고 극찬했다.

〈다비드〉상을 제작하고 얼마 후 그는 교황 율리우스 2세의 부름을 받아 로마로 갔다. 율리우스 2세는 미켈란젤로에게 자신을 위한 거대한 규모의 묘소 설계를 지시했다. 그러나 1-2년 만에 마음이 바뀐 교황은 미켈란젤로가 꺼려함에도 불구하고 묘소의 설계 대신 1508년 미켈란젤로에게 성 베드로 성당 시스티나 성당의 천장화 〈천지 창조〉를 맡겼다. 일단 그리기로 작정한 후에는 자신의 상상력과 능력을 발휘했고 고요히 기도하면서 최선을 다했다. 교황으로부터 천장화의 〈천지 창조〉라는 제목만 받은 것이다.

미켈란젤로가 교황에게 제시한 조건이 있었다. "첫째, 그림이 완성되기까지 절대로 보지 마시오. 둘째, 매월 월급을 정확하게 지불해 주시오."

이에 대해 교황의 조건은 "첫째, 매일 성당에서 미사가 진행될 것이니 방해되지 말아야 한다. 둘째, 절대 다른 사람에게 협력을 받지 말고 혼자의 작품이어야 한다"는 것이었다.

교황의 독촉 때문이기도 했지만 묘소 작업을 다시 하려는 욕망 때문에 미켈란젤로는 천장화를 4년 만에 완성했다. 이 천장화가 그의 걸작이다. 건물의 구조처럼 묘사된 틀 속에 율동적으로 배치된 수백 명의 인물이 그려진 이 그림은 거대한 유기체로서 압도적인 규모와 내적인 조화에서 이전의 그림들을 압도했다. 다섯 쌍의 대들보로 구분된 가운데에 〈천지 창조〉에서 〈술 취한 노아〉에 이르기까지 〈창세기〉의 아홉 장면이 묘사되었다.

〈천지 창조〉부터 〈노아의 방주〉에 이르기까지 성경의 내용을 그림으로 옮긴 장대한 규모의 이 천장화는 그의 작품 중 걸작으로 꼽힌다. 중간에 미켈란젤로는 그림을 중단하고 로마로 가버렸다. 교황은 화가 났지만 그림을 보기로 했다. 그려지고 있는 작품이지만 그림을 보는 순간 평평한 그림이 조각한 듯 입체감이 느껴지고, 그림 속 주인공들이 살아 움직이는 듯했다. 색채는 화려하고 위엄이 있었으며, 내용이 전부 있는 건 아니지만 성경 속에 문자로만 읽던 천지 창조가 화면으로 구성되어 파노라마처럼 눈앞에 들어나 있었다.

교황은 그림 앞에 무릎을 꿇고 미켈란젤로를 데려오라고 했다. 원하는 것을 들어준다고 했다. 그러나 미켈란젤로가 원한 것은 교황의 사과였다. 그 말을 6개월 후에야 들을 수 있었다. 그는 돌아와서 그림을 다시 그렸다.

신학적인 체계에 따라 구성된 이 장면들은 미켈란젤로 자신의 정신과 완벽하게 일치했기 때문에 교황의 기대와는 어긋났다. 천지 창조나 원죄 그리고 결국 하나님에게 의지할 수밖에 없는 인간의 나약함이 미켈란젤로가 선택한 주제였다.

〈아담의 창조〉는 그의 상상력 중 가장 창조적이었다. 아담을 진흙의 형상이 아니라 하나님의 섬광에 의해 영혼이 아담에게 전달되는 순간을 그렸다. 그래서 이 그림은 인간과 신을 동시에 등장시킬 때 다른 어떤 화가도 흉내 낼 수 없는 극적인 효과를 나타냈다. 미켈란젤로가 설정한 구도에 내포된 역동성은 땅에 있는 아담과 하늘을 날아가는 신의 형상을 대비시킴으로서 그 절정에 달한다. 창조주에게로 뻗은 아담의 팔이 창조주에게 안겨 있는 아직 태어나지 않은 하와를 향해서도 뻗어 있다는 사실을 알게 되면 아담과 하나님의 관계는 풍부한 의미를 갖는다. 미켈란젤로의 색채 감각이 최근에 이 벽화가 깨끗하게 손질되면서 사실로 드러났다.

〈아담의 창조〉는 과감하게 강렬한 색상을 발산한다. 미켈란젤로가 구사했던 색채의 범위는 경이로울 정도로 풍부했다. 지금까지와는 달리 그가 그린 영웅적인 인물들은 '그려진 조각상'의 특징을 띠고 있다. 생명력으로 가득한 이미지는 벽면에 그려진 환영적인 '창틀' 속에서 각자가 맡은 서사적인 역할을 수행하고 있다.

가장 활력 있는 표현은 하나님의 손가락이 아담의 손가락에 닿는 순간이다. 하나님이 생명을 전달하시는 최고의 회화적 표현이었다. 하나님과 인간이 동시에 등장하는 장면으로 어떤 화가도 모방할 수 없는 극적인 효과였다. 4년 6개월이 걸렸다. 그는 그림에 몰두해서 하루 18시간씩 그렸다.

이 그림을 그리면서 오른팔이 뒤로 돌아가 척추가 휘어져 불편했으며 위만 보았으므로 눈동자는 돌아가 초점이 흐려졌다. 간이침대에 누어서 그렸기 때문에 물감이 몸에 떨어져서 두드러기가 났고 몸을 고정시켰기 때문에 등창이 생겼다. 37세에 그림을 완성하고 시스티나 성당을 떠날 때 몸은 반이 돌아가고, 눈은 정면을 보지 못하고, 온몸의 피부는 문드러져 반 불구자가 되었다. 〈천지 창조〉는 1512년에 완성되어 만성절인 11월 1일에 제막되었다.

미켈란젤로는 60세에 로마의 새 교황 파울루스 3세로부터 〈최후의 심판〉을 그리라는 부탁을 받았을 때 신앙으로 임했다. 이 작품은 예수 그리스도의 심판대를 나타내는 그림이었다. 특히 프레스코 기법으로 그려야 했기 때문에 그는 그림을 그리기 위해 만들어 놓은 선반 위에서 일과 잠을 함께 했다.

프레스코 기법이란, 젖은 석회 위에 물감을 입혀 그리는 기법으로 석회가 마르기 전에 그림을 그려야 한다. 프레스코화의 가장 큰 어려움은 한 번 그린 그림은 수정하기가 어렵다.

미켈란젤로의 〈최후의 심판〉에는 400여 명의 인물들이 등장한다. 성인과 사도에 둘러싸인 그리스도는 이 작품의 구심점이다. 여기서 황금빛 후광이 둘린 옥좌에 앉은 그리스도는 심판자로 오른손을 들었고, 구원 받지 못한 자들을 보고 있는 성모는 왼쪽에 앉아 있다. 공간과 시간적 배경을 무시한 채 동일한 하늘을 배경으로 떠 있는 사람들의 군상은 장엄하다. 미켈란젤로는 이 작품의 인물들을 영웅보다는 인간적인 모습에 치중했다. 그래서 〈최후의 심판〉의 인물들 중에 나체상을 보면서 목욕탕에나 어울리는 그림이라고 비난했다.

미켈란젤로는 그런 비난에 관심을 갖지 않았지만 성스러운 성당에 어울리지 않는다고 철거하라는 소리가 거세지자 미켈란젤로의 천재성을 인정했던 교황도 어쩔 수 없이 그 나체들에게 옷을 입히도록 지시했다. 어려움을 극복하고 4년 만에 대작을 완성하였다.

미켈란젤로는 레오나르도 다 빈치와 라파엘 가운데 가장 성격이 괴팍했다. 블랑카치 성당 마사초의 벽화 앞에서 토레지아니와 논쟁하다가 코뼈가 부러졌으며, 1504년 피렌체 시청에 〈카시나의 싸움〉의 벽화를 의뢰받아, 건너편 벽면에 〈안기리의 기마전〉을 그리게 되어 있던 다 빈치와 경쟁했다. 라파엘은 37세에 죽었고, 다 빈치는 67세에 죽었다. 그러나 미켈란젤로는 89세까지 살았다.

시스티나 성당(Cappella Sistina)은 1473-1484년에 교황 식스투스 4세가 니콜라우스 3세 때의 성당 자리에 지었다. 길이 40.93m, 폭 13.41m, 높이 20.73m이며 미켈란젤로, 기를란다요, 페루지노, 보티첼리 등 르네상스 시대 거장들의 프레스코화로 장식되었다. 1534년 미켈란젤로가 20여 년 후 시스티나 성당에 돌아왔을 때 서양 세계가 종교 개혁이라는 정신적, 정치적 위기를 겪고 있었다.

생동감을 발산하는 시스티나 성당의 천장화에서 침울한 분위기의 〈최후의 심판〉에는 구원받은 자들과 저주받은 자들이 하나님 앞에서 애원하는 모습이 묘사되어 있다. 교황 파울루스 3세는 이 그림을 처음 보는 순간 "주여, 마지막 심판 때에 저를 불쌍히 여겨 심판하지 마옵소서"라고 기도했다고 한다.

하나님 바로 아래에서 구름에 걸터앉아 있는 사도 바돌로매는 살

갖을 벗겨내는 처벌을 받아 순교했다는 암시로 사람의 가죽을 들고 있다. 그 껍질의 얼굴은 성자의 것이 아니라 바로 미켈란젤로 자신의 얼굴이었다. 너무나 교묘하게 숨겨져 있기 때문에 현대에 와서야 발견된 이 무섭고 냉소적인 자화상에서 미켈란젤로는 자신이 갖고 있던 죄의식과 존재의 무의미함을 솔직하게 표현했다.

그는 조각가로서뿐만 아니라 건축가로서 베드로 성당을 다시 디자인했으며, 화가로서 16세기에 사랑을 받았다. 미켈란젤로는 고대 예술을 부흥시킨 르네상스 예술의 정점에 있었지만 한편으로는 르네상스 예술의 쇠퇴기를 경험하기도 했다.

그는 많은 작품을 남겼으며 나중에는 미완성 작품이지만 힘없이 쓰러지는 그리스도를 여인들이 부축한 군상의 그림에서는 끝없는 고뇌에 빠진 영혼이 영원의 휴식을 추구하는 그의 만년의 심경이 보인다. 그 무렵 로마에도 동란이 일어나 고향 피렌체에 대한 향수에 젖으면서 병을 얻어 르네상스로부터 초기 바로크에 이르는 89세의 미켈란젤로는 오랜 예술적 생애를 마쳤다.

메디치가나 교황에게 봉사를 강요당했으나 자유와 정의를 추구한 고뇌의 심경은 그가 남긴 편지와 시에 남아 있다. 그의 예술은 인생의 고뇌와 사회의 부정과 대결하여 우울과 신앙을 미적으로 형상화했으며, 더욱이 초인적인 제작 능력을 보였다. 그는 자신의 작품으로 인류의 고통을 표현하고 육체라는 껍질 속에 잠들어 있는 인간의 영혼을 깨우려 했다. 그는 '시대를 초월한 아름다운 천재 예술가', '역사 속에서 가장 위대한 예술가'란 찬사를 받았다. 그는 서양 미술사에서 최고의 기량과 최대의 업적을 남긴 천재였다.

미켈란젤로는 기도와 성경을 명상하며 자신이 감명을 받은 대로 형상화했다. 그의 여호와를 향한 신앙은 구약성경의 야곱을 연상케 한다. 그의 외모는 추하고 성격은 괴팍했으나, 내면의 영혼은 순수하고 아름다웠다.

그는 평생 독신이었다. 한때 토마소 데 카발리에리라는 로마의 아름다운 귀족 청년에게 매혹되어 그에게 그림을 지도하고 평생 소네트를 지어 바쳤다. 그러나 토마소에 대한 그의 사랑은 동경이었지 육체적인 탐미는 없었다. 그는 여인을 사랑한 적도 있었다. 페스카라 후작 부인 비토리아 콜론나였다. 그녀는 젊은 나이에 과부가 된 여류 시인이며 아름답고 지성적이었다. 그들은 1537년경부터 서로 시를 교환하며 서로 영혼을 위로하고 위로받다가, 1547년 부인이 50살에 세상을 떠나면서 10년간의 아름다운 우애가 끝났다. 그때 미켈란젤로는 72살이었다.

조반니 파니니는 미켈란젤로가 지닌 예술적 영감의 근원이 그에게 결핍된 두 가지였다고 한다. 모성애에 대한 그리움과 미와 위대성에 대한 향수다. 미켈란젤로는 6세 때 어머니를 잃었다. 아버지는 아들에게 냉정했다. 그는 계모의 냉대를 견뎌야만 하는 가엾은 고아였다. 그가 평생에 걸쳐 〈성 모자〉 상에 매달린 까닭은 어머니의 정을 그리워했기 때문이었다.

그는 추한 외모와 왜소하고 병약한 몸이 큰 콤플렉스였다. 그는 "내 얼굴은 겁나는 데가 있지"라고 했다. 추한 모습은 미켈란젤로의 내면적 자부심을 고취하면서 여자와의 자연스러운 사랑과 결혼까지도 멀리하게 했다. 조반니는 "그는 타인을, 특히 자신에게는 없는 청년의 아름다움을 사랑하는 데 만족해야 했다"라고 말했다. 그가 평생 헤라클레스를 비롯한 거인의 모습을 즐겨 조각했고, 그의 유명한 〈다비드〉가 청춘의 에너지를 발산하는 거인으로 표현된 것은 이 때문이다.

그는 해박한 지식의 소유자였다. 그는 아름다운 시를 썼으며, 예술가, 조각가, 건축가로서 큰 명성을 얻었다. 그가 구현한 것은 '조화'가 아니고 '힘'이었다. 미켈란젤로는 신앙인이었다. 그는 하나님이 보여주신 형상을 정성으로 조각했고, 그렸다. 그는 "하나님을 묵상하는 동안에는 인생의 허무함이 사라진다"라고 했다. 이것은 오직 하나님에게만 영광을 돌리는 삶이었음을 의미한다.

그리고 많은 역사가들이 그에 대해서 방탕한 사람이요, 성격이 괴팍한 사람이었다고 하나 그는 여호와에 대한 철저한 신앙과 충성심이 충만했다. 그는 말년에 "우리가 십자가와 하나님의 은총을 통해, 온갖 시련을 극복한 뒤 장차 하늘나라에서 살게 될 것을 확신한다"라고 말했다. 이것이 그의 삶이요 예술이요 신앙이었다.

르네상스 미술에서 레오나르도 다 빈치와 미켈란젤로의 업적은 놀라움을 금할 수 없다. 시대의 요구에 따르면서도 언제나 이것을 능가하는 이들의 작품이 없이는 르네상스를 설명할 수가 없다. 미술을 통하여 다 빈치는 자연을 탐구했으며 미켈란젤로는 종교적 구원을 갈망했다. 그는 예술가로서 오직 신앙인의 모습으로 임했으며, 항상 하나님께 기도하고 예수님을 명상하는 가운데 작업했다. 그는 하나님의 계시로 작품을 남겼다.

그가 "대리석에 갇혀 있는 억눌린 형상을 자유롭게 해방시켜야 한다"라고 말한 것은, 하나님이 주신 계시로 하나님의 형상을 조각한다는 의미였다. 그는 채석장에서 가져온 거친 대리석 덩어리 속에서 인간의 형상을 발견하기 위해 노력했고, 바로 그런 동기에서 돌을 깎는 작업을 했다. 여인의 태내에 있는 아기를 볼 수 없는 것처럼 미켈란젤로 역시 처음에는 대리석 안의 인간의 형상을 명확하게 볼 수 없었다. 그러나 그는 대리석 덩어리에서 '생명의 태동'을 보았다. 그리고 하나님의 계시에 의해서 형상화할 수 있었다.

그가 만일 신앙인이 아니었다면 많은 세속적 작품을 남겼을 것이다. 그가 르네상스의 대가라는 점, 곧 그의 신앙적 표현이 시대를 변화시키고 새로운 문화를 창조했다. 그는 마르틴 루터가 종교개혁을 일으킬 때 작품들을 남겼다. 그가 교황과의 감정싸움이 있었다는 것도 곧 성직자들의 삶과 신앙이 그릇되었기 때문이었다. 그렇다면 미켈란젤로는 종교개혁에 대한 태도가 어떠했을까? 그에게 직접 이 질문을 할 수 있었으면 하는 생각이 든다.

03 장 프랑스와 밀레
(Jean-Francois Millet, 1814-1875)

자연과 노동을 그린 화가

밀레는 세상에서 가장 유명한 그림, 한국의 이발소를 비롯한 지구촌 구석구석에 복제화가 걸려 있는 〈만종〉의 화가다. 일하는 농부를 그려 '농부의 화가'로 불렸으며, 밀레만큼이나 유명한 빈센트 반 고흐가 이상으로 삼은 전설의 화가다.

밀레는 프랑스 서북부 노르망디의 농촌 그레빌에서 구뤼시의 가톨릭 가정에서 장 루이스 니콜라와 에메앙리에트 아델라이드 앙리 사이에서 8남매 중 둘째이자 장남으로 1814년 10월 4일 태어났다. 그는 경건한 가톨릭 성도인 할머니에게서 자랐다. 초등학교만 졸업했지만 베르길리우스를 비롯한 고전과 당대의 문화를 배웠다. 마을의 두 목사에게서 밀레는 라틴어와 근대의 문학가 셰익스피어, 괴테, 바이런, 빅토르 위고 등을 배웠다. 어렸을 때 그의 부모는 많은 농토를 가지고 있어서 다른 아이들과 같이 밭에서 일을 했지만 좋은 교육을 받았다.

20세에 부친이 사망하자 가족과 함께 가난하게 살았다. 그 가난은 50세가 넘도록 계속 그의 삶을 고통스럽게 했다. 1835년부터 그레빌에서 가까운 도시 셰르부르에서 본 뒤 무셀과 랑글루아를 스승으로 화가 수업을 받았다. 1837년 셰르부르 시의 장학금을 받고 파리에 가서 국립 미술학교인 에콜 데 보자르의 폴 돌라로슈의 화실에 들어갔다. 1839년 로마 상에 도전했다가 실패하고, 에콜 데 보자르를 떠났다.

1843년 파리 생활의 빈곤으로 갓 결혼한 아내 폴린이 폐병으로 죽었다. 그는 실의에 빠졌다. 그가 파리에서 초상화와 누드화를 그린 것은 전적으로 생활을 위한 방편이었다. 밀레는 셰르부르로 다시 돌아갔다. 1845년 그는 카페 여종업원이었던 카트린 르메르와 르아브르에 와서 1853년부터 함께 살기 시작했다. 그리고 9명의 자식을 낳았다. 어머니가 반대했기 때문에 어머니가 사망할 때까지 고향에 가지 않았다.

낭만주의 물결이 휩쓸고 지나간 그 끝에, 낭만주의 파도의 흔적을 얼마간 지니고 있었던 독특한 개성의 화가들이 있다. 바르비종의 마을과 농민들을 그린 밀레와 풍경화가 카미유 코로(Camille Corot, 1814-1875), 그리고 테오도르 루소(Theodore Rousseau)는 개성적인 관점으로 오늘날까지 많은 이들의 사랑을 받고 있다. 밀레는 대지와 농촌 생활을 사랑했고, 농민들의 모습을 깊은 종교적 감정으로 응시하고 표현하고자 했다. 지역적인 이름을 붙여 이들을 바르비종 화가들이라고 부른다.

바르비종 화가들의 목표는 자연을 통해 로마의 시인 베르길리우스의 목가 시에 나오는 낙원 아르카디아를 재현하는 것이었다. 숲속의 향훈을 직접 느끼고 관찰한 결과는 그들이 풍경화를 그리는 데 무엇보다 중요한 토대가 되었다.

루브르 미술관에서 푸생, 르냉, 샤르댕 등은 물론 도미에의 작품에서 큰 영향을 받았다. 1848년 살롱에 출품한 〈곡식을 키질하는 사람〉은 농민화의 최초 작품이었다. 1849년 파리에 콜레라가 유행해서 파리 교외의 바르비종으로 들어가 농촌의 삶으로 돌아갔다. 거기서 농사하면서 농민 생활과 자연 풍경을 그렸다. 이 시기에 루소와 코로와 친교를 맺고 빈곤과 싸우면서 진지한 태도로 농민 생활에서 취재한 작품을 제작하였다. 그는 독특한 시적 정감과 우수에 찬 분위기가 감도는 작풍을 확립해 바르비종파의 대표적 화가가 되었다.

　루소와 상시에는 밀레의 평생 친구였다. 상시에는 밀레의 그림을 파는 화상 역할을 했을 뿐 아니라 그와의 경험, 서로 주고받은 수백 통의 편지를 토대로 《장 프랑스와 밀레의 삶과 작품》이라는 전기를 썼다. 미완성의 전기이지만 미술 사회학자 폴 망츠라누가 완성해 1881년에 출판했다. 이 책은 밀레의 삶을 이해하기 위한 자료이자 소중한 사료이다. 또한 반 고흐를 비롯한 수많은 사람들이 탐독하고 밀레를 우상화하는 결과를 낳은 신화이기도 하다. 바르비종 화가들의 중심 역할을 했던 테오도르 루소의 자작나무 그림을 보면 지평선과 화면의 중심을 단단히 떠받들며 수직으로 뻗은 나무는 한 그루 한 그루가 신성한 정기를 부여받은 듯하다.

　그는 다른 바르비종파 화가들과는 달리 풍경보다는 농민생활을 더 많이 그렸다. 그는 이 시기에 〈만종〉이나 〈이삭줍기〉와 같은 잘 알려진 그림을 그렸다. 〈곡식을 키질하는 사람〉은 농부의 화가 밀레임을 알리는 작품이다. 여기서 그는 신화나 종교의 장면을 상상해서 그리지 않고, 현실에서 만나는 평범한 인간, 일하고 있는 농부가 그림의 주제였다. 화면에는 곡식을 까불러서 검불을 날려 보내는 한 명의 농부가 보인다.

　밀레는 인물의 얼굴을 자세히 묘사하지 않았다. 배경에서도 명확히 드러나는 것이 없다. 초점은 오로지 키질이라는 '일'에 맞추어졌다. 생존을 위해 일하는 농부의 노동이 그림의 주제이다. 그 노동의 이미지를 보는 사람에게 각인시키는 것이 밀레 그림의 힘이다. 그리 크지 않은 그림에서 인물이 커 보이는 것은 인물을 그린 방법, 인물과 배경 때문이다. 밀레는 인물의 세부 묘사를 생략해서 커다란 덩어리가 되게 했고, 단순화한 소수의 인물을 공간 전면에 두어 장엄한 느낌을 낳았다. 그런 가운데 풍기는 종교적 정감이 감도는 서정성으로 친애감을 자아내므로 오늘까지 유럽 회화 사상 유명한 화가로 추앙받게 되었다.

　1850년 살롱전에 〈씨 뿌리는 사람〉을 출품했다. 이 작품은 자의식적인 태도를 반영하고 있다. 뿌연 공기 속에서 흐릿하게 모습을 드러내는 이 '흙의 영웅'은 시간을 초월한 존재처럼 느껴진다. 혹시 밀레는 〈베리 공작의 아주 호화로운 달력〉 중에서 10월 그림에 그려진 슬픈 농부의 모습을 알고 있지는 않았을까? 더군다나 이 그림은 산업 혁명의 압력을 받아 급속하게 사라지고 있던 시골 생활의 현실을 기념비적으로 포착했다는 점에서도 특별한 의미를 지닌다.

　이 작품은 보수와 진보 양쪽의 주목을 받았다. 보수주의자에게는 거칠고 이상화되지 않은 이 거대한 농부는 불편한 존재였다. 1848년 2월 혁명의 진보적인 비평가에게는 밀레의 미술에서 평범한 사람이 예술의 주제가 되는 시대가 왔음을 알렸다. 그러나 밀레 자신은 정치에 관심이 없었고 비관적, 보수적 기질을 가졌던 것으로 알려져 있다. 〈씨 뿌리는 사람〉은 구약성경의 시대로 거슬러 올라가는 농업의 이미지가 나타난다.

1850년부터 1853년까지 밀레는 가장 중요시하고 오래 작업한 〈추수하는 사람들의 휴식 시간〉을 그렸다. 미켈란젤로나 푸생과 같은 그의 영웅들을 넘으려는 이 그림은 밀레의 그림 인생에서 농부들의 일상만을 상징적으로 표현하기보다 사회적인 상황을 상징적인 기법으로 나타내는 전환점이었다. 이 작품은 그가 날짜를 쓴 유일한 작품이며 1853년 파리 살롱에서 2위에 해당하는 메달을 받았다.

밀레는 맑은 날보다 흐린 날을, 대낮보다는 해질녘이나 달밤 등을 더 즐겨 그렸다. 밀레의 그림에는 하루의 시간과 계절의 변화를 알리는 작품들이 많다. 밀레의 시간은 변화하지만 순환하고 반복되는 것이기도 하다. 밀레의 그림에서 시간과 계절에 따라 해야 할 일을 하는 농부들의 삶은 조상들의 삶과 다르지 않다. 농부들은 숙명과도 같은 노동, 심고 거두는 끝없는 노동을 하고 있다.

1857년 살롱 전에 출품한 〈이삭 줍는 여인들〉은 밀레 특유의 '서사적 자연주의'의 특징을 가장 잘 보여주었다. 그림에는 세 명의 나이 들고 가난한 여성이 힘들게 허리를 굽혀, 먼 배경의 추수하는 사람들이 남기고 간 이삭을 줍는 장면을 그렸다. 이 여인들의 자세는 얼핏 보면 자연스러운 것 같으나 자세히 보면 시간이 멈춰서 운동감 없는 정지된 동작이다. 이 여인들의 얼굴에서 초상적인 특징은 없다. 여인들의 머리 수건이 파랑, 빨강, 노랑인 것처럼 의상도 사실적이 아니다.

밀레는 계절에 상관없이 늘 비슷한 복장의 농부를 그렸다. 밀레의 농부들은 체격이나 나이 또한 비슷하다. 그는 농촌 생활의 사실성을 반영한 동시에 변형했다. 이런 면에서 밀레가 의도한 것은 특정 농부가 아니라 '농부의 전형', 일하는 농부, 농부의 일 그 자체였다. 그들은 일하면서 비현실적으로 즐거워하거나 감상적으로 고통스러워하지 않는다. 그들의 노동에서 피로와 가난, 어쩌면 체념을 느낄 수는 있지만 그들은 노동을 조롱하거나 무시할 수 없다. 그 단순하고 고전적인 고요함에서 위엄을 느낄 수 있다. 그들은 오직 일하는 존재임을 나타냈다. 그것이 숙명이 아니라 하나님께서 주신 사명으로 여겼다.

추수가 끝난 황금빛 들판에서 세 명의 농촌 여인이 이삭을 줍고 있다. 그 당시 농촌에서는 추수하면서 땅에 흘린 이삭을 주워 가져가는 것이 관습이었다. 이 가난한 소작농 아낙들의 삶은 뒤에 산더미처럼 쌓인 풍요로운 곡식단과 대비되어 더욱 힘겨워 보인다. 하지만 자신들의 운명을 비관하지 않고, 두 여인은 허리를 굽혀 땅에 떨어진 이삭을 줍고 한 여인은 허리를 조금 펴고 자신이 주운 이삭을 간수한다. 한 알의 곡식이라도 소중히 여기는 농심, 고난과 역경 속에서도 꿋꿋하게 살아가는 그들의 경건한 모습에서 대지의 고마움, 노동과 땀의 소중함과 인간으로서의 존엄성까지 느끼게 된다.

성경에 이삭 줍는 여인상이 있다. 룻이다. 프랑스의 추수하면서 흘린 이삭을 주워 가는 습속은 구약성경 역사에서 온 것이다. 룻은 이방 여인으로 시어머니와 함께 과부가 되어 돌아온 고향에서 흘린 이삭을 주워서 시어머니와 함께 양식으로 삼았다. 그의 노동은 숙명적인 삶을 위한 것이었다. 그러나 원망 없이 묵묵히 이어갔다.

이런 사상이 밀레의 〈이삭 줍는 여인〉에서도 나타났다. 룻의 시어머니인 나오미는 며느리인 룻을 향해 '현숙한 여인'이라고 말했다. 그리고 그 이삭을 줍는 일을 하므로 '기업을 무를 자'(룻 3:12)를 만나게 된다는 것이었다. 그러므로 이삭을 줍는 일은 하루의 양식을 줍는 데서 끝나는 것이 아니라 미래 가정의 꿈을 이루는 희망적인 행동으로 나타났다.

밀레는 성경을 많이 읽은 사람이다. 이것은 할머니의 신앙을 이어받은 것이다. 신앙은 배움이 아니라 감동이다. 그리고 체험으로 이어진다. 이처럼 그가 신앙적이었던 것은 배후에 독실한 할머니의 기도가 있었기 때문이다. 그의 할머니는 파리로 그림 공부를 떠나는 밀레에게 이렇게 말했다. "나는 네가 하나님의 뜻을 어긴다든지 믿음을 저버리는 것을 보기보다는 차라리 죽는 편이 낫다. 너는 화가이기 전에 참된 신앙인이 되어라. 올바르지 않은 일에 빠지지 않도록 조심하라. 그림을 그릴 때는 영원을 위해서 그려라. 하나님의 심판의 나팔 소리가 들려올 것을 늘 생각하며 살도록 하라."

이는 신앙인으로 살 것에 대한 권면이 아니라 할머니의 명령이었다. 아니 그것은 여호와 하나님의 명령이었다. 이것은 밀레가 하나님의 아들이었다는 것을 확인시켜 주는 장면이라고 여겨진다. 그러므로 그는 하나님이 주신 달란트를 확실히 터득하여 연마했고, 하나님을 향하여 영광 돌리는 작업으로 노동하는 사람들의 장면을 그림으로 나타내서 많은 사람들을 감동케 했다.

밀레의 농민화에서 뚜렷한 특성은 ① 대지의 끊임없는 수평 구도, ② 이에 대치되는 인간의 의지로서의 수직적 요소, ③ 대지와 인간의 화합에서 생겨나는 평화, ④ 안정적이고 끝없는 정적 분위기이다.

벤칠 리가 말한 것처럼 밀레에게 미술의 목적은 현실을 재현하는 것만 아니라 그의 마음에 있는 또 다른 현실을 표출해 내는 것이었다.

밀레는 어려서부터 성인전(聖人傳)에 감명을 받아 종교적인 대상을 즐겨 그렸다. 독실한 기독교 신앙으로 농민들의 고달픈 삶을 관찰하고 정직하고 소박한 일상을 사실적으로 그려, 노동의 신성함과 인간의 존엄성을 표현했다. 충분한 정서가 담긴 목가풍의 작품에는 잔잔한 평화가 흐르며 우수에 찬 분위기가 감돈다. 그러나 가난과 고통의 솔직한 묘사와 휴머니즘을 표현했다. 보수적 비평가들에게서 사회주의자라고 비난 받았으며 정치적으로는 의혹의 대상이었다.

그림 속에서 어딘지 모르게 종교적 감동을 자아내는 밀레의 작품은 만년에 그 진가를 인정받아 대중에게 폭발적인 사랑을 받게 되었다. 고흐도 밀레의 이러한 점에 큰 감동을 받았다. 고흐에게 감동을 준 것은 기억을 투사시키고 강렬한 감정을 불어 넣어 현실을 변모시키는 능력이었다.

밀레의 농촌 그림에는 종교나 영웅 주제의 회화를 연상시키는 엄숙함과 당당함 그리고 거룩함이 느껴진다. 밀레는 그림에 그려진 '일' 자체가 종교성을 갖게 했다. 밀레의 작품에 담긴 종교적 분위기는 청교도적 미국 문화에 적합해서 미국에서 구매자가 많았다. 그러므로 밀레 작품을 프랑스 다음으로 많이 소장한 곳이 미국이다.

미국 보스턴의 화가 토머스 G. 애플턴의 주문으로 〈만종〉이 1857년 여름 교회의 뾰족탑을 그리면서 완성되었다. 밀레는 제목으로 〈감자의 수확을 기도하는 사람들〉이라 붙였으나 친구에게 보여주었을 때 "'만종'이라고 하면 좋겠어. 나는 이 그림에서 종소리를 들을 수 있어"라고 했다. 밀레가 〈만종〉을 그릴 때 "주님, 저는 소리가 나는 그림을 그리고 싶습니다"라고 기도했다. 〈만종〉에서 밀레는 음악적인 감정을 강조했다. 종교화의 새로운 양식이라고 할 수 있다.

그림의 전경에 젊은 농민 부부가 저녁 하늘을 배경으로 서 있다. 후면의 교회에서 들려오는 저녁 기도 종소리에 여인은 손을 모아 기도하고 남자는 모자를 벗어들고 서 있다. 이 그림의 평화로운 분위기는 사람들을 매혹하여 19세기 후반부터 프랑스 방방곡곡에 판화와 사진의 복제본이 퍼지기 시작했고, 레오나르도 다 빈치의 〈모나리자〉와 같이 전 세계적인 대중성을 갖게 되었다. 만년에는 사회적으로 인정받는 화가로서의 명예를 누렸으며, 1868년 프랑스에서 최고 훈장인 레종 도뇌르 훈장을 받았다. 주요 작품 중 〈씨 뿌리는 사람〉(1850년), 〈이삭줍기〉(1857년), 〈만종〉(1859년)은 발표 당시부터 주목을 끌었다.

1860년대 후반에 그려진 농촌 풍경화는 1848년 혁명의 와중에서 그려졌던 도발적인 농촌 그림들과는 많이 달랐다. 멀리 지평선을 배경으로 전경에 단순하지만 당당한 형태로 이삭을 줍는 농부들에게는 엄숙한 기품이 배어 있다. 그들의 허리는 둥글게 휘어져 화면에 양감과 리듬감을 부여한다. 사실적인 풍경이라기보다는 이상화된 고전주의에 가깝다.

실제로 이 같은 그림들은 번창한 도회 생활에 염증을 느낀 도시인들의 향수를 자극하였기 때문에 인기가 높았다. 한편으로 풍경에서 전해지는 땅의 온기와 소박한 일상의 자잘한 행복은 태생이 농촌 사람이었던 밀레가 몸소 느끼는 경험의 표현이었다. 밀레의 〈갓 낳은 송아지를 우리에 넣기〉는 농촌 사람 밀레의 풍경에 대한 정감이 그대로 전해지는 그림이다.

이제 화가들에게는 다른 어떤 교훈적인 주제보다도 자연의 순간적인 느낌과 그에 대한 인간의 반응이 중요해졌다. 물론 이러한 사실적인 풍경화의 부상 이면에는 현실적이고 비정치적인 주제를 선호하는 중간계급의 층위가 넓어지고 있었다는 점을 간과할 수 없다. 그리고 이러한 순수한 풍경화는 1870년대 전후 인상주의 시대에 가서 활짝 꽃피우게 된다.

1867년에 미국의 세계 박람회에서 〈이삭 줍는 여인들〉, 〈만종〉, 〈감자를 심는 사람들〉이 대표작으로 소개되어 명성을 얻었다. 그의 노년에는 경제적인 성공과 명성이 높아졌다. 1870년에 밀레는 파리 살롱의 심사위원이 되었다. 이후 그는 가족과 함께 프로이센 프랑스 전쟁을 피해 체르브르그와 그레빌로 이사했으며 1871년까지 바르비종에 돌아가지 않았다.

밀레는 파리 팡테옹을 장식할 성 주느비에브의 일생 주제 벽화를 주문받았으나, 건강이 악화되어 작업하지 못했다. 오랜 병으로 1875년 1월 3일 가트린과 교회에서 정식으로 결혼식을 올렸고 1875년 1월 20일에 사망했다. 그의 시신은 바르비종이 속한 샤이 시의 묘지에 먼저 세상을 떠난 테오도르 루소와 나란히 묻혔다. 파리와 런던에서 1975-1976년에, 보스턴에서 1984년에 밀레의 회고전이 열려 20세기에도 여전한 밀레의 인기를 보여주었다.

그의 화폭에는 어딘지 모르게 풍기는 자연을 향한 깊은 철학적인 성찰을 담고 있다. 밀레는 반 고흐의 초기 작품에 영향을 주었으며, 그린 클로드 모네의 작품은 밀레의 풍경화에서 영향을 받았으며, 쇠라의 작품에도 영향을 끼쳤다.

밀레의 대표작은 〈만종〉이다. 〈만종〉(Angelus)은 부유한 미국인 토머스 G. 애플턴의 주문으로 1857-1859년에 그렸다. 크기는 55.5×66cm이며 캔버스에 유채로 그려졌다. 'Angelus'란 라틴기도 첫 단어가 안젤루스로 시작하기 때문이다. 하루에 세 번, 천사 가브리엘이 성모 마리아에게 알려 준 예수의 잉태와 강생의 신비를 기념하는 기도였다. 기도하라는 표시로 아침, 낮, 저녁에 종을 세 번 치는데, 이 종소리를 듣고 드리는 기도라 '삼종 기도'라고 했다.

삼종 기도의 기원은 확실치 않으나 11세기 십자군 전쟁 때 교황 그레고리우스 9세가 십자군의 출정 때 승리를 위해 성당 종을 세 번 치면 기도를 하라고 한 데서 비롯되었다고 한다. 주제는 '농부 부부의 경건한 신앙심', 내용은 '가난하지만 참되고 신실한 신앙심', 제재는 '저녁 종소리에 일하던 손을 놓고 부부가 기도를 드리고 있다', 메시지는 '가난에도 굽히지 않는 신앙심', 목적과 포인트는 '농민 생활의 경건하고 소박한 아름다움'이다. 밀레의 참된 농민 화가로서의 길은 바르비종에서 시작되었다.

밀레는 〈만종〉을 그릴 때 자신의 사상과 신앙을 화폭에 담았다. 그 내용은 저녁노을이 지는 들녘에서 하루 일과를 끝낸 가난한 농부 부부가 황혼이 지기 시작한 전원을 배경으로 머리 숙여 기도를 드린다. 들판에 서 있는 부부의 모습은 마치 대지와 하나가 되어 보이며 먼 지평선에 물들어 가는 황혼 빛과 부부의 경건한 모습은 신앙적인 감동을 불러일으키는 분위기이다. 땅에서 캔 감자가 바닥에 흩어져 있고 멀리 보이는 교회당의 정지된 아름다움은 극치를 보여준다.

이런 맥락에서 그의 그림은 성경적이다. 하루 일과를 마친 데 대해 하나님께 감사를 드린다. 들녘에 드리워진 빛이 아직 남아 있지만 부부의 얼굴까지는 미치지 못하고 있다. 얼굴보다는 그들의 몸동작, 그 동작에 깃든 경건함과 신앙심을 표출하려고 했다. 대지에 몰려드는 저녁노을이 지극히 평화스럽다. 부부를 떠받치는 드넓은 평야는 자연의 엄숙함과 장엄함을 느끼게 한다. 이런 장엄하고 평화스런 분위기를 통해 인물의 신실함을 표현하고 있다.

밀레는 프랑스의 자랑이다. 그는 평생을 노동의 신념 속에 살며 농민의 생활상을 보여준 위대한 농민 화가이다. 농민의 생활을 역사상 최초로 그린 밀레는 농촌 마을 바르비종에서 가난한 농부로서 농촌 생활을 그리고 자연에서 사는 순수한 인간의 삶을 그렸다. 빈센트 반 고흐는 밀레의 예술은 자연과 인간, 노동자의 현실을 이해하고 사랑한 밀레의 삶을 존경하고 그 삶을 배우려고 했다. 자연과 노동자, 농민의 가치를 일깨워 준 밀레가 빈센트 반 고흐의 삶의 스승이었다.

두 화가야말로 자신들이 겪은 '현실과 진실'을 이해하고 사랑하며 그것을 보는 방법을 가르쳐 준 훌륭한 작품을 만든 화가이다. 반 고흐가 처음 모사한 〈만종〉에 대해서 "바로 그거다. 〈만종〉은 너무나 훌륭하다. 그것은 시다"라고 했다. 고흐는 밀레 작품에서 크게 감격하여 평생에 걸쳐 밀레 작품을 모사했다. 밀레의 〈만종〉이 그렇게 많은 사람들에게 감동을 준 데는 그가 훌륭한 화가였다는 데서 나왔다고 여겨진다. 그러나 잊어서 안 될 것은 그가 직접 농부였다는 것과 신앙인이었다는 사실이다. 자기의 삶을 그림에 직접 불어넣었다는 사실이다. 사상과 현실이 합일한 작품에서 화가로서의 감동이 크게 드러났다고 여겨진다.

〈만종〉은 1889년 루브르와 미국 사이의 경매 전쟁으로 58만 프랑에 미국에 팔렸다. '세계에서 가장 유명한 그림'으로 미국 전역에서 전시했다. 1890년 프랑스의 백화점 재벌인 알프레드 쇼샤르가 미국에서 80만 프랑에 사서 1906년 루브르 박물관에 기증했고, 이후 오르세 미술관으로 옮겼다. 이 〈만종〉은 100년이 지난 지금 프랑스의 자존심이자 전 세계 관광객을 끌어들이는 보물이 됐다.

밀레의 〈만종〉은 큰 가치를 지니고 있다. 그것은 그의 신앙적 작품이라는 데서 온다. 프랑스는 존 칼뱅의 고국이었으나 종교개혁 후에도 가톨릭이 강했다. 밀레는 가톨릭 가정에서 태어나 자랐다. 그는 돈독한 신앙인 할머니에게 신앙적으로 양육 받았을 뿐 아니라 목사들에게 문학 교육을 받았다. 그에게는 잠재적 신앙 교육이었다. 그 바탕에서 자연주의가 뿌리를 내렸으므로 시골에서 농사를 지으며 시골 풍경을 그리는 농민 화가가 되었다.

"하나님은 자연을 창조하셨고, 인간은 도시를 만들었다"는 글을 연상케 한다. 이 그림에는 은은히 들리는 교회의 종소리와 함께 밀레가 들려주고자 하는 슬프면서도 신앙적인 메시지가 담겨 있다. 그는 노동을 하늘의 섭리로 알고 묵묵히 일하는 농부들의 모습을 통해 도시와 상반되는 농촌의 가치를 종교적 색채로 그려냈다. 밀레의 그림은 19세기 후반에 발생했던 전통주의로부터 모더니즘으로의 전환을 나타낸다. 그의 그림들은 고전적이고 전통적인 바탕 위에 사실적인 묘사가 결합되었다.

밀레는 평화롭고 목가적인 농촌 풍경을 대변한다. 밀레의 풍경화는 너무나 많은 복제품을 통해 식상해져서 진면목을 느끼기가 쉽지 않을 뿐 아니라 가난하지만 진실한 농촌의 화가라는 신화까지 더해져 그림이 그려질 당시의 농부에 대한 주제가 지닌 사회적인 문제들을 가리고 있기도 하다. 농부들의 노동을 주제로 한 밀레의 친근한 그림들이 지금 우리에겐 하나같이 목가적으로 보이지만 당시에는 매우 도발적인 것이기도 했다.

밀레의 대표작들은 농민들의 내용이 대부분이다. 그러나 그의 대표작으로 인정되는 것 중에는 〈양치는 소녀〉가 있다. 이 작품은 밀레가 49세에 그렸다. 광활한 들판과 하늘을 배경으로 양떼가 풀을 뜯고 있고 양치는 소녀는 오후의 햇살을 등지고 서서 뜨개질을 하고 있다. 밀레는 지평선의 가운데를 약간 높게 설정하고 그곳을 중심으로 원근법을 적용하여 화면에 확산된 광활한 공간감을 주고 있으며, 하늘과 대지는 화면을 반분하는 데서 오는 경직성을 피하여 대지가 하늘보다 약간 넓게 화면을 차지하게 그렸다.

〈양치는 소녀〉는 양떼와 들판의 수평적 흐름에 수직적 흐름의 형상으로 대응하면서 화면 전체에 탄탄한 구성적 안정감을 주고 있다. 대지와 하늘의 비례, 양 떼와 양치는 소녀, 오후의 해를 안고 역광으로 빛나는 구름, 양을 지키는 개, 이 모두가 완벽한 구성의 아름다움을 보이고 있다.

밀레의 붓 터치는 매우 따뜻하고 인간적이다. 그의 붓 터치는 매끄럽거나 거칠지 않으면서 소박하고 중후한 인간의 온기를 담고 있다. 이 그림에서 보이는 하늘과 대지, 양치는 소녀와 양떼는 평범한 일상의 농촌 정경임에도 결코 평범하지 않은 정신의 깊이를 지니고 있다. 자연과 더불어 존재함에 감사드리는 서정 어린 경건함이 이들을 감싸고 있는 것이다. 이것이 밀레이다. 그는 자신의 신앙을 그림에서 충분히 그려냈다. 자연을 사랑하는 인간의 솔직한 감정 그리고 그 속에서 신에게 감사하는 진실된 감정을 그렸다.

미술 작품을 감상하는 방법은 작가가 나타내고자 하는 그의 사상과 꿈이요, 감상하는 이들의 솔직한 느낌이다. 그런데 밀레는 자신의 사상과 꿈을 감상하는 이들이 그대로 감동받게 했다. 이것이 작가의 능력이다. 본래 인간은 하나님이 주신 달란트를 발휘하는 데서 그 사명을 다한다. 밀레는 이 사명을 다하므로 하나님께 영광을 돌렸다. 이렇게 그의 달란트를 발휘하는 데 최선을 다했다.

그의 달란트를 발견하고 연마하는 데는 그의 어린 시절 어머니의 한마디 칭찬이 있었다. 초등학교에 가기 전 배움터에 다녔는데 그림 시간이 있었던 모양이다. 그림을 그려서 집에 들어오면서 "엄마, 나 그림 그렸어"라고 외쳤다. 엄마가 따라나와 밀레를 얼싸 안고 "우리의 밀레가 이렇게 그림을 잘 그렸어?"라고 칭찬했다. 이 한마디가 밀레로 하여금 앉으면 그림을 그리는 습관을 갖게 했다. 그래서 그는 열심히 그림 연습을 했고 교육을 받았다. 피나는 노력으로 연마했으므로 그에게 주신 하나님의 달란트는 발휘될 수 있었다.

자연주의는 가톨릭의 기본 사상이다. 이것이 그로 하여금 자연주의자이며 사실주의자가 되게 했다. 그래서 그의 농촌 그림이 본격적으로 나타나기 시작했다. 농촌을 무대로 한 그의 그림은 자연과 노동을 존중하는 그림이었다. 가톨릭적인 사고방식이라 할 수 있다. 그의 이러한 농민의 그림이 미국에서 호응을 얻게 된 것은 미국으로 이민하여 동부에서부터 서부로 개척해 가는 열정에 밀레의 경건한 기도자의 모습이 청교도적인 신앙인들에게 감동을 주었기 때문이다. 그래서 그의 그림이 미국에서 매우 큰 호응을 받았다.

밀레의 가장 유명한 그림 중에는 〈자비심〉, 〈이삭줍기〉, 〈만종〉, 〈양치는 소녀〉가 있다. 〈자비심〉은 1863년 2월 27일 시메옹 뤼스에게 보낸 편지에서 밀레가 대표작 28점 중 하나로 꼽은 명작이며, 비슷한 시기에 그려진 〈만종〉, 〈이삭줍기〉와 함께 3대 걸작이다. 100년 만에 발견되어 재평가 된 〈자비심〉에서 가난한 소녀에게 빵 한 조각을 주는 자비로운 시골 여인은 다른 걸작인 〈만종〉과 〈이삭줍기〉를 연상케 했다.

어린 시절 받은 신앙의 원리와 체험이 그의 삶과 화폭에 그대로 나타났다. 한 사람의 작품이 세계를 감동케 하는 것은 그의 깊은 신앙과 사상을 통해서만 나타난다. 〈만종〉이 사랑을 받는 이유도 인간에게 더없이 소중한 땅과 하늘에 대한 감사의 마음을 끊임없이 일깨워 주기 때문이다.

7부 음악가

1. 요한 제바스티안 바흐
교회에서 성가를 연주하면서 산 음악가

2. 펠릭스 멘델스존
신앙의 삶으로 연주한 음악가

01 요한 제바스티안 바흐
(Johann Sebastian Bach, 1685-1750)

교회에서 성가를 연주하면서 산 음악가

바흐는 음악가 집안에서 태어나 어려서부터 악기를 만지고 궁정 악단에서 연주와 지휘를 맡았다. 그는 교회 음악가로 활동하면서 바로크 음악을 대표하는 많은 곡을 남겨서 음악의 아버지라 불렸다. 바흐에 대한 찬사로 그의 이름의 뜻인 '시냇물'에 빗대어 베토벤은 "그는 시냇물이 아니라 크고 광활한 바다라고 해야 마땅하다"라고 했다. 베토벤은 바흐를 '화성의 아버지'라 불렀다.

가족들은 모두 루터 정통파의 경건한 신자들이었다. 바흐는 1685년 3월 21일 독일 아이제나흐에서 요한 암브로시우스의 막내인 8번째로 태어났다. 부요하지 않았으나 풍부한 음악적 분위기에서 자랐다. 9세와 10세에 어머니와 아버지를 잃었다. 어려서부터 교회 성가대원이었으며, 맏형 요한 크리스토프가 있는 오르드루프에서 살았다. 그는 학교에서 라틴어와 루터교 정통파 신학을 배웠다.

1703년 바흐는 18세에 바이마르에서 바이올리니스트였다. 그러나 얼마 후 8월에는 튀빙겐 아른슈타트의 신교회(Neue Kirche)에서 오르간 연주자가 되었다. 이곳에서 오르간 음악에 몰두했다. 자신의 열정을 충족시키기 위해 뤼베크까지 걸어가서 그곳 마리아 교회 오르가니스트인 디트리히 북스테후데의 연주를 들었다.

이는 북스테후데의 오르간 곡은 전부터 알고 있었으나 오르간 연주자로서의 북스테후데도 접해 보고 싶었기 때문이다. 거의 3개월 동안 그는 참으로 고명하고 실제로도 노련한 이 오르가니스트를 경청하며 많은 지식을 쌓고서 아른슈타트로 돌아왔다. 그는 1707년 6월에 중부 뮐하우젠 성 블라지우스 교회의 오르간 연주자가 되었고 부활절에 실시된 시험 연주에서는 칸타타 〈그리스도는 죽음의 포로가 되어도〉(BWV 4)가 연주되어 그의 눈부신 칸타타 창작의 첫걸음을 내딛게 되었다.

그는 바이마르에서 당시 통치자였던 공작 앞에서 오르간을 연주하였다. 그의 연주는 큰 갈채를 받았고 이어 궁정 오르가니스트가 되었다. 여기서 자기의 기량을 발휘할 수 있게 활동무대가 확대되었다. 이때가 바흐에게는 위대한 오르가니스트로 성장하는 시기였다. 1717년 공작이 그를 악장에 임명하자 그의 예술을 성장시키는 데 있어 한층 더 큰 기회가 되었다. 그러나 그는 교회 음악의 작곡과 연주도 해야만 했다.

이때 바흐에게는 새로운 경험이 생겼다. 일찍이 프랑스에서 이름이 높았던 오르가니스트인 마르샹이 드레스덴을 방문했다. 그는 국왕의 어전에서 연주해 큰 갈채를 받아 국왕을 섬길 마음이 있으면 상당한 급료를 지불하겠다는 제의를 받았다. 마르샹의 공적은 지극히 섬세하고 우아한 연주에 있었다. 그러나 적어도 그의 작품에서 볼 수 있듯이, 그의 악상이란 거의 쿠프랑 풍으로 내용이 공허하고 강력함도 결여되어 있었다.

그러나 바흐는 이러한 섬세하고 우아한 연주에 더해 만약 마르샹이 들으면 어지러워할 수도 있는 악상의 풍부함을 갖고 있었다. 당시 드레스덴의 악장을 맡고 있던 볼뤼미에는 그것을 잘 알고 있었다. 악상에서나 악기 연주에 있어서 이 젊고 왕성한 독일인의 무한한 능력을 알고 있었으므로 그는 바흐와 프랑스 음악가를 경연시켜 국왕으로 하여금 양자의 가치를 몸소 비교해 판정하는 즐거움을 누리게 하고 싶었다.

그리하여 그는 미리 국왕의 승낙을 얻은 후, 바이마르의 바흐에게 전갈을 보내 이 음악 경연에 참가하도록 초청했다. 바흐는 이 경연에 참여하기 위해서 곧 드레스덴으로 갔다. 볼뤼미에는 우선 바흐에게 마르샹의 연주를 들려주었다. 그의 연주를 듣고 바흐는 정중한 서신을 보내 이 프랑스 예술가를 음악 경연에 정식으로 초대하고, 마르샹이 제출하는 과제를 모두 즉흥으로 연주하겠다고 제의하면서, 동시에 마르샹 측에도 같은 조건을 요구했다.

마르샹이 이 도전을 받아들이자 국왕의 승낙을 얻어 경연의 시간과 장소가 정해졌다. 당일 경연장소인 궁내 대신 프레밍 백작의 저택에는 많은 남녀 고위 인사들이 모였다. 바흐는 정시에 왔지만 마르샹은 나타나지 않았다. 한참 후 알아보니 마르샹은 그날 아침 아무에게도 작별을 고하지 않고 드레스덴을 떠났다. 기대하고 모인 사람들은 크게 놀랐다. 바흐는 할 수 없이 혼자 연주했고, 모인 사람들을 감탄시켰다.

바이마르에 돌아온 바흐는 당시 안할트쾨텐의 영주이며 음악적 지식이 뛰어나고 애호가였던 레오폴드 후작에게 카펠마이스터 직을 제안 받았다. 바흐의 오르간 연주는 그곳에서 널리 칭찬을 받았다. 100세 가까운 노 라인켄도 바흐의 연주를 듣고 아주 기뻐하였다. 라인켄은 "이 예술은 벌써 사라졌다고 생각하고 있었는데 그것이 그대 안에 아직 살아 있음을 알았네"라고 찬사를 보냈다.

1723년 쿠나우가 타계하자 바흐는 라이프치히의 음악 감독 겸 성 토마스 교회의 칸토르에 임명되어 죽을 때까지 이 지위에 머물렀다. 칸타타(Cantata)라는 말은 원래 라틴어의 'Cantare'라는 말에서 온 것으로 인간의 육성으로 노래하는 음악이다. 칸타타라는 말이 음악의 표제로 붙기 시작한 것은 17세기 초엽이며, 노래하는 음악이라는 뜻은 당시에 존재하던 기악음악과 구별하기 위함이었다.

칸타타란 이름이 붙은 첫 작품으로는 이태리의 작곡가 알레산드로 글란디(Alessandro Grandi)가 쓴 〈Cantade et arie a coce sola〉가 있다. 17세기의 이태리 작곡가들이 칸타타를 썼는데 알레산드로 스카를라티(Alessandro Scarlatti) 같은 작곡가는 500여 개의 칸타타를 작곡했다. 이태리에서 많이 애용되던 칸타타는 소프라노나 알토를 위한 것이었으며, 3-4성 칸타타는 드물게 작곡되었다. 이때의 작곡가들이 쓴 것은 세속 칸타타가 더 많다. 앞에 언급한 그란디의 〈Cantade et arie〉도 세속 칸타타들이다. 그중에는 교회용 칸타타와 세속 칸타타를 함께 쓴 사람도 있었다.

이렇게 이태리에서 발전한 칸타타가 독일로 건너온 것은 카파르 킷텔(Kapar Kittel)이라는 작곡가가 쓴 〈Arien und Kantaten〉(1638)이라는 세속 칸타타가 처음이며, 교회용 칸타타로는 하인리히 슈츠(Heinrich Schutz)가 처음 독일로 들여왔다고 한다. 그러나 실제로 칸타타가 독일 교회의 예배의 한 순서로 사용된 것은 라이프치히에서의 크누퍼(Sebastian Knupfer, 1657-76) 때부터이다. 그리고 비록 세속 음악이 먼저 들어오긴 했지만 교회용 칸타타가 독일의 후기 바로크 시대 개신교 음악에 큰 중요성을 띠게 된 것은 부인할 수 없다.

바흐 이전의 독일의 칸타타 작곡가 중 잘 알려진 사람은 디트리히 북스테후데(Dietrich Buxtehude)가 있다. 그는 바흐에게 큰 영향을 준 작곡가인데 그의 아리오소는 훌륭하다.

바흐는 약 40년에 걸쳐 많은 칸타타를 작곡했다. 그는 예배를 위한 칸타타만도 300여 곡을 작곡했다는 설이 있는데 오늘날 남아 있는 것은 200곡 정도 된다. 바흐 가문에는 음악가가 많다. Grove's 음악 사전에 기록된 음악 가족은 38명이나 된다. 그는 루터교 신자로서 독일을 떠나 헝가리로 갔다가 그곳에는 구교가 성행하는 곳이므로 다시 독일로 돌아왔다. 바흐의 아버지도 음악가였으며 그의 형제들과 아들도 음악가였고 모두 루터교 신자였다.

그는 독실한 신자였으며 그의 음악은 하나님께 경건하게 예배를 드리기 위함이었다. 그가 쓴 교회 음악은 물론이고 그 외의 작품들도 하나님께 대한 찬양이며, 그에게 있어 모든 음악은 하나님께 드리는 것이었다. 그가 쓴 교회용 칸타타는 몇 개의 특수한 경우를 제외하고는 모두 주일 예배를 위해 쓴 것이다. 이 음악은 그날의 설교 내용과 관련되었으므로 말씀의 내용을 음악으로 더욱 강조했다.

바흐 당시의 루터교 예배 의식은 짧은 모테트(Motett)로 시작했다.

그리고 칸타타를 예배의 주된 음악으로 여겼기 때문에 그 당시의 주보에 'Performance of the principal composition(Cantata)'라고 기록되었다.

1720년 아내 마리아가 죽었고 이듬해 안나 막달레나와 재혼해서 두 여인에게서 20명의 자녀를 낳았다. 고용주인 레오폴트 대공과 친했다. 이 시기에 그는 6개의 〈브란덴부르크 협주곡〉, 〈무반주 첼로 모음곡〉, 〈프랑스 모음곡〉, 〈평균율 클라비어 곡 집〉 1권, 〈바이올린과 첼로를 위한 무반주곡〉들을 작곡했다.

바흐는 1723년 성 토마스 교회 칸토르가 되어 27년 동안 음악으로 신앙생활을 이어갔다(1750년). 칸토르는 교회 음악을 작곡하고 연주하는 책임자이다. 성 토마스와 성 니콜라이 교회에서는 주일마다 교회 칸타타가 연주되었고, 성 금요일에는 수난곡이 연주되었다. 바흐는 1723년과 1729년 사이에 140곡 이상 교회 칸타타를 비롯하여 〈마태의 수난곡〉, 〈마그니피카트〉를 작곡했다. 바흐는 1747년에 음악을 좋아하는 프리드리히 대왕을 방문해서 여러 음악을 소개하고 연주했다. 그리고 돌아와서도 항상 쉬지 않는 노력, 특히 젊은 시절 밤낮으로 쉬지 않고 음악 공부에 몰두한 그 부지런함이 그의 시력을 악화시켰고 통증까지 있었다.

친구들의 권유로 유명한 의사의 수술을 받았으나 두 번이나 실패하고 수술할 때 사용한 약품의 부작용 때문에 건강마저 악화되었다. 그 후 6개월 동안 앓다가 뇌일혈로 1750년 7월 28일 세상을 떠났다. 포르켈의 증언에 의하면, 타계하기 10일 전날 아침 그는 돌연 다시 시력을 회복해 빛에도 견딜 수 있었다고 했다. 그러나 몇 시간 후에 뇌졸중이

왔고, 거기에 계속 고열까지 겹쳐 그의 초췌한 육체는 모든 치료에도 불구하고 더 이상 견뎌낼 수 없었다. 그는 성 요한 교회의 묘지에 안장되었다.

지금도 토마스 교회에서는 교회 합창단이 매주 금요일 6시와 토요일 오후 3시, 주일 아침 예배 등 매주 3차례 종교곡을 부른다. 여느 교회처럼 예배 사이에 잠시 음악이 끼어드는 것이 아니라 1시간 가량 음악이 주도하는 사이에 설교를 한다. 26일에는 바흐의 〈B단조 미사〉 가운데 후반부를 유럽 명문 악단인 라이프치히 게반트하우스 오케스트라의 연주로 노래한다. 바흐가 작곡하고 지휘했던 음악을 바흐의 후예들이 부르고 있는 셈이다.

교회 합창단석에 놓여 있는 바흐 석판은 지금도 라이프치히 시민들이 정성스레 놓아둔 꽃들로 장식된다. "학생들은 최선을 다해 음악 예술을 연마해서 천사들마저 최고의 기쁨으로 감동시켜야 한다"는 것이 바흐 시절부터 전해져 오는 이 합창단의 정신이다.

지금 성 토마스 교회의 칸토르인 지휘자 게오르크 크리스토프 빌러(Biller)는 바흐부터 16번째로 이 교회 합창단의 음악감독을 맡고 있는 '바흐의 후예'이다. 빌러는 10세 소년부터 바흐의 곡을 부르는 것이 꿈이었다. 성 토마스 교회 합창단에 들어가서 소프라노에서 바리톤이 되었으나 여전히 교회를 지키고 있는 바흐 전문가이다. 그는 10-18세 소년 96명으로 구성된 합창단을 지휘하는 동시에 합창을 이끌어 가는 선창 역할도 한다. 250여 년 전의 바흐처럼 스스로 종교곡을 작곡하고 연주하기도 한다. 그는 "하나님이 우리에게 허락한 음악적 재능을 다시 하나님을 위해 드리는 것이 바흐가 우리에게 전해 주고 있는 정신"이라고 말했다.

바흐도 신실한 신앙인으로 모든 음악을 경건한 신앙으로 작곡했다. 그는 평생 교회에서 묵묵히 오선지 위에 하나님의 음성을 기록하였다. 그는 철저한 루터파의 개혁적 신앙인이었으며 깊은 기도와 명상 속에서 하늘에서 들려오는 소리를 듣고 오선지에 옮기고 연주했다.

바흐는 예술에서 완성된 연주가, 작곡가, 지도자로서 위대한 공적 이외에도 아버지, 친구, 시민으로서 훌륭했다. 바흐는 교제에서도 항상 기쁨을 주는 사람이었다. 음악을 좋아하는 사람이 그의 집에 오는 것을 항상 환영했다. 그는 사람을 대하는 데서 매우 겸손했다. 자신에 대해 자랑하는 일이 없었다. 그의 재주에 대해 물으면 "나는 부지런히 노력하지 않을 수 없었습니다. 나처럼 노력하면 누구라도 이만큼은 할 수 있을 것입니다"라고 했다. 그는 진정 겸손했기 때문에 자신이 먼저 도전한 것이 아니라 도전 받은 편이었음에도 불구하고 마르샹과의 연주 경쟁에서도 스스로 아무 말을 하지 않았다.

바흐는 다른 사람의 음악을 많이 들었다. 그래서 훌륭한 음악가들을 높이 평가했다. 그중에는 폭스, 헨델, 칼다라, 라인하르트 카이저, 핫세, 그라운 형제, 텔레만, 첼렌카, 벤다 등이 있다. 특히 헨델을 깊이 존경하여 몇 차례 개인적으로 만나고 싶어 했다. 그러나 헨델과 만날 기회를 끝내 얻지 못했다. 바흐와 헨델이 함께 있는 것을 보고 싶고 또 두 사람의 연주도 듣고 싶어 하던 많은 음악 애호가들의 소망에도 불구하고 우연한 기회도 주어지지 않았다.

그는 가정적이면서 평온한 생활을 했기 때문에 끊임없이 자신의 예술을 위해서 노력하는 시간을 귀중히 여겼다. 그는 항상 검소한 생활을 했다. 그래서인지 그의 삶에는 우정, 사랑, 명예가 풍부했다. 쾨텐의 레오폴드 후작, 바이마르의 에른스트 아우구스트 공, 바이센펠스의 크리스티안 공은 진정으로 애정을 보여주었으며 호의적이었다. 이 영주들은 단지 음악 애호가에 머물지 않고 그의 좋은 이해자이기도 했다.

베를린과 드레스덴에서도 바흐는 매우 존경을 받았다. 바흐가 1747년 미츨러가 창립한 음악학협회의 회원이 되었다. 그 기회에 〈저 높은 하늘로부터〉라는 뛰어난 코랄이 만들어지지 않았다면 그리 주목받을 만한 일은 아니었다. 그는 입회에 즈음하여 이 코랄을 음악학협회에 제출하고 나중에야 동판으로 인쇄시켰다.

바흐는 자서전을 쓰지 않았다. 예술가의 삶은 사후에 평가된다는 규범을 21세기까지 알려주었다. 그런데 그가 타계한 지 50년경에 포르켈(Johann Nicolaus Forkel)에 의해서 1802년 《바흐의 생애와 예술 그리고 작품》이 출판되었다. 바흐의 음악은 그의 제자들에게 큰 영향을 주었으며 전문가들에게 남아 있었다. 그러나 대중들에게는 별로 알려져 있지 않았다. 이러한 때에 포르켈은 소중히 간직했던 자료들을 정리해서 역사적인 바흐 전기를 집필했다. 이 책은 바흐의 첫 전기일 뿐 아니라 음악사를 통틀어 첫 번째 음악가 평전이라고 여겨진다. 이 작품이 당시 음악계에 큰 반향을 일으켰다.

아마도 바흐는 후대에 자신의 전기가 나오리라고는 생각하지 못했을 것이다. 그는 꾸준히 음악을 한 사람이었다. 그는 친구 에르트만에게 보낸 것을 제외하면 사적인 편지도, 자서전적 기록도 거의 남기지 않았다. 또한 그에 관한 당대인의 기록도 마테존(Das beschutzte

Orchester, 1717)과 발터(Musikalische Lexicon, 1732)가 몇 줄 언급한 것이 전부이다. 게다가 바흐의 작품들도 그의 사후에 흩어져 버려 정리된 목록조차 없었다고 한다.

포르켈에게 주어진 유효한 자료라는 것은, 바흐에 대한 고인의 약력과 자신이 검토해 보았거나 수집해 놓은 바흐의 작품들이 전부였다. 포르켈은 이 바흐 전기 저술에 있어 바흐의 두 아들에게 크게 의존했다고 한다. 그들이 제공하는 글과 말에 의해서 1차적 자료를 얻었다. 포르켈은 끊임없이 바흐의 작품을 검토하고 수집함으로써 바흐 전기를 서술할 즈음에는 그것들을 나름대로 체계를 갖추어 분류, 정리할 수 있었다. 이는 그의 학자로서의 지식과 현장에서 쌓아온 학자적 경험이 잘 활용된 결과였다.

그는 바흐를 독일의 명예라고 했다. 포르켈은 "가장 위대한 음악 시인이자 가장 위대한 음악 웅변가 인 이 사람은 독일인이었다. 조국이여, 그를 자랑스러워하라. 그를 자랑으로 삼고, 또한 그에 어울리는 나라가 되어라!"라고 외쳤다.

바흐는 과거와 미래에 있어서 제일의 고전주의자라고 추켜올렸다. "이 세상의 어떠한 언어도 그러한 예술이 지닌 높은 가치와 놀라운 위대함을 고스란히 표현해낼 수 있을 만큼 풍부하지 않다고 확신한다"라고 했다. 그리고 "사람들이 바흐의 작품을 완전히 알게 되면 그야말로 감격해서, 그리고 일부 작품에 대해서는 일종의 성스러운 숭배의 마음조차 가지면서 말할 수밖에 없겠다고 생각하게 될 것이다"라고 했다.

포르켈은 1749년에 코부르크 근교 메더에서 태어났다. 대학에서는 법학을 전공했으나 대학 교회에서 오르가니스트로 일하면서 음악이론 강의도 맡았다. 그는 법률가의 길을 버리고 대학 악단장으로 활동하고 음악을 하면서 평생을 보냈다. 그가 바흐의 전기를 냈을 때 크게 관심을 보인 사람은 바흐 전문가 첼터(Carl Friedrich Zelter)였다. 그는 멘델스존의 스승으로 1829년 멘델스존이 바흐의 〈마태의 수난곡〉을 발견하여 지휘할 때 첼터의 동기 부여가 있었다.

이 전기는 여러 말로 번역되었고 알베르트 슈바이처의 바흐 전기 저술에도 시발점이 되었다. 바흐의 작품에는 괴테도 큰 관심을 보였다. 괴테는 〈평균율 곡집〉을 듣고 "듣게 해주고 느끼게 해주오. 소리가 마음에 속삭이는 것을, 생활의 차디찬 나날 속에서 따스함과 빛을 내리시기를"이라고 노래했다.

바흐에 대한 영어판 기록을 남긴 어니스트 뉴먼은 "그는 음악에 있어서의 시인 또는 화가"라고 보았다.

"그는 음악적 시인이라기보다는 차라리 음악적 화가였다. 그의 예술은 '바그너'보다 '베를리오즈'에 가깝다. 원문에 나타나 있는 이리저리 헤매는 안개, 불어대는 바람, 소리 높이 흘러가는 강, 오르내리는 파도, 나무에서 떨어지는 잎사귀들, 울리는 조종, 굳건한 발걸음으로 걸어오는 확고한 신앙, 불안전하게 흔들거리는 약한 신앙, 짓밟힘을 당한 거만한 자들, 반역하는 악마, 또는 하늘 구름 위를 다니는 천사, 이 모든 것을 우리는 그의 음악 속에서 보고 듣는다. 참으로 바흐는 음악의 언어를 잘 구사하고 있다. 그에게 있어서는 항상 평화스러운 축복, 생생한 기쁨, 격심한 고뇌, 고상한 고통이 운율적인 주제로 되풀이되고 있다"라고 격찬했다.

바흐에 대해서는 알베르트 슈바이처를 빼놓을 수 없다. 그는 1908년에 바흐에 대한 연구 논문을 발표해서 그것이 전기로 출판되었다. 그는 말하기를 "그의 음악은 근원적인 생명에 충만한 놀라우리만치 조형적인 유일무이한 완성된 형식을 갖춘 예술이다. 그리고 이 독특한 예술의 가장 위대한 점은 바로 거기서 나오는 정신이다. 이 음악에는 불안한 세계에서 평화를 동경한 끝에 그것을 맛본 하나의 영혼이 있다. 그리하여 듣는 사람들에게 그 체험을 나누어 준다"라고 했다.

음악사에서 바로크 시대는 1750년 바흐의 죽음으로 마감될 정도로 바흐는 큰 존재였다. 그의 음악은 서양 음악과 기독교의 관계에서 이루어진다. 바흐의 음악은 이후 고전파, 낭만파 시대를 거치면서 모차르트, 베토벤에게 영향을 주었을 뿐 아니라 20세기 재즈와 팝 분야를 포함한 거의 모든 작곡가에게 영향을 끼쳤다. 바흐는 오늘날 바로크 음악을 대표하는 위대한 음악가로 추앙받고 있다.

그는 평생 교회에서 오직 신앙으로 사제처럼 음악에 몰두했다. "그의 소리는 사라진 것이 아니라 언어로는 표현할 수 없는 신의 명성에 오른 것"이라고 바흐의 전기를 쓴 슈바이처 목사는 말했다. 그는 독실한 루터교 신자였다. 바흐가 태어난 곳은 바르트부르크 산 아래의 마을, 즉 마르틴 루터가 개신교 신학의 용기를 내걸었던 성채가 있는 곳이었고, 이런 영향으로 바흐는 그의 삶과 음악을 온전히 루터 교인으로 교회에 바쳤다.

바흐는 아주 겸손하고 온유한 성품을 가지고 있었다. 바흐 전문가인 르네 야콥스(Jacobs)는 "그는 굉장히 겸손한 사람이다. 그 겸손이 악보에 묻어나서 연주하면 할수록 같이 겸손해진다. 바흐는 매력적인 자신만의 어법으로 겸손하게 표현했고, 내가 느끼는 하나님의 은총과 구원을 공연장에서 100% 느낄 수 있도록 최대한 겸손하게 지휘한다"라고 했다.

바흐는 〈우리의 하나님은 견고한 성이로다〉를 비롯하여 100여 곡의 칸타타 등의 교회 음악을 작곡했다. 그래서 이때를 흔히 '교회 음악의 시대'라고 부른다.

바흐는 종교개혁이 낳은 최고의 음악가로 그의 음악은 당시의 문화와 기독교 정신의 산물이었다. 그는 "음악의 유일한 목적은 하나님의 영광을 위하여 인간의 영혼을 일깨우는 것이어야 한다"라고 했다. 그는 항상 그의 악보의 첫 머리에 '예수의 도움으로', '오직 하나님께만 영광이', '예수의 이름으로'라는 글을 썼다. 이것은 단순히 종교적 장식용이라기보다는 그의 신앙 고백이었다. 그는 성경을 비롯하여 기독교 서적을 많이 읽었다. 그가 죽을 때 그의 서고에 있었던 80여 권의 책은 모두 기독교의 신앙과 관련된 것이었다.

그러나 바흐 상(像)에 대해서 다른 의견도 있다. 그것은 바흐가 전적으로 교회를 위한 오르가니스트가 아니었다는 것이다. 그는 기독교 신앙에 깊이 잠긴 적이 없었다. 그래서 그가 왕궁 악장으로 세속 음악을 더 많이 작곡했으며 더 많은 이익을 얻었다는 것이다. 루터파의 대 칸토르, 전승된 것에 대한 회고적인 공격자, 성경과 코랄의 정통적 전파자로서 자리매김을 한 것은 비터와 슈피타 그리고 그를 따르는 이들에 의해서 문자 그대로 교회음악가로서의 역할자로 끌어올려졌다. 바흐는 종교음악가 집안에서 태어나지도 않았다. 시, 궁정 음악가 집안 출신이라는 것이다. 교회에서 오르간을 연주한 것은 오랜 기간도 아니었다는 것이다.

이렇게 교회 오르가니스트로서의 역할을 축소시키려는 데는 다른 목적이 있는 것 같다. 그것은 바흐가 전혀 교회에서만 음악을 하지 않고 세속 음악도 함께 했다는 것을 주장하기 위함이었다고 여겨진다. 그래서 그를 단지 그리스도인의 모습으로만 보는 것은 그를 일방적으로 궁정악장으로만 간주하는 것과 다름이 없다. 그를 박식한 음악가로만 보는 것은 그를 비르투오서, 지휘자, 숙련가로 평가 절하하는 것과 같다. 그는 모든 모습을 가진 인물이었다고 하는 것이다. 바흐는 호프만이 말한 것처럼 '인류의 천재'였다고 했다.

중심은 교회에 있었다. 바흐는 오르간이라는 악기에 특별한 애착이 없었으며, 교회 음악가의 직책은 그에게 마음이 담긴 직업을 의지하지 않았다는 것, 또 교회 음악 작품들은 '반은 자발적으로, 반은 마지 못해서 만들어진 곡'이었고, 수난곡 연주는 그에게 부담이었다는 것이다. 블루메는 "바흐가 마지막으로 공식적인 오르가니스트직을 수행한 곳은 뮐하우젠이었으며 1708년에 그는 교회 직을 그만두고 궁정 음악가의 임무를 맡기로 결정했다"라고 말했다.

바흐는 성 토마스 교회에서 27년간 칸토르였다. 그러나 궁정의 카펠마이스터 직으로 옮기는 것은 쉬운 일이었다. 그는 계속 교회의 칸토르로 봉직했다. "그러면 바흐가 교회 직에 충정어린 마음으로 임했는가? 바흐가 신앙생활에 욕구가 있었는가?"라는 데 답이 없다고 바흐 연구가인 크리스토프 트라우트만은 말했다.

이러한 바흐 상에 대해서 루터의 후예들로서 세속의 의무 수행도 일종의 하나님을 섬기는 일로 이해하는 당시의 일반적 직업관에 따라 하나로 일치되었음을 서로 인정했다고 한다. 여하튼 바흐 상을 신앙인의 직무에서가 아니라 세속적 음악가로 바꾸어 놓으려는 시도가 있었던 것은 사실이다.

〈마태의 수난곡〉은 1729년에 작곡한 것으로 전곡 연주에 3시간 이상 걸리는 대작으로, 멘델스존은 이 곡을 무대에 올리기 위해 거의 2년 동안 리허설을 했다. 이 하나의 작품 속에 르네상스 마드리갈을 연상시키는 복잡한 다성 합창이 있는가 하면 교회 예배 시간에 들을 수 있는 단순하고 화성적인 코랄이 있었다. 그리고 화려하고 서정적인 아리아들이 있고 섬세한 레시타티브[朗吟調]도 있다. 이는 바로크 종교 성악곡과 세속 성악곡을 통틀어 모든 종류의 음악 형식을 다룬 만화경이다.

이 만화경과 같이 다양한 음악에 접근하기 위해서는 우선 '수난곡'이라는 독특한 음악 장르에 대해 이해해야 한다. 본래 수난곡(Passion)이란 수난 주간 동안에 연주되는 그리스도의 수난 이야기를 묘사한 극적인 음악이다. 수난곡의 종류는 많지만 바흐의 〈마태 수난곡〉이 작곡되었던 18세기 전반에는 두 가지 종류의 수난곡이 있었다. 그것은 수난 오라토리오와 오라토리오 양식의 수난곡으로서 어떤 텍스트를 사용했느냐에 따라 그 종류가 구별된다.

전자는 자유롭게 시적인 텍스트를 사용하지만 후자는 네 개의 복음서에 기초한 텍스트를 사용했다. 바흐의 수난곡은 마태복음 26장, 27장을 기초로 작곡된 수난곡이므로 후자에 속한다. 그러나 전곡이 복음서의 텍스트만이 아니고, '피칸더'라는 필명으로 잘 알려진 크리스티안 프리드리히 헨리키의 시적인 텍스트도 사용했다.

바흐는 이 방대한 〈마태 수난곡〉을 크게 두 부분으로 나누어, 제1부를 예수 수난의 예언에서 시작해 예수의 체포로 끝맺는다. 예수의 머리에 향유를 부은 여인의 아름다운 이야기와 예수를 팔아넘기려는 배반자 유다의 이야기, 예수와 제자들의 최후의 만찬, 겟세마네 동산에서의 기도는 1부에 속한다. 서정적인 음악으로 표현된 제1부는 마치 제2부에서 펼쳐질 폭풍의 전야와도 같이 고요하고 엄숙하다.

반면에, 제2부는 매우 드라마틱하다. 시작되면서 체포된 예수를 찾아 헤매는 시온의 딸들의 슬픈 합창이 들려온다. 곧 재판이 시작되고 유대인 군중의 합창이 등골이 오싹할 정도로 공포를 몰고 온다. 새벽 닭이 울기 전 세 번 부인한 베드로의 슬픔은 가슴을 저미는 바이올린의 흐느낌이 되어 인간의 나약함을 일깨워준다. 배반자 유다의 최후, 그리고 빌라도 앞에 선 예수의 평화로움과 빌라도의 우유부단함, 고통스러운 골고다 언덕과 십자가는 생생한 인간 드라마로 살아 있는 메시지를 전달해 준다.

1748년부터 이듬해까지 바흐는 말년의 대작인 〈푸가의 기법〉을 작곡했다. 이 곡은 대위법을 이용한 대곡이지만 1749년 실명한 후 세상을 떠나면서 결국 미완성으로 남았다. 바흐의 음악은 심오한 영적 욕구를 충족시켜 준다. 하나님을 가까이 했던 작곡가에게서만 느낄 수 있는 시대를 초월한 내세적인 특징 때문이다.

〈이탈리아 협주곡〉은 바흐의 작품 중에서 비교적 평안하게 들을 수 있는 곡이다. 이런 말이 나오게 된 것은 바흐가 독실한 기독교인이었으므로 누구보다 대위법을 충실히 지켰다. 그런데 이 곡은 편하게 작곡되었다. 그래서 듣는 이들로 하여금 쉽고 친근하게 접할 수 있다. 바흐의 음악이 어렵다고 여기는 이들은 이 〈이탈리아 협주곡〉을 들으면 더욱 쉽게 접할 수 있게 된다. 그러면서도 이 곡은 바흐의 특징을 잘 나타내고 있다. 그래서 바흐는 많은 사람들에게 쉽게 다가갈 수 있다.

바흐의 음악은 기독교 신앙의 깊은 곳을 산책하는 나그네의 흐름을 보여준다. 이 곡을 감상할 때 느끼는 것은 항상 예수님의 수난의 아픔과 고통을 통해서 인간의 죄악을 용서하시는 사죄의 은총을 느끼게 된다. 그리고 베드로가 예수님을 부인하는 노래에서 회개와 새로운 결단의 시간을 갖게 한다. 그리스도인들은 이 곡을 들을 때 고난의 예수를 만나게 된다. 그러므로 예수 그리스도로 말미암은 구원의 은총을 깨닫는다. 이것이 바흐 음악의 가치이다. 예수 그리스도를 믿지 않는 사람들도 바흐의 곡을 들으면서 예수 그리스도의 그 깊은 사랑을 체험할 수 있다.

바흐는 조용하고 침착한 사람이었다. 그러나 그의 영혼 속에는 하나님의 영광을 찬양하는 천사들의 연주와 음성이 가득했다.

02 펠릭스 멘델스존

(Jakob Ludwig Felix Mendelssohn,
1809-1847)

신앙의 삶으로 연주한 음악가

멘델스존 하면 〈한여름 밤의 꿈〉의 〈결혼 행진곡〉을 연상한다. 세계 어느 곳에서나 결혼을 축복하는 곡이다. 셰익스피어 희곡의 환상적인 분위기를 닮았다. 그의 음악에 감격한 슈만도 "마치 요정들이 직접 연주하는 듯하다"라고 하면서 칭찬했다.

그로부터 17년 후 꿈 같은 사운드인 〈한여름 밤의 꿈〉을 완성했다. 다시 한 번 〈한여름 밤의 꿈〉을 꾼 멘델스존은 서곡 때보다 두 배나 더 나이를 먹었다. 그의 음악은 단순히 연주회용이 아니라 연극 공연을 위한 것이었기에 독창자와 합창이 더해져 극적인 표현이 강조되었다. 그의 〈한여름 밤의 꿈〉에서 유명한 "결혼 행진곡"은 화려한 결혼식을 위한 음악이다. 예식을 마치고 이 세상을 향해 행진하는 신랑, 신부를 위한 축복의 음악은 지금도 곳곳에서 울려 퍼진다.

멘델스존은 1809년 2월 3일 독일의 북부 함부르크에서 태어났다. 할아버지는 독일 계몽 사상가로서 철학자 라이프니츠 - 볼프 학파의 대표자 중 한 사람이었고 스피노자, 로크, 샤프츠베리, 라이프니츠, 볼

프의 철학을 연구했으며, 레싱과 교우하고 칸트와 편지로 왕래했다. 그는 꼽추로 알려져 있다.

멘델스존의 가정은 그가 3세 때 베를린으로 이사했다. 아마추어 음악가였던 어머니 리어는 영문학과 불문학, 이탈리아 문학을 연구하던 여성으로 멘델스존의 재능은 모계에서 전해졌다. 그는 누이와 함께 피아노를 배웠다. 9세에 피아니스트로 데뷔했고 10세에 작곡했고, 17세에 관현악곡 〈한여름 밤의 꿈〉 서곡을 썼다.

멘델스존은 음악회에서 지식인들과 교제했다. 1825년 파리 음악원장 케루비니의 권유로 음악가가 되었고 로시니, 알레비 마이어베어 등의 음악가와도 사귀는 한편 1826년 베를린 대학에 입학하여 문학과 고전 언어학도 배워서 그리스어와 이탈리아어, 영어, 프랑스어, 라틴어 등을 할 수 있었다. 아버지는 개신교로 개종한 유대인이며 베를린의 은행가였다. 멘델스존은 개신교에서 세례를 받았고, 꾸준히 기도 생활을 했으며 작품도 신앙에 입각해서 작곡했다.

멘델스존은 음악뿐 아니라 문학, 미술, 철학 등 다방면에서 뛰어났다. 그는 1827년 부모의 희망으로 베를린 대학에 진학했다. 그는 정규 교육을 받지 않았지만 〈안드로스의 소녀〉라는 희곡을 독일어로 번역한 것이 입학 자격으로 인정되었다. 대학에서 그는 헤겔의 미학, 지리, 역사 등에 대한 강의를 들었으며 괴테, 장 파울, 셰익스피어의 문학 작품을 탐독했다. 그림은 전문 화가처럼 잘 그렸으며 남겨진 작품도 꽤 있다.

부유한 환경 덕에 집안에는 멘델스존이 개인으로 소유한 오케스트라도 있었다. 자기가 작곡한 곡을 바로 라이브로 확인해서 들어볼 수 있는 거의 유일한 작곡가였다. 그는 슈베르트처럼 삶의 고통을 체험하지 않으면서 비상한 재능을 충분히 발휘할 수 있었는데 그것이 작품상에 나타나 명쾌하고도 아름다운 음악이 되었다. 그는 짧은 생을 살았으나 그가 남긴 바이올린 협주곡이나 〈한여름 밤의 꿈〉 등의 주옥같은 작품은 듣는 이들의 가슴속에 남아 있다. 멘델스존의 생애는 그의 이름인 펠릭스(행운아)에 걸맞게 참으로 행복한 생애였다.

멘델스존은 이미 바흐의 음악에 매료되어 있었다. 그의 작곡 및 음악이론 스승은 첼터(C. F. Zelter, 1752-1832)였다. 바흐 음악의 신봉자였던 첼터는 바흐의 제자였던 키른베르거 방식의 대위 기법을 멘델스존에게 전수했고, 그 밖의 전통적인 음악을 가르쳤다. 1819년부터 1821년까지 사용한 멘델스존의 연습 노트에는 첼터의 교정과 엄격한 충고가 기록되어 있다.

멘델스존은 첼터의 지도와 가정의 신앙적 분위기의 영향으로 어려서부터 바흐에 대한 존경심을 가지게 되었다. 바흐의 작품에서 깊은 신앙의 냄새를 맡았기 때문이다. 신앙인으로서 흠모하며 그 음악에 깊이 잠기곤 했다. 감상하는 가운데 주님을 만나고 예수님의 고난을 명상하며 눈물을 흘렸다. 새로운 자신의 모습을 찾았다. 그리고 그는 바흐의 음악을 세상에 알리려는 사명자였다. 그의 유명한 작품은 바흐의 고전 음악 연구에서 배운 것이 많고, 바흐를 세상에 소개한 공적은 매우 크다고 할 수 있다.

그가 〈마태의 수난곡〉을 세상에 알리려는 사명감으로 나설 때 "유대인이기 때문에 바흐의 정신을 제대로 표현할 수 있겠는가?"라는 악의에 찬 비난도 있었고, 바흐의 신봉자였던 그의 스승 첼터나 네겔리조차 이 작품이 청중들의 호응을 받지 못할 것이라는 이유를 들어 공연이 회의적이었다. 첼터는 1820년 이래 '베를린 징 아카데미'를 이끌고 있었고, 이 합창단의 참여가 공연에는 필히 요구되었기 때문에 스승의 승낙은 절대적으로 필요했다. 그러나 친구이자 저명한 음악 이론가인 막스와 당시 최정상급 소프라노였던 데브리안의 적극적인 지지에 힘입어 그의 스승을 설득했다.

바흐를 위한 곡이 〈마태의 수난곡〉이었다. 연습을 시작했다. 너무 신중하고 잘 표현해야 한다는 책임감에서 2년 후에야 무대에 올렸다. 1829년 3월 11일 베를린에서 연주회를 가졌는데 직접 지휘했다. 대성공이었다. '유럽의 문화 지진'이라고 온 유럽이 떠들썩할 정도로 엄청난 성공을 거두었다. 그의 연주를 통해 바흐의 작품이 난해함에도 그 질적 우수성으로 대중성을 얻게 되었다. 그의 아버지는 음악이 하나님께서 주신 중요한 달란트라는 사실을 인정했다.

이것은 바흐 르네상스의 개막을 위한 19세기의 기념비적 연주로 평가되었다. 이로 인해서 교회음악과 예술음악이 연결되었으며 교회 밖에서까지 대중성을 얻게 되었다. 그는 요한 제바스티안 바흐의 교수법에 뿌리를 둔 엄격한 음악 교육을 받은 헨델에 대한 19세기의 저명한 해석자였다. 멘델스존의 음악은 그들의 유산을 후세에 전하는 최고의 통로였다.

멘델스존은 하마터면 잊혀질 뻔했던 바흐를 발굴한 사람으로도 잘 알려졌다. 그가 바흐를 발견한 것은 우연한 기회였다. 어느 날 멘델스존 부부가 정육점에서 고기를 샀다. 그런데 주인이 고기를 싸주는 포장지 다발이 오래되어 누렇게 변한 악보였다. 그것이 요한 제바스티안 바흐 작 〈마태가 전한 복음서에 의한 주 예수 그리스도의 수난곡〉이었다. 그래서 100년 동안 묻혀 있던 이 곡을 세상에 알릴 수 있었다. 멘델스존은 바흐의 음악 외에도 모차르트, 베토벤, 슈베르트 등의 숨겨진 곡들을 발굴하여 대중에게 소개했다.

그의 이모 할머니 사라 레비가 바흐의 큰 아들 프리데만 바흐에게 배웠으며, 그의 어머니 레아 잘로몬도 바흐의 제자였던 키른베르거에게 음악을 배웠다. 바로크 음악의 영향은 특히 그의 오라토리오, 실내악 및 오르간 음악에서 잘 드러난다.

1829년 말에 베를린 음악대학에서 교수직을 제안받았으나 당시 베를린 〈음악일반신문〉의 편집장이던 친구 베른하르트 막스를 위해 양보했다. 그는 이탈리아, 스위스, 프랑스, 영국, 스코틀랜드 등을 여행하고 1833년에 뒤셀도르프 음악감독으로 취임한다. 그리고 라인 강변의 여러 도시인 쾰른, 뒤셀도르프, 아헨 등에서 개최되는 음악 페스티벌의 음악감독으로 임명됐다. 뒤셀도르프 시절에는 특히 헨델 작품을 집중적으로 공연하여 독일에서의 '헨델 르네상스'를 주도했다.

그러다가 1835년에는 당시 독일의 음악 중심지였던 라이프치히의 '게반트하우스 코체르트'의 장으로 취임하였다. 1842년에 '라이프치히 콘서바토리'를 창설하여 후진 양성에도 힘썼다.

1829년에서 1830년에 교향곡 5번 〈종교개혁〉을 작곡했다. 이 작품은 종교개혁 300주년을 기념하기 위한 곡이었다. 이 곡 중에는 루터의 〈내 주는 강한 성〉, 그리고 루터가 가장 좋아한 작품이던 〈드레스덴 아멘〉의 악절이 인용되어 있고, 건반 악기용 작품에는 때때로 개신교 코랄 작품의 기법에서 차용한 것들이 보이기도 했다.

그러나 그 작품에 만족하지 못해서 죽을 때까지 출판을 허락하지 않았다. 이유는 위대한 종교개혁가 마르틴 루터의 개혁 정신이 충분히 묻어나지 못했기 때문이었을 것이다. 아무리 들어봐도 세계를 감동시킨 종교개혁이 자기와 같은 작은 신앙인에게서 충분히 표현되지 못했다는 자기 부족을 느꼈을 것이다. 이것이 그의 신앙적 겸손이었다.

멘델스존의 〈무언가〉는 낭만주의 시대의 새로운 음악 장르인 '서정적 성격 소품'의 정립에 크게 기여했다. 물론 이 형식을 처음으로 창안한 작곡가는 베토벤이며, 그의 op.119와 op.126의 두 쌍의 '바가텔'이 성격소품의 효시로 기록되고 있으며 훗날 슈만이 작곡한 수많은 성격 소품들은 아마도 베토벤의 작품을 모델로 삼은 듯하다.

멘델스존의 〈무언가〉는 슈베르트의 〈즉흥곡〉, 〈악흥(樂興)의 한때, Musiceau Moment〉와 함께 낭만주의 시대에 서정적 성격소품을 작곡하는 풍조에 결정적으로 기여한 역사적 의미를 지니고 있다. 1830년부터 발표되는 이 일련의 작품집에는 총 49곡의 짧은 곡들이 수록되었는데 6곡씩 작품 번호를 가진다. 역대 음악가 중에서 살아서 최고의 영예를 누린 인물로 기록되는 멘델스존의 오라토리오, 합창 음악, 리트, 특히 그의 피아노 음악 〈무언가〉는 동시대의 음악 문화를 풍요롭게 만들었고, 유명 레퍼토리로 굳건한 자리를 차지하고 있었다.

1833년부터 그는 뒤셀도르프의 교회 음악과 오페라 극장과 캐논의 라인 음악제의 지휘자로서 활약했다. 멘델스존은 우아한 용모와 세련된 사교성으로 귀족 모임에 초대되었고, 그의 연주회는 항상 성공했다. 균형과 조화의 작품은 따뜻한 인간적 공감을 받아 널리 애호되었다. 고전적 문헌에 대한 그의 깊은 조예와 풍부한 교양에 뒷받침된 인품은 그의 음악을 잘 나타내고 있다. 슈베르트(독일), 쇼팽(폴란드)이나 슈만(독일)을 비롯한 많은 음악가들과의 친교도 음악사를 이야기함에 있어서는 안 될 사실이다.

1837년에 프랑스 개혁파 목사의 딸 세실 샤르로트 소피 잔루노와 결혼했다. 그녀는 지성적이고 아름다웠다. 그들은 행복했고 다섯 자녀를 낳았다. 목사의 딸과 결혼했다는 것도 그의 신앙이 묻어난다. 그는 런던에서 오라토리오 〈성 바울〉을 지휘하여 호평을 받았다. 〈성 바울〉은 정통파 유대교에 의해 스데반이 돌에 맞고 순교하는 사도행전의 내용과 다메섹 도상에서 예수의 음성을 듣고 사흘 동안 보지 못했고 바울이 회개하고 사도가 되어 이방 선교한 내용이다. 주님 앞에 선 사람의 모습을 잘 나타냈다. 이것은 멘델스존의 신앙 고백적 작품이었다. 〈성 바울〉은 헨델의 〈오라토리오〉와 바흐의 〈수난곡〉을 합친 최고의 작품이라는 평을 받았다.

1844년 라이프치히에서 오라토리오 〈엘리야〉를 작곡했다. 1846년 〈엘리야〉를 갖고 아홉 번째 영국으로 가서 8월 버밍엄 악제에서 초연했다. 〈성 바울〉과 〈엘리야〉로 유럽 연주를 했을 때 대성공을 거둔 것은 그 작품이 성경을 소재로 한 신앙적 깊이가 표현되었기 때문이었다. 이 곡들은 하이든의 〈천지 창조〉, 헨델의 〈메시아〉와 함께 3대 오라토리오로 손꼽힌다. 그의 작품 중에는 교회 합창곡이 많다.

그는 12세 때 당대의 명사들, 70세의 괴테 앞에서 베토벤의 악보를 처음 보고도 연주했고 스스로 편곡한 모차르트의 〈피가로의 결혼〉을 들려주었다. 늘 신동에 대해 경계했던 괴테도 멘델스존은 자신이 보았던 모차르트보다 뛰어난 천재라고 하며 그의 즉흥 연주를 즐겼다. "⋯⋯자네 제자가 이미 이룬 성취를 당시의 모차르트와 비교하면 다

자란 어른의 교양 있는 대화를 어린아이의 혀짤배기소리에 비교하는 것과 같네."

이것은 괴테가 1821년 멘델스존의 스승인 첼터에게 한 말이다. 작곡가 멘델스존은 쓴 작품이 많다. 그의 작품 목록은 다른 작곡가들의 작품을 편곡한 것, 심심풀이로 작곡한 수많은 캐논을 제외하고도 약 400편에 이른다. 그중 4분의 1은 16세가 되기 전에 작곡한 것들이다.

멘델스존의 아버지 아브라함은 유태교에서 기독교로 개종하였고 그 역시 자신의 모국인 독일을 사랑했고 독일인답게 사는 것을 큰 긍지로 삼았다. 하지만 베를린 음악계는 비록 개종했다고 하지만 유대인의 아들이라고 그를 차별 대우했다. 그는 베를린을 떠나 유대인에게 관대한 라이프치히로 옮겨갔다. 그가 죽은 후인 1850년에 바그너는 '음악에서의 유대 정신'으로 이기적인 비난을 그의 추종자들이 퍼부었다. 바그너는 비스마르크 숭배자로 유명했다. 그는 비스마르크가 게르만 정신을 구현한 인물로 여겼다. 게르만에 대한 사랑은 반유대주의로 연결된다. 그는 유대인을 증오했고, 훗날 아돌프 히틀러는 바그너를 지지했다. 그래서 이스라엘에서는 바그너 연주를 들을 수 없다. 바그너는 스스로 천재라고 생각했고, 후원자와 지인의 아내를 가로챈 여성 편력자였다. 그는 독일 남부 소도시 바이로이트에 자신의 전용 극장을 지었다. 바그너는 민족적 감정을 음악에서 많이 논했다.

30년 뒤 음악 평론가 조지 버나드 쇼는 멘델스존을 "양가죽 장갑 같은 부드러움, 관습적인 감수성, 비열한 오라토리오 행상"이라고 후려갈겼다. 히틀러는 멘델스존을 독일의 문화사에서 삭제했다. 〈한여름 밤의 꿈〉이 금지곡이 되었고, 1936년 11월 그의 동상을 파괴했다. 그러나 1993년 3월 10일 라이프치히 당국은 신 게반트 하우스 밖에 멘델스존의 새 조각상을 세웠다. 그는 유대인이기 때문에 편협한 취급을 받았다. 부모의 권유로 베를린 음악협회 감독직을 지원했다. 그러나 낙방하고 말았다. 그는 스승 첼터의 뒤를 잇는 일로 당연히 합격할 줄 알았다. 그리고 자신을 낙방시킨 이유가 다름 아닌 유대인이었다는 것을 알게 되었다.

그동안 멘델스존의 우월한 배경 때문에 그저 물질적인 어려움뿐 아니라 음악의 창조에 필요한 실질적이고 감정적인 투쟁까지도 면제 받았다고 여겼다. 평론가 에밀 뷔에모즈는 "만족한 국가와 만족한 인간에게는 역사가 없다. 그래서 원칙적으로 멘델스존의 생애에 대해 쓰겠다는 생각을 버려야 한다"라고 했다. 이런 사조에 따르자면 멘델스존은 의미 없는 삶을 살았다. 모든 것은 그에게 쉽게 주어졌고, 음악도 마찬가지였다. 유명한 철학자 모세 멘델스존의 손자이자 입이 다물어지지 않을 만큼 대단한 인맥을 지닌 부유한 은행가 아브라함 멘델스존의 아들로 태어난 펠릭스는 명성과 안정감을 타고났다. 하지만 그처럼 한가롭지 못하게 살았던 사람도 드물다.

그는 1833년 남 라인 음악제를 지휘하고 뒤셀도르프 시의 악단장, 1835년 라이프치히 게반트하우스 관현악단 지휘자가 되어 고금의 명곡과 신작을 소개하는 데 전력해서 유럽 제1급의 악단으로 성장시켰다. 1841년 프로이센 왕 프리드리히 빌헬름 4세의 명으로 베를린의 음악 활동 향상을 위해 힘쓰고, 1843년 슈만과 함께 라이프치히 음악학교를 설립하였다.

그의 일생은 짧았으나 고전주의 낭만파 음악의 대작곡가라는 명성과 수많은 작품을 남겼다. 주요 작품으로 관현악곡 〈이탈리아 교향곡〉(1833년), 〈스코틀랜드 교향곡〉(1842년), 〈종교개혁〉, 서곡 〈핑갈의 동굴〉(1830년), 협주곡 〈바이올린 협주곡〉(1844년), 〈카프리초브릴란드〉, 피아노 곡집, 〈무언가〉(48곡, 1829-1845년), 〈영속한 변주곡〉(1841년), 오르간곡 소나타 6곡, 전주곡과 푸카 3곡, 오라토리오 〈성 바울〉(1836년), 〈장미의 노래〉(1840년), 〈엘리야〉(1846년) 등 극음악, 〈한여름 밤의 꿈〉(서곡 1824년, 기타 부분 1842년), 〈안티고네〉(1840년) 외에 합창곡, 독창곡 등이 있다.

그는 작곡가와 지휘자로, 1843년 음악 교육가로서 라이프치히에 음악학교를 세웠다. 1843년 프로이센 국립음악장, 라이프치히 대학 명예박사가 되었다. 음악 해석자와 연주자로 여러 나라를 여행했다. 영국에서 큰 환영을 받았다.

멘델스존은 영국을 열 번이나 방문했다. 빅토리아 여왕 시기에 영국에서 멘델스존은 거의 우상과 같은 존재였다. 이러한 위치는 과거 헨델이나 베토벤만이 누리던 것이었다. 사람들은 길거리에서 멘델스존을 만나면 환호했으며, 그는 사교계에서도 최고의 환대를 받았다. 여왕 역시 그에 대해 극진한 호의를 베풀었다.

멘델스존은 여왕에게 〈스코틀랜드 교향곡〉을 헌정했다. 여왕의 남편 앨버트 공은 아마추어 작곡가였는데, 이들 부부는 멘델스존이 개최하는 사교 모임에 기꺼이 참석하여 음악을 즐기곤 했다. 멘델스존은 〈무언가, Lieder ohne Worte〉를 연주했고, 그의 오라토리오에서 발췌된 곡들이 불려졌다. 열 번째 1847년 영국여행 중 사랑하는 누이 파니가 급하게 사망하므로 낙심한 후 신경 장애로 병들어 끝내 1847년 11

월 4일, 37세로 라이프치히에서 생애를 마쳤다.

멘델스존은 보수적이었으나 영혼이 자유로운 진보주의자였다. 유대인이었으나 자신의 종교적 뿌리를 지켰고 개신교인으로 신앙이 철저했다. 작곡가이며 지휘자였고 음악 교육가였다. 작곡에서도 교향곡과 현악 4중주 같은 고전주의 양식을 고수하면서도 낭만주의 양식을 소화했다. 그의 작품에는 여성적 섬세함과 남성적 에너지가 넘쳐난다. 미래 음악의 대안을 찾으면서도 과거 음악의 부활에 열정을 바쳤다. 멘델스존은 낭만주의가 성행하던 시기였지만, 그는 모차르트 등 고전파 음악에 깊이 빠져 있었다. 또한 깊은 명상으로 바흐와 헨델 그리고 베토벤의 교회 음악을 이은 후계자였다.

그는 부유했으나 교만하지 않았으며 머리가 좋아 천재라는 말을 들었으나 게으르지 않았다. 그리고 민족적인 차별대우에도 그는 실망하지 않았으며 그들을 미워하거나 싸우고자 하는 태도를 갖지 않았다. 그는 자기에게 주신 달란트를 꾸준히 개발하고 연마하여 오직 하나님께만 영광 돌리는 신앙적 음악인으로서 자기의 삶을 이어갔다. 그의 〈성 바울〉, 〈엘리야〉, 교향곡 5번 〈종교개혁〉은 신앙 고백의 작품들이다. 그리고 여러 나라를 여행하면서 국제적인 안목이 넓어져서 외국 풍의 작곡을 했으며 영국에서의 여러 차례 연주는 많은 환영을 받았다.

역대 음악가 중에서 생존 시 최고의 영예를 누린 인물로 기록되는 멘델스존의 오라토리오, 합창 음악, 리트, 특히 그의 피아노 음악 〈무언가〉는 동시대의 음악 문화를 풍요롭게 만들었고, 유명 레퍼토리로 굳건한 자리를 차지하고 있었다. 하지만 그가 사망한 이후 급작스럽게 그의 음악은 "너무 차분하고 편안하며 시대에 뒤떨어졌다"는 공격을 받게 됐다. 아름다움과 생동감을 지니고 기악 협주곡의 형식적 개혁을 이룩한 그의 〈마단조 바이올린 협주곡〉(op. 64 1844)이 여전히 각광을 받고 있음에도 불구하고 말이다.

그리고 이 과정에서 멘델스존은 유대인이라는 이유로 바그너와 그의 추종자들로부터 악랄한 공격을 받게 된다. 이러한 인종 차별주의는 독일의 나치 정권하에서 그 정도가 극에 달했다. 그러다가 20세기 중엽 이후 학계와 음악계는 멘델스존의 음악을 보다 객관적으로 평가할 수 있게 되었다.

그가 천재인 것은 하나님이 주신 달란트를 개발했다는 것이다. 유대인이라고 비난하는 베를린에서 라이프치히로 옮긴 것은 온유하고 겸손한 성품임을 알려 준다. 바흐를 소개한 것은 훌륭한 작품을 세상에 알리므로 타인을 존중하는 데서 나온 아름다운 마음이다. 그리고 중요한 것은 바흐의 신앙적 신비함을 엿보면서 그를 본받으려는 간절한 마음이 여러 작품에서 나타났다. 그의 작품은 여성적이라고 비난을 받았다. 그러나 교향곡 5번 〈종교개혁〉과 오라토리오 〈성 바울〉은 아무리 들어도 웅장하고 개혁적인 냄새를 풍기는 곡들이었다.

그가 작곡한 찬송이 우리 찬송가에 있다. 〈천사 찬송하기를〉이다. 그 찬송을 펼치면 작사자는 찰스 웨슬리인데 작시는 1739년으로 되어 있다. 그리고 작곡가는 멘델스존인데 작곡은 1840년이며, 편곡은 45년 후인 1885년이다. 왜 이렇게 시기적으로 떨어져 있을까? 이 시는 하나님의 사랑에 대한 찬양과 경배의 노래이다. 1절은 거룩하신 예수님, 2절은 성육신하신 예수님, 3절은 빛과 생명 되신 예수님으로 평화의 왕이시며 세상의 빛이라고 선포한다.

이 찬송이 만들어진 과정을 보면 일상 가운데 하나님의 인도하심을 발견할 수 있다. 특히 찬송시가 출판된 계기와 시와 음악이 결합된 과정은 모든 것을 이루시는 분이 하나님이시라는 것을 알 수 있다. 18세기 〈성공회 기도서〉의 인쇄를 맡은 한 인쇄업자가 책의 빈 페이지를 채울 자료를 찾고 있었다. 그러던 중 '하늘이 어떻게 울리는지 들어 보아라'로 시작되는 찰스 웨슬리의 찬송시를 우연히 발견하게 되었다. 이 인쇄공은 웨슬리의 찬송을 실었다. 후에 성공회의 지도자들은 웨슬리의 찬송을 기도서에서 빼려 했으나 이미 많이 읽혀지고 있어서 삭제할 수 없었다.

한 세기가 지나고 1840년 독일 라이프치히에서 열린 구텐베르크 축제를 위해 멘델스존은 오페라 풍의 〈축제의 노래〉를 작곡했다. 이 곡의 2악장은 남성합창을 위한 음악으로 두 개의 금관 편성 관현악단과 팀파니로 구성되었다. 시간이 흘러 1885년이 되었고, 영국의 성악가 윌리엄 커밍즈(William Cummings)는 이 멘델스존의 곡으로 발성 연습을 하고 있었다. 그런데 그는 이 곡의 후렴구가 왠지 웨슬리의 크리스마스 시와 어울릴 것 같다는 느낌이 들어 두 작품을 합치는 작업을 했다. 이것이 찬송 〈천사 찬송하기를〉이다.

천사 찬송하기를 거룩하신 구주께
영광 돌려 보내세 구주 오늘 나셨네.
크고 작은 나라들 기뻐 화답하여라.
영광 받을 왕의 왕 베들레헴에 나신 주.

만약 18세기에 한 인쇄공이 책의 빈 공간을 웨슬리의 찬송 〈천사 찬송하기를〉로 채우지 않았다면, 또한 100년 후 작곡가 멘델스존이 〈축제의 노래〉를 작곡하지 않았다면, 그로부터 45년 후 성악가 커밍즈가 그 곡으로 발성연습을 하지 않았다면 찬송 〈천사 찬송하기를〉로 예수님을 찬양할 수 없을 것이다. 우리의 삶 가운데 우연은 없다. 하나님의 세밀한 인도하심이 있을 뿐이다.

"사람이 마음으로 자기의 길을 계획할지라도 그의 걸음을 인도하시는 이는 여호와시니라"(잠 16:9).

그는 바흐에게서 많은 영향을 받았으며 그의 작품을 읽으면서 깊은 신앙적 신비를 체험했다. 그것이 그로 하여금 깊은 명상을 하며 신앙적 작품을 쓸 수 있게 했다. 그는 문학적 소질도 있어서 매우 섬세한 작품을 썼다. 예술인은 그 성품이 괴팍하다는 평이 있다. 그러나 멘델스존은 온화한 성품으로 조용히 명상하는 신앙인이었다. 그는 예수 그리스도의 겸손과 온유함을 본받았다. 그렇기 때문에 많은 종교 곡을 남겼으며 〈한여름 밤의 꿈〉과 같은 아름다운 곡을 쓸 수 있었다.

음악가 중에 기독교 신앙인이 많이 있다. 멘델스존은 그렇게 뚜렷하게 드러나지 않으면서도 신앙의 곡을 많이 쓰면서 깊은 감명을 주었다. 그리스도인의 삶은 어떤 달란트를 받았든지 그 달란트로 하나님께 영광을 돌릴 뿐 아니라 삶으로 소금과 빛이 되어야 한다.

8부 철학자

1. 장 자크 루소
프랑스 시민 혁명을 낳게 한 사상가

01 장 자크 루소

(Jean-Jacques Rousseau, 1717-1778)

프랑스 시민 혁명을 낳게 한 사상가

 장 자크 루소가 활동한 시기는 계몽시대였다. 루소는 그들과 함께 하면서도 계몽주의를 비판했다. 이러한 루소에게는 '모순적'이라는 형용사가 항상 따라다녔다. 그의 저작들은 사회와 개인 사이에는 서로 상반된 진술을 남겼다. 그의 생애와 그가 말하는 것 사이에는 모순이 있었다. 모순은 그의 전 생애에 걸쳐 일관되며 이로 인해 루소는 끝없는 방황의 삶을 살아야 했다. 하지만 방황 속에서도 루소는 진실과 행복을 찾으려고 노력했다.
 루소의 생애를 4기로 나눌 수 있다.
 제1기는 출생에서 소년기(15세까지)이다.
 루소는 1712년 6월 28일 스위스 제네바에서 시계 수리공 이자크 루소(40세)와 쉬잔느 베르나르(39세) 사이에서 둘째로 태어나 개신교에서 세례를 받았다. 출생 9일 만에 어머니가 산욕열로 사망했다. 어머니의 죽음으로 루소는 아버지와 고모 쉬잔느 루소에 의해 양육되었다. 《고백록》에서 루소는 이 시기의 고통스러웠던 경험을 회상했다.

어머니가 없어서 어린 루소는 외삼촌에게 맡겨졌다. 외삼촌은 루소를 람베르 시에 있는 목사의 집에 맡겼다. 거기서 목사의 여동생이 아끼던 빗이 부러진 채 발견되었는데 가족들은 루소가 범인이라고 의심했으므로 고통스러웠다. 루소는 몸이 약했으나 감성적이고 머리가 좋았다. 그는 6-7세 때 어머니가 읽던 소설을 아버지와 함께 읽었다. 책을 많이 읽고 내용을 잘 이해하고 깨달음이 빨랐다. 그는 아버지에게 바른 교육을 받지 못함과 좋은 삶을 살지 못한 죄책감에 시달렸다.

루소는 12세 때부터 일자리를 찾아 여기저기 떠돌아다녔다. 조각사 아벨 뒤코맹에게 견습공으로 들어가 혹독함을 견디다 못해 도망쳤다. 1728년 16세에 북부 이탈리아, 프랑스 여러 지역을 여행하면서 아름다운 귀부인들, 사기꾼들, 친절한 성직자와 한심한 귀족들을 만나면서 방랑 생활을 했다.

제2기는 방랑 생활(16-30세)이다.

1728년 이탈리아 토리노에서 퐁피에르 신부에게 바랑 남작부인을 소개받았다. 루소 인생의 전환점이었다. 부인의 권유로 가톨릭으로 개종하고 신학교에 갔으나 사제가 되지 않고 합창단에서 음악을 공부해 음악교사가 되었다. 그가 《고백록》에 기록한 대로, "어머니라 부르던 바랑 부인과 시간이 흐르면서 갖게 된 육체관계는 근친상간과 같은 충격을 주었다."

그러나 그곳에서 마음이 안정되어 많은 책을 읽었고 학자로 성장했다. 자신의 문학과 사상을 형성하며 17세기 철학자의 저서들을 탐독했다. 플라톤, 데카르트, 로크, 라이프니츠 등을 읽었으며, 음악, 문학, 자연과학, 신학 등 다양한 학문의 교양을 쌓았다. 바랑 부인과 12년간 동거했으며 15년 후 문필 활동과 함께 끝이 났다. 그의 여성 편력은 복잡했다. 그의《고백록》에 의하면, 베네치아의 매춘부 그리고 파리의 하숙집에서 일하는 하녀를 만나 23년 동안 동거 끝에 결혼했다.

1740년 리옹의 마불리 가에서 가정교사의 경험을 바탕으로《에밀》을 구상했다. 그 후 파리의 백과전서파들과 교제했다. 이때 문필가로 야망을 지닌 드니 디드로를 만났다. 디드로가 편집자로 임명되었던 프랑스 앙시클로페디(L'Encyclopedie)를 중심으로 모인 지식인 집단인 철학자들 가운데서 중심이 되었다. 급진적, 반교권적 견해를 발표하는 주요 수단이었던 《앙시클로페디》기고자들은 대개 철학자이자 개혁가, 구습 타파주의자였다. 이 가운데 루소는 가장 독창적이고 강렬하면서도 유려한 글솜씨를 지녔다. 그는 디드로와 15년 동안 유일한 친구였다.

제3기는 실험 시기(30-45세)였다.

1745년 루소는 귀족부인들과 사귀었으나 23세의 하숙집 하녀 테레즈와 동거해서 5명의 자녀를 낳아서 모두 고아원에 보냈다. 첫 아이는 숫자 카드를 달아서 산파를 시켜 고아원 앞에 두었고 다른 아이들은 숫자 카드도 없이 버렸다. 아이들의 이름도 짓지 않았으며 출생일도 기록하지 않았다. 루소가 후회했다고 하지만 당대뿐 아니라 후대에도 사람들의 비난을 받았다. 이 사람이《에밀》을 썼다. 그의 삶에서 큰 모순으로 지적된다.

《에밀》을 통해서도 루소는 죄책감을 나타냈다. "가난도 체면도 자식을 교육하는 데서 면제될 수 없다. 독자들이여, 그 점에서 나를 믿어도 좋다. 누구든 인간의 정으로 신성한 의무를 저버리는 자에게 예언하건대, 그는 오랫동안 자신의 잘못에 대해 통한의 눈물을 흘릴 것이며 무엇으로도 위로 받지 못하리라."

이 내용은 《고백록》뿐 아니라 《고독한 산책자의 몽상》에도 있다. 루소는 《고백록》에서 불우한 성장과정과 가난했던 자신을 얘기했고, 프랑스를 타락시킨 것은 근대적 생활의 성향 즉 사회 때문이라고 했다. 그의 수상작 《학문 예술론》(1749년)은 "학문과 예술의 부흥은 인간성 순화에 도움이 되는가?"에서 1등으로 당선되었다. 루소는 이 논문에서 아카데미가 제기한 물음에 부정적으로 답했다. 그는 도덕이나 인생을 부패하게 한 것은 기계와 학술이었다고 비판했다.

그는 악의 원인이 사회에 있으므로 사회 개혁으로 자신을 완성한다고 했다. "빈곤과 무지한 민중이 썩은 귀족보다 건전하고 순진하다. 그들의 마음에는 소박한 자연이 살아 있고 양심의 덕이 빛나고 있다." 그는 물질적 진보가 도덕적으로 진보한다는 합리주의를 배격했다. 인간화는 자아를 발견하므로 정치, 윤리의 혁신을 이룬다.

1747년 디종 아카데미 현상에 두 번째로 응모한 〈인간 불평등 기원론〉은 낙방했다. 이 논문은 인간 불평등이 사유재산과 노동에 의해 산출된다고 했다.

불가리아 출신의 인문학자인 츠베탕 토도로프는 루소에 관한 책 《덧없는 행복》에서 루소의 세계를 해부했다. 루소는 사회와 개인이라는 두 가지 상반된 갈림길을 가고 있다. 이것을 어떻게 조화시킬 수 있을 것인가 하는 것이 주요한 관심사다. 시민의 길과 개인의 길은 동시에 가기 힘든 모순을 지니고 있다. 그런데 토도로프는 개인의 길을 좀 더 세분화하여 루소에게는 인간에게 열린 제3의 길에 대한 탐구가 있다고 했다. 도덕적 개인이 자신의 보편적 정신, 즉 자신의 미덕을 발휘하는 것은 다른 개인들과의 관계에서이다.

　이로부터 루소 특유의 태도가 등장한다. 인간들이 이루는 관계의 어려움과 한없는 인정 욕구 때문에 인간이라는 모순된 존재와 나약함에서 비롯되는 것이다. 루소의 교육 목적은 '전인격적 인간' 즉 인간 본연의 인간을 길러내는 것이라고 했다.

　1754년 그는 제네바에서 칼빈 개혁교회에 재개종했으며, 시민권을 얻었고 문필가로서 환영받았다. 그러나 그는 자연종교를 주장했다. 그는 파리 교외의 몽모랑 시 숲에 있는 에르미타류에서 6년간 집필했다. 1762년에 저술한 《사회 계약론》에서 자유와 평등의 자연권을 국가에서 확정하는 이론적 근거로서 사회 계약론을 전개하고 국민 주권을 이론화했다.

　1762년 《에밀》과 《사회 계약론》이 네덜란드에서 출판됐다. 사회 상태가 지닌 비극적 상황에 대한 정치적 해결책이 《사회 계약론》이었다. 《사회 계약론》은 인간 존재를 선언했다. 프랑스 혁명은 인류가 근대 사회로 넘어오는 역사적 사건이었다. 부패한 군주와 신앙의 억압에 저항하여 시민들은 거리로 나섰고, 지식인들은 사회를 지탱하고 있던 사상이나 권력에 대항하여 새로운 근대적 이념을 만들었다. 루소의 《사회 계약론》은 그 대표적인 저작으로 프랑스 혁명의 정초가 되었다.

　루소는 철학적 사유에 세 가지 혁명 사상을 끌어넣었다. 첫째, 문명이란 모든 사람들이 생각하는 것만큼 좋은 것이 아니다. 둘째, 인간은 이성이 감각과 본능을 만족시키는데 사적인지 공적인지 물어 보아야 한다. 셋째, 인간은 사회가 개개인의 구성원들의 의지를 모두 합한 것과 구별되는 자신의 고유 의지를 지닌 집합적 존재이다.

루소가 "자연으로 돌아가라"고 말한 적이 없지만 자연과 사회를 이분법적인 잣대로 들이댄 것은 사실이다. 루소에게 인간의 자연적 충동은 건전하고 선량하다. 사회가 인간을 사악하게 만든다. 인간은 환경과 조화를 이루었지만 이제는 겉꾸밈과 경쟁, 과시적 소비로 살고 있다.

루소는 삶 자체도 그렇거니와 철학 자체도 평등이 전부라 해도 과언이 아닐 정도로 평등에 골몰했다. 루소는 모든 사회악과 사회 갈등의 근원이 '경제 불평등'에 있다고 단언했다. 문명이 발달할수록 빈부 격차가 심해지고 사회 문제가 만연해지는 것을 보고 충격을 받고 이를 '일반 의지론'으로 풀어나갔다. 마키아벨리가 분열된 조국을 통합시키기 위해서는 위정자가 어떠한 절대적 권한도 행사할 수 있어야 한다고 했듯, 루소도 수천 년에 걸쳐 고착화된 불평등을 해소하려면 근본적인 사회 구조의 변혁이 절대적으로 필요하다고 이를 뒷받침하기 위한 철학 이념으로 일반 의지의 필연성을 역설한 것이다.

원래 일반 의지는 신의 의지를 인용한 말이고 이는 또 플라톤의 선의 이데아에 연원하며 칸트의 선의지도 같은 맥락이다. 그러니까 일반 의지는 상식과 다르기 때문에 단순히 보편적 생각이 아니고 진리와 선을 전제하는 의지인 것이다. 그래서 루소는 일반 의지가 만인의 생각이 아닐 수도 있고 일인의 견해라도 일반 의지가 될 수 있다고 했다.

인간의 제도는 영혼을 병들게 하고, 인간을 소외시킨다. 이런 자연과 사회의 이해는 '황금시대' 혹은 낙원으로부터 추방된 인간의 모습을 따른다는 점에서 계몽 사상가들로부터 비판을 받았다. 새로운 제도의 개혁을 통해 인간을 계몽시키려고 했던 볼테르를 비롯한 사상가들에게 루소는 낡은 가치를 부활시키는 인물처럼 보였다. 마지막 장이 '시민 종교'에 대한 내용으로 끝났다. 이 장은 전체적으로는 신정국가 특히 기독교 공화국의 문제점을 평가했다.

교육적 해결책은 《에밀》이다. 《에밀》은 《사회 계약론》보다 2개월 후에 나왔다. 내용은 에밀이 고아로서 요람에서 결혼까지 이상적 가정교사의 지도에 의한 성장과정을 소설로 전개했다. "조물주의 손에서 떠날 때는 모두 선하지만 인간의 손으로 넘어오면 악해진다"라는 구절에서 보듯이, 성선설로 아동의 자연적 능력으로 방해되는 요소들을 제거하여 어린이의 자연의 싹을 자유롭게 뻗게 하는 교육론이다. 그리하여 육체의 수련과 덕육, 지적 교육도 조기 교육, 책, 언어에 의존하지 말고 실물과 기술 교육을 장려했다.

《에밀》 제1편은 어린이가 태어나기 전부터 어떤 이상적인 교사가 평생 그를 위해 교육에 전념한다는 전제로 그 어린이가 5세가 될 때까지의 이상적인 교육법을 논술한다. 이 기간의 교육은 단련에 중점을 두었다.

제2편은 에밀이라는 제자가 12세가 될 때까지의 교육방법을 전개하고 있다. 교육내용의 중점은 감각 기관에 치중된다.

제3편은 12-15세의 교육인데, 이 기간 동안 소유와 노동에 대한 루소의 의견이 표시되는 한편 에밀에 대한 직업 교육이 진행된다.

제4편은 15-20세의 교육으로 도덕 교육, 종교 교육인데 루소의 종교관이 사보와 사제의 신앙 고백으로서 자세하게 나타난다. 그 결과 이 책은 법원의 판결로 판매 금지되었다.

제5편에서는 에밀이 결혼할 처녀인 소피아가 받을 교육이 나온다. 루소의 여성관, 여자 교육관에 대한 중요한 부분이다. 결혼 전 에밀은 22세 때 외국 여행에서 여러 나라의 정부, 공중도덕, 민족성 등에 대한 견문을 넓힌다.

어린이가 그 본래의 모습을 지니고 있기를 원한다면 태어나는 순간부터 자연의 모습을 유지시켜야 한다. 출생 후부터 보살펴 어른이 될 때까지 그의 곁을 떠나지 말라. 그렇게 하지 않으면 성공할 수 없다. 참다운 유모는 어머니이고 참다운 교사는 아버지이다. 부모는 그들의 교육 방침이나 그 직무에서 일치해야 한다. 어린이는 어머니의 손에서 아버지의 손으로 넘어간다.

어린이는 세계에서 제일 유능한 교사보다는 시야는 좁아도 분별력 있는 아버지에게 교육을 받는 편이 좋다. 왜냐하면 재능이 열성을 보충해 줄 수는 없지만 열성이 재능의 부족을 메워 줄 수 있기 때문이다. 아버지란 자식을 기르는 것만으로는 지식에 대한 의무의 3분의 1밖에 못하는 셈이다. 인류에게는 인간을, 사회에게는 사회인을 그리고 국가에게는 시민을 만들어 주어야 한다. 그 세 가지 부채를 지불하지 못하면 죄인이다.

루소는 《에밀》에서 "인간을 사회적인 존재로 만드는 것은 바로 그 약함이다. 우리의 마음에 인간애를 갖게 하는 것은 모두가 공유하는 그 비참함이다. 그리고 그처럼 자신의 나약함으로부터 덧없는 행복이 생겨난다"라고 했다. 루소의 생애와 저작은 인간의 덧없는 행복에 대한 통찰과 상념을 보여주었다. 루소의 생애가 모순되기는 했으나 그는 온몸으로 인간의 나약함과 어리석음을 살다간 인간의 자화상이었다.

또한 나약함 속에서 피어난 인간의 지성이었다.

인간은 연약한 상태로 태어남으로 판단력이 필요하다. 인간은 태어날 때 구비하지 못한 것을 어른이 되면서 모두 교육으로 얻는다. 이 교육의 원천은 자연이나 인간, 또는 사물에 있다. 인간의 능력과 기관의 내면적 발달은 자연의 교육이다. 그리고 그 발육의 이용법을 가르쳐 주는 것이 인간 교육이다. 인간에게 영향을 미치는 사물에 대해서 인간의 경험으로 습득하는 것은 사물의 교육이다.

《에밀》 제4부에 있는 '사보와 신부의 신앙 고백'이 교회를 분노케 했다. 파리 대학 신학부가 이를 고발해서 파리 고등법원은 루소에게 유죄를 논고함으로 체포령을 내렸을 때 스위스, 영국 등으로 도피하였다. 당대의 신관을 부정하는 서술은 큰 논란을 일으키며 《에밀》은 판매 금지되었다. 루소의 고향 제네바에서도 《에밀》과 《사회 계약론》이 판매 금지되면서 어디에서도 발붙일 곳이 없어졌다.

《에밀》에서는 시민 종교 대신 개인 종교를 제시하는데, 그것은 계시나 교리를 갖지 않는 단순화한 그리스도교의 일종이었다. 그는 '사보와 신부의 신앙 고백'에서 신의 존재와 영혼의 불멸성을 의심하는 데 그치지 않고 신을 경배하는 강한 감정적 충동을 자연, 특히 인간의 손이 닿지 않는 신이나 숲의 자연에서 느낀다. '인간 안에 있는 신성한 목소리'인 양심을 강조하면서, 냉철한 합리주의적 윤리범주나 성경의 권위를 모두 인정하지 않았다. 이러한 최소화한 신앙 때문에 루소는 교회 정통파나 파리의 공공연한 무신론자와도 어울릴 수 없었다.

루소는 민중이 가장 지성적인 사람을 대표로 선출하지 않기 때문에 고민했다. 그는 플라톤과 마찬가지로 대부분의 민중이 어리석다는 점을 인정했다. 일반의지는 도덕적으로 항상 건전하지만 때로는 잘못을 범할 수 있다. 그래서 루소는 민중에게는 솔론, 리쿠르고스, 칼뱅과 같은 헌법이나 법률 체계를 구상하는 훌륭한 정신을 소유한 입법자가 필요하다고 제안했다.

루소는 마키아벨리를 매우 칭송했으며, 마키아벨리가 공화국 정부를 옹호한 점에 공감했다. 루소에 따르면 그리스도교는 보이지 않는 세계를 지향하기 때문에 시민에게 국가에 봉사하는 데 필요한 용기, 남성다움, 애국심 등의 덕목을 가르치지 않으므로 공화국 종교로서는 쓸모가 없다고 했다. 마키아벨리처럼 이교적 제례 의식의 부활까지 주장하지는 않았지만 루소는 군사적 덕목의 개발을 강화하기 위해 최소한의 신학적 내용을 가진 시민 종교를 제창했다.

1761년 연애 소설 《신 에로이즈》를 집필했다. 이 작품은 18세기의 주지적 계몽주의 문학에서 19세기의 낭만주의 문학으로 전향했다. 루소는 문명을 거부하지 않고 문명의 부조리와 모순을 비판하고 대안을 제시했다. 《사회 계약론》을 쓴 민주주의자, 사회철학자인 루소가 자연으로 돌아가라고 했을 때 자연의 중층적 의미도 새겨야 한다. 자연은 본성의 의미도 있는 만큼 인간의 천부적 자연권인 자유와 평등의 보장을 강조한다. 그는 자연의 낭만성이 아닌 원시 공산사회의 평화롭고 평등한 사회를 꿈꾸었다.

루소가 살던 프랑스는 제1계급 10만 명의 성직자 족(聖職者 族)과 제2계급 40만 명의 귀족이 1,800만 명의 시민 및 농민을 지배하고 착취하던 불평등 사회였다. 성직자 족과 귀족은 모든 권력과 재산을 독점하는 사치와 낭비의 극치였다. 여기에 로크를 중심한 영국의 정치 제도와 이념이 프랑스에 소개되고, 루소가 앞장선 혁신적인 계몽주의 사상은 당시 사회를 비판하는 데 선도적인 역할을 했다. 특히 사회의 부도덕과 불행은 운명이 아니라 인간이 만든 제도이며 그것은 인간의 이성으로 극복할 수 있다는 주장은 시민과 민중들에게 각성과 희망을 주었고, 이러한 영향은 훗날 프랑스 대혁명의 불씨가 되었다.

프랑스 국민이 절대 왕정에서 자유를 회복한 때는 루소 사후 11년이었다. 혁명 지도자 마라는 피리 거리에서 루소의 《사회 계약론》을 낭독하여 시민의 분개를 촉구했고, 로베스피에르는 3부 회의 3신분 대표로 파리로 갈 때 '루소에게 바치는 찬사'를 쓰고, 루소의 사상을 충실히 실천할 것을 맹세했다. 혁명이 끝나고 감옥에 갇힌 프랑스 황제 루이 16세가 우연히 볼테르와 루소의 저작을 읽고서 "나의 왕국을 쓰러뜨린 것은 바로 이 두 놈이다"라고 외쳤다는 이야기도 있다.

루소는 사상 최초로 인간 평등 문제를 실천적으로 파고든 철저한 평등주의자다. 계몽 철학자들도 평등을 주창했지만 당위적 차원이었고, 사실상 엘리트주의였다. 철학자 칸트조차도 철저한 엘리트주의를 자처했다. 칸트는 루소의 《인간 불평등 기원론》을 읽고 번개를 맞은 듯 깨달음을 얻었다면서, "나는 천성적으로 진리를 추구하는 자로 지식만이 인류의 영광을 이룬다고 믿어왔다. 아무것도 모르는 평범한 대중을 경멸했다. 루소를 읽고는 이런 맹목적 편견이 사라졌다. 나는 인간성에 대한 존경심으로 도전적 평등주의자가 됐다"라고 했다.

그것은 민주 정치의 원칙으로 프랑스 혁명의 경전이 되었고, 미국의 독립을 촉진시킨 원천적 계기가 되었다. 《에밀》을 통해서 전통적인 교육관이나 방법을 부정하고 새로운 시민 사회에 맞는 인간 형성에 참신한 교육 사상을 해설함으로 근대 교육의 개척자, 공로자가 되었다. 그는 "인생의 선과 악을 가장 감당할 수 있는 사람이 가장 교육을 잘 받은 사람"이라고 했다.

《에밀》 제4편의 일부분을 구성한 '사보와 신부의 신앙 고백'은 계시 종교를 배격하고 자연 신교를 주장한 무신론이고 기독교를 모독하고 신과 교회의 권위를 실추시켰다.

제4기는 노년기(46세-사망)이다.

휴머니즘과 탈교회적으로 신 앞에 굴복을 거부했다. 자연주의 운동이 일어났다. 자연주의란 인위적인 데 반하여 자연으로 돌아가는 것이다. 1770년 테레즈와 정식 결혼하고 파리에서 1772년부터 1776년에 걸쳐 《루소가 장 자크를 비판한다》를 썼다. 주변의 박해로 여러 곳을 떠돌던 그는 지라르댕 후작의 영지에서 집필하다가 1777년 《고독한 산책자의 몽상》을 끝내지 못하고 1778년 7월 2일 생을 마쳤다. 4일에 에름농빌 공원의 포플라 섬에 유해를 매장했다가 1794년 파리의 팡테옹으로 옮겨 볼테르와 나란히 묻혔다.

루소에 대한 평가는 다양하다. 평생 루소의 초상화를 서재에 걸고 그를 존경한 철학자 칸트는 "나는 인식에 대한 무한한 갈증을 느낀다. 그것만이 인류에게 명예를 줄 수 있다고 믿었다. 그런 나를 루소가 옳은 길로 인도했다. ……나는 그로부터 인민을 존경하는 법을 배웠다"라고 했다. 왜 그가 《에밀》을 읽는 데 몰입해 산책을 걸러야 했는지 짐작하게 한다.

루소는 어려서부터 많은 고생을 하며 성장했다. 그는 도덕적으로 잘못이 많았다. 내성적이고 학구적인 성품으로 많은 책을 읽어 여러 사상가들을 알았다. 그리고 자신의 학설을 개진했다. 그의 이론은 다양했다. 정치, 경제, 철학, 음악 등 여러 사상을 펴냈다. 그의 사상은 여러 역사적 상황에서 빛을 발했다.

그의 특색은 18세기적인 사회 윤리를 가장 독창적으로 탐구한 점에 있으며, 근본 사상은 "자연은 인간을 선량하고 자유롭고 행복하게 만들었다. 그런데 사회가 인간을 사악, 노예, 불행으로 몰아넣었다"라고 했다. 그가 쓴 모든 저작도 이 원리에 기초하여 개인과 사회를 회복하는 방법을 말했다. 그의 영향은 철학, 정치, 교육, 문학 등 깊이와 넓이에서 그 유례를 찾아볼 수 없다.

루소는 《고백록》과 《고독한 산책자의 몽상》에서 자신을 나타냈다. 그는 자신의 모순을 폭로했다. 오늘 루소를 중요한 작가이자 사상가로 꼽는 것은 스스로의 죄책과 모순을 과감하게 드러냈기 때문이다. 삶의 모순에 대한 성찰은 루소의 전 저작을 관통하는 중요한 태도였다.

그에게 사상은 있었으나 실천은 없었다. 신앙적으로 성선설을 말하며 교육론과 인간화를 주장할 때 기독교 신앙은 배제되었다. 신앙적 삶을 살지도 못했다. 그러면서도 그의 《고백록》은 아우구스티누스, 톨스토이와 더불어 3대 '참회록'으로 꼽히고 있다. 그는 십자가의 구원론이 없는 문화적 학문적 신앙에 불과했다. 그가 《고백록》을 쓴 것도 자신에게 교회의 파문과 비난에 대한 변명이었다. 저작 동기가 순수하지 못했다. 그것은 《루소가 장 자크를 비판한다》와 《고독한 산책자의 몽상》에서도 마찬가지였다. 그 저작들이 자신을 변명하지 못했다.

평생 많은 저서를 남겼으나 그의 일관된 주장은 '인간 회복'으로, 인간의 본성을 자연에서 파악하고자 했다. 인간은 자연 상태에서는 자유롭고 행복하고 선량했다. 그러나 사회 제도나 문화 때문에 부자유스럽고 불행하게 되었다. 사악한 존재가 되었으므로 다시 참된 인간을 발견하여 인간을 회복해야 한다는 것이다. 이러한 입장에서 인간 본래의 모습을 발견하고 회복해야 된다고 했다. 그러므로 인간 본래의 모습을 손상시키는 당대의 사회나 문화를 통렬히 비판했으며 문제의 제기도 매우 현대적이었다. 그의 작품에 나오는 자아의 고백이나 아름다운 자연 묘사는 19세기 프랑스 낭만주의 문화의 선구적 역할을 했다.

루소는 가톨릭교회에서 영세를, 개신교에서 세례를 받았으나 가톨릭과 개신교의 신학을 거부한 무신론자였다. 그가 죽은 지 11년 후에 프랑스 혁명이 일어났는데 그의 자유 민권 사상은 혁명지도자들의 사상적 지주가 되었다. 그러나 그의 삶을 보면 너무나 비윤리적이었고, 죄인으로서 감옥에 가야 할 사람이었다. 그래서 여러 곳을 방랑했으며 가톨릭과 개신교를 넘나들면서 배신자의 삶을 살았다.

그는 《고백록》과 《고독한 산책자의 몽상》을 썼다. 그것은 죽기 2년 전부터 쓰기 시작한 미완성의 작품으로 삶의 종착점에 와 있던 루소가 끊임없이 자신에게 쏟아지는 비난과 음모에 대해 해명한 책이었다. 루소는 이 책을 씀으로 "그가 처한 가혹한 상황에서 그의 정신이 날마다 양식으로 삼는 감정과 사고에 관한 말을 통해 그의 본성과 기질에 대한 새로운 인식의 도출"이라는 효과를 노렸다.

루소는 자신의 유일한 방어 겸 공격 무기인 '말의 포탄'이 그의 시대에는 아무런 위력이 없다는 것을 알았지만 역사 속에 자신의 의견을 개진했다. 《에밀》도 자신의 교육이 실패했기 때문에 이상적 교육을 펼치는 노력이었다. 누구도 자신처럼 교육되어서는 안 된다고 말했다. 루소는 인류 역사에 좋은 영향을 준 학자였으나 자신의 삶에서는 실패자였다.

그는 자연으로 돌아가야 한다는 명제를 갖고 인간이 태어날 때 무죄하다고 했다. 그러나 사회 환경이 인간을 죄인으로 만들었다고 주장했다. 그 환경이란 10%의 성직자와 40%의 귀족들이 부패하고 인간을 학대하는 데서 온 것이었다. 그 결과 1,800만이나 되는 시민, 농민이 악에 굴복하는 데 이르렀다. 그러므로 프랑스 시민 혁명은 자연 발생적 사회 변혁을 위한 결과라고 했다.

그에게 십자가의 구원은 없고 문화적, 학문적 신앙뿐이었다. 인간 안에 있는 양심을 강조하면서 냉철한 합리주의적 윤리 범주나 성경의 권위를 부정했다. 이것은 무신론이다. 그의 참회록도 아우구스티누스와 비견될 것으로 보지만 결코 그렇지 못하다. 그 저술 동기가 애매하며 그 속에 담긴 것도 자기를 솔직하게 죄인으로 고백하는 것이 아니라 자기변명으로 드러났다. 그를 솔직히 평한다면 그가 쓴 글들은 인간을 이해하고 솔직한 고백으로 썼다고 할 수 있으나 자기의 삶에는 전혀 책임질 수 없는 이중적 삶이었고, 비도덕적이었으며 그의 신앙은 기독교에서 멀었으며 많은 사람들이 그의 삶에서는 존경할 것이 없었다.

9부 정신의학자

1. 폴 투르니에
'인격 의학'을 탐구한 심리 치료사

01 폴 투르니에
(Paul Tournier, 1898-1986)

'인격 의학'을 탐구한 심리 치료사

한 생명이 태어나면 육체가 성장하고 지식을 터득한다. 그에게 비밀도 생긴다. 이 비밀을 묻어 두면 삶에 장애가 된다. 이것을 털어놓을 수 있는 친구나 가까운 사람이 있어야 한다. 모든 것을 털어놓고 나면 그 사람은 건전한 삶을 영위할 수 있다. 폴 투르니에는 정신과 의사, 내과 의사, 상담가, 심리 치료사였다.

투르니에는 출생 두 달 만에 70세였던 아버지가 세상을 떠났다. 아버지 루이 투르니에는 스위스 제네바에 있는 성 베드로 교회의 목사였다. 그 교회에서 존 칼빈이 30여 년간 정기적으로 설교했다. 루이 목사는 30대 중반에 18년 연상 여인과 결혼해서 20여 년 동안 행복하게 살았으며, 아내와 사별하면서 격한 심리적 갈등을 겪었다. 62세 되던 1890년 루이 투르니에는 그에게 성경을 배운 28세의 엘리자베스 오르몽과 재혼했다. 엘리자베스는 폴과 누이를 낳았다. 6세 때 어머니가 불치병으로 세상을 떠났다. 그는 어머니의 죽음을 '내 어린 시절에 가장 중요한 사건'이었다고 회상했다.

폴은 고아로 누이와 함께 친척에게 맡겨졌다. 사랑을 받지 못해서 더 내성적으로 변했다. 자기는 인간으로서 중요하지 않으며, 아무도 자기를 좋아하지 않는다고 생각했다. 학교에서도 따돌림을 받았으며 수학을 제외하고는 성적이 낮았다.

12세 때 폴은 두 가지 결단을 했다. 첫째는, 복음적인 설교를 듣고 그의 삶을 예수 그리스도께 헌신하는 것이고, 둘째는, 의사가 되는 것이었다. 고교 때 그리스어를 가르치는 줄르 뒤부아 선생이 집으로 초대했는데 가르치기 위함이 아니라 인간 대 인간으로 만나기 위함이었다. 그때 폴은 비밀을 털어놓았고 그와 인격적으로 만나게 되었다. 뒤부아 선생은 삶의 의미를 가르쳐 주었고 사회로 나갈 수 있는 자신감을 주었다. 그때가 인생의 전환점이었다. 뒤부아 선생이 그의 첫 번째 심리 치료사였다.

그는 공석에서는 연설을 잘했지만 개인적인 대화에서는 그렇지 못했다. 신앙과 삶에서 언행일치가 되지 못했다. 그는 교회에서 주일학교 교사를 하던 중에 아내를 만났다. 1923년 투르니에는 제네바 의과대학을 졸업하고 파리에서 1년간 인턴 과정을 거친 후 넬리와 결혼했다. 이상적인 가정을 이룩했다고 여겼다. 그러나 부부가 명상하던 어느 날 아내가 폴에게 말했다. "당신은 나에게 선생이요, 의사요, 목사이지 남편은 아니었어요."

이는 폴에게 충격이었다. 폴은 항상 아내를 가르쳤고, 고쳐 주었고, 설교했다.

둘은 신앙이 뜨겁지 못하면서 가정은 신앙적이기를 원했다. 한 친구가 교회 개혁을 위한 평신도와 성직자의 모임에 참여하라고 권했으나 관심이 없었다. 아들을 낳은 후 아들의 영적 발전이 교회에 달려 있음을 생각하고 교회에 어떤 변화가 일어나기를 원했다. 그는 제직으로 선출되었고, 지도자들과 격렬한 논쟁을 벌였다. 그는 교회 헌법의 개혁을 제안했고, "자유주의에 대항하는 정통주의자로 싸웠다." 토론과 논쟁은 개혁이 아니라 분열만을 초래했고, 영적 열매가 아니라 상처와 아픔만을 가져왔다.

그는 계속 제직으로 남았다. 1928년 둘째 아들 가브리엘이 태어났다. 그 해에 폴이 내과 의사로 개원했다. 1932년 투르니에의 의료뿐 아니라 삶 전체를 바꾼 사건이 생겼다. 옥스퍼드 그룹 운동이다. 원래 미국인 목사가 영국에서 시작했는데, 그리스도의 능력으로 개개인을 변화시킴으로 세계의 변화를 추구하는 모임이다. 각자는 가정에서 죄를 고백하며 절대 정직과 순결과 사랑 그리고 비이기적인 자세를 개발하기 위해 서로를 도왔다. 투르니에는 환자 한 사람이 옥스퍼드 그룹에서 극적으로 변화된 것을 보았다. 이기적이고 공격적이던 사람이 친절과 헌신으로 바뀌었다. 옥스퍼드 그룹에서는 지적인 것을 배제하고 30분간 침묵하고 생활에서 일어난 실패와 죄에 대해 나누었다.

한 의사가 매일 묵상하는 것을 보고 큰 감명을 받았다. 혼자서 갖는 묵상 시간에 그는 투르니에를 초대했다. 투르니에는 생애 처음으로 자신의 진정한 감정과 비밀스런 고통에 대해 털어놓았다. 폴 투르니에에게 두 번째 심리 치료사인 젊은 의사는 투르니에가 자신에 대해서 말할 수 있도록 격려했다. 투르니에는 묵상을 시작했다. 그는 하루 1시간 정도 묵상했다. 하나님의 뜻을 알기 위해서 그는 깊이 묵상하는 습관을 훈련했다.

이 시간은 투르니에의 삶에 중요했으며 모든 그리스도인들에게 추천하는 습관이었다. 그는 묵상이란 "하나님의 음성을 듣기 위해 시간을 내는 것"이라고 했다. 그는 "일상에서 하나님의 음성에 귀를 기울여야 한다. 이것은 모든 일을 뒤로하고 하루 1시간 이상 정기적으로 묵상할 때 가능하다. 하나님을 향해 시간을 낼 때 우리는 창조주 앞에서 잠잠히 귀기울일 수 있다"라고 설명했다.

투르니에는 묵상할 때 경직된 패턴을 따르지 않는다. 혼자서 하지만 때로는 아내나 친구와 함께 한다. 보통 기도하는 데 시간을 보내며 하나님과 대화하고 그분의 인도를 구한다. 침묵하는 가운데 기다리고 모든 생각을 노트에 기록한다. 그에게 참된 묵상은 '하나님이 인도해 주시는 생각'이다. 그러나 마귀도 우리의 생각에 영향을 미칠 수 있다. 심리의 결론이 성경과 배치되지 않는다. 매일 하나님과 함께하는 시간은 신앙적인 것만 아니다. 이는 그가 40여 년간 계속한 습관이었다. 인간관계는 하루가 다르게 바뀌어 갔다.

투르니에는 제직회에서 충돌했던 사람들에게 용서를 구했다. 동료 의사들은 그가 냉정한 지성인에서 따뜻한 사람으로 변하는 것을 보았다. 진실로 변해야 할 것은 교회가 아니라 자신이라는 생각이 머리에서 맴돌았다. 자신도 모르게 심리 치료사가 되어가고 있었다.

1935년 여름 큰 교통사고를 일으켰다. 아내는 중상을 입고 투르니에 남매를 키워 준 외삼촌 자크 오르몽은 사망했다. 투르니에는 죄책감으로 하나님 앞에 무릎을 꿇었다. "수고하고 무거운 짐 진 자들아 다 내게로 오라 내가 너희를 쉬게 하리라"(마 11:28)는 말씀을 읽고 그분께 짐을 맡겼다.

투르니에는 삶의 비극을 새로운 시각에서 바라보았으며, 전에 경험하지 못한 하나님의 은혜와 용서 그리고 평안을 얻었다. 그는 이 비극이 모든 영적인 사역보다도 그의 믿음을 강하게 했다고 회상했다. 이 사건으로 인해서 더 하나님께 헌신했고, 그는 시편의 "여호와는 내 생명의 능력이시니……내가 그의 장막에서 즐거운 제사를 드리겠고 노래하며 여호와를 찬송하리로다"(시 27:1, 6)라고 고백했다. 이 사건으로 투르니에는 병의 진료보다 하나님과 개인의 관계가 신체적 질병과 치료에 영향을 준다는 인격 의학을 개발했다.

임옥화는 그의 논문 〈욥의 고난과 하나님의 치유적 대화 : 폴 투르니에의 인격적 대화를 중심으로〉를 통해 투르니에의 인격적 대화에서 욥과 하나님의 대화를 통해 고난의 의미를 찾고자 했다. 투르니에는 성경에서 하나님은 말을 거시고 인간은 귀를 기울여야 한다고 말하면서, 성경을 가리켜 "이 책은 처음부터 끝까지 대화다. 정확하고 견고하며 연속적인 대화다"라고 했다.

투르니에의 인격적 대화는 욥의 고난을 욥과 하나님의 대화로 풀어 나갔다. 폴 투르니에의 생애와 신학을 통해 그의 신학적 지식의 근원인 성경에 대한 이해를 다루었으며, 그의 하나님 이해와 하나님 형상으로 창조된 인간이해 등을 살펴보았다. 그리고 그의 상담기법인 대화를 중심으로 인격적 대화를 통한 '교제', '만남', '영적인 교제' 등을 설명했다. 그는 폴 투르니에의 인격적 대화의 관점에서 본 욥과 하나님의 대화를 설명하였고 하나님과의 대화를 통해서 일어나는 욥의 인식 변화 과정과 치유를 다루었다.

욥은 하나님과의 대화에서 하나님을 향해 닫혔던 마음을 열게 되었고 하나님의 말씀에 귀 기울이게 된다. 투르니에는 "성경은 인간의 고난을 진실되게 수용하고 있으며 문제가 있을 때 모든 사실을 솔직하게 말하는 것이 문제 해결의 첫걸음이다"라고 했다. 하나님은 표면적인 죄뿐 아니라 숨겨진 교만, 위선까지도 보시고 심판하시는 분임을 깨닫게 하신다. 욥은 자신의 감정을 솔직하게 표현함으로써 하나님과 영적으로 교제하고 하나님의 통치에 불만을 가졌던 그의 의견을 수정하였다. 또한 욥은 하나님을 향해 가졌던 분노를 버리고 회복과 치유를 경험하게 된다.

고통은 그 자체로는 이롭지 않고 늘 싸워야 한다. 중요한 것은 시련에 대한 사람의 반응이다. 그것은 인격적 존재의 문제, 곧 인생과 그 변화에 대한 개인적 태도의 문제다. 긍정적, 적극적, 창조적으로 반응하여 인격을 성장시킬 것인가, 아니면 부정적으로 반응하여 발전을 저해할 것인가? 어떤 반응은 역사 가운데 중요한 역할을 수행하는 것으로 귀결될 것이고, 어떤 반응은 실패한 삶으로 끝날 것이다. "시련은 창조성의 기회가 되기 전에는 모두 슬픔이요 고뇌요 손상이다. ……그러나 슬픔이 크면 클수록 슬픔이 생산하는 창조적 고통이다."

투르니에는 영국에 갔던 1937년에 기독교적 의학관을 개발하는 데 일생을 바치기로 결단했다. 그는 의사로서 하나님을 섬기기를 원했으며, 의학적 기술과 동정심이 있는 환자와의 인격적 대화 그리고 개인적, 영적 문제에 대한 고려가 '하나님의 은혜에 이르는 문을 열고' 인격을 치유하는 방법을 연구했다. 그는 그 방법이 재정적 불이익과 불확실한 미래에 노출시키는 것임을 깨달았다. 그러나 그는 하나님이 자신을 새로운 길로 인도하신다고 믿었다. 이 부르심에 응답하는 첫 단계로 모든 환자들에게 기술적인 의료 행위를 지양하고자 하는 자신의 뜻을 편지로 알렸다.

그는 《인간 치유의 심리학》에서 사람들에게 개인적인 문제와 신체적인 문제 사이에 긴밀한 관계가 있음을 보여주고자 했으며, 하나님의 주권에 맡길 때 문제가 해결될 수 있다는 것을 제시했다. 친구들은 그 책의 출간을 거부했으며, 두 출판사에서 출판을 거절하는 회신이 왔을 때 투르니에도 그 책에 대해 의심했다. 그래서 고등학교 선생인 뒤부아를 찾아갔다. 노인은 투르니에가 원고의 마지막 면을 읽을 때까지 말없이 경청했다. 그러고는 "폴, 우리 함께 기도하세"라고 했다.

투르니에는 깜짝 놀랐다. 뒤부아 선생은 오랫동안 하나님을 믿지 않는 무신론자였다. "선생님, 기독교인이신가요?" "바로 지금부터 기독교인이 되었네." 그 책은 출판되어 옥스퍼드 그룹 운동의 창설자에게도 헌정되었다.

투르니에는 과학적 기술과 신앙이 정서적 혼란을 겪는 사람들을 돕는 방향으로 통합될 수 있도록 노력했다. 인격적 하나님에 대한 깊은 신앙심에도 불구하고 믿음을 과학과 통합시키는 것은 쉽지 않았다. 그는 "신앙은 의사로 하여금 과학적인 노력을 게으르게 하는 것이 아니라 오히려 노력하도록 독려한다. 신앙은 그가 지닌 과업의 난해함과 책임감을 더 민감하게 느끼도록 만든다. 인생의 삶은 진정한 만남으로 더 풍부해질 수 있으며, 더 훌륭한 삶은 하나님과의 만남이라고 했다. 그 만남은 명상 속에서 성취된다. 명상은 매일 한다. 그 시간은 다른 생각을 하지 않고 오직 하나님에게 비밀을 고백한다. 인격적인 만남이다. 그것은 곧 회개이다. 기독교는 고백의 종교이다. 그 고백이 솔직하고 진실하면 하나님이 그 고백에 응답하신다. 응답 받는 대로 살아가면 그는 훌륭한 삶을 영위할 수 있다"라고 주장했다.

그는 내과 의사였다. 의사는 병을 고친다고 믿었다. 그러나 기술로만은 사람의 병을 고칠 수 없다고 여겨서 《인격 의학》을 저술했다. 책을 통해 "병은 육신적 이유만이 아니라 정신적 또는 삶의 현장에서 고통이 병이 된다. 그러므로 의사는 환자와 인격적으로 대화하고 비밀을 토로하는 가운데 병을 고칠 수 있다"라고 주장한다.

인간은 나면서부터 늙어간다. 그러므로 늙음에 대해서 생각하고 준비해야 한다. 투르니에는 '노년학'을 연구하고 강의하며 글을 썼다. 은퇴는 사람을 서글프게 한다. 은퇴하면 쉰다고 생각하지만 은퇴하고 쉬면 빨리 죽는다. 모든 사람들이 그렇게 죽어 갔다. 인생은 모험이다. 그러므로 삶의 패턴이 바뀔 때마다 모험해야 한다. 그래서 하지 않던 일을 시작하는 것이다. 취미는 일이 아니다. 운동하면서 새로운 일을 개척해야 한다. 책을 읽는 것이나 새로운 일을 시작하는 것이다. 거기에 몰두하면 새로운 창조가 성취된다. 노년은 새로운 모험을 시작하는 시기이다. 항상 움직이며 봉사하며 살아야 한다. 투르니에는 노년에 강연과 글을 썼다. 그는 죽음에 대해서 항상 말했다. 환자가 죽음이 임박했을 때 의사도 가족도 알려 주지 않기 때문에 준비 없이 죽는다.

투르니에에게는 죽음이 현존했다. 항상 생각은 하지 않아도 죽음은 무의식적으로 그를 떠나지 않았다. 그는 생후 2개월에 아버지가 세상을 떠났고, 6세 때 어머니가 죽었다. 죽음은 슬픔이었고, 다른 하나는 기다림이었다. 아내는 불치병에 걸려 죽음이 임박했다. 투르니에는 아내와 죽음에 대해서 깊이 대화했다. 그는 이러한 사상을 〈성서와 의학〉에서 심각하게 표현했다.

1940년 초 투르니에는 성경을 통독하면서 의학과 질병 그리고 생활 규범과 연관이 있는 구절들을 기록했다. 성경을 읽으며 기록이 쌓여 갈수록 그가 '거대하고 중압감을 느끼게 하는 작업'에 참여하고 있음이 명백해졌다. 그가 늙어서 자신의 삶은 하나님의 인도하심이었다고 했다. 이 모험의 삶에서 투르니에는 동반자인 예수 그리스도와 매일 교제했다. 예수님은 비밀을 고백할 때 들어주셨고, 그의 성공과 실패 그리고 기쁨과 슬픔의 증인이셨다.

일생을 통해 투르니에는 그를 존경하는 아내 넬리에게 격려를 받았고 자극과 도전을 받았다. 그녀는 반세기 동안 그와 모험을 함께했고, 넬리는 갑자기 심장마비로 1974년 5월 23일 운명했다. 넬리가 없는 투르니에는 고독했다. 그는 86세에 36년 연하인 피아니스트 코린 오라말과 재혼했다. 그들은 강연회를 함께 다녔다. 투르니에는 강연하고 코린은 피아노 콘서트를 갖기도 했다. 이런 여행은 투르니에가 암에 걸려 투병하면서 중단되었다. 투르니에는 1986년 10월 7일 마침내 평화로운 모습으로 주님 앞으로 갔다.

투르니에는 의학을 공부했지만 심리학자에 가까웠으며, 그의 생애는 믿음에 기초했다. 그에게 신학적 영향으로는 먼저 어린 시절에 성베드로 교회에서 아버지의 후임자에게 받은 신앙적 가르침이 있었다. 그리고 교회 제직회원으로 봉사할 때 탐독한 칼빈의 《기독교 강요》로부터 영향을 받았다. 에밀 브루너, 카를 바르트, 마르틴 부버, 세 명의 현대 신학자들의 저서로부터도 영향을 받았지만 무엇보다 성경을 조심스럽고 일관되게 읽으므로 변화가 일어나기 시작했다. 이것이 그의 삶에 영향을 주었다. 그는 성경을 역사의 책이라고 믿는다.

성경은 실제 일어났던 사건들과 실제로 살았던 사람들을 묘사한다. 성경은 하나님의 말씀을 듣고 순종하는 지혜뿐 아니라 삶을 위한 하나님의 계획을 무시하는 어리석음을 보여준다. 성경은 하나님의 구속을 계시하며, 나로 하여금 하나님의 아들 예수 그리스도를 향하게 한다.

성경의 내용은 매우 풍부하다. 성경은 인생의 드라마이며 그 속에서 하루 종일 행동하고 있는 인간이 사로잡힐 정도로 흥미로운 책이다. 그리고 성경에는 무한한 인간미가 있다. 예를 들어, 예수님이 십자가 위에서 모친과 '사랑하는 제자' 요한에게 작별할 때 남겨 주신 부드러움을 생각해 보라. 그의 어머니에게 "여자여, 보소서. 아들이니이다"라고 말했다(요 19:26). 그 다음에 제자에게는 "보라, 네 어머니라"(요 19:27)고 말씀하셨다.

성경이 지닌 또 하나의 특징은 그 사실성이다. 성경은 인간을 있는 그대로 우리에게 보여준다. 인간이 지닌 온갖 고민과 위대함, 확실성과 회의감, 고상함과 비열함을 있는 그대로 보여준다. 성경은 이렇게 삶의 실제적인 문제를 다루고 있다.

투르니에는 "하나님은 주권자이시며 위엄이 있고 영광스러운 분이시다. 그분은 전지전능하시고 무소부재하시다. 그분은 우리와 가까이 계시나 초월적인 분이시며 영원하시나 현재 사람에게 관심을 가지시며 진노하시는 동시에 사랑이 무한하시며, 무조건 용서하시고 불쌍히 여기시며, 모든 사람에게 후히 주신다. 그분은 광대하고 지혜로우시며 오래 참고 거룩하고 신실하시다. 우리 한 사람 한 사람에게 관심을 가지시며, 살아서 역사하시는 분이시다"라고 했다.

예수 그리스도를 통하여 구원의 길이 열렸다. 그리스도는 사람으로 세상에 오셨고, 죄 없는 모범적인 삶을 사셨고, 인류의 죄를 속하기 위해 십자가에서 죽으시고 부활하시어 모든 사람에게 구원과 영생을 베푸신다고 믿었다. 성령님은 삶의 현장에 함께 계시며 성경까지도 새로운 의미를 갖게 된다. 성령님이 성경을 읽는 자의 총명을 깨우친다. '성령의 인도 아래 사는 삶'이 모든 의심과 좌절에서 자유롭게 한다. 성부, 성자, 성령 삼위일체의 위격은 이 땅에 사는 사람들의 실제적, 일상적 삶에 영향력을 행사하신다.

1973년 어느 날, 투르니에는 모든 환자들에게 편지를 써서, 이제 육체적인 질병을 진찰하고 치료하는 차원을 넘어서 인성의 문제를 다루는 단계로 들어섰음을 알렸다. 객관적인 연구만으로는 인간을 이해할 수 없으며 개인적인 대화를 통해서 사실을 믿는다고 했다. 그런 대화에서 생명에 불꽃이 일어나고 치료에 가속이 붙는다. 이것이 세계적으로 '인격 집단 치료'라는 운동이 일어나는 계기가 되었다. 지금도 대화를 매개로 과학의 장점을 신앙과 조화시키려고 노력하는 의사들이 활발하게 교류하고 있다. 투르니에는 그리스도인이 용서받은 자라는 것을 믿는다. 그는 모든 신앙적인 사람들은 하나님의 부름에 참여한다고 믿었다.

그는 30권에 가까운 영향력 있는 책을 썼으며 의료행위가 신앙적 대화를 통해서 치유되어야 한다고 주장한 20세기의 기독교 신앙인 의사였다. 그는 전적으로 명상을 통해서 하나님과 통합된 대화를 할 때 가장 건강하며 훌륭한 삶을 산다고 믿은 사람이다.

투르니에를 잘 소개한 사람은 개리 콜린스(Gary R. Collins)이다. 콜린스는 퍼듀 대학교에서 임상 심리학을 전공하고 덴버 신학대학교에서 신학대학원 과정을 이수한 기독교 심리학자이다. 그가 쓴 《폴 투르니에의 기독교 심리학》은 유명하다. 그는 투르니에에게 그에 대한 책을 쓰겠다고 했으며 여러 달 동안 투르니에를 연구했고, 대화했고, 실제로 책을 썼다.

그 책을 쓰기 위해서 투르니에에 관한 정보를 세 가지 출처에서 수집했다. 첫째로, 그가 저술한 책들, 둘째로, 투르니에와 친분이 있는 사람들, 마지막으로 투르니에 자신이었다.

또 세 가지 목표를 세웠다. 첫째, 투르니에를 만나 보지 못한 사람들에게 그의 인생 역정을 알리고 그의 저서들을 정리하고 설명하여 투르니에라는 인물을 소개하는 것이다. 둘째, 투르니에의 사상 중 기본적 사상을 분류하여 이를 체계화하고 요약하고자 했다. 셋째, 투르니에의 삶과 업적을 평가했다. 그러나 투르니에가 동의하는 것처럼 사람의 업적을 평가할 때 완벽한 객관성과 중립성을 가진다는 것은 불가능하다고 느꼈다.

콜린스가 처음 투르니에를 만났을 때 느낀 점은 그가 명철한 지성의 소유자로서, 인간에게 깊은 관심을 기울이고 있으며 아직도 인생을 즐기고 있다는 것이었다. 늙은 떡갈나무가 보이는 밀밭 옆에 있는 투르니에의 집은 '르 그랭 데블레'(Le grain deble)라고 불리는데 이는 '한 알의 밀알'이라는 뜻이다.

이는 예수님이 죽기 며칠 전 제자들에게 하신 말씀으로(요 12:24) 이 구절을 편지지에 써 넣기를 좋아하며 집 현관문 위에 있는 문패에도 이 구절이 새겨져 있다. 밖에서 보면 아마추어 심리 치료사, 철학자, 신학자, 연설가 그리고 저술가라고 부르는 사람의 저택이라는 흔적은 없다. 하지만 심리학과 종교의 영역에서 그의 사상은 전 세계에서 수많은 사람들의 삶에 영향을 미치고 있다.

투르니에는 서재뿐 아니라 작업실에서 원예, 목수 일, 금속 세공, 요리, 혼자 하는 카드놀이, 전자 오르간을 연주한다. 투르니에는 하나님께 드려진 그리스도인이다. 그는 자신이 하나님을 의지한다는 사실을 공공연히 드러내며 진심으로 그리스도께 순종하며 살기를 원했다. 그를 만난 사람은 그의 겸손과 진실한 관심에 깊이 감동한다. 그는 어느 정도 혁명가적인 사람이다. "마음속 깊은 곳에서 나는 화려한 교회에 앉아 있기만 하는 형제들보다는 반항아에게 더 동정을 느낀다. 그의 모든 잘못에도 불구하고 말이다."

자신을 극찬한 영어 기사를 읽은 투르니에는 그 기사가 불어로 번역되는 것을 원하지 않았다. "적어도 그가 살아 있을 동안만이라도"라고 투르니에 부인은 웃으면서 덧붙였다. "그의 깊은 겸손은 만나는 이들에게 명백히 드러나지만 그는 되풀이되는 자신의 교만에 신경을 썼다. 솔직히 그의 인생이 남긴 업적에 대해 평가하는 것은 자유라 하더라도, 이런 성품을 지닌 사람을 좋아하지 않는 것은 거의 불가능한 일이다"라고 콜린스는 말한다.

투르니에는 심리 치료에 대한 전문적 자격을 갖추지 못했으며, 치료법에 관한 특별한 과정을 수료한 적이 없으며, 학파에도 속하지 않았다. 그는 환자들이 개인 문제에 대해 털어놓기 시작했을 때, 스스로 정신의학을 공부하게 되었다. 그는 프로이트와 아들러, 융 그리고 보다 덜 알려진 유럽의 정신 의학자들의 저서를 탐독했다. 그는 프로이트를 연구하며 그의 생각을 상당 부분 받아들였지만 프로이트 학파는 아니었다. 융의 심리학을 연구했지만 융의 추종자는 아니었다. 투르니에는 독자적으로 절충적 견해를 개발해 나갔다. 그는 체계적으로 자신의 인간관을 제시한 적이 없지만 그의 책을 읽다 보면 그의 인간관이 여기저기 단편적으로 드러나 있다. 투르니에는 그리스도인으로서의 편견이 있다. 인간 행동에 대한 편견과 신앙이 곧 투르니에의 심리학을 형성하고 있다. 물론 이것은 체계적인 심리학은 아니다. 그러나 투르니에는 인간이란 어떤 존재이며, 그 인격의 발전, 인간의 행동 동기, 인간의 생각과 느낌, 학습에 대해 잘 개발된 견해가 있다.

　투르니에는 인간이 동시에 두 세계에 속하는데 하나는 자연적 세계이며, 또 하나는 초자연적 세계라고 보았다. 인간은 감정을 경험하고 사물을 상상할 수 있다. 투르니에가 '정신'이라고 부르는 것과 '마음'이 있다. 몸, 정신, 마음은 인간의 세 가지 자연적 부분이 과학적으로 연구되며 서로가 서로에게 영향을 미친다. 인간은 초자연적 세계의 한 부분으로서 영적 존재다. 인간은 몸과 정신과 마음 위에 있는 영에 순응할 때 비로소 건강할 수 있다.

　인간은 내재적인 기질과 유전적인 성향 그리고 본능을 지닌 존재이지만 행동은 그의 삶에서 경험하는 사건들에서 영향을 받는다. 인간 발달 과정에서 네 가지 요인이 특별히 중요한 역할을 한다. 첫째는, '사랑'이다. 사랑은 너무 중요해서 사랑이 없으면 인격이 성숙되지 못한다. '고통'은 인생을 변화시킬 수 있는 둘째 요인이다. 고난은 사람을 훌륭하게 성숙하도록 도울 수도 있지만 정상적인 발달을 방해하는 장애가 될 수도 있다. 셋째는 '동일시'다. 이것은 자신이 존경하는 인물의 특성을 마치 자신의 것인 양 답습하려고 하는 성향이다. 마지막으로 우리가 인생 여정에서 만나는 장애를 극복하려고 시도하는 가운데 '적응'이 필요하다.

사람이 행동하는 그 배후에 무슨 동기가 있는가? 이러한 질문은 모든 심리학자가 대답하려고 노력한다. 투르니에는 인간이 두 부분으로 구성되어 있다고 가정한다. 첫째, '가면적 인격'으로 우리의 인격 중에 세상에 보여주는 부분이다. 둘째, '인격'이다. 인격은 가면적 인격 뒤에 위장되어 숨어 있는 은밀하고 진실된 모습이다. 투르니에는 인격은 사람들과의 솔직한 대화과정에서 표출된다고 보았다. 그리고 인격과 가면적 인격 사이에 미묘한 관계가 존재한다고 했다.

투르니에는 물리적인 몸과 심리적인 반응 이상의 것이 있다는 것을 알게 되었다. 우리의 행동을 이해하기 위해서는 과학적인 관찰만을 고려해서는 안 되며 과학을 넘어 초자연적인 것까지 고려해야 한다고 말한다. 인격과 가면적 인격에 관한 그의 견해는 그의 심리학 중 가장 훌륭하고 고유한 부분에 도달하게 된다. 그는 인간을 이처럼 완벽하게 분리할 수는 없다고 주장한다. 인격과 가면적 인격은 하나로 융화되어 있다. 이 두 모습은 한 개인의 양면이다. 투르니에는 그의 많은 동료들과 마찬가지로 인간은 자신의 겉모습 이면에 있는 인격의 일면을 드러내는 법을 배워야 한다고 믿는다.

투르니에는 한때 "저는 바르트의 신학과 동떨어져 있지 않았습니다. 우리는 많은 주제에 동의합니다"라고 했다. 마르틴 부버를 직접 만나지 못했지만 이 유대인 신학자의 사상에 깊은 감명을 받았다. 부버의 '나와 너'에 대한 주장은 그에게 큰 인상을 남긴 것이 분명하다. 부버의 사상은 투르니에의 몇몇 저서에서 언급되고 있다. 투르니에의 사상은 그의 글과 상담 활동에서 드러난다. 그는 설교나 도덕적인 훈계를 가능한 한 자제하지만, 사실상 중립적이 아니면서도 그런 것처럼 보이는 것은 불가능하며 부정직하다는 사실을 안다. 투르니에는 자신을 포함한 모든 사람은 자신의 행동에 영향을 미치며 개인적 경험에 기반을 둔 사적인 믿음의 체계를 가지고 있다. 그는 느슨하게 짜여진 종교적 신념의 조합을 가지고 있다고 표현하는 것이 더 정확할 것이다. 그 가운데 많은 것이 칼빈의 믿음과 비슷하겠지만 모두가 그렇다고는 할 수 없다.

하나님은 나에게 와 계시는데 내가 힘들 때만 주님께로 나아가는 것으로 안다. 주님은 내 안에 들어와 계신다고 말한다. 그러나 사실 알고 보면 주님 품 안에 묻혀서 지내는 것 같다. 그 품 안에서 푹 묻혀서 지내는데 그것을 나는 모르고 있다. 기도하면서 느끼는 것은 주님께 매일매일 나의 삶을 이야기하는 것이 재미있다는 것이다. 이미 알고 있으시면서 '아무에게도 안 알려 주고 혼자만 알고 있을게'라고 말씀하시는 주님이 너무나 좋다. 그래서 기도하는 것이 좋은 것이다.

성경에 의하면 하나님의 아들 예수 그리스도를 통해서 이 구원의 길이 열렸다. 그리스도는 사람의 모양으로 세상에 오셨고, 죄 없는 모범적인 삶을 사셨고, 인류의 죄를 속하기 위해 십자가에서 죽으시고, 죽음을 이기고 부활하시어 모든 사람에게 구원과 영생을 베푸신다.

투르니에는 인간이 하나님의 형상대로 창조되었음을 믿는다. 인간은 단지 최고로 진화된 고등 동물이 아니며 같은 틀에서 나온 똑같은 로봇도 아니다. 오히려 각 개인은 하나님이 개별적 목적을 가지고 계신 독특한 피조물이다. 우리에게는 하나님의 계획을 성취하거나 무시할 자유가 주어져 있다. 그러나 투르니에는 인간의 생각과 감정과 행동과 특성은 하나님께 영감을 받아 그분의 뜻에 일치하는 만큼만 가치가 있다는 것을 인식해야 한다고 제안한다. 그는 이렇게 말한다.

"성경에 비추어 볼 때 우리 생명은 하나님이 주신 선물이며, 우리에게 위탁된 비길 수 없이 귀한 보배이며, 우리가 사용하고 보호할 때 열매 맺는 달란트이다. 우리 자신을 무너지게 버려둔다든가, 하나님이 우리 마음에 주신 야망을 좌절시킨다든가, 우리의 확신을 혼자만 간직하고 있다든가, 자신의 개성을 포기한다든가, 자신의 취향과 의지와 생각이 다른 사람의 것으로 대체되도록 내버려 두는 것은 비유에 나오는 악한 종처럼 달란트를 땅에 묻어 두는 일이 될 것이다. ……이런 사람이 곧 하나님께 불순종하는 사람이다."

이것은 인간이 선택한 것이다. 인간은 하나님의 계획을 외면하고 더 나은 생활을 찾아보기로 선택했다. 그것은 고의적이고 교만한 불순종의 행위였다. 인류는 현재 투르니에가 말하는 '실낙원 콤플렉스'에 걸렸다. 우리는 다시 에덴동산의 조화와 내적 평화를 경험하기를 원하지만 여전히 혼란과 죄 가운데서 방황하는 자신을 발견할 뿐이다.

그의 교회론이 있다. 그는 이미 존재하는 교회를 향상시키기 위해 노력하는 것이 더 현실적이며 중요한 일이라고 믿는다. 이 교회들의 몇 가지 약점으로 그중 가장 해로운 것은 지나치게 율법주의적이고 도의적이며 형식주의적인 경향이다. 투르니에는 오늘날 교회들이 지나치게 조직화되어 있고 너무나 바쁘게 돌아간다는 것을 지적했다. 이와 같은 활동주의는 모두 교회로 하여금 자기만족에 빠지게 만들고 현실의 요구에 부적절한 교회로 만드는 성향이 있다. 너무나 많은 교회 회중이 현실과의 접촉점을 잃고 있다. 영적인 문제에 관심 있는 많은 사람들이 교회가 실생활과 동떨어지고 너무 이론적이어서 교회를 떠나거나 회피하는 것으로 보인다. 교회는 그 취약점에도 불구하고 사람들이 영적 양식을 공급받는 통로가 되어야 하며, 교회가 사회 문제에도 관심을 가져야 한다고 말한다.

사람의 친교와 친밀감의 정신은 깊이 사랑하며 결혼을 앞두고 있는 커플에게서 발견된다. 그들이 함께할 생활에 대해 굉장한 기대를 가지고 있다. 그들은 희망을 나누고 결혼 예비 교육과정을 거친다. 그러나 불행하게도 기대한 것만큼 행복하게 사는 부부는 많지 않다. 때때로 결혼은 격렬한 싸움터로 전락하고 이혼의 위협에 직면한다. 남편과 아내가 피곤한 권태 속에 나란히 살아가는 경우는 더 많다.

투르니에는 결혼이란 하나님이 창안하신 것이기 때문에 부부가 하나님이 제정하신 법칙 안에서 살려고 노력할 때 성공할 수 있다고 말한다. 그 첫 번째 법칙은 남녀가 배우자를 선택할 때 하나님의 인도를 구해야 한다. 결혼할 때도 두 사람은 하나님의 권위 아래 하나가 되어야 한다. 두 사람은 개인적인 독립을 포기하고 서로에게 완전히, 친밀하게, 영원히 헌신해야 한다.

참으로 창조적인 결혼은 한 가지만 존재하는데, '그것은 완전한 결혼'이다. "완전한 결혼에는 육체적 교류와 감정의 교류와 영적 교류가 이루어진다. ……이 세 가지 교류 사이에 한 가지의 교류가 있다고 말하고 싶다. 그것은 무엇이나 함께 나누는 일이다"라고 했다.

이러한 결혼은 정직과 솔직함이 특징이다. 거기에는 사랑과 주는 것, 투명함, 서로에 대한 존경, 상호 지원 그리고 서로를 더 잘 알기 위해 시간을 갖는 의지가 있다.

결혼 생활에서 서로가 이해하려면 무엇보다 먼저, '우리는 이해하려고 해야 한다.' 너무 단순한 단계로 보일지 모르나 많은 부부가 이 단계에 이르지 못한다. 다음으로 '우리는 자신을 표현해야 한다', 세 번째, '우리는 용기를 내야 한다'고 제안한다. 여기서 말하는 용기는 두려움과 감정과 실패를 인정할 수 있는 용기, 비판받을 것을 각오하는 용기, 부부 문제에서 비난받을 사람은 배우자가 아니라 바로 자신이라고 고백할 수 있는 용기 등을 말한다.

부부 싸움을 하지 않는 부부는 둘 중 한 명이 상대방에게 종속되었기 때문에 무미건조하고 침체된 생활을 하고 있음이 분명하다. 투르니에가 건강한 결혼 생활을 위한 처방을 제시할 때 그는 그리스도께 복종하는 것의 중요성을 강조한다. 그러나 나머지는 비종교적인 제안으로서 결혼한 부부들에게 실질적으로 도움이 될 수 있는 것들이다.

투르니에는 '일'에 대해서 의견을 발표했다. 그에게 일이란 하나님이 주신 은사로서 은퇴 기간에도 창조적인 모험이 될 수 있다. 우리의 강점과 약점을 있는 그대로 수용하고 능력껏 하나님의 뜻에 순종하기를 구해야 한다. 중요한 것은 우리가 하나님의 부르심을 받았기 때문에 열심히 일해야 한다는 것이며, 직업에서 계속적인 인도를 구해야 한다. 세상의 기준으로는 인생에서 성공할 수 있는 사람은 그리 많지 않다. 이것은 특별한 기술과 능력 또는 기회가 우리에게 주어졌기 때문에 가능한 것이다. 하나님이 지명하신 직업에서 일하고 있다고 느끼는 사람에게도 문제가 있을 수 있다. 일이 중요하기는 하지만 이를 최고의 가치로 보아서는 안 된다. 일과 여가는 상호 보완적인 것이 좋으며, 투르니에는 하나님의 의도에 따라 균형 있는 생활을 하려면 일과 여가가 모두 필요하다고 보았다.

세상을 변화시키는 데는 기본적으로 두 가지 방법이 있다고 지적했다. 우리는 사람을 그리스도께로 인도함으로써 각 개인을 변화시킬 수 있다. 그렇지 않으면 사회의 부조리를 개혁하기 위해 정치적으로 일할 수 있다. 투르니에는 두 가지 입장이 모두 가치가 있다고 했다. 대부분의 복음주의자들은 투르니에처럼 먼저 사람을 변화시킴으로서 세계를 변화시킬 수 있다고 믿는다. 변화된 사람이 사회 개혁을 위해 노력할 수 있다. 자유주의 신학자들은 먼저 사회 부조리를 없애면 그때 사람들이 개인적으로 변화할 수 있는 자유를 누린다고 말한다.

보수주의자들과 자유주의자들 중 어느 쪽이 사회 변화에 더 영향력을 행사했는가? 투르니에는 변화된 사람만이 세상을 변화시킬 수 있다고 믿는다. 그렇지 않다는 과학적인 반증이 제시되기 전까지 그의 입장은 존경할 만한 것이며, 많은 그리스도인의 의견에 따르면 가장 실제적인 것이기도 하다.

'용서'는 과학적 어휘에 속하지 않는다. 이것으로 상담자와 종교가의 차이점을 갖게 한다. 투르니에는 많은 사람들이 심리학과 신앙을 서로 다른 진영에 놓고 생각하는 것을 볼 때 놀라움을 금할 수 없다고 기록한 적이 있다. 그리스도인들은 종종 심리학을 불신하고 심리학자들 역시 기독교에 대해 매우 비판적이다. 그리스도인이면서 동시에 심리 치료사인 투르니에는 이 논쟁의 중간에 서서 두 분야가 많은 사람들이 생각하는 것만큼 심각한 갈등상태가 아니라고 주장한다. 물론 숱한 편견과 비평이 있다. 투르니에는 심리학과 종교를 융화시키는 것이 쉽지 않다고 생각한다. 하지만 이 둘을 통합시키려는 시도를 투르니에의 생애를 통해 연구하고 실험했다. 이것은 그가 '내 마음 가까이' 있는 도전이라고 표현한 바 있는 필생의 과업이었다. 많은 독자들의 의견에 의하면 신학과 심리학의 화해를 위한 투르니에의 기여는 그의 생산적인 생애가 이룩한 가장 중요한 업적 가운데 하나다.

투르니에가 심리학과 신학의 통합을 시도한 여러 가지 방법을 고찰하기 전에 이 문제를 있는 그대로 그리고 아직도 많은 이들의 마음속에 있는 대로 살펴보는 것이 좋을 것이다. 투르니에가 상담가가 되기 훨씬 전에 프로이트와 그의 추종자들은 종교가 종종 신경증의 원인이 된다고 결론을 내렸다. 프로이트 학파는 특히 종교적인 사람들이 성적 본능을 비판하거나 성적 본능 같은 것은 존재하지 않는 것처럼 행동할 때 더욱 그렇다고 주장했다.

정신 분석학자들은 더 나아가 종교란 유익보다는 해악을 더 많이 끼치며 사람을 예속시키고 억압한다고 했다. 《망상의 미래》 같은 책에서 프로이트는 종교가 '쓸데없음을 설명하고' 신학적 가치관을 거부한 심리학적 이론을 제시했다. 많은 그리스도인들이 이러한 견해에 냉정한 반응을 보이고 정신 분석을 진지하게 취급하지 않았다.

프로이드 이후에도 다른 이들이 그의 주장을 옹호했다. 어떤 저술가들은 과학적이고 연구 가치가 있는 심리학과 달리 종교적인 관념은 임의적이고 심각하게 연구할 가치가 없다고 주장했다. 어떤 이들은 기독교가 사람들 사이에 해로운 죄의식을 야기시키거나 엄격하고 억압적인 도덕 체계에 예속시킨다고 비난했다. 심리 치료사들 중 일부는 또 다른 이유로 종교를 거부했다. 그들은 인류의 문제에 대한 해답을 안다고 하면서 때때로 불신자들보다도 심각한 어려움과 욕망과 실패로 갈등하는 종교인들의 모습을 많이 보아왔던 것이다.

투르니에는 이들 세속 심리학자들의 의견을 부인하지 않는다. 자신의 상담 경험을 통해서 그들이 관찰한 것들이 사실이기 때문이다. 그러나 프로이트와 현대의 수많은 심리 치료사들의 종교관이 왜곡되어 있다는 것이 사실이다. 혼란 중에 있는 사람들은 편벽된 신자의 전형적인 모습이라고 그릇되게 가정한다. 상담가는 이에 근거해서 모든 종교는 해로우며 심리적으로 해로운 영향을 미친다고 주장한다.

심리학자들이 종교를 거부하는 것은 과학의 기본적 가치관이 기독교의 가치관과 모순되는 것처럼 인식하기 때문이다. 심리 치료사는 기독교가 자기 부정과 온유함 그리고 쾌락적인 것을 억압한다고 여긴다. 그들에게 하나님은 삶을 제한하며 인간을 노예화하는 제동 장치로 보인다. 세속적인 심리학자들이나 정신과 의사들은 인생에서 그리스도인 각 사람에게 새로운 기쁨과 의미를 가져다주는 자유를 인식하지 못한다. 투르니에는 기독교가 사람들을 어느 정도 제한한다는 데 동의한다. 그러나 그런 가운데서도 궁극적으로는 더 성숙하여 더 많은 결과를 가져온다.

많은 심리 치료사들이 종교를 거부하는 또 다른 이유가 있다. 우리는 사람들이 종교 앞에서 매우 불편해하는 시대에 살고 있다. 투르니에는 이와 같이 사람들이 영적인 욕구를 억압할 때 종교가 미신이나 회의주의 또는 독선주의로 대체되는 것을 보았다. 이런 일은 심리 치료사들을 포함한 과학자들 사이에서도 일어나는 현상이다. 그들은 참된 기독교를 거부하지만 남는 것은 내면적 공허뿐이다.

투르니에는 이것이 또한 프로이드의 접근법이라고 믿는다. 프로이드는 종교를 망상으로 보고 하나님은 사람이 상상해서 만들어낸 존재하지 않는 허구에 불과하다고 그의 《환상의 미래》에서 일축했기 때문이다. 이 같은 사고방식은 관용이 없는 '독선주의'를 낳는다. 기독교를 거부하는 사람은 종종 다른 교리에 열광적으로 심취함으로 공허함을 채우거나 내적인 의심을 억누른다. 그것은 정치적인 신조일 수도 있고 기이한 종교적 체계일 수도 있다.

이 논쟁의 반대편에는 심리학을 반대하거나 불신하는 그리스도인들이 있다. 그리스도인들은 자신만이 인간의 문제에 대한 해답을 가졌다고 여긴다. 심리학자들이 교회보다 더 성공적으로 사람들을 도와준다고 생각한다. 종교인들은 심리학이 참된 신앙에 위험하다고 여긴다. 심리학자들은 기독교 윤리를 무너뜨리고 종교적인 경험은 하나님의 영향보다는 정신적 충동이라고 설명한다. 심리학이 인간 구원을 설교한다는 두려움이 있다. 일부 신자들은 예수 그리스도의 능력이 아니라 심리학이 인간의 문제를 해결할 수 있다는 것을 믿지 않는다.

투르니에는 심리학과 종교의 갈등은 표면적으로 나타나는 것만큼 심각하지 않다고 말한다. 이러한 오해는 사람들이 진정한 문제가 무엇인지를 잘못 이해하는 데서 기인한다. 신학자와 심리 치료사는 대립된 관계가 아니다. 이들은 혼란에 빠진 사람들을 도우며, 경청하고 격려하며 위로하고 있다. 투르니에는 인간의 육체적, 정신적, 영적 문제를 하나로 연결한다. 인간의 질병을 치유하기 위해 정신적 요소뿐 아니라 근본적으로 영적 근간을 살펴야 한다고 피력함으로써 정신분석과는 다른 접근 방식을 제시하고 있다.

인간 치유는 과학적 지식에 영적 체험을 더해야 하고 인격의 변화는 그리스도와 만남으로써 성숙된다고 말한다. 사람의 질병을 단순히 세균이나 바이러스에 감염된 현상으로만 보면 질병을 근본적으로 치료할 수 없다. 질병의 원인과 처방이 의사의 몫이라면 인간에 대한 깊은 이해와 통찰이 선행되어야 한다. 사람의 정서와 정신을 다루는 상담자에게는 더욱 필요하다. 치유는 질병만 아니라 영적인 차원에서 상호간에 소통을 통해 이루어진다.

"심리 치료사들이 환자들에게 부도덕한 행동을 부추긴다는 것은 있을 수 없다"라고 투르니에는 말한다. 투르니에는 심리학과 신학은 겉으로 나타나 보이는 것과는 달리 피차 갈등 관계가 아니라는 메시지를 거듭하고 있다. 서로 갈등하는 대신 심리학과 신학이라는 이 두 개의 분야는 피차 이해하며 문제가 있는 사람들을 돕기 위해 협조해야 할 것이다. 이러한 상호 이해를 하기 위해서는 과학의 강점과 한계를 인식해야 한다.

투르니에는 목사도, 기업의 사장도, 대학의 총장도 아니며, 군대의 장군도, 정치가도 아니다. 오히려 투르니에는 성경에 나타나는 겸손한 지도자, 섬기는 지도자, 조용한 지도자였다. 하나님께서 투르니에를 택하셔서 의사들을 전인격적 시각으로 유도하고 기독교 신앙을 심리학과 연계시키는 일에 선구자가 되게 하셨으며, 믿음과 상담의 글을 쓰는 사람이 없을 때 통찰력 있는 책을 저술하게 하였다. 그가 사망한

지 여러 해 지났으나 그의 책은 계속 영향을 미치고 있으며 많은 사람들이 그의 사상에 영향을 받고 있다.

비전을 가진 사람들은 전통에 매이지 않으며, 현상에 안주하지 않고 그들의 시각은 제한받지 않는다. 이들은 모험을 감수하며 용감하다. 학생으로서 투르니에는 동료들을 동원해 사회 활동에 뛰어들게 했고, 청년으로서는 교회에서 잘못된 생각을 제거하려고 노력했으며, 의사로서 그는 의사들이 전인격을 고려하도록 유도했고, 작가로서는 노년과 폭력, 고난 그리고 여성 해방과 같은 주제를 다루었다. 그는 전인격 의학에 집중하기 위해 성업 중이던 의료 행위를 중단했고, 재정적으로나 직업적으로 위험한 결정을 내렸다. 그는 정신 의학을 수강한 적이 없는데도 상담에 투신했다.

투르니에의 이름과 업적은 자기 조국에서는 별로 인정받지 못했으나, 미국에서는 그가 아주 유명했다. 특히 신앙과 심리학을 통합시키려고 노력하는 학생들 사이에서 그의 인기는 대단했다.

투르니에는 제네바와 파리 대학에서 의학을 공부하고, 제1차 세계 대전 후 1921년 국제 적십자사 대표로 오스트리아에서 전쟁 포로의 귀국을 돕고, 아동 복지를 위해 활동하였다. 1947년 이후 '인격 의학'을 탐구하는 보세이 그룹을 주도했으며, 수많은 환자들을 대화로 치료했고, 현대 심리학과 기독교를 통합시키는 데 큰 공로자이다. 그의 심오하고도 실제적인 사상은 여러 저서들과 강연을 통해 세계 각지에 영향을 주고 있다.

판권
소유

이 사람을 아십니까?

2014년 1월 10일 인쇄
2014년 1월 15일 발행

지은이 | 이승하
발행인 | 이형규
발행처 | 쿰란출판사

주소 | 서울시 종로구 이화동 184-3
TEL | 745-1007, 745-1301~2, 747-1212, 743-1300
영업부 | 747-1004, FAX/745-8490
본사평생전화번호 | 0502-756-1004
홈페이지 | http://www.qumran.co.kr
E-mail | qrbooks@gmail.com
　　　　　qrbooks@daum.net
한글인터넷주소 | 쿰란, 쿰란출판사

등록 | 제1-670호(1988.2.27)

책임교열 | 김향숙·최진희

값 15,000원

ISBN 978-89-6562-553-7 03230

* 이 출판물은 저작권법에 의해 보호를 받는 저작물이므로 무단 복제할 수 없습니다.
* 잘못된 책은 교환해 드립니다.